Ulrich van der Heyden

Streitschrift

Die Autoren

Prof. Dr. Dr. Dr. Ulrich van der Heyden: Visiting Research Professor, University of South Africa, Pretoria, Dr. phil. & Dr. rer. pol. habil. & PhD (Rhodes University/South Africa); Privatdozent an der Freien Universität Berlin und, bis Ende 2023, Gastwissenschaftler an der Theologischen Fakultät der Humboldt-Universität zu Berlin; Afrika-, Missions- und Kolonialhistoriker sowie Politikwissenschaftler mit dem Schwerpunkt Afrika. Über 60 monographische Publikationen und mehr als 250 wissenschaftliche Aufsätze, Initiator und (Mit-)Herausgeber von sieben Buchreihen.

P. Werner Lange: Kapitän auf Großer Fahrt, zeitweilig im Liniendienst zwischen Ostafrika und Westeuropa tätig. Späterhin Verfasser von Biografien, Reisebeschreibungen, erzählenden Sachbüchern, Hörspielen, Beiträgen zu Sammelwerken zur Geschichte Ostafrikas. Mehrere auch längere Reisen und Bergfahrten in Afrika. Er schrieb das Standardwerk über den Kolonialoffizier und späteren Pazifisten Hans Paasche und arbeitete an der Paasche-Ausstellung des Völkerkundemuseums der Universität Zürich mit.

Ulrich van der Heyden

Mohren, Missionare und Moralisten

Eine Streitschrift zum Umgang mit der kolonialen Vergangenheit Deutschlands

Mit einem Beitrag von P. Werner Lange

Der Schriftsteller Günter de Bruyn
lässt in dem Buch »Märkische Forschungen«
einen Professor der Geschichtswissenschaft
den Sinn seiner Tätigkeit erklären:
»Immer ist mir der Flug geglückt, und nie kam ich da an,
wo ich ankommen wollte. Warum meinen Sie,
habe ich dieses Buch geschrieben? … Nur darum,
weil ich die Flüchtigkeit aller andern Erfolge erkannt habe.
Bleibendes stiften nur Bücher.«[1]

Inhalt

1. Vorwort

Der deutschen Kolonialgeschichte ist in der öffentlichen Wahrnehmung weder in West- noch in Ostdeutschland nach Beendigung des Zweiten Weltkrieges eine solche große Aufmerksamkeit zuteil geworden wie seit den letzten zwei Jahrzehnten im staatlich vereinten Deutschland. Den vornehmlichen Grund dafür, dass man sich in nahezu allen Medien mit der kolonialen Vergangenheit Deutschlands befasst, bildeten vor allem die kontroversen Debatten um die Forderungen der Herero und Nama in Namibia. Sie gelten einer finanziellen Wiedergutmachung des versuchten Genozids am Beginn des 20. Jahrhunderts. Hinzu kommen inzwischen der Streit um die Umbenennung von Mohrenstraßen und -apotheken sowie Forderungen nach Rückgabe jener musealen Objekte, die aus kolonialen Kontexten stammen und nunmehr seit mehr als einhundert Jahren in deutschen Museen betreut werden.

Im Mittelpunkt der häufig von jungen Menschen angestoßenen und vorangetriebenen Debatten stehen verschiedene Aspekte der Politik des Deutschen Reiches in den damaligen Kolonien in Afrika: Deutsch-Südwestafrika, dem heutigen Namibia, Deutsch-Ostafrika, heute im wesentlichen Tansania, Ruanda und Burundi, sowie Togo und Kamerun. Bei den Diskussionen fällt oftmals unter den Tisch, dass das Deutsche Reich auch in Ozeanien und in China Kolonialgebiete beherrschte.

Eine solche Aufmerksamkeit für das eigene Forschungs- und Arbeitsfeld erfreut jeden sich Zeit seines beruflichen Lebens mit der Kolonialgeschichte kritisch auseinandersetzenden Historiker. Jedoch fällt auf, dass bei den Debatten oftmals nur geringe oder gar keine historischen Kenntnisse vorhanden sind. Dadurch nehmen im Bewusstsein einer steigenden Anzahl von Menschen absurde Vorstellungen über die koloniale Vergangenheit Deutschlands überhand, die nicht auf wissenschaftlicher Forschung gründen. Sie werden zudem von den Medien kolportiert. Vielfach sind dann am Ende nur noch geringfügige oder zumindest ungenügende Bezüge zur historischen Wirklichkeit festzustellen. Aber sie bestimmen das allgemeine Narrativ von angeblichen Geschehnissen zur Zeit der direkten Kolonialherrschaft Deutschlands. Dergleichen ist nicht nur in der deutschen Medienlandschaft, sondern zunehmend auch in der Wissenschaft zu beobachten. Aus mangelndem Wissen sind pathetische Forderungen und Handlungen von selbstermächtigten Aktivisten entstanden, erinnern deren Handlungen und Vorstellungen oftmals an fanatische Bilderstürmerei. Selbstverständlich kann man einigen von ihnen nicht unterstellen, dass sie ihre diesbezüglichen Bemühungen nicht gut gemeint haben. Aber Gutgemeintes ruft oft das Gegenteil von dem hervor, was beabsichtigt war. Deshalb warnte die links-orientierte jüdische Philosophin Susan Neiman davor, dass insbesondere der deutsche Blick auf die Vergangenheit zu einer Leugnung der gegenwärtigen Realität verkommen kann.[1a]

Auch der engagierteste antikolonial eingestellte Bürger muss sich zunehmend fragen, was diese Versuche der Ausmerzung von guten wie schlechten Erinnerungen aus der Geschichte – am deutlichsten vergegenständlicht in Namen und Denkmälern – bedeuten sollen. Denn die beispielsweise in Forderungen nach Umbenennung zum Ausdruck kommenden Verdrehungen, Negierungen und Leugnungen von historischen Tatsachen, die aus Unkenntnis oder bewusster Missachtung der jeweiligen historischen Kontexte, aus der Nichtbeachtung von historisch bedingten Zwängen, Triebkräften, Entwicklungen etc. herrühren, bedürfen dringend der Zurückweisung und/oder der Korrektur. Weil mit solchen kenntnislosen Geschichtsdeutungen Gefahren entstehen, die unsere Gesellschaft spalten, von wichtigen und notwendigen sozialen Änderungen und Verbesserungen ablenken, das Bildungsniveau der nachwachsenden Generationen weiter herabsinken lassen und der kritischen Kolonialgeschichtsschreibung schaden. In der vorliegenden Streitschrift wird hierauf verschiedentlich hingewiesen.

Aufgrund der genannten Umstände, die hier an mehreren Themen aus den deutsch-überseeischen Beziehungen exemplifiziert dargestellt werden, erscheint es dringend notwendig, die deutsche Geschichte, die als Teil einer globalgeschichtlichen Vernetzung zu sehen ist, ohne sogenannte *Fake Facts*, alternative Fakten, ohne Realitätsleugnungen und ideologische Scheuklappen zu erforschen, zu erzählen und zur Kenntnis zu nehmen. Nur durch die Kenntnisnahme des realen Geschichtsverlaufs, dessen Erläuterung und die daraus zu ziehenden Schlussfolgerungen ist es möglich, die Zukunft zu gestalten – und nicht durch die Verdrehung oder Zurechtbiegung von Fakten, die dann ideologisiert werden. Daraus folgt eine polemisierende, vereinfachende Darstellung, die ohne eine historische Kontextualisierung auskommt. Aber leider kann man solche – eigentlich leicht zu durchschauende – Selbstverständlichkeit bei einem Blick auf die gegenwärtige Situation in der Bundesrepublik Deutschland nicht voraussetzen.

Wie im Folgenden aufgezeigt werden wird, mangelt es im Zusammenhang mit der vielbeschworenen Aufarbeitung der deutschen Kolonialgeschichte schlichtweg an Sachlichkeit. Historiker, die sich zudem sowohl für die Gegenwart als auch für die Zukunft interessieren, fragen sich, wohin eine solche Herangehensweise an ihre Forschungs- und Arbeitsfelder führen soll. Will man eine kritische Auseinandersetzung mit dem tatsächlichen historischen Verlauf, also mit wichtigen, wenn nicht sogar die das Heute bestimmenden Aspekte der nationalen Geschichte als Bestandteil der Weltgeschichte und all ihren Irrungen und Wirrungen, verhindern?

Denn niemand wird doch ernsthaft annehmen, dass – um ein Beispiel zu erwähnen, das auf den ersten Blick nur peripher etwas mit der globalgeschichtlichen Entwicklung der Welt zu tun hat –, wenn der Name »Preußen« aus dem Stiftungsnamen Preußischer Kulturbesitz (SPK) oder Preußische Schlösser und Gärten Berlin-Brandenburg oder Haus der Brandenburgisch-Preußischen Geschichte gelöscht oder ausgetauscht wird,[2] dadurch ein verändertes Geschichtsbild über Preußen entstünde. In einem Leserbrief vertritt eine Leserin wohl nicht nur ihre eigene Überzeugung, wenn sie ausführt: »Es ist erschreckend, wie wenig Geschichtskenntnis, -bewusstsein und Objektivität verantwortliche Politiker in diesem Land haben und das nicht nur auf Bundes-, sondern auch auf kommunaler Ebene.« Sie argumentiert gegen die Tilgung des Namens aus den Bezeichnungen öffentlicher Institutionen und macht darauf aufmerksam – wie wir später in dieser Streitschrift vor allem an einem anderen Beispiel explizit ausgeführt sehen werden –, dass man die allgemein als überwunden geltende nationalsozialistische Politik und Propaganda aufwertet, wenn auf diese Weise versucht wird, gegen etwas zu polemisieren, das ursprünglich gar nicht vorhanden oder gemeint war. Man fällt – vielleicht allzu gern – auf eine von Kolonialisten und Nazis verbreitete Propaganda herein.

In diesem Fall fordert die Leserbriefschreiberin die verantwortlichen Politiker auf, sich mit der Geschichte zu befassen. Sich dabei auf den ausgewiesenen Fachmann Hans-Joachim Schoeps berufend, weist sie ausdrücklich darauf hin, dass die historische Existenz Preußens »bereits durch rechtswidrige Maßnahmen vor und nach dem Machtantritt Hitlers beendet wurde.«[3] Auch die FDP-Bundestagsabgeordnete Linda Teuteberg macht in einem Zeitungsartikel in diesem Zusammenhang darauf aufmerksam, dass Argumente von den Befürwortern der Ausmerzung der ehemaligen Staatsbezeichnung auf völliger Unkenntnis beruhen, denn »die Quintessenz antipreußischer Affekte und Vorbehalte« gegenüber Preußen »speist sich wesentlich aus der Vereinnahmung durch die Nationalsozialisten«. Den Grund für solches Handeln, so Frau Teuteberg, sehe sie darin, dass die heutige Kritik an überdauernden Namen und Bezeichnungen »deshalb so beliebt« sei, »weil es bequemer ist als gesamtdeutsche Selbstkritik«[4]. Und eine engagierte Journalistin macht empört bis belustigt darauf aufmerksam, dass es auch schon in der DDR Bestrebungen gab, den preußischen Militarismus und was man dafür hielt aus den Stadtbildern zu verbannen. Da würde man heute anknüpfen, denn »man war der Zukunft zugewandt«, und in diesem Wunsch liege »das Einigende zwischen früheren und heutigen Geschichtsliquidatoren und -liquidatorinnen«. Auch wenn, aus welchen Gründen auch immer, einige Vertreter der SPK den Umbenennungsforderern servil begegnen, so existiert weder ein Vorschlag für einen neuen Namen noch haben sie eine »Idee, wie die unübersichtliche Organisation der Stiftung reformiert werden könnte«[5]. Inzwischen scheint sich der Generaldirektor der genannten Stiftung gegen eine Umbenennung ausgesprochen zu haben.[6]

Das erwähnte Preußen-Beispiel macht deutlich, dass man nur warnen kann, dass durch einen dilettantischen Umgang mit der ererbten Geschichte ideologischer und somit politischer Schaden an unserer Demokratie angerichtet wird. Denn auch in anderen und zum Teil hier behandelten Fällen aus der deutschen Kolonialgeschichte wird mit solchen Aktionen der Nationalsozialismus ebenfalls aufgewertet. Das wird durchaus – worauf ich später ausführlich eingehen werde – sehr deutlich im heutigen Umgang mit einigen speziellen Aspekten der Kommunikation der kolonialen Vergangenheit Deutschlands.

Wer sich mit dieser nicht ruhmreichen deutschen Vergangenheit aus persönlicher oder politischer Verantwortung beschäftigt oder beschäftigen muss, ist oftmals irritiert angesichts eines anspruchslos – zuweilen auch noch stümperhaft – vorgetragenen Dilettantismus und fragt sich, ob die reale Kolonialgeschichte und deren Folgen für die betreffenden Menschen in Übersee nicht schlimm genug waren. Denn warum sonst versuchen einige Zeitgenossen mit Hilfe bisweilen skurriler Argumente etwas darzulegen, was es nicht gab? Sollen die kolonialen Gräueltaten noch abstoßender erscheinen, als sie es ohnehin waren?

Egal, was mit solchem Etikettenschwindel verfolgt wird – es ist verwerflich! Vermuten kann man, dass auf solche Weise versucht werden soll, sich von der Geschichte loszusagen. Das vermag jedoch niemand! Vielmehr wird durch die Verdrehung oder Leugnung von Spuren und Ereignissen der deutschen Geschichte eine kritische Auseinandersetzung erschwert oder sogar verhindert. Das trifft nicht zuletzt auf die kolonialen Erinnerungsorte in deutschen Städten und Regionen zu.

Besondere Brisanz bekommt blinde Bilderstürmerei, wenn zur Begründung Fiktionen dienen. Wenn also ohne Studium und spezielle Kenntnisse politische Forderungen auf diesem Feld erhoben werden. Ärzte oder Architekten würden es sich verbieten, pfuschten sich Laien in ihr »Handwerk«. Aber bei der Geschichtswissenschaft, in diesem Falle bei der Kolonialgeschichte, meint jeder wie beim Fußball mitreden zu können. Ich bin der Meinung, dass unqualifizierte Einsprüche entschieden zurückzuweisen sind.

Die Kuratorin einer skandalösen Ausstellung zum Thema »Schlösser, Preußen, Kolonial« im Berliner Schloss Charlottenburg erklärte in einem Interview, dass man sich bemühe, »nicht unbewusst rassistische Bilder (zu) reproduzieren«, weshalb »Gruppen und Personen« an der Vorbereitung beteiligt würden, »die andere Erfahrungen machen und sich mit diesem Thema schon sehr lange auseinandersetzen«. Welche Personen und Gruppen, so war zu fragen, verfügen bei diesem Thema über Kenntnisse und Fähigkeiten, welche über die der Fachleute, der Museologen und Kunsthistoriker der Stiftung hinausreichten? Es handelte sich um »eine Ausstellung zur kolonialen Vergangenheit der Schlösser und Sammlungsbestände« der Stiftung Preußische Schlösser und Gärten Berlin-Brandenburg.[7]

Das Interview liest sich wie ein Kotau vor dem Zeitgeist zu Lasten der Wissenschaft und Glaubwürdigkeit der Stiftungsmitarbeiter. Die im Juli 2023 eröffnete Ausstellung bestätigte alle Befürchtungen. Sie stand alsbald wegen ihrer aktivistischen Anbiederei, der offenbarten wissenschaftlichen Unkenntnis bis hin zu methodischen Fehlern in der Kritik.[8] Diese wurde in einem Aufsatz von mir zusammengefasst.[8a] Wie einige Jahre zuvor bei der Ausstellung über den deutschen Kolonialismus im Deutschen Historischen Museum in Berlin[9] war eine Chance vertan worden.

Unüberlegte aktivistische Kampagnen provozieren in der Fachwelt nicht selten Widerspruch, aber zu oft Ignoranz oder müdes Lächeln. Viele Akademiker resignieren bereits. Ihnen möchte ich die Worte des Philosophen Arthur Schopenhauer entgegenhalten: »Wir sind nicht nur für das verantwortlich, was wir tun, sondern auch für das, was wir widerspruchslos hinnehmen.« In einem Interview appellierte Ian Buruma, Publizist und Schriftsteller und ehemaliger Chefredakteur der renommierten Zeitschrift *New York Review of Books*, an die Intellektuellen, deren Pflicht es sei, »Dinge zu hinterfragen und andere dazu zu bringen, das auch zu tun«. Gleichzeitig warnt er: »Die Idee, dass wir alle Repräsentanten unserer eigenen Kultur oder Ethnien sind und deshalb kein Recht hätten, aus einer anderen Perspektive zu schreiben, und dass es wichtiger ist, wer etwas sagt, als was er oder sie sagt – das halte ich für gefährlich.«[10]

Ich bin für Transparenz und demokratische Mitwirkung aller, wenn es um gesellschaftliche Fragen geht. Aber Fachfragen sollten von qualifiziertem Personal beantwortet werden. Die Historiografie ist eine akademische Disziplin und kein Fußballspiel, wo jeder Zuschauer automatisch es stets besser weiß als der Trainer. Weder Herkunft noch Hautfarbe ist eine hinlängliche Qualifikation etwa für die Kolonialgeschichte. Es macht sich nach meinem Eindruck inzwischen nicht nur in bildungsresistenten Kreisen, sondern auch in wissenschaftlichen Einrichtungen die Vorstellung breit, dass man sich durchaus an Klio vergehen könne.

Als würde man auf diese Weise einen vermeintlichen Elfenbeinturm schleifen und für egalitäre Demokratie sorgen.

Das ist demagogischer Unsinn.

Da ist viel Selbstüberschätzung im Spiel. Eine vermeintliche Kulturelite verbreitet sogenannte postkoloniale Theorien, die angeblich auf Antikolonialismus und Antirassismus fußen. Früher nannte man das Gutmenschentum, heute spricht man von *Wokeness* oder *Cancel Cultur*.

John McWhorter, Professor und renommierter Linguist, schreibt Kolumnen für die *New York Times*. Der Afroamerikaner hat das ins Deutsche übersetzte Buch »Die Erwählten«[11] veröffentlicht, in dem er die Antirassismus-Bewegung der vergangenen Jahre als »Religion« kritisierte. Vor allem deren weiße Anhänger hält er für *selbstverliebte Moralapostel*. In einem Interview sagte McWhorter: »Ich richte mich mit dem Buch und meiner Wut vor allem an die weißen Menschen, die sich als unsere Verbündeten bezeichnen, aber leider mehr daran interessiert sind, anderen zu zeigen, wie gut und tugendhaft sie sind, statt etwas dafür zu tun, dass sich das Leben der schwarzen Menschen ändert, die in Armut leben – ein Fünftel der schwarzen Bevölkerung.«

Es dürfte einige der von ihm kritisierten »Gutmenschen« irritieren, was er als Beispiel anführte: »Darüber, dass man als schwarzer Mensch in Amerika viel stärker gefährdet ist, von einem anderen Schwarzen in der eigenen Nachbarschaft getötet zu werden, sprechen Antirassisten deutlich weniger«. McWhorter begründet seine Kritik: »Ich nenne die Antirassisten von heute ›die Auserwählten‹, weil sie sich als Träger einer höheren Weisheit sehen. Sie glauben, dass sie eine Art gute Botschaft im Sinne des fundamentalistischen Christentums verbreiten, von der sie sich wünschen, dass der Rest der Welt dafür offener wäre. Sie sehen sich selbst als Leute, die der Zeit voraus sind, als eine besondere Klasse von Menschen mit einer unschätzbar wertvollen Einsicht.«

Auf die Frage, warum er diese Einstellung als Religion und nicht als Ideologie betrachtet, antwortete er (damit zugleich auch die antirassistischen Aktivisten in Deutschland charakterisierend): »Es ist hilfreich, Antirassismus nicht als Ideologie zu sehen, sondern eben als Religion. Denn es erklärt einem, warum man mit Argumenten und Logik bei den Auserwählten nicht weit kommt.«[12]

Ähnlich kritisch sieht es auch der Philosophie-Professor und einstige Staatsminister Julian Nida-Rümelin Er vermutet in den diesbezüglichen Diskussionen eine »gefährliche Nähe zu völkischen Identitäten«.[13]

Der Versuch, einen »Kulturwandel« in der deutschen Gesellschaft anzustoßen, führt dazu, dass selbst den krudesten Ansichten ein akademisches Mäntelchen umgehängt werden kann. Wer sich die Mühe macht und diesen Fantastereien auf den Grund geht, wird sehr schnell feststellen, dass ein auffälliges Merkmal von allen geteilt wird: ein mangelhaftes Geschichtsbewusstsein. Die »Argumente« kranken an einer unscharfen Begrifflichkeit, empirische Forschung wird durch Aktionismus ersetzt, und für alles Übel gibt es im Kern nur eine Ursache: alte weiße Männer.[14]

Als Afrika-, Missions- und Kolonialhistoriker sowie als habilitierter Politikwissenschaftler mit dem Schwerpunkt auf Themen des afrikanischen Kontinents habe ich Zeit meines Berufslebens in Lehre und Forschung vermieden, Menschen nach ihrer Hautfarbe zu unterscheiden, das heißt zu benennen. Nicht alle Afrikaner haben eine schwarze Hautfarbe, die »Indianer« sind nicht rot und die Asiaten nicht gelb. Ich habe auch noch nie einen wirklich weißen Menschen gesehen. Eine Ausnahme war das sogenannte *Whitefacing* in Afrika, womit nicht nur ich in der Dunkelheit beim Straßentheater erschreckt wurde. Wir sollten darum den Unsinn der Unterscheidung nach Hautfarbe als rassistisch ablehnen.[15] So wie es etwa der Hollywoodstar Idris Elba tat, der es sich verbat, nach seiner »schwarzen Hautfarbe« klassifiziert zu werden. Er beklagte sich Anfang 2023, dass es Menschen gäbe, die oft »von Diskussionen über Hautfarbe besessen« seien.[16]

Wer also nicht »Rassismen« bedienen will, sollte bei der Zuschreibung einer Menschengruppe nicht auf Hautfarben zurückgreifen, wobei es gleichgültig ist, ob man sie mit großen oder kleinen Buchstaben kennzeichnet. Für jeden mit der Wissenschaft vertrauten Menschen ist ersichtlich, dass man mit der Klassifizierung eines Menschen nach seiner Hautfarbe unliebsame und heftige Reaktionen hervorrufen kann. Derartiger Rassismus oder darauf beruhende Ressentiments existieren auf der ganzen Welt. Das wird auch jeder Europäer, der in Afrika außerhalb von Touristenressorts unterwegs ist, feststellen müssen.

Eine solche Fehlentwicklung, die einen »umgekehrten Rassismus« hervorruft, können Wissenschaftler, die ihren Beruf und ihre Berufung ernst nehmen, nicht negieren. Das gilt auch dann, wenn statt Rassismus der Begriff *Tribalismus* Verwendung findet. Rassismus bleibt Rassismus, und man muss ihn – in welcher Weise, aus welcher Richtung und in welcher Spielart er auch daherkommt – zurückweisen und bekämpfen.

Eile scheint geboten. Das Erheben der Stimme, um ein an der Realität ausgerichtetes Geschichtsbild zu vermitteln, kann nicht erst der nachfolgenden Generation überlassen werden. Denn dann könnte es bereits zu spät sein, wie es in einem Leserbrief mit einem originellen Appell um mehr Objektivität in der Zeitgeschichtsschreibung hieß: »Dies ist nur ein klitzekleines Beispiel, wie heutzutage schon Geschichte, die nur wenige Jahrzehnte zurückliegt, verschwimmt. Rechnet man das mit den Methoden von ›Zukunftsforschern‹ hoch, kann man mit ein wenig Kühnheit schließen: Heutzutage wird über den Großen Deutschen Bauernkrieg ein derartiger Blödsinn erzählt, dass einer, der damals dabei war, überhaupt nicht wüsste, wovon wir redeten, würden wir denn in seinem Beisein so über den Bauernkrieg reden.«[17]

Eigentlich sind Wortmeldungen zu Themen der Geschichte ohne historische Grundlagenkenntnisse nicht neu. Auch vorangegangene Generationen von Historikern hatten sich mit einem gewissen Dilettantismus herumzuschlagen. So fühlte sich ein Wissenschaftler schon in einer missionswissenschaftlichen Zeitschrift vor dem Ersten Weltkrieg zur Mahnung genötigt: »Geschichte kann nur jemand schreiben, der die Quellen kennt.«[18]

Auch der bedeutende Historiker Golo Mann (1908–1994) machte auf die Schwierigkeiten aufmerksam, über die Vergangenheit zu schreiben und die Geschichte zu verstehen. Er charakterisierte die Aufgaben der Historiographie und erklärte, was unter Geschichtsschreibung zu verstehen sei: »Das Unvergleichliche zu vergleichen; nach Kontinuitäten zu suchen, wo Neues ist; die Toten sprechen zu lassen, die zu uns nicht sprechen können, Identität im Wandel festzuhalten; Sinn zu suchen, wo zufällige Verbindungen sind – das sind die Anliegen der Historie.«[19]

Golo Manns Ausführungen mögen alle diejenigen, die meinen, gehaltlose Vorstellungen von der Vergangenheit in die Öffentlichkeit tragen zu müssen, zur Kenntnis nehmen und zum Nachdenken anregen. Vor allem, so Golo Mann, weil Denken helfen soll. »Es soll nicht lähmen und zerstören.« Vor allem deshalb, weil »die geschichtlichen Dinge unvergleichlich und auch vergleichlich (sind). Sie sind unvergleichlich, keine Situation ist wie die andere, Geschichte wiederholt sich nicht. Sie sind aber auch vergleichlich: da, wo wir verstehen, vergleichen wir – sei es direkt, das eine mit dem anderen, sei es indirekt, durch das Operieren mit Allgemeinbegriffen, die ihrerseits von einer Summe von Vergleichen herstammen. Je unvergleichlicher ein historischer Vorgang ist, desto weniger ist er uns verständlich; weshalb wir angesichts einer so noch nie dagewesenen Verbindung befreiender und erstickender Kräfte uns so ungeschickt aufführen.«[20]

Dass die hier genannten Erfordernisse für einen glaubwürdigen Blick in die Vergangenheit zwingend geboten sind, sollte unbestritten sein. Dafür notwendiges Wissen muss jedoch nicht in jedem Fall durch ein Geschichtsstudium erworben werden. Es gibt auch insbesondere regionalgeschichtlich Interessierte, sogenannte Hobbyisten, die sich autodidaktisch eine tiefe Teilkenntnis der Vergangenheit angeeignet haben. Sie verfügen nicht über eine universitäre historische Ausbildung, haben jedoch die Forschungsergebnisse der Fachwissenschaftler zur Kenntnis genommen, sich damit auseinandergesetzt und die Experten oftmals kontaktiert, sind mit diesen in einen Austausch getreten. Genau diese Bereitschaft, erworbenes Wissen zur Diskussion zu stellen, sich beständig weiterzubilden, ist das, was den von mir kritisierten »Bilderstürmern« fehlt.

Aber sich bilden, wenigstens darüber, worüber sie urteilen meinen zu müssen, wollen sie nicht, wie die zwei Bestseller-Autoren Precht und Welzer belegen. Die »historischen Bilderstürmer« schließen »systematisch das Verstehen und Erklären von historischen Entwicklungen« aus, zugunsten einer »moralischen Positionierung, die merkwürdig zeitenthoben und als solche ewig gültig zu sein scheint. […] Eine Kenntnis des zu Verurteilenden sowie des historischen und kulturellen Referenzrahmens […] scheint genauso wenig nötig für ein Urteil wie irgendeine qualifikatorische Befähigung der Urteilenden.«[21]

Da das Moralisieren in den öffentlich geführten Debatten immer mehr zunimmt, sei an dieser Stelle aus einer Kolumne des Philosophen

Michael Andrick zitiert, der sich mit dem »großen Trick«, wie er das Moralisieren nennt, befasst: »Eine öffentlich geäußerte Moralisierung ist Demagogie (Volksverhetzung). Gelingt sie, so wird die Debatte angstgelähmt, weil es sozial gefährlich erscheint, die moralisch stigmatisierten Ansichten zu äußern. Moralisierung und Demagogie sind der große Trick der kleinen Politiker, und davor zu kuschen ist Untertanenart. Ein Drittel der Deutschen sagt laut *Insa*-Erhebung (12/2023) immer unbeschwert seine Meinung, die anderen zwei Drittel tun dies nicht mehr. Der Spuk endet, sobald dieses Kuschen endet.« Ostentativ stellt er fest: »Wer den großen Trick zur rechten Zeit anwendet und sich dabei in Pose zu werfen weiß, der kann mit fast allem davonkommen: mit eindeutiger Inkompetenz und erwiesenen Lügen, mit einer selbstgemachten Rezession, mit sichtbarer Korruption, mit Ausverkauf heimischer Interessen an ausländische Mächte, mit Volksverhetzung gegen Minderheiten und sogar mit Totschlag durch unterlassenes Unterlassen wider besseres Wissen.«[21a]

Wo kann man also nach den Ursachen suchen, warum so viele bildungsresistente Laien meinen, ihren begrenzten Wissenshorizont als sogenannte Aktivisten darbieten zu müssen? Eine Möglichkeit ist sicherlich in der Tatsache zu suchen, dass ungebildete Personen sich oft lautstark in die Öffentlichkeit drängen, weil ihnen in der einen oder anderen Weise Politiker vorführen, dass man auch etwas erreichen kann, ohne über eine ausreichende Bildung zu verfügen. In den letzten Jahren sind einige Beispiele dafür bekannt geworden. Der Verfasser erlaubt sich deshalb, an eine zumindest damals sicherlich noch recht unbedarfte Politikerin zu erinnern, an eine Studentin, die als Chefin einer Partei in einem Bundesland fungierte. Der Presse zufolge verlor sie wegen unverhohlener eigener Interessen die Unterstützung ihrer Partei sowie ihr Amt und kündigte daraufhin an, nunmehr ihr Studium der Politik- und Verwaltungswissenschaft beenden zu wollen.[22] Sollte man nicht annehmen, dass zu einer herausgehobenen Position in der Politik zunächst die Aneignung von Wissen und sonstigen Lebenserfahrungen im Studium und Beruf gehört? Aber das scheint heute häufig nicht mehr als notwendig erachtet zu werden. Oder wie ist es zu werten, dass Studienabbrecher – wie Ricarda Lang und Omnid Nouripour von den Grünen – sogar Co-Vorsitzende einer im Bund mitregierenden Partei werden konnten? Oder Katrin Göring-Eckardt, ebenfalls von dieser Partei, die ihr Studium der evangelischen Theologie abbrach und Fraktionsvorsitzende im Bundestag wurde. Paul Ziemiak, Fraktionsvorsitzender der CDU im Bundestag, bestand das Erste Juristische Staatsexamen nicht, er wechselte an die Business and Information Technology School in Iserlohn, wo er das Fach Unternehmenskommunikation belegte. Auch dieses Studium schloss er nicht ab.[23] Die Grünen-Politikerin Claudia Roth, die schon mehrfach hohe Funktionen in ihrer Partei, im Bundestag und in der Regierung ausgeübt hat, hatte ihr Studium desgleichen nicht beendet.[24]

Den Abschluss ihres Jurastudiums gelang hingegen der Grünen-Staatsministerin im Auswärtigen Amt, Katja Keul, die jedoch in anderer Hinsicht durch Nichtwissen auffiel. Denn vermutlich ohne Rücksprache mit Fachleuten verkündete sie nach einer Afrikareise, dass es »höchste Zeit« sei, die deutsche Kolonialgeschichte in Tansania aufzuarbeiten.[25] Ein Blick in die hervorragende Bibliothek des Auswärtiges Amts hätte sie eines Besseren belehrt. Die Geschichte der ungleichen deutsch-tansanischen Beziehungen ist eine der zentralen Forschungsrichtungen der kritischen deutschen Kolonialgeschichtsschreibung seit Anfang der 1960er Jahre.[26]

Diese Hinweise auf den Bildungs- und Berufsstand »unserer« Politiker sind nicht ein Herabsehen eines Akademikers auf diese Leute, sondern bringen eine von vielen anderen Bürgern geteilte Besorgnis zum Ausdruck. So kann man etwa Leserbriefen entnehmen, dass es sicherlich nicht unbedeutend wäre, einmal »zu hinterfragen, warum in unserer Regierung so viele Politikerinnen und Politiker sitzen, die weder einen Berufs- noch einen Studienabschluss haben und nur gut reden können, ohne etwas zu sagen.« Ein anderer Bürger meinte, dass diese Politiker ohne Ausbildung »sich einfach überschätzen. Politik verlangt Profis und keine Amateure.«[27]

Ist ein durch Berufs- oder Studienabschluss bereits manifestierter Rückschluss auf das Bildungsniveau deutscher Politiker schon erschrekkend, so ist es weder Schulkindern noch Kollegen aus dem Ausland erklärbar, dass eine beim Plagiieren ertappte Politikerin, die wegen »Täuschung über die Eigenständigkeit ihrer wissenschaftlichen Leistungen«[28] ihr Amt als Bundesfamilienministerin aufgeben musste, Regierungschefin der deutschen Hauptstadt werden und dann bis zu einer Neuwahl 2023 auf ihrem Posten verbleiben konnte.[29] Oder dass ein deutscher Verteidigungsminister einige Jahre zuvor im Zuge einer Plagiatsaffäre um seine Dissertation seinen Hut nehmen musste, freilich erst, nachdem die Staatsanwaltschaft strafrechtlich relevante Urheberrechtsverletzungen festgestellt hatte.[30] Zu Beginn des Jahres 2024 erschütterte wieder einmal ein Plagiatsfall die deutsche Öffentlichkeit. Dieses Mal betraf es die Berliner Senatorin Manja Schreiner (CDU), eine Juristin.[31] Die Universität Rostock, an der sie 2007 promoviert wurde, entzog ihr den Doktortitel. Schreiner trat daraufhin von ihrem Amt zurück.[31a]

Es ist schon sehr verwunderlich, dass Konsequenzen aus nachgewiesene Mogeleien, die Aneignung bzw. Diebstahl geistigen Eigentums darstellen, von Politikern und von Medien beschönigend als »respektabel« und nicht »politisch unvermeidlich« bezeichnet wurden. Der Regierende Bürgermeister von Berlin, der Dienstvorgesetzte der zurückgetretenen Senatorin, war auch der Meinung, dass der Rücktritt seinen Senatorin ein »sehr respektabler Schritt« gewesen sei. Auch die SPD-Politikerin Franziska Giffrey, aktuell Wegners Stellvertreterin, und Senatskanzleichef Florian Graf (CDU), waren die Doktortitel entzogen worden.[31b]

Eine andere deutsche Politikerin wurde Bundesaußenministerin, nachdem sie angeblich promovieren wollte, dieses Vorhaben jedoch abbrach, weil sie sich ihrer Karriere widmen wollte. Eine der Granden ihrer eigenen Partei bezeichnete sie mal als »die schrillste Trompete der neuen antagonistischen NATO-Strategie«.[32] Sie hatte jedoch genügend Zeit, ein Buch zu schreiben[33], in welchem es nach Ansicht des Medienspezialisten Stefan Weber[34] Urheberrechtsverletzungen gibt.[35] Die Frage sei erlaubt, ob ihr für Deutschland sehr blamables Auftreten vor allem daran liegt, dass ihr Erfahrung, also Ausbildung, fehlt? Die Kritik am Bildungsniveau der Politiker sowie deren Resistenz gegenüber einen Berufsabschluss kommt nicht nur von außerhalb der politischen Elite in Deutschland, sondern zuweilen auch aus diesem Kreis selbst. So kritisierte die ehemalige Bundestagsabgeordnete der Linken, Sabine Zimmermann, dass es ein »riesiges Problem« sei, dass viele Politiker »nie wirklich gearbeitet« haben. Dabei seien mindestens drei bis fünf Jahre praktische Arbeit notwendig, »um überhaupt wissen zu können, wie es den Menschen im Land ergehe«.[35a]

Ein klassisches Beispiel ist ein junger Mann, Vorsitzender der Jugendorganisation einer Regierungspartei einst und dann deren Generalsekretär. Er brach ein Hochschulstudium ab, begann an einer anderen Universität ein neues, das er aber auch nicht vollendete. Geld verdiente er vor seiner Politikerkarriere in einem Callcenter, wie es hieß.[36]

Und ausgerechnet eine deutsche Ministerin, die für Bildung und Forschung in der Bundesregierung verantwortlich war, verlor wegen Plagiatsvorwürfen im Jahre 2013 ihren Doktortitel und trat zurück. Für eine Funktion als deutsche Botschafterin beim Heiligen Stuhl reichte es aber noch.[37] Im Internet werden 26 Plagiatsfälle von deutschen Politikern gelistet.[38]

Den Vogel aber schoss wohl im Mai 2023 die Grünen-Politikerin Emila Fester ab. Sie konnte die Frage, wann der Staat, dessen Repräsentantin sie als Bundestagabgeordnete war, gegründet worden ist, nicht beantworten.[39] Da wundert es dann nicht, dass sie auch eine noch schwierigere Frage zum deutschen Kanzler Bismarck nicht beantworten konnte.[40] Genug der Peinlichkeiten, die einiges über das Niveau deutscher Politiker und damit auch etwas über deren Politik aussagen. Wer mehr dazu lesen möchte, kann es in den zitierten und in vielen weiteren Zeitungsartikeln tun.[41]

Alexander King, der bis Ende 2023 für die Linke im Berliner Abgeordnetenhaus saß, machte auf die Gefahr aufmerksam, die mit dieser Personalpolitik zum Vorschein kommt, nämlich dass diese von der aktiven politischen Teilhabe abschrecke. Diese bliebe zunehmend einer Beteiligungselite vorbehalten, die sich aus recht engen soziokulturellen Milieus rekrutieren würde. Beim Publikum entstehe »Wut über junge Studienabbrecher in der Politik«. Und: »Viele fragen sich: Was wissen diese Politiker über unser Leben als Arbeitnehmer, als Eltern?[42]

Zum politischen Schaden, den solche Politiker anrichten, rechnet der Vroni-Plag-Gründer Martin Heidingsfelder ebenfalls, dass etwa die des Plagiats überführte Giffey (SPD), einst Regierende Bürgermeisterin von Berlin, sich nicht von der politischen Bühne verabschiedete. Sie machte als Senatorin für Wirtschaft, Energie und Betriebe weiter. »So schadet sie weiter jeden Tag dem Ansehen der Politiker und der Sozialdemokraten in Deutschland.« Man könne« auch Martin Huber von der CSU und Bijan Djir-Serai von der FDP nennen«.[42a]

Liegt es angesichts von so viel Unbildung, persönlichem Unvermögen sowie nicht entschuldbarem Fehlverhalten nicht ebenfalls nahe, dass solche

»Vorbilder« bei weniger prominenten, insbesondere jungen Menschen Nachahmer finden, auch wenn es nicht um Erwerb und/oder Verlust eines akademischen Grades geht? Es liegt in der Natur der Sache, dass es angesichts solcher Unglaublichkeiten umso notwendiger wäre, sich Kenntnisse anzueignen, wenn es um weltgeschichtliche Fragestellungen wie die zur Kolonialgeschichte geht. Dennoch wollen da viele mitreden, obgleich ihnen meist die geringsten kognitiven Voraussetzungen fehlen. Zu befürchten ist, dass dabei Ansichten, die auf faktisch wie interpretatorisch falschen historischen Voraussetzungen basieren, zu Überzeugungen werden können. Es ist zu beobachten, dass dergleichen schon jetzt gegen die von Experten erarbeiteten Wissensbefunde eingesetzt wird. Bildungsunwille und ideologische Verbohrtheit sind neben den von Politikern abgeschauten Mogeleien und ausgeprägter Lernunwilligkeit wohl die Ursachen für die Handlungen der sich permanent selbst überschätzenden Bilderstürmer.

Ein solches Vorgehen, mag es auch manches Mal auf gut gemeinten Absichten gründen, schadet den auf jahrelanger Forschungsarbeit beruhenden Ergebnissen der kritischen Kolonialgeschichtsschreibung. Wenn diejenigen, die das unwissenschaftliche Vorgehen vorantreiben, sich dazu bereit fänden, sich mit wissenschaftlichen Argumenten zu befassen, würde das vielleicht beiderseits zu Erkenntnissen führen. Das könnte in einer noch zu schaffenden Begegnungs- und Bildungsstätte – wie es schon einige Male für Berlin angemahnt wurde[43] – geschehen. Erfolge in der antikolonialen Erziehung und Weiterbildung blieben dabei sicherlich nicht aus. Dann müsste beispielsweise der Sprecher der Initiative Schwarzer Menschen in Deutschland, Tahir Della, »mangelndes Bewusstsein und die fehlende Bereitschaft, sich mit der deutschen Kolonialgeschichte auseinanderzusetzen«, nicht mehr beklagen.[44]

Etwa ab Mitte des Jahres 2013 konnte man in Berlin erleben, wie – begleitet von einem ziemlich breiten öffentlichen Interesse – ohne wissenschaftlichen Hintergrund historische Fakten gefälscht, missachtet, kritiklos kolportiert, verdreht oder schlichtweg negiert wurden. Gemeint sind damit die Bemühungen zur Umbenennung der Mohrenstraße in Berlin-Mitte. Dagegen gab es verschiedentlich Proteste von Wissenschaftlern, vielen allerdings erschien ein Engagement, wie es hieß, zu dumm und unter ihrem Niveau. Sie hofften auf eine spätere demokratische Befragung der Anwohner und gegebenenfalls auf eine Umbenennung der Umbenennung. Eine gewisse Resignation war aber schon damals zu beobachten. Auf die möglichen Gründe verweist ein Technikphilosoph der Universität Amsterdam in einem Artikel über die Bedrohung der Gedankenfreiheit an verschiedenen Universitäten: »Niemand wagt es, aufzustehen. Die Menschen haben Karrieren, Hypotheken, Kinder und sind auf Forschungsteams angewiesen. Wenn sie etwas Falsches sagen, können sie Ihre Karriere verlieren.«[45] Auch die US-amerikanisch-schweizerische Schriftstellerin Donna Leon beklagte eine neue Welt der Zensur, die auf uns zugerollt sei.[46]

Texte zur Entstehung des Namens »Mohrenstraße« und weitere in den letzten Jahren von mir verfasste Aufsätze zur Geschichte der deutschen Außenbeziehungen und deren oftmals verqueren Widerspiegelung in der Öffentlichkeit, in populären wie auch in wissenschaftlichen Publikationsorganen, finden sich in dieser Streitschrift.

Zwischen den behandelten Themen besteht kein direkter inhaltlicher Zusammenhang, wenn man von dem übergeordneten Aspekt absieht, dass es immer um Beziehungen aus der deutschen Vergangenheit zu Menschen und Regionen in Übersee und darum geht, wie diese Beziehungen im gegenwärtigen Deutschland ein unrealistisches Narrativ beeinflussen oder sogar bestimmen. Einige Kapitel sind schon einmal in der einen oder anderen Form veröffentlicht worden, andere liegen als Manuskripte vor und sollen demnächst in Zeitschriften publiziert werden. Sie alle wurden für diese Publikation überarbeitet und vor allem aktualisiert. Ich hatte sie geschrieben, weil ich der tiefen Überzeugung bin, dass man die Verbreitung von alternativen Fakten, Fantastereien und Unsinnigkeiten entlarven und zurückweisen muss. Damit möchte ich nicht zuletzt Kolleginnen und Kollegen anregen, über den eigenen wissenschaftlichen Kompetenzbereich hinauszuschauen, nicht zu resignieren und sich ebenfalls gegen die Verfestigung haltloser Vorstellungen jenseits der Realitäten zu Wort zu melden. Denn es gilt, die Stimme zu erheben gegen Stümper und Dilettanten, die mit zweckgebundenem Ehrgeiz die gewünschten Beweise abzuleiten versuchen.

Das für den Frieden der Gesellschaft und den Fortschritt in der Wissenschaft verhängnisvolle Bemühen, in selbst erdachten Fantasievorstellungen, die dann als Theorien ausgegeben werden, um darin nach Theorien zu suchen, ist der untaugliche Versuch, Begriffe zu Metabegriffen zusammenzufügen und sich unter diesem Schirm wiederum neue Fantasien auszudenken. Das ist ein gefährlicher Versuch, um anstehende Probleme nicht lösen zu müssen. Ein solches Vorgehen gefährdet – insbesondere dann, wenn es durch Politiker begünstigt wird – die Demokratie. Denn die Freiheit der Wissenschaft und das Recht, dass ihre Erkenntnisse verbreitet werden können und die Ergebnisse von jahrelanger Ausbildungs- und Forschungsarbeit Anerkennung in wissenschaftlichen und politischen Debatten finden, sind ebenso Grundpfeiler der Demokratie wie die Forderung, dass sie bei der Gestaltung der Politik berücksichtigt werden.

Zudem haben gerade globalen Charakter aufweisende Themen wie die Auseinandersetzung mit der kolonialen Vergangenheit Deutschlands in Ländern der überseeischen Welt Einfluss auf die innere Sicherheit unseres Staates. Es muss beispielsweise möglich sein, Widerspruch einzulegen, wenn ein junger Senegalese in einem vom Berliner Senat finanzierten Projekt entschieden feststellt, dass in deutschen Museen und Galerien lagernde Objekte, die aus anderen Kulturregionen stammen, dort eigentlich nicht hingehören. Seiner Meinung nach müsse nun »alles zurück«, so Ibou Diop, »wenn man es wirklich ernst nimmt, denn Dekolonisierung hat Konsequenzen«. Dabei macht er keinen Unterschied zwischen der Rückgabe menschlicher Gebeine – Forschungen zu deren Herkunft[47] sind in Deutschland längst im Gange – und wirklichem Raubgut aus Deutschlands ehemaligen Kolonien. Auch ansonsten riefen seine weitgehend auf einem unwissenschaftlichen Narrativ der deutschen Kolonialgeschichte beruhenden Verlautbarungen in einem Interview[48] vom September 2022 bei einigen Lesern Befremden hervor.

Damit nicht genug. Ibou Diop schürt in der deutschen Bevölkerung durch einen »umgekehrten Rassismus« Unverständnis, wenn nicht sogar Angst, wenn er behauptet: »Deutschland ist nicht weiß, war nie weiß und wird auch nie weiß sein.«[49] Solche Aussagen sind willkommene Argumente für rechtsextreme, für rassistische Kräfte und rufen Befürchtungen bei denjenigen hervor, die sich um ihre Zukunft und die ihrer Familien, um Traditionen und Werte sorgen.

Fakt ist und sollte auch bei denen, die sich ohne solche zu kennen und sich dennoch öffentlich zu Wort melden, selbstverständlich sein, dass nur wissenschaftliche Erkenntnisse auf der Grundlage von Tatsachen die täglichen politischen Herausforderungen meistern und unser Wissen erweitern können. Nicht das im Spekulativen hindämmernde Denken von Menschen, die bislang keinerlei Interesse an der Weiterbildung ihrer begrenzten Befähigung erkennen lassen. Man stellt dergleichen leicht fest, wenn man sich bei den unbedarft Diskutierenden und Fordernden nach den Hintergründen ihres vorgeblichen Wissens oder nach Berufsausbildung und Studium und Qualifikation erkundigt.

Wenngleich im Folgenden die Missdeutungen und bewussten Verdrehungen von Erkenntnissen aus einem Teilgebiet der Geisteswissenschaften im Mittelpunkt stehen, soll – quasi als Beleg, dass die Missachtung wissenschaftlicher Einsichten kein singuläres Problem in unserer Gesellschaft darstellt – in aller Kürze auf die Naturwissenschaften hingewiesen werden. Das macht deutlich, dass die Geringschätzung der Wissenschaft bereits angesichts kurzsichtiger politischer Interessen weit fortgeschritten ist. Ich beziehe mich hierzu auf einen Artikel des seit dreißig Jahren auf dem Gebiet des Klimawandels, insbesondere der Thermodynamik forschenden Physik-Professors Werner Ebeling von der Humboldt-Universität zu Berlin, der an die Bundesregierung appelliert hatte, dass es im Kampf um den Klimawandel effektiver wäre, wenn »Gesellschaft und Politik eine bessere Kenntnis der Gesetze der Naturwissenschaft und besonders der thermodynamischen Grundlagen hätten«.

Aus seinen interessanten, zugleich besorgniserregenden Ausführungen sei nur ein Beispiel herausgegriffen und hier zitiert: »Es war ein Fehler der Bundesregierung, dass die BRD den Export von Kraftwerken faktisch gestoppt hat. Diese Kraftwerke waren mal ein Exportschlager und erzielten einen Wirkungsgrad von 50 Prozent oder sogar mehr, gegenüber von etwa 30 Prozent Durchschnitt der Effizienz der Erzeugung elektrischer Energie in den Entwicklungsländern. Was hätte wohl Helmholtz dazu gesagt, das die Politik freiwillig auf den Export von Kraftwerken verzichtet, die in 20 bis 30 Jahren eine drastische weltweite Reduzierung des CO_2-Ausstoßes von Kraftwerken um etwa die Hälfte bedeutet hätte? Andererseits hatte man offenbar keine Bedenken, den Export von einer Million Granaten und Bomben zu beschließen. Die werden beim Einsatz eine gewaltige Zerstörung und einen nicht verantwortbaren CO_2-Ausstoß verursachen. Wenn damit eine Million Häuser zerstört werden, entstehen in der Bilanz Klimaschäden, die weitaus größer sind als die eher bescheidenen Gewinne unterm Strich durch das neue Gebäudeenergiegesetz.«[50]

Wie erwähnt, sind einige Kapitel bereits veröffentlicht worden oder liegen druckreif zur Einzelveröffentlichung vor. Auch wenn versucht worden ist, Dopplungen zu vermeiden, kann nicht ausgeschlossen werden, dass der eine oder andere Gedanke oder ein Argumentationsmuster bereits in einem vorhergehenden Kapitel ausgeführt wurde. Das trifft insbesondere auf die in den Fußnoten platzierten bibliographischen Angaben zu, die zur Untermauerung, zur Weiterinformation oder als Beleg einer Argumentation bzw. eines Zitats in mehreren Kapiteln auftauchen können.

Da die einzelnen Kapitel ursprünglich für verschiedene Journale vorgesehen waren, die unterschiedlichen Ansprüchen der Leser entsprechen sollten, gleichen sie sich nicht immer in Stil und Argumentationsaufbau. Dazu gehört, dass beim Schreiben berücksichtigt werden musste, wie viel Hintergrundwissen und Kenntnis vom Dargelegten bei den Lesern etwa eines Fachjournals vorausgesetzt werden kann, während andere Veröffentlichungen sich an ein breiteres Publikum wenden. Bei der Bearbeitung der hier zusammengefügten Texte, vor allem bei den notwendig gewordenen Aktualisierungen und Ergänzungen habe ich mich bemüht, die Wissenschaftlichkeit der Aussagen populär zu vermitteln.

Im Fußnotenapparat wird auf eine Fülle von Fach- und Populärliteratur sowie Zeitungs- und Zeitschriftenartikel verwiesen. Dies erfolgt nicht nur, um Aussagen im Text, vor allem Zitate, zu belegen, sondern um damit zugleich auf vorhandene Fachbücher und Studien hinzuweisen. Denn damit wird belegt, dass bereits eine Fülle »kolonialer Aufarbeitungsliteratur« existiert. Das ist durchaus als Antwort auf die immer wieder von Aktivisten erhobene Forderung zu verstehen, man müsse endlich die deutschen Kolonialgeschichte aufarbeiten. Dieser Appell gründet erkennbar auf Unwissenheit und ist zudem billig. Es gibt bereits eine große Menge an deutschsprachiger Literatur, die in deutschen Bibliotheken leicht einzusehen oder zu beschaffen ist. Bei der Lektüre wird man leicht feststellen können, was alles bereits »aufgearbeitet« worden ist.

Wenn sich Fragen ergeben, die in anderen Kapiteln oder auch mithilfe der Literatur im Fußnotenapparat nicht beantwortet werden können, so sei auf die am Ende dieses Buches angeführte Fachliteratur verwiesen. Interessierte Leser können dort weiterführende Literatur finden, die nicht nur einen Gesamtüberblick über die deutsche koloniale Vergangenheit bietet, sondern in den Bibliographien auf ausgewählte Fachliteratur zu speziellen Fragestellungen verweist.

Wenn in den Texten die männliche Form, so wie es die deutsche Sprache mit dem generischen Maskulinum vorschreibt, benutzt wird, so sind selbstverständlich damit auch beteiligte Frauen gemeint.

Die Mehrzahl der nachfolgenden Kapitel befasst sich mit der Zeit der Entdeckung, Erforschung und der kolonialen Unterwerfung der Welt im 18. und 19. Jahrhundert und den postkolonialen Folgen. Im Mittelpunkt stehen die Verdrehungen und Unwahrheiten, die von unbedarften Aktivisten und ihren Sympathisanten in den Redaktionsstuben an die Öffentlichkeit getragen werden. Sie erweisen damit der kritischen Kolonialgeschichtsschreibung einen Bärendienst. Es wird deshalb in dem vorliegenden Buch versucht, sich mit solcher Pseudoscience auseinanderzusetzen, um auf die Gefahren solcher Geschichtsklitterungen hinzuweisen und zugleich ein reales Geschichtsbild auf den Stand der gegenwärtigen Forschungen offerieren zu können.

Das letzte Kapitel befasst sich mit einem Vorgang aus der Geschichte der DDR, in dem Menschen vom afrikanischen Kontinent im Mittelpunkt stehen. Abgesehen von der Tatsache, dass bei der Erzählung eine gehörige Portion Anti-DDR-Haltung eine starke, für jeden unvoreingenommenen Leser ersichtliche Rolle spielt, offenbart dieses Kapitel auch, wie nachlässig mit geschichtlichen Fakten umgegangen wurde und wird. Und wie in jedem der behandelten Beispiele Menschen, zumeist Afrikaner, herabgewürdigt und beleidigt werden. Leichtfertiger Umgang mit der historischen Wahrheit ist letztlich eine Form von rassistischer, zumindest paternalistischer Überheblichkeit, die leider, so meine subjektive Beobachtung, stetig zunimmt.

Danksagung

Vor der Zusammenstellung dieser Streitschrift habe ich von vielen Kollegen und Freunden Anregungen, Zuspruch und Interesse erfahren, nachdem ich schon öfter meine Stimme in Form von Artikeln, Vorträgen und Interviews erhoben hatte, um auf die vielen – vor allem mit Themen der überseeischen Geschichte befassenden – Historikern an die Berufsehre gehenden Unsinnigkeiten aufmerksam zu machen.[51]
Allen, die mich, in welcher Weise und Intensität auch immer, mit Ratschlag und Beistand unterstützt haben, gilt mein Dank. Meine ausdrückliche Dankbarkeit gebührt meiner Mitarbeiterin Cornelia Beyer, die mir seit Jahren bei meinen Forschungen geholfen hat –, auch dabei, die Ergebnisse zu Papier zu bringen. In Dankbarkeit verbunden bin ich auch P. Werner Lange, der ein Kenner der geographischen Entdeckungsgeschichte ist und sich mehrfach langfristig in Afrika aufhielt. Er hat ein Kapitel für diese Streitschrift beigesteuert.
Danken möchte ich auch für die mannigfache Unterstützung bei der Fertigstellung dieses Buches Dr. Ernst-Günter Lattka, Dr. Barbara Offenhaus, Dr. Jutta Kirsch, Dr. Katrin Liebich sowie meiner Lebenspartnerin Mingshan Fischkorn.

Ulrich van der Heyden
Berlin, im Januar 2025

Anmerkungen

1 de Bruyn, Günter: Erzählung für Freunde der Literaturgeschichte, 3. Aufl., Halle/Leipzig 1978, S. 119.

1a Neiman, Susan: Das Böse denken. Eine andere Geschichte der Philosophie, 3. Aufl., Berlin 2006; dies.: Links ist nicht woke, Berlin 2023.

2 Vgl. Historiker warnt vor Verteufelung Preußens, in: *Neues Deutschland*, 13.02.2023.

3 Markert, Karin: Geschichtsbewusstsein fehlt, in: *Märkische Allgemeine Zeitung*, 4./5.02.2023.

4 Teuteberg, Linda: Preußen-Debatte. Demokratie braucht Bewusstsein für Geschichte, in: *Der Tagesspiegel*, 4.02.2023.

5 Tkalec, Maritta: Was ist so schlimm am Preußischen?, in: *Berliner Zeitung*, 3.04.2023.

6 Preußische Schlösser gegen Umbenennung, in: *Der Tagesspiegel*, 8.02.2023.

7 »Es geht auch um das Verlernen von eingespielten Denkweisen«, in: Sans, Souci, hrsg. von Stiftung Preußische Schlösser und Gärten Berlin-Brandenburg in Kooperation mit Der Tagesspiegel, April-Juni 2023, S. 7.

8 Vgl. beispielsweise Kilb, Andreas: Friedrichs schwarzer Fleck, in: *Frankfurter Allgemeine Zeitung*, 5.07.2023; Tkalec, Maritta: Toxischer Besitz. Wer fürchtet sich vor der Entkolonisierung?, in: *Berliner Zeitung*, 10.07.2023; Bernau, Nikolaus: Koloniale Kontinuitäten in Museen. Wie eine deutsche Institution ihre eigene Sammlung befragt, in: *Der Tagesspiegel*, 3.07.2023.

8a van der Heyden, Ulrich: Alternative Fakten zur Demontage eines selbsterfundenen Popanzes. Eine Analyse des Ausstellungskatalogs »Schlösser Preußen Kolonial«, in: *Museum aktuell. Die aktuelle Fachzeitschrift für die deutschsprachige Museumswelt*, Nr. 293, München 2023, S. 11-16.) Es entspann sich eine öffentliche Diskussion in dieser Fachzeitschrift, in der durchweg in Leserbriefen von Fachleuten ebenfalls Kritik an der Ausstellung geübt wurde (siehe die Nummern 294, 295+296 und 297). Auf eine Einsicht des für diese blamable Exposition letztlich verantwortlichen Generaldirektors der SPSG oder gar eine Entschuldigung warteten die enttäuschten Besucher sowie Fachhistoriker, die Hilfe angeboten hatten, vergebens.

9 Vgl. van der Heyden, Ulrich: Eine vertane Chance. Bemerkungen zu Ausstellung und Katalog des Deutschen Historischen Museums zur deutschen Kolonialgeschichte, in: *Jahrbuch für Europäische Überseegeschichte*, Bd. 17, Wiesbaden 2017, S. 245–249. Siehe ebenfalls die weiteren dort publizierten kritischen Einschätzungen zur Exposition.

10 Bax, Daniel: »Eine Debatte zu unterbinden, ist nie gut«. Interview mit Ian Buruma, in: *Der Tagesspiegel*, 11.07.2023.

11 McWhorter, John: Woke Racism. How a New Religion Has Betrayed Black America, New York 2021. Deutsche Übersetzung: Die Erwählten. Wie der neue Antirassismus die Gesellschaft spaltet, Hamburg 2021.

12 Chaimowicz, Sascha: »Die Idee, dass die Weißen ganz anders über uns und sich nachdenken sollten, hilft uns nicht weiter«. Interview mit John McWhorter, in: *ZEITmagazin*, Nr. 5, Hamburg 2022. URL: *https://www.zeit.de/zeit-magazin/2022/05/john-mcwhorter-die-erwaehlten-antirassismus-bewegung-kritik* (letzter Zugriff: 11.08.2023.

13 Schlenz, Kersten: »Ich glaube, die Bevölkerung ist jeder Art der Bevormundung leid«. Interview mit Julian Nida-Rümelin, in: *Stern*, 20.07.2023, S. 72.

14 Vgl. Buch, Hans Christoph: Das koloniale Durcheinander ist unerschöpflich, in: *Berliner Zeitung*, 29.05.2021.

15 Vgl. zur kritischen Auseinandersetzung mit diesem Begriff Bolz, Norbert: Der alte weisse Mann. Sündenbock der Nation, München 2023.

16 Elba lehnt Fokus auf seine Hautfarbe ab, in: *Märkische Allgemeine Zeitung*, 11.12.2023.

17 Schulze, Rainer: Ein Hoch aufs ostdeutsche Bahnhofskino, in: *Neues Deutschland*, 10.11.2015.

18 Kriele, Ed.: Literaturbericht, in: *Allgemeine Missions-Zeitschrift*, Bd. 38, Berlin 1911, S. 435.

19 Zit. in Schuster, Jacques: Warum Götz Aly nicht Professor werden darf, in: *Die Welt*, 22.03.2011.

20 Mann, Golo: Der goldene Mittelweg. Notizen zu Problemen der Geschichtsschreibung, in: *Merkur. Deutsche Zeitschrift für europäisches Denken*, Nr. 101, München 1956, S. 697-702.

21 Precht, Richard David/Welzer, Harald: Die vierte Gewalt – Wie Mehrheitsmeinung gemacht wird, auch wenn sie keine ist, Berlin 2022, S. 237f.

21a Andrick, Michael: »Wir konnten nicht anders«, in: *Berliner Zeitung*, 16.01.2024.

22 Vgl. »Untragbares Verhalten«. Brandenburger Grüne werfen Chefin raus, in: *Focus online*, 20.02.2023; Brandenburgs Grüne feuern Partei-Chefin, in: *B.Z. am Sonntag*, 19.02.2023; Brandenburger Grünen-Vorsitzende tritt überraschend zurück, in: *Die Welt*, 19.02.2023.

23 Eintrag »Ziemiak, Paul«, in: Munzinger Online/Personen – Internationales Biographisches Archiv. URL: *http://www.munzinger.de/document/00000030209*. (letzter Zugriff: 3.04.2023).

24 Vgl. BK: Warum machen so viele Studienabbrecher Karriere in der Politik, in: *Berliner Kurier*, 20.08.2020.

25 Vgl. BRD will Kolonialgeschichte in Tansania aufarbeiten, in: *junge Welt*, 21.03.2023.

26 Da dieser Fakt schon den interessierten Studenten des ersten oder zweiten Semesters bekannt ist, sollen hier die in großer Anzahl vorliegenden Forschungsarbeiten (übrigens auch von ehemaligen wissenschaftlich gebildeten Diplomaten aus ihrem eigenen Hause) nicht aufgeführt werden; einige finden sich in der vorliegenden Publikation. Vgl. dennoch eine themenbezogene Aufstellung (bis Anfang der 1990er Jahre) bei van der Heyden, Ulrich: Auswahlbibliographie zur Missions- und Kolonialgeschichte Deutsch-Ostafrikas/Tanzanias, in: ders./Brose, Wilfried (Hrsg.): Mit Kreuz und deutscher Flagge. 100 Jahre Evangelium im Süden Tanzanias. Zum Wirken der Berliner Mission in Ostafrika, Münster/Hamburg 1993, S. 167-176. Zu seit jenem Zeitpunkt weiter erschienenen Fachliteratur vgl. ders.: Tansania in der DDR-Wissenschaft. Eine paradigmatische Untersuchung der Afrika- und Kolonialgeschichtsschreibung in der DDR, in: ebenda, S. 149–168. Um nur einige konkrete Beispiele anzuführen, die belegen, wie berechtigt die Kritik an der Aussage der Staatssekretärin ist, sei es erlaubt, auf einige derjenigen Publikationen zu verweisen, die der Verfasser dieser Arbeit geschrieben oder herausgegeben hat oder in den von ihm verantworteten Buchreihen erschienen sind, vor allem Becher, Jürgen: Dar es Salaam, Tanga und Tabora. Stadtentwicklung in Tansania unter deutscher Kolonialherrschaft (1885-1914), Stuttgart 1997; van der Heyden, Ulrich/Benger, Franziska (Hrsg.): Kalter Krieg in Ostafrika. Die Beziehungen der DDR zu Sansibar und Tansania, Münster 2009; van der Heyden, Ulrich: Kolonialer Alltag in Deutsch-Ostafrika in Dokumenten, Berlin 2009; ders.: Julius Oelke. Als Missionar in Ostafrika. Erinnerungen aus den Jahren 1905-1959, Bremen 2014; von Hammerstein, Katharina (Hrsg.): Frieda Freiin von Bülow. Reiseskizzen und Tagebuchblätter aus Deutsch-Ostafrika, Berlin 2012; Henschel, Johannes (Hrsg.): Argwöhnisch beobachtet. Das gespannte Verhältnis zwischen deutschen Kolonialbeamten und katholischen Missionaren in Bagamojo/Ostafrika, Berlin 2013; Wetjen, Karolin: Mission als theologisches Labor. Koloniale Aushandlungen des Religiösen in Ostafrika um 1900, Stuttgart 2021; Baer, Martin/Schröter, Olaf: Eine Kopfjagd. Deutsche in Ostafrika. Spuren kolonialer Herrschaft, Berlin 2001; Becker, Felicitas/Beez, Jigal (Hrsg.): Der Maji-Maji-Krieg in Ostafrika 1905-1907, Berlin 2005; Strizek, Helmut: Geschenkte Kolonien. Ruanda und Burundi unter deutscher Herrschaft, Berlin 2006; Bechhaus-Gerst, Marianne: Treu bis in den Tod. Von Deutsch-Ostafrika nach Sachsenhausen. Eine Lebensgeschichte, Berlin 2007; Müller, Helmut: Rassendiskriminierung, Kolonialpolitik und Widerstand in Ostafrika während des 2. Weltkrieges, in Wagner, Wilfried/van der Heyden, Ulrich/Kubitscheck, Hans-Dieter/Rüger, Adolf/Scharf, Kurt/Stoecker, Helmuth (Hrsg.): Rassendiskriminierung – Kolonialpolitik und ethnisch-nationale Identität. Referate des 2. Internationalen Kolonialgeschichtlichen Symposiums in Berlin, Münster/Hamburg 1992, S. 280-287.

27 Kopf, Iris: Politiker ohne Abschluss, in: *Märkische Allgemeine Zeitung*, 8./9.04.2023; Reschke, Karl-Heinz: Politik verlangt Profi und keine Amateure, in: *Nordkurier*, 4./5.11.2023.

28 Schmoll, Heike: Freie Universität entzieht Giffey den Doktorgrad, in: *Frankfurter Allgemeine Zeitung*, 10.06.2021.

29 Vgl. Maksan, Oliver: Politiker ohne Berufsabschluss dürfen nicht zum Normalfall werden, in: *Neue Zürcher Zeitung*, 1.02.2022.

30 Vgl. u. a. Preuß, Roland/Schultz, Tanger: Guttenbergs Fall. Der Skandal und seine Folgen für Politik und Gesellschaft, Gütersloh 2011.

31 Vgl. Bruns, Hildburg: Uni Rostock prüft Doktorarbeit von Senatorin, in: *B.Z.*, 8.08.2023; Thewalt, Anna: Nach Plagiats-Verdacht. Schreiner will Doktorarbeit prüfen lassen, in: *Der Tagesspiegel*, 7.08.2023.

31a Vgl. Gruns, Hildburg: Die Jägerin und die Folgen des ersten Rücktritts bei Schwarz-Rot, in: *Bild*, 2.05.2024.

31b Vgl. Böldt, Daniel: Doktortitel und Amt verloren, in: *Der Tagesspiegel*, 2.05.2024; Reaktionen auf den Rücktritt: »Eine solche Haltung ist bemerkenswert«, in: ebenda.

32 Vollmer, Antje: Vermächtnis einer Pazifistin: Was ich noch zu sagen hatte, in: *Berliner Zeitung*, 25.02.2023.

33 Baerbock, Annalena: Jetzt. Wie wir unser Land erneuern, Berlin 2021.

34 Vgl. Baumstieger, Moritz: Jäger der verlorenen Sätze. Stefan Weber sucht seit 14 Jahren Plagiate. Zurzeit bei Annalena Baerbock. Aus guten Gründen, in: *Süddeutsche Zeitung*, 10.07.2021.

35 Vgl. Oltemann, Philip: German Greens say plagiarism are ›character assassination‹, in: *The Guardian*, 30.06.2021; Baerbocks Mogelpackungen. Die vier Fouls der Grünen-Kandidatin, in: *Focus Online*, 29.06.2021.

35a Beer, Maximilian: Parteiaufbau Ost, in: *Berliner Zeitung*, 12.01.2024

36 Zitiert in: Kohler, Sarah: Hat der überhaupt studiert?, in: *Die Tageszeitung* (*taz*), 24.09.2018; Forster, Josef: In ihren alten Jobs wären unserer Politiker nicht so reich geworden, in: *B.Z.*, 10.02.2023.

37 Aus der Fülle der verfügbaren damaligen Presseartikel vgl. etwa Gillmann, Barbara: Buongiorno, Santo Padre, in: *Handelsblatt*, 14.06.2015.

38 Die bekanntesten Plagiatsaffären von A–Z geordnet, in: *business-and-science.de/plagiatsaffaere*. (letzter Zugriff: 11.03.2023).

39 Vgl. Klauer, Michael: »Ach, Bismarck war Kanzler? Witzig!« Grünen-Politikerin rasselt durch Geschichts-Quiz, in: *Bild*, 18.05.2023.

40 Vgl. Heine, Matthias: Muss ich als Mitglied des Bundestages Bismarck kennen?, in: *Welt am Sonntag*, Nr. 21, 21.05.2023.

41 Vgl. zu einigen weiteren Beispielen aus dem Deutschen Bundestag vor etwa zehn Jahren, was auch noch einen Einblick in die heutigen Verhältnisse geben wird, den Artikel von Wehner, Markus: Deutsche Spitzenpolitiker verschleiern ihre Studienabbrüche, in: *Frankfurter Allgemeine Zeitung*, 26.05.2013.

42 King, Alexander: Sollte Sahra Wagenknecht eine neue Partei gründen?, in: *Berliner Zeitung*, 5.08.2023.

42aZitiert in: Hipp, Ann-Kathrin: Abgeschrieben: Das sagen Plagiatsjäger zum Fall Schreiner, in: *Der Tagesspiegel*, 2.05.2024.

43 Vgl. van der Heyden, Ulrich: Das Märchen von der Verdrängung der Kolonial-Geschichte, in: *Berliner Zeitung*, 31.01.2021.

44 Zitiert in Dörr, Julian: Benannt nach Kolonialverbrechern: Petersallee, Nachtigalplatz – wenn Straßennamen zum Problem werden, in: *Der Tagesspiegel*, 31.08.2020.

45 Gietelink, Ab: »Die Gedankenpolizei. Die Wokeness-Bewegung bietet viel Raum für Vielfalt, nur nicht für Meinungsvielfalt«. Interview mit Laurens Buijs, in: URL: *https://www.rubikon.news/artikel/die-gedankenpolizei-4*. (letzter Zugriff: 17.04.2023).

46 Benedict, Daniel: Interview mit Donna Leon über das N-Wort, Sex und ihren größten Tabubruch, in: *Neue Osnabrücker Zeitung*, 19.05.2023.

47 Vgl. aus der inzwischen erfreulich angewachsenen Anzahl entsprechender Literatur etwa Stoecker, Holger: Knochen im Depot. Schädel in anthropologischen Sammlungen aus den anthropologischen Sammlungen aus der Kolonialzeit, in: Zimmerer, Jürgen (Hrsg.): Kein Platz an der Sonne. Erinnerungsorte der deutschen Kolonialgeschichte, Frankfurt am Main 2013; Förster, Larissa/ders.: Haar, Haut und Knochen. Koloniale Spuren in naturkundlichen Sammlungen der Universität Jena, Weimar 2016; ders./Schnalke, Thomas/Winkelmann, Andreas (Hrsg.): Sammeln, Erforschen, Zurückgeben? Menschliche Gebeine aus der Kolonialzeit in akademischen und musealen Sammlungen, Berlin 2013.

48 Memania, Susanne: »Keine Perspektive vergessen«. Interview mit Ibou Diop, in: *Die Tagezeitung* (*taz*), 4.09.2022.

49 Lenz, Susanne: »Deutschland ist nicht weiß, war nie weiß und wird auch nie weiß sein.« Interview mit Ibou Diop, in: *Berliner Zeitung*, 24.12.2022.

50 Ebeling, Werner: Naturgesetze sind nicht verhandelbar, in: *Berliner Zeitung*, 23.05.2023.

51 Eine Auswahl: van der Heyden, Ulrich: Nachgefragt: »Es gibt mehr Standpunkte als nur den europäischen« (Interview), in: *Missio Magazin*, Nr. 3, München 2022, S. 12-13; Colegas estrangeiros: Mosambikaner in der DDR, in: Stimme der DDR: URL: *https://wp.stimmederddr.de/wp3/?p=4019* [Blog]. (letzter Zugriff: 28.10.2021); Rassistische Morde in der DDR? Ein Faktencheck, in: *Das Blättchen. Zweiwochenschrift für Politik, Kunst und Wirtschaft*, Nr. 10, Berlin 2021, S. 9–11; Rassismus in der DDR?, in: *Ossietzky. Zweiwochenschrift für Politik, Kultur, Wirtschaft*, Nr. 12, Dähre 2021, S. 418–420; »Unhistorisch, unwissenschaftlich, undemokratisch« (Interview), in: Beppler-Spahl, Sabine: Schwarzes Leben, weiße Privilegien? Zur Kritik an Black Lives Matter, Frankfurt am Main 2020, S. 28–34; Vom Umgang mit der Wahrheit. Wie mit Un- und Halbwahrheiten Rassismus in der DDR belegt werden soll, in: *Afrika Süd. Zeitschrift zum südlichen Afrika*, Nr. 5, Bonn 2018, S. 36–38; Der andere deutsche Staat in der Dritten Welt, in: Bollinger, Stefan (Hrsg.): Die DDR in der gesamtdeutschen Geschichte – Vertane Chance, Sackgasse, Nachwirkungen, Neuruppin 2022, S. 131–143; Wie Fake News politische Wirkungen hervorrufen. Das Beispiel eines angeblichen rassistischen Mordes in der DDR, in: *Beiträge zur Geschichte der Arbeiterbewegung*, Nr. 2, Berlin 2022, S. 85–108; Koloniale Vergangenheit – kann eine Stadt Verantwortung übernehmen?, in: *Namibia Magazin.* Politik, Tourismus, Wirtschaft und deutsch-namibische Beziehungen, Nr. 1, Göttingen 2021, S. 10–12; Über die Ohnmacht von Fakten gegenüber dem Zeitgeist, in: *Das Historisch-Politische Buch*, Nr. 3-4, Berlin 2020, S. 297–312; Fake News mit Methode – DDR, Solidarität, Rassismus?, in: *Z. Zeitschrift Marxistische Erneuerung*, Nr. 128, Frankfurt am Main 2021, S. 161-169; Koloniale Verstrickungen. Wurde die Vergangenheit Brandenburgs in Afrika nicht aufgearbeitet?, in: *Berliner Zeitung*, 6.01.2023.

2. Die deutsche koloniale Vergangenheit im Überblick

Vorbemerkungen zu Gewalt und Widerstand im kolonialen Kontext

Die Eroberung (nicht immer die geografische Entdeckung und Erschließung) der überseeischen Welt durch Europäer ging von Anfang an mit mannigfachen Formen struktureller Gewalt einher.[1] Übervorteilung, Betrug, Taktieren, Drohungen und nicht zuletzt offene brutale Gewaltexzesse begleiteten den Kolonisierungsprozess von Anfang an. Seit Kolumbus 1492 für die Europäer Amerika entdeckt hatte, floss Blut, wurden Menschen versklavt, zur Zwangsarbeit und zu Abgaben verpflichtet, gedemütigt, eingesperrt, getötet, übervorteilt, vertrieben. Alle europäischen Mächte, die sich mit Schwert und Feuer in Amerika, Asien, Australien, Afrika und in Ozeanien ihre Kolonialreiche zusammenraubten, in der Regel mit Absegnungen durch die großen staatstragenden Kirchen, errichteten eine Zwangsherrschaft, die in Afrika etwa ab 1960, dem »Afrikanischen Jahr«, beendet werden konnte. Allerdings war im neokolonialen Zeitalter damit noch nicht die volle nationale Selbstbestimmung errungen. Die Gewalt hielt bzw. hält zur Aufrechterhaltung der sozialen Ungleichheit, wenn auch oftmals in modifizierter Form, nicht zuletzt befeuert durch den Kalten Krieg und neokoloniale Ausbeutungsmethoden, in einigen Gebieten bis heute an.

Gewalt war auch das Markenzeichen des deutschen Kaiserreiches, das sich nach der sogenannten Berliner Kongo-Konferenz von 1884/85 an der kolonialen Aufteilung des afrikanischen Kontinents beteiligte. Es errichtete in Deutsch-Ostafrika, in Deutsch-Südwestafrika, in Kamerun und Togo seine Kolonialherrschaft. Darüber hinaus standen auch Kiautschou mit der Hauptstadt Qingdao in China als Pachtgebiet sowie die Inseln in der Südsee im Fokus. Auch dort errichtete das Deutsche Reich eine Kolonialherrschaft. Die Formen kolonialer Ausbeutung und Unterdrückung waren mannigfaltig, auch in Ausmaß und Intensität der angewandten Gewaltformen. Besonders ausgeprägt wurde Gewalt von der deutschen Kolonialsoldateska in den afrikanischen Kolonien angewandt.

Gewalt als Anstoß für Kolonialkritik im Deutschen Reich

Über das spezifische Ausmaß sowie zum Vergleich der kolonialen Gewaltmethoden in den deutschen Kolonialgebieten gibt es nur wenige wissenschaftliche Untersuchungen. Dies ist einer der seit Jahren erhobenen Kritikpunkte an die Kolonialhistoriographie. Mit einer komparativen Analyse der Methoden und Formen überseeischer Herrschaftsausübung der europäischen Kolonialmächte war man ebenfalls zurückhaltend. Das trifft desgleichen auf Forschungen zur Kolonialkritik in den europäischen »Mutterländern« zu. Das heißt jedoch nicht, dass die kritische deutsche Kolonialgeschichtsschreibung noch keine wichtigen Fortschritte auf diesem Gebiet vorzulegen hat und man darum mitnichten behaupten kann, dass es zu dieser Thematik noch nicht Bedeutendes gäbe.

Selbstverständlich gab es zeitgenössische Kritiker und Gegner der Kolonialpolitik und später Wissenschaftler, die sich damit auseinandersetzten. Schon im deutschen Kaiserreich gab es eine Welle der Empörung, als die Gräuel zu Beginn des 20. Jahrhunderts bekannt wurden, die die systematische Ausplünderung des Kongo-Freistaates – quasi im Privatbesitz des belgischen Königs Leopold II. – begleiteten. Menschen mit abgehackten Händen waren wohl das typische Symbol dieser Gewaltexzesse.

Als diese Verbrechen durch Fotografien hierzulande intensiver bekannt wurden, verstärkte sich die Kolonialkritik bis hin zur kategorischen Ablehnung des Kolonialismus.[2] Aber nur die wenigsten sahen, dass diese Untaten einem System entstammten, gemäß dem auch die Deutschen ihre Kolonien verwalteten. Auch sie unterdrückten Widerstand mit Gewalt. Jedoch gab es schon damals, dies sei hier ausdrücklich betont, spätestens seit Eintritt des Kaiserreiches in den Reigen der europäischen Kolonialherren, Ablehnung und Proteste gegen die Kolonialpolitik.[3]

Es lassen sich damals drei politische Gruppierungen der Ablehnung des Kolonialismus ausmachen, wozu auch die Zurückweisung direkter Gewaltformen bei weitgehender Bejahung der »kolonialen Idee« als »Zivilisationsprozess« zu zählen ist. Das sind *erstens* die Kolonialkritiker innerhalb der christlichen Missionsgesellschaften, wo es Kräfte gab, die sich als »Anwalt der Eingeborenen« verstanden. Andere Missionare wurden gerade in den deutschen Kolonien unrühmlich wegen ihrer Prügelexzesse bekannt.[4]

Zweitens gab es liberale Politiker, die aus humanitären Gründen die Kolonialpolitik oder wesentliche Bestandteile davon infrage stellten. Genannt seien der Zentrums-Politiker Matthias Erzberger[5] und der Pazifist Hans Paasche, der generell koloniale und militärische Herrschaftsformen ablehnte.[6] Und es nahmen, *drittens,* Teile der deutschen Arbeiterschaft, vor allem die unter dem politischen Dach der Sozialdemokratie organisierten, an Protesten gegen bestimmte Formen und Methoden des Kolonialismus teil. Im Prinzip gab es schon bald nach dem Erwerb von Kolonialgebieten des Deutschen Reichs kritische Stimmen aus der SPD an einzelnen Erscheinungen der deutschen Kolonialpolitik bis hin zu deren rigoroser Ablehnung.

Am 26. Januar 1889 beispielsweise kritisierte August Bebel den Kolonialabenteurer Carl Peters, der wegen seiner Grausamkeiten gegenüber Afrikanern in Ostafrika als »Hänge-Peters« bekannt wurde[7], und dessen Deutsch-Ostafrikanische Gesellschaft scharf im Deutschen Reichstag. Am 17. Februar jenes Jahres setzte er sich im Parlament mit den kolonialbegeisterten Vertretern der Regierungsparteien auseinander und wies deren Argumentation zurück, dass Deutschland den überseeischen Kulturen die Zivilisation bringen müsse. »Meine Herren, was bedeutet denn aber in Wahrheit Ihre christliche Zivilisation in Afrika? Täuschen Sie sich doch nicht darüber, oder versuchen Sie nicht, Andere zu täuschen – denn ich kann unmöglich glauben, dass Sie sich darüber täuschen – also: Was bedeutet in Wahrheit diese ganze sogenannte christliche Zivilisation in Afrika? Äußerlich Christentum, innerlich und in Wahrheit Prügelstrafe, Weibermisshandlung, Schnapspest, Niedermetzelung mit Feuer und Schwert, mit Säbel und Flinte. Das ist Ihre Kultur. Es handelt sich um ganz gemeine materielle Interessen, ums Geschäftemachen und um nichts weiter!«[8]

Dass Bebel den Kolonialismus jedoch nicht grundsätzlich ablehnte, zeigte sich später in seiner Rede in der sogenannten Kolonialdebatte am

1. Dezember 1906: »Meine Herren, dass Kolonialpolitik betrieben wird, ist an und für sich kein Verbrechen. Kolonialpolitik zu treiben kann unter Umständen eine Kulturtat sein; es kommt nur darauf an, *wie* die Kolonialpolitik betrieben wird. Es ist ein großer Unterschied, wie Kolonialpolitik sein soll, und wie sie ist. Kommen die Vertreter kultivierter und zivilisierter Völkerschaften, wie es z. B. die europäischen Nationen und die nordamerikanische sind, zu fremden Völkern als Befreier, als Freunde und Bildner, als Helfer in der Not, um ihnen die Errungenschaften der Kultur und Zivilisation zu überbringen, um sie zu Kulturmenschen zu erziehen, geschieht das in dieser edlen Absicht und in der richtigen Weise, dann sind wir Sozialdemokraten die Ersten, die eine solche Kolonisation als große Kulturmission zu unterstützen bereit sind.«[9]

Als energische Ablehnung der Kolonialpolitik sind diese Ausführungen wohl kaum zu werten, jedoch als eine Ächtung der kolonialen Gewalt.

Das weitgehende Revidieren von vorherigen Äußerungen sozialdemokratischer Politiker zum Kolonialismus hatte seine Ursache in den seit den 1880er Jahren verstärkt geführten Diskussionen um eine angebliche Zivilisationsaufgabe der Europäer, um eine humanitäre Aktion, ja selbst um eine »sozialistische Kolonialpolitik«, einem Bestandteil des Revisionismus des einflussreichen SPD-Politikers Eduard Bernstein.[10]

Die Befürworter des Kolonialismus innerhalb der Arbeiterbewegung machten sich einen damals allgemein diskutierten Grundsatz zu eigen, der davon ausging, dass vom »höheren Recht der höheren Kultur«, den »entwickelten«, die Aufgabe zufalle, den »unterentwickelten« Kulturen ihre vermeintlichen Errungenschaften zu bringen. Dies sei geradezu notwendig – auch unter Anwendung von Gewalt. Am konsequentesten innerhalb der Sozialdemokratie widersprach Karl Kautsky den Auffassungen der Vertreter einer solchen »sozialistischen Kolonialpolitik«.[11]

Der Historiker Christian Koller kommt in einer Analyse der Diskussionen über die Haltung der deutschen Arbeiterbewegung zur Kolonialpolitik zu folgender Schlussfolgerung: »Die Differenzen zwischen sozialistischen Kolonialpolitikern und prinzipiellen Antikolonialisten bezogen sich nicht auf das Ziel, sondern auf die Mittel einer zukünftigen sozialistischen Politik gegenüber Außereuropa. Über die grundsätzliche Zivilisierungsmission der Arbeiterklasse waren sie sich einig.«[12]

Zu den wenigen generellen Kritikern des Kolonialismus in der deutschen und internationalen Arbeiterbewegung gehörte Rosa Luxemburg, die den Kolonialismus als einen immanenten Bestandteil des Imperialismus betrachtete. Jedoch auch andere bedeutende Theoretiker und Politiker der Arbeiterbewegung beschäftigte dieses Thema. Für Karl Marx allerdings, von dem man eine richtungsweisende Stellungnahme hätte erwarten können, war bis zu seinem Tode 1883 eine solche Fragestellung noch nicht evident, denn die »Kolonialfrage« war noch nicht zu einer die öffentliche Meinung in den europäischen Ländern berührenden Frage geworden. Die Kolonialpolitik interessierte ihn vor allem vom Standpunkt der Entwicklung des Kapitalismus und nicht so sehr als Vehikel der Parteipolitik – auch wenn es später oftmals anders gesehen wurde.

Vehement kritisierten indes Politiker der SPD wie August Bebel zu Beginn des 20. Jahrhunderts den Krieg gegen die Herero und Nama in der deutschen Kolonie Südwestafrika im Deutschen Reichstag. Zum ersten Mal erwehrten sich damals im beträchtlichen Ausmaß Kolonisierte gegen die Errichtung und Ausübung einer deutschen Kolonialherrschaft.[12a]

Bestimmte einflussreiche Kräfte der Sozialdemokratie kann man durchaus als Vertreter der deutschen Arbeiterklasse neben einigen Vertretern der christlichen Missionsbewegung sowie einzelnen Repräsentanten des bürgerlichen Humanismus und, wie Hans Paasche, zu jenen Deutschen zählen, die aus vollem Herzen den Kolonialismus kritisierten oder ihn ablehnten.[13] Deren Wirken wird in der gegenwärtigen deutschen Geschichtsschreibung und in der Kolonialhistoriographie viel zu wenig gewürdigt.

Die Vorgeschichte der deutschen Kolonialherrschaft

Das 1871 gegründete Deutsche Reich galt als Nachzügler im Wettstreit der europäischen Mächte beim Erwerb von überseeischen Kolonialgebieten.[14] Zwar hatten verschiedene deutsche Territorialherrscher seit der Frühen Neuzeit begonnen, einen Zugang zu eigenen Handelskolonien in der von Westeuropa ausgehenden Kolonialexpansion zu erringen,[15] aber lediglich das Kolonialabenteuer des brandenburgisch-preußischen Kurfürsten Friedrich Wilhelm gegen Ende des 17. Jahrhunderts war von etwas längerer Dauer.[16] Das Deutsche Reich war nicht die einzige europäische Macht, die seit Mitte der zweiten Hälfte des 19. Jahrhunderts in Übersee nach Kolonialbesitz strebte, um – so die weit verbreiteten Rechtfertigungen – in jenen Gebieten für die durch den industriellen Aufschwung im Überfluss produzierten Produkte einen Absatzmarkt zu schaffen und einer angeblichen Überzahl der eigenen Bevölkerung Möglichkeiten zu eröffnen, anderenorts sich eine neue Existenz aufzubauen sowie »exotische« Rohstoffe für die einheimische Wirtschaft zu requirieren. Dass für Deutschland ebenso geostrategische Interessen eine Rolle spielten, wurde verbrämt mit der Doktrin, den in Asien, Afrika und der Südsee lebenden indigenen Bevölkerungen, die angeblich ihr Heidentum pflegten, die Zivilisation zu bringen. Man sprach von einer selbst auferlegten Zivilisierungsmission, die nicht nur christliche Missionare in außereuropäische Regionen trieb, sondern auch Kolonialbeamte, Siedler, Auswanderer und nicht wenige Abenteurer. Sie betrachteten sich als kulturell überlegen und leiteten daraus ihren Zivilisierungs- und Missionierungsauftrag ab.[17]

Unter einem christlichen Deckmantel, den Menschen in den nichteuropäischen Gebieten das Christentum und die Zivilisation bringen zu wollen, wurden Unterjochungskriege geführt, in deren Folge die in jenen Gebieten lebenden indigenen Bevölkerungen unterworfen wurden und die Ausbeutung vorbereiten halfen. Dabei wurden häufig deren Kulturen und Religionen zerstört oder zumindest beeinflusst. Andererseits gelang es den Kolonisierten bzw. deren Gesellschaften, den Anschluss an die Moderne zu finden. Ein Großteil der einheimischen Bevölkerung und deren traditionelle Führer passten sich den neuen politischen und ökonomischen Verhältnissen der Kolonialherrschaft an.

Die aktive Vorgeschichte des deutschen Kolonialismus begann mit der industriellen Revolution, also etwa seit Mitte des 19. Jahrhunderts. Vor allem aufgrund der Beseitigung der vom französischen Kaiser Napoleon I. verhängten Kontinentalsperre im Jahre 1813 begannen zumeist Hamburger und Bremer Kaufleute sowie Reeder, direkte Verbindungen herzustellen zu bestimmten Gegenden in Lateinamerika und dem Nahen Osten, später auch nach Südost- und Ostasien sowie Westafrika, Australien und zu den Inseln der Südsee. Unterstützt wurde dieses allmähliche Vordringen der Handelsunternehmen in außereuropäische Märkte durch die schrittweise Einführung des Freihandels im Macht- und Einflussbereich Großbritanniens. Die partielle Öffnung britischer Kolonien für die Schiffe fremder Staaten durch die sogenannten Navigationsgesetze von 1822/24, jedoch auch die Aufhebung des Handelsmonopols der britischen Ostindien-Kompanie für China im Jahre 1833 und die Aufhebung weiterer Beschränkungen für Schifffahrt und Handel mit den Kolonien ermöglichten es deutschen Handelsunternehmen, auch in jene Regionen der Welt vorzustoßen, die ihnen bislang verwehrt waren.

Der Beginn der direkten Kolonialherrschaft

Dennoch blieb Deutschland im *Scramble for Africa*[18] hinter den anderen europäischen Kolonialmächten zurück. Und so musste zur Durchsetzung einer der spektakulärsten Vorgänge der europäischen Kolonialgeschichte, wie der Kolonial- und Missionshistoriker Horst Gründer die Aufteilung Afrikas auf einer internationalen Konferenz in der deutschen Hauptstadt zum Ende des 19. Jahrhunderts nannte,[19] eine Vereinbarung unterzeichnet werden, um diesen Prozess von welthistorischer Bedeutung in eine für die expandierenden Kolonialmächte annehmbare Bahn zu lenken.[20]

An dieser von Frankreich und Deutschland initiierten internationalen diplomatischen Konferenz vom 15. November 1884 bis zum 26. Februar 1885, weithin als »Kongo-Konferenz« bezeichnet, nahmen Vertreter von dreizehn europäischen Mächten (Belgien, Dänemark, Deutschland, Frankreich, Großbritannien, Italien, die Niederlande, Luxemburg, Österreich-Ungarn, Portugal, Russland, Schweden-Norwegen und Spanien), aus dem Osmanischen Reich und aus den USA teil.[21]

Ursprünglich sollten nur die Grenzen des Kongo-Freistaates in Zentralafrika bestätigt werden. Zugleich wurde dem belgischen König Leopold II. die persönliche Souveränität über den Kongo-Freistaat zugesprochen, was ihm einen ungeheuren Reichtum einbrachte. Über diese Regelungen hinaus, die der Tagung ihren Namen gaben, wurden die Prinzipien festgelegt, wie die im Zuge der industriellen Entwicklungen in Europa und Nordamerika durch die Erschließung von neuen Rohstoffquellen und der Schaffung von Märkten auf dem afrikanischen Kontinent entstandenen bzw. sich abzuzeichnen beginnenden Konflikte zu verhindern oder zu lösen seien.

Die Signatarstaaten der Konferenz vereinbarten u. a. für Westafrika, die Freiheit der Schifffahrt auf den Flüssen Kongo und Niger zu garantieren. Des Weiteren deklarierten sie ein Verbot des Sklavenhandels und einen gegenseitigen Verzicht auf Einsetzung von »farbigen Truppen« im Falle eines Krieges in Europa.

Effective occupation galt als Kriterium für die Anerkennung kolonialer Besetzung. Der *Scramble for Africa* konnte nunmehr intensiviert und völkerrechtlich reguliert durchgeführt werden. Die Modalitäten künftiger kolonialer Besitzergreifungen waren somit geregelt.

Diese und andere Fragen wurden in Berlin zäh verhandelt und in einer Generalakte in 38 Artikeln völkerrechtlich festgehalten, ohne die betroffenen Afrikaner hinzuzuziehen oder auch nur zu fragen. Souveränitätsrechte afrikanischer Staatswesen wurden einfach übergangen.

Allerdings wurden nicht, wie oft irrtümlich angenommen, auf der Konferenz die Grenzen zwischen den einzelnen Kolonialgebieten in Afrika festgelegt, die in der Mehrheit noch heute zwischen den jetzigen selbstständigen Nationalstaaten existieren. Die häufig schnurgeraden Grenzziehungen, die oft Lebensräume ethnischer Gemeinschaften rigoros trennten, ließen dies irrtümlich vermuten. Es wurden nur die Regularien für die Kolonialmächte festgelegt, wie sie, ohne in Streit zu geraten, das Territorium Afrikas südlich der Sahara unter sich aufteilen könnten.

Der deutsche Reichskanzler Otto von Bismarck, der »Eiserne Kanzler«, entschloss sich erst nach langem Zögern – worüber sich die Historiker bis in die Gegenwart wundern und streiten[22] –, in das Kolonialgeschäft einzusteigen. Er nutzte die unter seinem Vorsitz eröffnete »Kongo-Konferenz« im ehemaligen Palais Radziwill in der Wilhelmstraße 77, dem Reichskanzlerpalais, um gemeinsam mit Frankreich den von Großbritannien erhobenen Anspruch auf eine Monopolstellung in Westafrika zurückzuweisen und die Interessen der nach ungehindertem Kolonialhandel strebenden deutschen Wirtschaft durchzusetzen. Der zeitgenössische Schriftsteller Joseph Conrad, der 1890 den »Kongo-Freistaat« bereiste, bezeichnete die Aufteilung des afrikanischen Kontinents in Berlin als »die ekelhafteste Rauferei um Beute, die jemals die Geschichte des menschlichen Gewissens verunstaltete«.[23]

In der Tat kamen durch die Festlegungen zur Aufteilung Afrikas unter den westeuropäischen Mächten mehr als zehn Millionen Quadratmeilen afrikanischen Bodens und über 100 Millionen Afrikaner in etwa zwei Jahrzehnten – mit Ausnahme Liberias und Äthiopiens – unter fremder Herrschaft. Die Europäer stießen dabei nicht, wie viele der Zeitgenossen und spätere Apologeten behaupteten, in ein Machtvakuum vor, in welchem der Expansionsprozess ungehindert vonstatten ging. Es gab afrikanischen Widerstand gegen koloniale Eroberung und Okkupation. Er erwies sich überall als ein ernsthaftes Hindernis, das nur durch den Einsatz gut ausgebildeter Truppen, oft verstärkt durch einheimische Söldner, Askaris genannt, überwunden werden musste. Nicht nur in Deutsch-Ostafrika.[24] Kolonialkriege und Aufstände, aber auch passiver Widerstand, Verweigerung von Abgaben oder Dienstleistungen und die Flucht aus bestimmten Verwaltungs- und Herrschaftsbereichen der Kolonialisten zeugten vom Widerstandswillen der afrikanischen Bevölkerung.

Im Ergebnis der Verhandlungen spielte auch die Forderung nach »freiem Zugang der christlichen Missionen« eine Rolle. Mit der Generalakte wurde die Missionsfreiheit »wie auch andere den expansiven Charakter der Kongo-Akte« verschleiernde Bestimmungen zur Täuschung der Öffentlichkeit[25] für ganz Afrika deklariert.[26] Von den hehren Zielen, die in der Präambel der Generalakte ihren Niederschlag fanden, war in der Realität nicht viel zu bemerken. Die europäischen Mächte meinten, einen Missionierungs- und Zivilisationsauftrag zu erfüllen, um zur Verbesserung, wie es wörtlich hieß, der »sittlichen und materiellen Wohlfahrt der eingeborenen Völkerschaften« beizutragen.

Solche philanthropische Rhetorik war insbesondere für die europäische Öffentlichkeit gedacht. Ihr Zweck bestand darin, gegenüber den Kritikern und Skeptikern der Kolonialpolitik wenigstens den Schein bürgerlicher Anständigkeit zu vermitteln. Die relevanten Festlegungen in der Generalakte über »besonderen Schutz« für christliche Missionare und gegen den Sklavenhandel waren nicht zuletzt zur Gewinnung der Unterstützung breiter Bevölkerungskreise beider großer christlicher Konfessionen für die koloniale Aufteilung Afrikas gedacht. Diese Manipulation des Denkens kann als Anfang einer rassistisch motivierten Kolonialideologie gesehen werden.

Der Nestor der deutschen Kolonialhistoriographie Helmuth Stoecker (1920-1994) urteilte über die Konferenz: »Die Aufteilung ›auf dem Papier‹ durch Verträge zwischen diesen Mächten vollzog sich zum Teil während der Eroberung und der Errichtung kolonialer Herrschaft über die betroffenen Gebiete, doch zumeist erfolgte die dauerhafte Eroberung erst, nachdem ein Territorium im Ergebnis diplomatischer Kuhhändel einer bestimmten Macht zugesprochen worden war. Eine Vielzahl von Völkern also, in ihrer Mehrheit seit Jahrhunderten durch den Sklavenhandel auf das schwerste verletzt und in ihrer Entwicklung geschädigt, wurde ihrer Unabhängigkeit beraubt, sehr oft auch ihres Bodens und Viehs, ja sogar ihrer kulturellen Identität. Die Eroberer zwangen die afrikanischen Völker mit militärischer Gewalt, ihnen nicht nur die Naturschätze des Kontinents zu überlassen, sondern ihnen darüber hinaus für die Gewinnung und den Abtransport derselben Arbeitskräfte zur Verfügung zu stellen. Afrika wurde zu einer restlos abhängigen, unterjochten *dépendance*, einem kolonialen Rohstofflieferanten des europäischen, später auch des US-amerikanischen Kolonialismus bzw. später Neokolonialismus.«[27]

Die Konferenz in Berlin legte nicht nur die Grundlagen für den »offiziellen Erwerb« der deutschen Kolonialgebiete in Afrika, sondern auch in der Südsee und in China.

Der »Erwerb« der deutschen Kolonien in Afrika

Togo

Die nur 50 km lange Küste von Togo, auf dessen Territorium mehrere afrikanische Staatswesen existierten und dessen Küstenorte wichtige Umschlagplätze für den transatlantischen Sklavenhandel waren, gelangte 1852 in den Blick von Deutschen.[28] Dort errichtete die Bremer Norddeutsche Missionsgesellschaft ihre Stationen. Französischen Kaufleuten folgten seit den 1870er Jahren Vertreter deutscher Handelshäuser, die vom Deutschen Reich Schutz und Unterstützung einforderten. Daraufhin schlossen deutsche Vertreter mit mehreren Häuptlingen Protektoratsverträge. Am 5. Juli 1884 stellte das Deutsche Reich Togo unter seinen »Schutz«. Dazu gehörte das Territorium der heutigen Republik Togo sowie der östliche Teil des heutigen Ghana.

1886 begann die gewaltsame Eroberung des Hinterlandes, zumeist durch sogenannte Hinterlandexpeditionen.[29]

Kamerun

Nachdem Portugiesen das Territorium des heutigen Kamerun »erschlossen« hatten, interessierten sich auch verschiedene europäische Handelshäuser dafür. Die erste deutsche Faktorei wurde 1868 eröffnet. Am 11. Juli 1884 wurde die Kolonialherrschaft durch den Abschluss von »Schutzverträgen« mit einigen Häuptlingen zementiert. Diese traten gegen Bezahlung und einige (später gebrochene) Zusicherungen Hoheitsrechte, Gesetzgebung und Verwaltung ihres Gebietes ab.[30] Nach der förmlichen Weiterübertragung dieser Rechte auf das Deutsche Reich wurde die »deutsche Schutzherrschaft« in Duala verkündet.

In der Folgezeit wurden weitere Küstenorte okkupiert und eine Region nach der anderen unterworfen.[31]

Deutsch-Südwestafrika

Schon im Jahre 1840 kamen die ersten Deutschen an die Küste des heutigen Staates Namibia, welches seinerzeit Deutsch-Südwestafrika genannt wurde.[32] Missionare der Rheinischen Missionsgesellschaft errichteten ihre Stationen.[33] Mitte des Jahres 1883 erwarb der Bremer Kaufmann F. A. E. Lüderitz mit betrügerischen Methoden die heutige Lüderitzbucht. Er veranlasste, dass am 24. April 1884 das Deutsche Reich den »Schutz« dieser Besitzung übernahm.

Von dort aus wurde unter Ausnutzung ethnischer Konflikte das deutsche Herrschaftsgebiet ausgeweitet und die kolonialen Verhältnisse stabilisiert, was 1904 zum Ausbruch des Hererokrieges führte, der in einem Genozidversuch endete.[34]

Deutsch-Ostafrika

Im Verlauf des 18. Jahrhunderts waren an der ostafrikanischen Küste arabische feudale Staatswesen entstanden. Ein reger Handel, vielfach mit Sklaven, wurde zum Charakteristikum der Wirtschaft. Zwar hatten schon einige deutsche und britische Forscher verschiedene Regionen an der Küste und Teile des Hinterlandes bereist, jedoch begann gegen Ende des 19. Jahrhunderts eine neue Periode des europäischen Eindringens in die ostafrikanische Küstenregion und ins Landesinnere. Insbesondere Deutschland und Großbritannien rangen erbittert um die Vorherrschaft in Ostafrika. Im Jahre 1885 erhielt die Deutsch-Ostafrikanische Gesellschaft einen »Kaiserlichen Schutzbrief« für die mit indigenen Herrschern von Carl Peters erschlichenen Abkommen.

Trotz dauerhaftem Widerstand, der 1905/07 seinen Höhepunkt erreichte,[35] konnten die Deutschen in den folgenden Jahren in weite Gebiete des Territoriums (der heutigen Vereinigten Republik Tansania) vordringen, ihr Herrschaftssystem aufbauen und festigen.[36] Weitere Regionen (der heute selbstständigen Staaten Burundi[37] und Ruanda[38]) wurden der Kolonie Deutsch-Ostafrika zugeschlagen.

Kiautschou

Das einzige deutsche Kolonialterritorium in Asien (auch Tsingtau, Jiaozhou und Quingdao genannt), wurde im offiziellen Sprachgebrauch als »Schutzgebiet« bezeichnet und wies einige Besonderheiten auf. Es lag im Süden der Shangdong-Halbinsel und unfasste 552 km². Damit war es zwar das flächenmäßig zweitkleinste, aber auch das am dichtesten besiedelte Gebiet, welches das Deutsche Reich unter seiner kolonialen Herrschaft gestellt hatte. Es unterstand nicht wie die anderen Kolonien dem Reichskolonialamt, sondern dem Reichsmarineamt.

Am 6. März 1898 wurde China ein Pachtvertrag aufgezwungen, um dort einen Flottenstützpunkt zu errichten. Im Unterschied zu anderen deutschen Kolonien, in denen die Rekrutierung von Rohstoffen und billigen einheimischen Arbeitskräften vorrangig war, sah Berlin das Pachtgebiet vor allem als Möglichkeit, Industrieprodukte auf dem chinesischen Markt abzusetzen. Abgesichert wurden die deutschen Interessen durch die Stationierung eines Marinegeschwaders, das dort bereits im November 1897 angelandet worden war. Als Vorwand diente die Ermordung von zwei deutschen Missionaren. Nachdem die Interessen des Deutschen Reiches durch Verträge abgesichert schienen, expandierten deutsche Unternehmen in der Shandong-Provinz. Lokaler Widerstand wurde zum Teil brutal gebrochen.

Nicht alle Ziele der Kolonialherren wurden erreicht. Allerdings gelang es, den Hafen zu einem bedeutenden Flottenstützpunkt auszubauen und Kiautschou zu einem »Schaufenster deutscher Kultur« zu machen.[39] Im November 1914 eroberten japanische Streitkräfte Kiautschou. Nach dem Ersten Weltkrieg wurde es in Versailles Japan zur Verwaltung zugesprochen. 1922 musste es jedoch an China zurückgegeben werden.

Südsee

Wenngleich die von den Deutschen okkupierten Inseln in der Südsee als »Schutzgebiete« bezeichnet wurden, waren sie nach völkerrechtlichen Kriterien Kolonien. Zu diesen gehörten ab 1906 Deutsch-Neuguinea (mit dem Bismarck-Archipel und Kaiser-Wilhelms-Land sowie den nördlichen Salomon-Inseln, die zusammen »Deutsch-Melanesien« genannt wurden). Zu »Deutsch-Mikronesien« gehörten die Karolinen-Inseln, die nördlichen Marianeninseln,[40] die Marshall-Inseln und Nauru[41]. Deutsch-Melanesien und Deutsch-Mikronesien, waren ein Verwaltungsgebiet, das zweite waren die »Deutschen Samoainseln«[42].

Schon vor Abschluss des Schutzvertrages hatten die Inseln das Interesse deutscher Forscher[43] und Kaufleute hervorgerufen. Man geht in der Forschung davon aus, dass die Südseepolitik des Deutschen Reiches anfänglich eher handelspolitische und diplomatische und weniger koloniale Züge aufwies. Das änderte sich um die Jahrhundertwende, als die Inselwelt zu Rohstofflieferanten gemacht wurde.

Gegen die Kolonialherrschaft gab es Widerstand, auch bewaffnete Erhebungen. Im Versailler Vertrag wurde die ehemals deutsche Herrschaft den Siegermächten des Ersten Weltkrieges wie Australien, Japan, Neuseeland und Großbritannien übertragen.

Methoden der Herrschaft in den deutschen Kolonien

Kolonialer Ausbeutung und Unterdrückung in den »eroberten« afrikanischen Territorien waren in Ausmaß und Intensität unterschiedlich, am direktesten und am extremsten wurde Gewalt in Deutsch-Südwest und Deutsch-Ostafrika angewandt. Hingegen waren die Formen der Unterdrückung in China und in der Südsee weniger exzessiv.

Die heute viel diskutierten Verbrechen der Kolonialtruppen des Deutschen Reiches im Herero- und Nama-Krieg (1904-1908) und deren politische Folgen reichen bis in die Gegenwart.

Auch in anderen Kolonialgebieten wurde jedweder antikoloniale Widerstand mit Gewalt und List gebrochen und mit Zwangsmaßnahmen auf Opposition reagiert. In allen vier deutschen Kolonien auf dem afrikanischen Kontinent setzten die Deutschen, meist im Reich gescheiterte Existenzen, ihre Interessen mit allen ihnen zu Gebote stehenden Mitteln und Methoden durch. Konnten die Ziele mit gewaltfreien Mitteln durchgesetzt werden, verzichtete man auf blutige Willkür.

So gab es im chinesischen Pachtgebiet und in der Südsee viel weniger gewalttätige Übergriffe als in Afrika. Doch wenn die Herrschaft etwa wie auf der Südseeinsel Ponape (Deutsch-Neuguinea) bedroht war und sich massiv Widerstand regte, wurde auch dort rigoros durchgegriffen. Dort erhoben sich 1910/11 die Sokehs, sie wehrten sich gegen Steuern und Zwangsarbeit. Die deutschen Kolonialherren reagierten mit brutaler Gewalt. Im aktuellen Geschichtsbewusstsein ist dies kaum bekannt.

Selbst im oft als »Musterkolonie« bezeichneten Togo regierten die Deutschen mit Gewalt, wenngleich es auch keine blutig niedergeschlagenen Aufstände gab. Es gab Drohungen, Zwangsarbeit, Steuereintreibungen und ähnliche repressive Maßnahmen. Aber da selten Blut floss, entstand die Mär von der gewaltlosen, humanen Herrschaft. Wie »human« die deutsche Kolonialpolitik in Togo war, offenbarte die Tatsache, dass mehr Gefängnisse als Schulen errichtet worden waren.

Der Kolonialhistoriker Helmuth Stoecker beschrieb diese Gewaltanwendungen wie folgt: »Es gab in Afrika kein ›Machtvakuum‹, in das die europäischen Mächte ungehindert vorstoßen konnten. Der afrikanische Widerstand gegen koloniale Eroberung und Okkupation erwies sich überall als ernsthaftes Hindernis, das nur durch den Einsatz europäischer Truppen sowie afrikanischer und asiatischer Söldnereinheiten überwunden werden konnte. Diese Truppen ignorieren sowohl die Souveränität afrikanischer Staaten als auch die Genfer Konventionen über die Behandlung von Kriegsgefangenen, Verwundeten und Kranken (1864); ihre terroristischen Methoden dienten dem Zweck, jeglichen Widerstand im Keim zu ersticken und Schrecken zu verbreiten. Die große Überlegenheit europäischer über afrikanische Waffen und die hochgradige Zersplitterung der Kräfte des Widerstandes [...] machten den Sieg der Kolonialmächte schließlich unvermeidlich.«[44]

Ziel aller Gewaltformen war letztlich Raub von Territorien. Mit der sich daran anschließenden Ausbeutung der dort lebenden Menschen sollten die für die koloniale Verwaltung notwendigen Finanzen durch Steuern und Zwangsarbeit erbracht werden. Nach dem Motto »Teile und herrsche« wurden zudem die Streitigkeiten unter den indigenen Herrschern ausgenutzt und Rivalitäten zwischen ethnischen Gruppierungen geschürt.

Einige dieser antikolonialen Aktionen und deren Niederschlagung, die insgesamt Rückschlüsse auf das deutsch-afrikanische Herrschaftsverhältnis zulassen, seien im Folgenden exemplarisch kurz vorgestellt:

Der Maji-Maji-Krieg in Ostafrika

Im Mittelpunkt des Interesses der deutschen Öffentlichkeit (und später in der wissenschaftlichen Aufarbeitung) stand um die Jahrhundertwende der Maji-Maji-Krieg.[45] Von 1905 bis 1907 leistete eine relativ breite Allianz von Angehörigen afrikanischer Ethnien im Süden Deutsch-Ostafrikas bewaffneten Widerstand gegen koloniale Ausbeutung und Unterdrükkung. Dieser Krieg, einer der größten Kolonialkonflikte in Afrika, endete mit einer verheerenden Niederlage der Aufständischen. Auch wenn es Erschießungen und andere Gewalttaten gegenüber der Zivilbevölkerung gab, starben die meisten Menschen nicht im Feuer der Kolonialtruppen, sondern sie verhungerten, weil die deutsche »Schutztruppe« Felder und Dörfer niedergebrannt hatte. Ganze Landstriche wurden auf diese Weise entvölkert.

Antikolonialer Widerstand in Kamerun

Relativ wenig bekannt ist, wie das Deutsche Reich in Kamerun kolonialen Vorstellungen durchzusetzen versuchte und welchen Widerstand dies hervorrief.[46] Ein Grund für das Unwissen über die grausamen Vorgänge in Kamerun ist dem Umstand geschuldet, dass das damals verbreitete Narrativ einer »humanen Kolonialpolitik«[47] Wirkung zeigte (und bis heute nachwirkt). Etwa 1907, so lautete die Mär, habe es eine Korrektur der Kolonialpolitik gegeben. Nicht mehr blinde Gewalt, sondern die effektive Nutzung von Land und Leuten habe sie fortan bestimmt.

Tatsache aber ist: Mit geradezu räuberischen Praktiken wurden die Kameruner auf Plantagen, beim Straßen- und Eisenbahnbau ausgebeutet. Das wurde auch nicht dadurch gemildert, dass viele Afrikaner die Chance auf soziale Mobilität nutzten.[48] Außerökonomischer Zwang spielte eine bedeutende Rolle. Arbeitskräfte wurden oftmals durch Alkohol gefügig gemacht, man nutzte deren Unwissenheit aus, Häuptlinge wurden bestochen. Jedoch wurde, wenn es für notwendig erachtet wurde, auch rücksichtslose Gewalt angewendet. Die Sterblichkeit unter den afrikanischen Arbeitskräften war katastrophal.

In einer der ersten kolonialkritischen wissenschaftlichen Untersuchungen heißt es hierzu: »Hungerlöhne, übermäßig lange Arbeitstage, ungenügende Ernährung, mangelhafte Unterkünfte, Frauen- und Kinderarbeit, ein zerrüttetes Familienleben, ein früher Tod, Prügel- und Kettenstrafen – das war das Los der Arbeiter in Kamerun.«[49] Solche Formen der Ausbeutung und Unterdrückung verbunden mit Methoden der Vertreibung großer Teile der afrikanischen Bevölkerung von Grund und Boden führten zu passivem und auch aktivem Widerstand. Während des Ersten Weltkrieges konnten sich die deutschen Truppen zwei Jahre lang halten,[50] bevor Kamerun durch den Versailler Vertrag als Mandatsgebiet an Großbritannien und Frankreich fiel, womit allerdings der deutsche, zumindest wirtschaftliche Einfluss nicht beendet war.[51]

Togo – die »Musterkolonie«?

Die flächenmäßig kleinste afrikanische Kolonie des deutschen Kaiserreichs war Togo. Es wurde als »Musterkolonie« bezeichnet. Und zwar in dem Sinne, dass das Territorium als die einzige deutsche Kolonie galt, die den Haushalt des Deutschen Reiches nicht belastete. Die dort tätigen Händler, Farmer, Beamten und andere Kolonisatoren beuteten so effektiv Land und Leute aus, dass kein Geld zugeschossen werden musste. Geschossen wurde allerdings auch, wenngleich auch weniger als in anderen

Kolonien. Der Togo-Experte Peter Sebald schrieb: »Es ist festzustellen, dass das Kolonialregime auf allen Gebieten scharfe Konflikte mit der Bevölkerung verursachte. Wenn es nicht […] zu größeren Aufständen kam, dann besonders, weil die fortgeschrittenere gesellschaftliche Entwicklung der afrikanischen Bevölkerung […] den deutschen Kolonialismus zur Anwendung differenzierterer Methoden veranlasste.«[52]

Die deutsche Kolonialverwaltung arbeitete vorzugsweise mit Repressionsmaßnahmen, die von der kolonialen Justiz abgesichert waren. Die Zahl der Strafurteile stieg von 1.072 im Jahre 1901/02 auf 6.009 im Jahre 1911/12, die Anzahl der offiziell verhängten Prügelstrafen von 162 auf 733 im gleichen Zeitraum. Nicht zu unterschätzen ist der andauernde passive Widerstand, indem einzelne Personen, zuweilen auch ganze Dörfer, in die Nachbarkolonien abwanderten.[53] Auch dies ist eine Folge der angedrohten Gewalt unter den Bedingungen einer hochentwickelten europäischen Kolonialherrschaft.

Allgemeines zum deutschen Kolonialismus

Gewalt, ob subtil oder direkt spontan, wandte die deutsche Kolonialadministration in allen unterworfenen Gebieten an. Nach dem wie auch immer erfolgten Landerwerb ging es darum, die einheimische Bevölkerung zum Arbeiten zu zwingen. Die Indigenen lebten bis dato von der traditionellen Subsistenz- und Naturalwirtschaft. Nunmehr sollten sie Mehrwert produzieren. Handelsunternehmen, Farmer, Bauherrn, Reeder und andere am Kolonialhandel und an der Kolonialwirtschaft interessierten Kräfte in Europa wollten kapitalistischen Profit erzielen und nicht missionieren oder für kulturellen Fortschritt sorgen.

Als Erstes führte die Kolonialmacht Deutschland deshalb Kopf- und Hüttensteuern ein. Wer diese nicht entrichten konnte oder wollte, wurde zur Zwangsarbeit verurteilt. Große Teile der indigenen Bevölkerungen gerieten so in Unfreiheit. Ihrem passiven (Flucht) oder aktiven Widerstand (Aufstände/Kolonialkriege) begegnete die Kolonialmacht mit verschiedenen Formen struktureller Gewalt. Diese Tatsache wurde und wird durch wissenschaftliche Forschungen immer wieder bestätigt.

Die deutsche Kolonialherrschaft endete mit der Niederlage des Deutschen Reiches im Ersten Weltkrieg und den Verträgen von Versailles. In einigen Kolonien war schon kurz nach dem Kriegsausbruch die direkte deutsche Kolonialherrschaft zu Ende gegangen.

Anmerkungen

1 Der erste Teil der Ausführungen stützt sich auf einen Zeitungsaufsatz von van der Heyden, Ulrich: Mit Gott und Peitsche, in: *junge Welt*, 13./14.01.2018.

2 Vgl. Kaiser, Klaus: Kongogräuel. Zur Kongoreformbewegung in England und Deutschland vor dem Ersten Weltkrieg, in: Gründer, Horst (Hrsg.): Geschichte und Humanität, Münster/Hamburg 1993, S. 137-150; Hochschild, Adam: Schatten über dem Kongo. Die Geschichte eines großen, fast vergessenen Menschheitsverbrechen, Stuttgart 2000.

3 Vgl. van der Heyden, Ulrich: Wider den Kolonialismus! Antikoloniale Haltungen in der deutschen Geschichte von Mitte der 1880er Jahre bis zum Beginn der 1930er Jahre – Ein Überblick, in: *Zeitschrift für Religions- und Geistesgeschichte*, Nr. 3, Leiden 2018, S. 224-253.

4 Vgl. Müller, Fritz Ferdinand: Kolonien unter der Peitsche. Eine Dokumentation, Berlin (Ost) 1962.

5 Vgl. Ruge, Wolfgang: Matthias Erzberger. Eine politische Biographie, Berlin (Ost) 1976, insbesondere S. 29–33; Palmer, Christoph E./Schnabel, Thomas (Hrsg.): Matthias Erzberger 1875–1921. Patriot und Visionär, Stuttgart 2006, S. 151.

6 Zu dessen Biographie und Lebensleistung vgl. Lange, P. Werner: Hans Paasches Forschungsreise ins innerste Deutschland. Eine Biographie, Bremen 1995.

7 Vgl. Perras, Arne: Carl Peters and German Imperialism 1856-1918. A Political Biography, Oxford 2004.

8 Zitiert in Hinz, Manfred O./Patemann, Helgard/Meier, Arnim (Hrsg.): Weiß auf schwarz. Kolonialismus, Apartheid und afrikanischer Widerstand, 2. Aufl., Berlin 1986, S. 116.

9 Stenographische Berichte über die Verhandlungen des Deutschen Reichstages. Fünfter Band. Von der 116. Sitzung am 13. November 1906 bis zur 140. (Schluss-)Sitzung am 13. Dezember 1906, 1.12.1906, Berlin 1906, S. 4057.

10 Vgl. Hyrkkänen, Markku: Sozialistische Kolonialpolitik. Eduard Bernsteins Stellung zur Kolonialpolitik und zum Imperialismus 1882–1914. Ein Beitrag zur Geschichte des Revisionismus, Helsinki 1986.

11 Vgl. Kautsky, Karl: Sozialismus und Kolonialpolitik, Berlin 1907.

12 Koller, Christian: Eine Zivilisierungsmission der Arbeiterklasse? Die Diskussion über eine »sozialistische Kolonialpolitik« vor dem Ersten Weltkrieg, in: Barth, Boris/Osterhammel, Jürgen (Hrsg.): Zivilisierungsmissionen. Imperiale Weltverbesserung seit dem 18. Jahrhundert, Konstanz 2005, S. 243.

12a Vgl. van der Heyden, Ulrich: Die »Hottentottenwahlen« von 1907, in: Zimmerer, Jürgen/Zeller, Joachim (Hrsg.): Völkermord in Deutsch-Südwestafrika. Der Kolonialkrieg (1904 - 1908) in Namibia und seine Folgen, Berlin 2003, S. 97-102.

13 Vgl. van der Heyden, Ulrich: Wider den Kolonialismus! …, a.a.O.; ders.: Antikolonialismus und Kolonialismuskritik in Deutschland, in: Bechhaus-Gerst, Marianne/Zeller, Joachim (Hrsg.): Deutschland postkolonial? Die Gegenwart der imperialen Vergangenheit, Berlin 2018, S. 143-158.

14 Die folgenden Ausführungen stützen sich auf einen Online-Artikel des Verfassers. Siehe Die Geschichte der deutschen Kolonialherrschaft, in: Archivführer. Deutsche Kolonialgeschichte. URL: *https://archivfuehrer-kolonialzeit.de/history*, hrsg. von der Fachhochschule Potsdam & Auswärtiges Amt, Berlin [Online-Ausgabe].

15 Vgl. Gründer, Horst: »... da und dort ein junges Deutschland gründen«. Rassismus, Kolonialismus und kolonialer Gedanke vom 16. bis zum 20. Jahrhundert, München 1999.

16 Eine Auswahl der wichtigsten Literatur zu dieser Thematik wird in dieser Streitschrift zumindest in den Fußnoten genannt.

17 Vgl. Osterhammel, Jürgen: Kolonialismus. Geschichte – Formen – Folgen, München 1995, S. 8f.

18 Vgl. Pakenham, Thomas: Der kauernde Löwe. Die Kolonisierung Afrikas 1876–1912, Düsseldorf 1993.

19 Gründer, Horst: Der »Wettlauf« um Afrika und die Berliner Westafrika-Konferenz 1884/85, in: van der Heyden, Ulrich/Zeller, Joachim (Hrsg.): Kolonialmetropole Berlin. Eine Spurensuche, Berlin 2002, S. 19.

20 Vgl. Pogge von Strandmann, Hartmut: Imperialismus vom Grünen Tisch. Deutsche Kolonialpolitik zwischen wirtschaftlicher Ausbeutung und »zivilisatorischen« Bemühungen, Berlin 2009.

21 Die wichtigsten Dokumente hierzu sind veröffentlicht in Suret-Canale, Jean/Gatter, Frank Thomas (Hrsg.): Protokolle und Generalakte der Berliner Afrika-Konferenz 1884–1885 [=Veröffentlichungen aus dem Übersee-Museum, Reihe F, Bd. 20], Bremen 1984. Die Originale sind in der genannten Reihe als Bd. 19 unter dem Titel »Protocoles et Acte Général de la Conférence de Berlin 1884–1885« erschienen.

22 Vgl. die wohl aktuellste und vermutlich seriöseste Publikation auf der Basis von Originalquellen Baumgart, Winfried (Hrsg.): Bismarck und der deutsche Kolonialerwerb 1883 – 1885. Eine Quellensammlung, Berlin 2011 sowie ders.: Warum erwarb Bismarck 1883/85 Kolonien für Deutschland? Die Lösung eines Rätsels, Berlin 2009. Vgl. auch Canis, Konrad: Zu den Motiven der Bismarckschen Kolonialpolitik, in: Der Rektor der Humboldt-Universität zu Berlin (Hrsg.): Die koloniale Aufteilung Afrikas und ihre Folgen. Ausgewählte Beiträge des Symposiums der Sektion Geschichte und der Sektion Asienwissenschaften der Humboldt-Universität zu Berlin am 15. November 1984 anlässlich des 100. Jahrestages der Berliner Konferenz über die koloniale Aufteilung Afrikas 1884/85, Berlin (Ost) 1985, S. 4-11; ders.: Bismarck als Kolonialpolitiker, in: van der Heyden, Ulrich/Zeller, Joachim (Hrsg.): Kolonialmetropole Berlin..., a.a.O., S. 23-28; Bade, Klaus J.: Bismarcks »Verfehlte Hoffnungen« in Afrika. Schutzbriefkonzept, Kongokonferenz und koloniale Krise, in: Christmann, Helmut (Hrsg.): Kolonisation und Dekolonisation. Referate des internationalen kolonialgeschichtlichen Symposiums 1989 an der Pädagogischen Hochschule Schwäbisch Gmünd, Schwäbisch Gmünd 1989, S. 53-66; Förster, Stig/Mommsen, Wolfgang J./Robinson, Ronald (Hrsg.): Bismarck, Europe, and Africa. The Berlin Africa Conference 1884–1885 and the Onset of Partition, Oxford 1988.

23 Conrad, Joseph: Tales of Hearsay and Last Essays, London 1955, S. 17. Als Übersetzung ebenso zu finden bei Stoecker, Helmuth: Die Berliner Konferenz von 1884/85 über die koloniale Aufteilung Afrikas südlich der Sahara, in: *Asien–Afrika–Lateinamerika*, Nr. 5, Berlin (Ost) 1984, S. 897; Bley, Helmut: Deutsche Kolonialkriege in Afrika 1904–1918. Eine Interpretation, in: Hinz, Hans-Martin/Niesel, Hans-Joachim/Nothnagle, Almut (Hrsg.): Mit Zauberwasser gegen Gewehrkugeln. Der Maji-Maji-Aufstand im ehemaligen Deutsch-Ostafrika vor 100 Jahren [=Beiheft der *Zeitschrift für Mission*, Nr. 7], Frankfurt am Main 2006, S. 13–24.

24 Vgl. Morlang, Thomas: Askari und Fitafila. »Farbige«. Söldner in den deutschen Kolonien, Berlin 2008.

25 So heißt es dort u. a.: »Christliche Missionare [...] sowie ihr Gefolge, ihre Habe und ihre Sammlungen, bilden [...] den Gegenstand eines besonderen Schutzes.« Stoecker, Helmuth/Rüger, Adolf (Hrsg.): Handbuch der Verträge 1871–1964. Verträge und andere Dokumente aus der Geschichte der internationalen Beziehungen, Berlin (Ost) 1968, S. 61.

26 Vgl. hierzu die Fallstudie von Kinet, Ruth: »Licht in der Finsternis.« Kolonisation und Mission im Kongo, 1876–1908. Kolonialer Staat und nationale Mission zwischen Kooperation und Konfrontation, Münster 2005.

27 Vgl. Stoecker, Helmuth: Die Berliner Konferenz von 1884/85..., a.a.O., S. 888-899.

28 Vgl. das nach wie vor aktuelle Standardwerk von Sebald, Peter: Togo 1884–1914. Eine Geschichte der deutschen »Musterkolonie« auf der Grundlage amtlicher Quellen, Berlin 1988. Siehe auch ders.: Die deutsche Kolonie Togo 1884–1914. Auswirkungen einer Fremdherrschaft, Berlin 2013. Ebenso vgl. von Trotha, Trutz: Koloniale Herrschaft. Zur soziologischen Theorie der Staatsentstehung am Beispiel des »Schutzgebietes Togo«, Tübingen 1994.

29 Vgl. zu einer solchen kolonialen Aktion das Tagebuch, welches Peter Sebald kommentiert und herausgegeben hat. Gruner, Hans: Vormarsch zum Niger. Die Memoiren des Leiters der deutschen Togo-Hinterlandexpedition 1894/95, Berlin 1997.

30 Vgl. Kum'a N'dumbe III., Alexandre: Vertragspolitik und Eroberungszüge als Mittel des deutschen Kolonialismus in Afrika am Beispiel Kameruns, in: Christmann, Helmut (Hrsg.): Kolonisation und Dekolonisation..., a.a.O., S. 67-77; ders.: Das deutsche Kaiserreich in Kamerun. Wie Deutschland in Kamerun seine Kolonialmacht aufbauen konnte, 1840–1910, Berlin 2009.

31 Vgl. die schon sehr früh in der DDR erschienene zweibändige Studie von Stoecker, Helmuth (Hrsg.): Kamerun unter deutscher Kolonialherrschaft, Berlin (Ost) 1960 und 1968, an denen spätere Forschungsarbeiten nicht vorbeikamen. Zu aktuelleren Überblicksdarstellungen vgl. Schaper, Ulrike: Koloniale Verhandlungen. Gerichtsbarkeit, Verwaltung und Herrschaft in Kamerun 1884-1916, Frankfurt am Main/New York 2012; Gouaffo, Albert: Wissens- und Kulturtransfer im kolonialen Kontext. Das Beispiel Kamerun – Deutschland (1884–1919), Würzburg 2007; Eckert, Andreas: Grundbesitz, Landkonflikte und kolonialer Wandel. Douala 1880 bis 1960, Stuttgart 1999. Immer noch lesenswert hierzu ist Hausen, Karin: Deutsche Kolonialherrschaft in Afrika. Wirtschaftsinteressen und Kolonialverwaltung in Kamerun vor 1914, Zürich/Freiburg 1970.

32 Vgl. die erste seriöse kolonialkritische Studie zur damaligen Kolonie Deutsch-Südwestafrika, auf die sich noch heute viele Kolonialhistoriker stützen, das von der UNESCO in verschiedene Sprachen übersetzte Standardwerk von Drechsler, Horst. Südwestafrika unter deutscher Kolonialherrschaft, Berlin (Ost) 1966 sowie speziell zusammengefasst zu den antikolonialen Aktionen ders.: Aufstände in Südwestafrika. Der Kampf der Herero und Name 1904 bis 1907 gegen die deutsche Kolonialherrschaft, Berlin (Ost) 1984.

33 Vgl. aus der großen Anzahl inzwischen vorliegender Fachliteratur beispielsweise Dedering, Tilman: Hate the Old and Follow the New. Khoekhoe, and Missionaries in Early Nineteenth-Century Namibia, Stuttgart 1997; Oermann, Nils Ole: Mission, Church and State Relations in South West Africa under German Rule (1884 –1915), Stuttgart 1999; Milk, Hans-Martin: Der Stimme der Gnade Gottes Gehör schenken. Zur Rolle der Rheinischen Missionsgesellschaft bei der Errichtung von Konzentrationslagern in Namibia – 1905 bis 1907, Berlin 2016

34 Zu diesem kolonialen Unterwerfungskrieg ist ebenfalls viel geforscht und publiziert worden. Vgl. beispielsweise Zimmerer, Jürgen/Zeller, Joachim (Hrsg.): Völkermord in Deutsch-Südwestafrika. Der Kolonialkrieg (1904-1908) in Namibia und seine Folgen, 3. Aufl., Berlin 2016; Häußler, Matthias: Zur Asymmetrie tribaler und staatlicher Kriegführung in Imperialkriegen. Die Logik der Kriegführung der Herero in vor- und frühkolonialer Zeit, in: Bührer, Tanja/Stachelbeck, Christian/Walter, Dierk (Hrsg.): Imperialkriege von 1500 bis heute. Strukturen, Akteure, Lernprozesse, Paderborn 2011, S. 177–195; Gewald, Jan Bart: Herero Heroes. A Socio-Political History of the Herero of Namibia 1890–1923, Athens 1999.

35 Diesem kolonialen Unterwerfungskrieg sowie dem antikolonialen Widerstand ist, neben den in der Streitschrift erwähnten Forschungsergebnissen, recht viel geforscht und publiziert worden. Vgl. u.a.: Laurin, Ingrid: Der Maji Maji-Aufstand in Deutsch-Ostafrika 1905/06. Zum Forschungsstand, in: *1999. Zeitschrift für Sozialgeschichte des 20. und 21. Jahrhunderts*, Nr. 1, Hamburg 1994, S. 85–109; Beez, Jigal: Die Maji-Maji-Botschaft und ihre religiösen Einflüsse und Auswirkungen. Mit einer aktuellen Bibliografie zum Thema, in: Hinz, Hans-Martin/Niesel, Hans-Joachim/Nothnagle, Almut (Hrsg.): Mit Zauberwasser gegen Gewehrkugeln..., a.a.O., S. 55–76; Niesel, Hans-Joachim: Die Missionen im Maji-Maji-Aufstand in Deutsch-Ostafrika 1905–1907, in: van der Heyden,

Ulrich/Feldtkeller, Andreas (Hrsg.): Border Crossing. Explorations of an interdisciplinary Historian. Festschrift for Irving Hexham, Stuttgart 2008, S. 157-172; Nuhn, Walter: Flammen über Deutsch-Ostafrika. Der Maji-Maji-Aufstand 1905/06, Bonn 1998. Den aktuellsten Überblick hierzu gibt leicht lesbar van Riel, Aert: Der verschwiegene Völkermord. Deutsche Kolonialverbrechen in Ostafrika, Köln 2023.

36 Vgl. Pesek, Michael: Koloniale Herrschaft in Deutsch-Ostafrika. Expeditionen, Militär und Verwaltung seit 1880, Frankfurt am Main 2005; Bückendorf, Jutta: »Schwarz-weiß-rot über Ostafrika«. Deutsche Kolonialpläne und afrikanische Realität, Münster 1997.

37 Vgl. Strizek, Helmut: Geschenkte Kolonien. Ruanda und Burundi unter deutscher Herrschaft. Mit einem Essay über die Entwicklung bis zur Gegenwart, Berlin 2006.

38 Vgl. zu dieser speziellen Thematik, die bislang noch nicht allzu viel Interesse gefunden hat, die Arbeiten von Bindseil, Reinhard: Ruanda und Deutschland seit den Tagen Richart Kandts. Begegnungen und gemeinsame Wegstrecken. Historischer Abriß der deutsch-ruandischen Beziehungen mit einer biographischen Würdigung des einstigen deutschen kaiserlichen Residenten, Berlin 1988.

39 Vgl. das als Standardwerk geltende Buch von Leutner, Mechthild/Mühlhahn, Klaus (Hrsg.): Kolonialkrieg in China. Die Niederschlagung der Boxerbewegung 1900 – 1901, Berlin 2007. Ebenso empfehlenswert ist Hinz, Hans-Martin/Lind, Christoph (Hrsg.): Tsingtau. Ein Kapitel deutscher Kolonialgeschichte in China 1897–1914, Berlin 1998.

40 Vgl. Wagner, Wilfried: Deutscher Imperialismus in der Südsee. Die Marianen 1899 bis 1914, in: ders. (Hrsg.): Referate der Jahrestagung des Arbeitskreises Pazifik vom 9. bis 11. September 1987 in Bremen, Bremen 1988, S. 269–300.

41 Vgl. hierzu Mückler, Hermann: Die Marshall-Inseln und Nauru in deutscher Kolonialzeit. Südseeinsulaner, Händler und Kolonialbeamte in alten Fotografin, Berlin 2016.

42 Vgl. aus der Fülle der vorliegenden Literatur siehe Hiery, Hermann J.: Die deutsche Südsee 1884–1914. Ein Handbuch, 2. Aufl., München 2002.

43 Vgl. hierzu Scurla, Herbert (Hrsg.): Auf Kreuzfahrt durch die Südsee. Berichte deutscher Reisender aus dem 18. und 19. Jahrhundert über die ozeanische Inselwelt, Berlin (Ost) 1983; Stingl, Miloslav: Tod in der Südsee. Abenteurer, Entdecker, Kolonisatoren. Und die Ureinwohner?, Zeuthen 1995.

44 Stoecker, Helmuth: Die Berliner Konferenz von 1884/85…, a.a.O., S. 891.

45 Vgl. Becker, Felicitas/Beez, Jigal (Hrsg.): Der Maji-Maji-Krieg in Ostafrika 1905-1907, Berlin 2005.

46 Vgl. Kum'a N'dumbe III., Alexandre: Das deutsche Kaiserreich in Kamerun…, a.a.O.

47 Vgl. hierzu Schubert, Michael: Der schwarze Fremde. Das Bild des Schwarzafrikaners in der parlamentarischen und publizistischen Kolonialdiskussion in Deutschland von den 1870er bis in die 1930er Jahre, Stuttgart 2003, S. 23.

48 Vgl. Oestermann, Tristan: Kautschuk und Arbeit in Kamerun unter deutscher Herrschaft 1880–1913, Wien/Köln 2023.

49 Winkler, Hella: Das Kameruner Proletariat 1906–1914, in: Kamerun unter deutscher Kolonialherrschaft. Studien, hrsg. von Helmuth Stoecker, Berlin (Ost) 1960, S. 280.

50 Vgl. Schulte-Varendorff, Uwe: Krieg in Kamerun. Die deutsche Kolonie im Ersten Weltkrieg, Berlin 2011.

51 Vgl. Authaler, Caroline: Deutsche Plantagen in Britisch-Kamerun. Internationale Normen und lokale Realitäten 1925 bis 1940, Wien/Köln/Weimar 2018.

52 Sebald, Peter. Togo 1900–1914, in: Stoecker, Helmuth (Hrsg.): Drang nach Afrika. Die koloniale Expansionspolitik und Herrschaft des deutschen Imperialismus in Afrika von den Anfängen bis zum Ende des Zweiten Weltkrieges, Berlin (Ost) 1977, S. 124.

53 Vgl. Erbar, Ralph: Ein »Platz an der Sonne«? Die Verwaltungs- und Wirtschaftsgeschichte der deutschen Kolonie Togo 1884–1914, Stuttgart 1991.

3. Kolonialgeschichtsschreibung in beiden deutschen Staaten

Die koloniale Vergangenheit Deutschlands besitzt heute im öffentlichen Bewusstsein und in der Politik zweifelsohne einen großen Stellenwert. Zunehmend werden Fragen zur Verantwortung Deutschlands in Afrika, Asien und in der Südsee gestellt. Oft wird dabei ein Mangel an wissenschaftlicher Beschäftigung mit den vielfältigen Themen zur europäischen Expansion moniert. Aber ist diese Kritik berechtigt? Wer sich darüber informiert, wird eine Unmenge an Fachliteratur in den Bibliotheken vorfinden. Das heißt: Der Vorwurf ungenügender Beschäftigung ist gänzlich unzutreffend. Zu kritisieren ist allenfalls die ungenügende öffentliche Wahrnehmung dieser Forschungen.

Wer sich eingehender mit der Wissenschaftsgeschichte zur Aufarbeitung der deutschen Kolonialgeschichte vertraut macht, wird überrascht feststellen können, dass ein nicht geringer Teil der Literatur, die sich mit der kolonialen Vergangenheit Deutschlands befasst, in der untergegangenen DDR entstanden ist.[1]

Im Jahre 2021 behauptete eine junge, in Stuttgart geborenen schwarzen Deutsche, in einem in der *Berliner Zeitung* erschienenen Artikel, dass Rassismus und Kolonialismus in der DDR ein Thema gewesen sei, »das in Schulen höchstens am Rande zur Sprache« kam. Das verwunderte zumindest die ostdeutschen Leserinnen und Leser, wie eben auch Maria »Selly« Häußlers These: »Insbesondere die deutsche Kolonialzeit wurde kollektiv verdrängt und kaum aufgearbeitet.«[2]

Eine konstatierte »koloniale Amnesie«[3] hat es in der alten Bundesrepublik nachweislich gegeben – trotz beachtlicher personeller und finanzieller Kapazitäten, wie mehrfach heute beklagt wird[4]. So etwa vom Regisseur eines Films, der sich mit der Kolonialgeschichte des heutigen Namibias beschäftigt hatte.[5] In der DDR hatte es dergleichen nicht gegeben, eine »kollektive Verdrängung« war keineswegs erfolgt.

Häußlers steile These folgte der üblichen Praxis. Die Sicht auf den ostdeutschen Part der gesamtdeutschen Geschichte erfolgt meist aus westdeutscher Perspektive. Das Urteil gründet auf Vorurteilen und Unwissen, anderslautende Auffassungen oder Belege werden tapfer ignoriert oder gar bestritten. Das Herangehen der Autorin an dieses Thema – sie ging übrigens im Sommer 2023 im Berliner Prinzenbad »oben ohne« baden und berichtete über ihren Selbstversuch in der *Berliner Zeitung* am 15. Juli 2023 so ausführlich wie verallgemeinernd – stellt keine Ausnahme dar. Die Unwissenheit reproduziert sich, sie nimmt von Generation zu Generation eher zu denn ab. Der Vorsitzende des Berliner Landesverbandes der Geschichtslehrer, Peter Stolz, machte auf die gefährliche Unkenntnis der Geschichte aufmerksam und forderte darum wiederholt, die Stundenzahl der Fächer Geschichte und Politische Bildung zu erhöhen.[6] Er ist nicht der Einzige, der auf Defizite verweist.

An den DDR-Schulen wurde der Kolonialismus, vor allem der deutsche inklusive seiner geschichtlichen Bedeutung, in gebührendem Umfang im Unterricht behandelt (auch wenn man heute der Meinung sein kann, dass es zu wenig war). Die Geschichtsbücher und die landesweit verbindlichen Lehrpläne für das Unterrichtsfach Geschichte legen davon Zeugnis ab. Weder in der Schule noch in der Öffentlichkeit wurde der Kolonialismus »kollektiv verdrängt«. Im Gegenteil. Die Liste der Kinder- und Jugendbücher sowie der Belletristik für Erwachsene ist lang, die Masse der entsprechenden Presseartikel unübersehbar.[7] Gleiches gilt für Veröffentlichungen in Rundfunk und Fernsehen. Zudem sollte beachtet werden, dass der heute geschmähte Marxismus in den Schulen und Hochschulen der DDR nicht gelehrt werden konnte, *ohne* auf die Rolle des Kolonialismus bei der Beschreibung der kapitalistischen Welt einzugehen.

Die wissenschaftliche Kolonialismusforschung – als Teilgebiet der Regionalgeschichtsforschung, die hier im Mittelpunkt stehen soll – wurde an philosophischen Fakultäten mehrerer Universitäten der DDR betrieben. Eine spezielle Abteilung am Geschichtsinstitut der Universität Leipzig sowie Forscher an anderen Universitäten und an der Akademie der Wissenschaften befassten sich mit der Geschichte des deutschen Kolonialismus und seiner Folgen. Die von Historikern publizierte Fachliteratur galt und gilt als tiefgründig und substantiell. Die Autoren genossen international hohes Ansehen, nicht zuletzt in den ehemals kolonisierten Ländern.[8] Afrikawissenschaftler aus der DDR waren auch noch nach dem Untergang des Landes auf Wunsch afrikanischer Staaten an dortigen Universitäten als Dozenten und Forscher tätig und arbeiteten vor Ort zur kolonialen Vergangenheit und deren Folgen.

Zur Entwicklung der marxistischen Afrika- und Kolonialgeschichtsschreibung in der DDR

Deutschland war von 1884/85 bis 1918/19 eine Kolonialmacht. Auch vorher schon gab es von einigen deutschen Territorialstaaten wie Brandenburg-Preußen[9] vereinzelte Versuche, in Übersee Fuß zu fassen oder zumindest eine Handelskolonie zu errichten.[10]

Die Zeit der direkten Kolonialherrschaft begann mit der sogenannten Kongo-Konferenz in Berlin 1884/85.[11] Deutschland versuchte, sich einen »Platz an der Sonne« zu erobern.[12] Die Machtausübung und Ausbeutung der kolonisierten Gebiete in Afrika, in Asien und in der Südsee gingen einher mit Kolonialismuskritik und Antikolonialismus in der deutschen Bevölkerung. Dort bildeten sich drei gesellschaftlichen Strömungen heraus: die christliche Missionsbewegung, humanistisch eingestellte bürgerliche Kräfte und die sozialdemokratischen Parteien und Organisationen.[13]

Die Kolonialgeschichtsschreibung in der DDR setzte dort, in der kritischen Betrachtung der kolonialen Vergangenheit Deutschlands, an. Konzentriert wurde sich dabei vornehmlich auf das koloniale Geschehen in Afrika und die Erforschung der daran von Anfang an sich engagierenden Kolonialismuskritiker, insbesondere in der Sozialdemokratie.[14]

Die erste tiefgründige Beschäftigung mit der Kritik am deutschen Kolonialismus begann etwa Mitte der 1950er Jahre, also zu einer Zeit, als auf dem afrikanischen Kontinent – mehr als anderswo im globalen Süden – sich eine antikoloniale Befreiungsbewegung herausbildete. Sie sandte deutliche Signale in Richtung der sozialistischen Länder des Nordens. Das spiegelte sich an den Universitäten wider, vor allem in Angebot entsprechenden Lehrveranstaltungen, in Diplomarbeiten und Dissertationen.

Natürlich war es damals notwendig, sich mit der deutschen Kolonialgeschichte kritisch zu beschäftigen. Aktuelle Forschungen hierzu existierten damals kaum – wenn überhaupt, dann allenfalls in der Sowjetunion und in den USA. Die erste bedeutende Monographie, die sich mit der deutschen Kolonialgeschichte kritisch auseinandersetzte, befasste sich nicht mit einer afrikanischen Kolonie, sondern mit der Geschichte des deutschen Kolonialgebietes in China.[15] Deren Verfasser Helmuth Stoecker erarbeitete sich mit seinen weiteren Forschungen, nunmehr vor allem zu Afrika,[16] den Ruf des Nestors der deutschsprachigen kritischen Kolonialgeschichtsschreibung.

In der deutschen Geschichtsschreibung hatte es bis dato keine Wissenschaftsdisziplin gegeben, die sich speziell mit der Kolonialhistoriographie, schon gar nicht kritisch, auseinandersetzte. Aus der heutigen Perspektive wäre es vornehmlich die Aufgabe der Orientalistik oder der Afrikanistik gewesen, sich mit den Entwicklungen im Süden der Welt zu beschäftigen. In der Sowjetunion und in der DDR wie auch in einigen anderen sozialistischen Ländern Europas reagierte man politisch auf die Erringung der nationalen Unabhängigkeit vieler Staaten nach dem »afrikanischen Jahr« 1960 und die Entstehung nationaler Befreiungsbewegungen in noch kolonial unterdrückten Gebieten.[17] Das schloss die Beschäftigung mit der Vorgeschichte zwingend ein.

In der westdeutschen Wissenschaft und Öffentlichkeit hingegen erfolgte – bis auf wenige Ausnahmen[18] – bis in die 1980er Jahre hinein kaum eine kritische Auseinandersetzung mit der kolonialen Vergangenheit. Allein dieser Umstand stellte eine Herausforderung für die sich mit diesen Themen beschäftigenden Wissenschaftler in der DDR dar.[19]

Das hatte zwangsläufig auch Einfluss auf die öffentliche Wahrnehmung der sogenannten Dritten Welt in der ostdeutschen Gesellschaft. Diese beschäftigte sich mit Fragen der Geschichte und auch der Linguistik der überseeischen Welt, mit den Problemen der kolonialen Ausbeutung und Unterdrückung sowohl an Universitäten, an denen entsprechende Fächer eingerichtet wurden, wie auch in der Kultur und den Medien.

In der ostdeutschen Wissenschaft gingen Anregungen von antifaschistisch eingestellten Hochschullehrern aus, die sich schon im Dritten Reich mit überseeischen Regionen befasst hatten, wie Eduard Erkes,[20]

Julius E.[21] und Eva Lips[22] oder Walter Ruben,[23] die von ihren bisherigen Arbeitsfeldern »tragfähige geschichtliche Brücken zur politischen Gegenwart schlugen«[24].

Der in den Ländern des globalen Südens entstehenden Aufbruchsstimmung konnten sich viele Sozial- und Geisteswissenschaftler in der DDR nicht entziehen. Es entwickelte sich ein Solidarisierungsgefühl, das für so manchen Studenten und wissenschaftlich interessierten Intellektuellen lebensbestimmend wurde, worauf 1993 der Kolonialhistoriker Peter Sebald explizit verwies.[25]

Die DDR-Regierung stellte finanzielle Mittel für außereuropäische historische Forschungen zur Verfügung. Seit 1951 erhielt beispielsweise die Leipziger Universität Geld, was einigen Forschern es erlaubte, sich schwerpunktmäßig auf die Geschichte der kolonialen Ausbeutung festzulegen und mit der Ausbildung von Studenten zu beginnen. 1954 stellte sich erstmals eine Forschungsgruppe aus Leipzig auf einer wissenschaftlichen Arbeitstagung mit einem programmatischen Beitrag über die Genesis der vorimperialistischen Kolonialsysteme der öffentlichen Diskussion.[26]

Ost inspiriert West

Die Ergebnisse der ostdeutschen Kolonialismusforschungen trugen in nicht unerheblicher Weise zur Überwindung des in Westdeutschland bis in die 1960er Jahre vorherrschenden »kleineuropäischen Geschichtsbildes« bei. Erst dann erfolgte dort eine Hinwendung zu einer »Geschichte der großen Räume Asiens und Afrikas«. Das führte zu einem schon 1962 vorausgesagten »Konkurrenzkampf« zwischen west- und ostdeutschen »Regionalwissenschaften«, dem man nach westlicher Sicht nicht ausweichen konnte.[27] »Mit dem gehörigen Ernst« wurde immer wieder auf die »Konkurrenz« im Osten Deutschlands verwiesen.[28] Der westdeutsche Afrika-Journalist Rolf Italiaander (1913-1991) beschwor geradezu nach dem Internationalen Afrikanisten-Kongress in Accra im Jahre 1963 die Afrikawissenschaftler in der Bundesrepublik, den DDR-Wissenschaftlern nicht das Feld zu überlassen. Sonst nämlich werde »die deutsche Afrikanistik in der Zukunft vielleicht nur von den Afrika-Instituten in Leipzig und Ostberlin repräsentiert [...]. Und das zuzulassen, wäre eine neue politische Ungeschicklichkeit.«[29]

Schon einige Jahre zuvor hatte der als konservativ geltende Historiker Wahrhold Drascher (1892-1968) gefordert, »die Bemühungen von russischer Seite richtig zu werten« und sich deshalb »viel intensiver als bisher mit der Geschichte Afrikas zu befassen«. Er warnte vor den Konsequenzen, wenn diesem Rat nicht Folge geleistet werden würde.[30] Und der Nestor der westdeutschen Afrika-Politikwissenschaft Franz Ansprenger (1927-2020) fürchtete, dass die DDR-Afrikawissenschaft »in gewissen auswärtigen Ländern als repräsentativ für die deutsche Forschung schlechthin beurteilt werden« könnte.[31]

Jedenfalls begann nunmehr, was von den ostdeutschen Kollegen interessiert beobachtet wurde, »sich innerhalb der BRD-Historiographie – gegen den Widerstand des konservativen Flügels – eine zweite Strömung herauszubilden«, die nach Imanuel Geiss (1931-2012) sich vom »germanozentristischen, geistes- und machtgeschichtlich orientierten deutschen Historismus«[32] abwandte und – laut dem Leipziger Wissenschaftler Hans Piazza (1932-2017) – sich »relativ realistisch der Geschichte und Gegenwart der ehemals kolonial unterdrückten Welt zuwendete«.[33]

Erst mit dem Buch von Hans-Ulrich Wehler (1931-2014) »Bismarck und der Imperialismus«,[34] glaubte man in der Bundesrepublik, diesbezüglich den bisherigen »Vorsprung der DDR-Forschung weitgehend aufgeholt« zu haben.[35] Im Prinzip lag jedoch neben einigen politikwissenschaftlich ausgerichteten »Afrikabüchern« und wissenschaftlichen Aufsätzen, vor allem von Franz Ansprenger und Imanuel Geiss, die sich deutlich von der bislang vorherrschenden kolonialrevisionistischen Apologetik[36] in der westdeutschen Kolonialgeschichtsschreibung distanzierten – was die ostdeutschen Kollegen durchaus zur Kenntnis nahmen[37] – lediglich das eindeutig in seinem Charakter als kritische Kolonialhistoriographie zu definierende Werk von Helmut Bley über Kolonialherrschaft und Sozialstruktur in Deutsch-Südwestafrika aus dem Jahre 1968 vor.[38]

In späteren Jahren äußerten sich westdeutsche Fachvertreter weitgehend positiv über die »Historisierung« der Regionalwissenschaften in der DDR, zu der auch die Afrikawissenschaften und als deren inhärenter Bestandteil die Kolonialgeschichte gezählt werden müssen. So urteilte der westdeutsche Orientwissenschaftler Ulrich Haarmann (1942-1999) im Jahre 1974 über die Sektion Afrika- und Nahostwissenschaften in Leipzig: »Die seit geraumer Zeit auf ein Großinstitut in Leipzig konzentrierte Nahostwissenschaft wird in die marxistische Geschichtswissenschaft eingegliedert und erhält damit eine fundierte Methode. Der Orientalist wird zum Fachhistoriker, umgekehrt erhalten Gegenstände aus Afrika oder Asien selbstverständliches Heimatrecht in der allgemeinen Geschichte – eine für manchen westdeutschen Historiker gewiss immer noch befremdliche Vorstellung.« Anhand der Analyse der *Zeitschrift für Geschichtswissenschaft* bescheinigte er den DDR-Kollegen eine »erfolgreiche Überwindung des eurozentristischen Weltbildes«, wobei er bei gegenwartsbezogenen Themen durchaus einen Hang zur »Parteilichkeit« erkannte.[39]

Wusste man die Forschungen über den deutschen Kolonialismus in der westdeutschen *scientific community* zunächst positiv zu bewerten, konnte ein westdeutscher Wissenschaftler erst 1984 mit »Erleichterung« zur Kenntnis nehmen, dass in der BRD sich »auch eine allmählich wachsende (kolonial-)kritische Position« durchzusetzen beginne.[40]

Die größten Forschungsleistungen der DDR-Wissenschaftler auf dem Gebiet der Kolonialgeschichtsschreibung sind ohne Zweifel zu Afrika erbracht worden,[41] was nicht allzu sehr verwundert. Das deutsche Kaiserreich besaß schließlich in Afrika die meisten und größten Kolonialgebiete – und die darüber Auskunft vermittelnden Akten befanden sich auf dem Territorium der DDR.

Thematisch sind, wie es der Kameruner Historiker Alexandre Kum'a Ndumbe III. in seiner Arbeit über die westdeutsche Afrikapolitik zu Recht herausstellt, zwei Tendenzen in der afrikabezogenen Kolonialgeschichtsschreibung der DDR festzustellen. Deren Autoren versuchten zum einen, den imperialistischen Charakter des deutschen Kolonialismus hervorzuheben. Die deutsche Bourgeoisie, welche die Arbeiterklasse im Innern unterdrückte und ausbeutete, expandierte in die Kolonien und überlagerte so die Ausbeutung in Afrika, um Höchstprofite zu erreichen, heißt es dort nicht zu unrecht . Kolonialismus verstehe sich also als Kapitalismus im imperialistischen Stadium.

Die andere Tendenz, so Alexandre Kum'a Ndumbe III., würde insbesondere in der Analyse der Widerstandsbewegungen der Afrikaner gegen die deutsche Kolonialherrschaft als Teil der afrikanischen Geschichte deutlich werden.[42]

Trotz vielen auch international anerkannten wissenschaftlichen Leistungen in der Kolonialgeschichtsschreibung, was nicht zuletzt in der recht großen Anzahl von Dissertationen und studentischen Abschlussarbeiten zum Ausdruck kommt, blieben nicht wenige Themen und Themenschwerpunkte von diesbezüglichen Forschungsinteressen ausgeklammert. Diese Desiderata sind nicht unbedingt darauf zurückzuführen, dass sie aus politischen Gründen in der DDR nicht bearbeitet werden sollten oder durften, sondern die Gründe hierfür lagen eher in erster Linie an der dünnen Personaldecke.

Der führende Kolonialhistoriker der DDR, Helmuth Stoecker, benannte im Nachhinein als größte Schwäche oder als Versäumnis der DDR-Kolonialismusforschung, »dass wir viel zu wenig versucht haben, die deutsche Kolonialherrschaft mit der Herrschaft anderer europäischer Mächte zu vergleichen. Hier zeigt sich ein gewisser Provinzialismus [...]. Und wir haben auch die Problematik der progressiven Komponente der modernen Kolonialherrschaft zu wenig untersucht.« Die durch den Kolonialismus in Gang gesetzten oder beeinflussten Entwicklungen in den Kolonialgebieten selbst seien nicht ernsthaft analysiert worden. Es seien auch »nicht ausreichend die Möglichkeiten alternativer Entwicklungswege beachtet« worden.[43]

Diese Einschätzung deckt sich mit einer nach der deutschen Wiedervereinigung vorgenommenen allgemeinen kritischen Betrachtung der Entwicklungsländerwissenschaften in der DDR.[44]

Stärken und Schwächen

Es gibt in der *scientific community* noch heute anerkennende Einschätzungen der Forschungsleistungen der DDR-Wissenschaftler auf dem Gebiet der Kolonialhistoriographie, vor allem was die Erforschung des antikolonialen Widerstandes anbelangt – »jenseits revanchistischer und apologetischer Töne«, wie es ein Kollege der nachfolgenden Generation anerkennend ausdrückte.[45]

Die antikoloniale Haltung der DDR-Historiker basierte weitgehend auf der sich auf die sogenannten revolutionären Traditionen der Arbeiterbewegung berufenden Staatspolitik.[46] Dieses Bekenntnis wurde nicht nur von DDR-Wissenschaftlern behauptet, sondern wurde auch von ausländischen Wissenschaftlern bestätigt, etwa vom finnischen Kolonialismusforscher Juhani Koponen (Jahrgang 1987), der schrieb: »The GDR was the only one among the ex-colonial countries in which ›anti-imperialism‹ was proclaimed as a part of an official ideology.«[47]

Internationale Anerkennung genossen die ersten DDR-Publikationen über die koloniale Vergangenheit Deutschlands trotz einiger dogmatischer »Ausrutscher« nicht nur wegen ihrer antikolonialen Parteinahme, sondern auch wegen der deutlich zum Ausdruck gebrachten intensiven Quellenauswertung,[48] die es ermöglichte, sich konsequent mit der europäischen Kolonialherrschaft in Afrika und deren Folgen auseinanderzusetzen. Damit lagen die DDR-Forscher durchaus im Trend der internationalen Kolonialismusforschung.[49]

Ermöglicht und angeregt wurden die besonders geschätzten quellenorientierten Forschungen der DDR-Historiker, die selbst von kritischen westlichen Kollegen als »besonders rührig« anerkannt wurden,[50] durch die Rückführung der Archivbestände des Reichskolonialamtes sowie der Kolonialabteilung des Auswärtigen Amtes – also der sich mit der Eroberung und Verwaltung der Kolonialgebiete des deutschen Kaiserreiches beschäftigenden staatlichen Institutionen – aus der Sowjetunion ins Staatsarchiv der DDR nach Potsdam im Jahre 1956. Nunmehr konnte fundiert die enge und mannigfache Verquickung des kolonialen Strebens einzelner Deutscher oder ganzer Interessengruppen mit dem zentralen Staatsapparat des ehemaligen Deutschen Reiches bzw. Preußens, aber auch mit wirtschaftlichen und wirtschaftspolitischen Instanzen nachgewiesen werden.[51] Um die gewaltigen Aktenberge bewältigen zu können, wurden zunächst die einzelnen deutschen Kolonialgebiete – wobei die in der Südsee vollständig ausgeklammert blieben – unter jüngeren Historikern der DDR »aufgeteilt«.[52] Diese »Aufteilung« erfolgte jedoch nicht, wie man in einem zentralisierten Staat annehmen könnte, auf Anweisung einer übergeordneten Instanz. Vielmehr teilten sich die Kolonialhistoriker die Arbeit untereinander auf.

Bereits in den 1960er Jahren entstanden einige Publikationen mit dem Charakter von Quellendokumentationen[53] und Bibliographien sowie solche, die sich mit der Kolonialideologie und den Kriegszielen im Zweiten Weltkrieg auseinandersetzten.[54] Das ursprünglich angestrebte Ziel, für jede deutsche Kolonie einen geschichtlichen Gesamtüberblick auf der Grundlage der überlieferten kolonialen Quellen zu erarbeiten, ist letztlich nur für Deutsch-Südwestafrika und Togo realisiert worden.[55]

Symptomatisch für die Arbeiten zur Kolonialgeschichte der DDR-Historiker mag die äußerst positive Einschätzung der »brillanten Analyse«[56] Fritz Ferdinand Müllers durch den anerkannten Imperialismus-Forscher George W. Hallgarten (1901-1975) sein, der allerdings kritisierte, dass der ostdeutsche Autor der Gefahr verfallen sei, die antikolonialen Bestrebungen und Absichten einiger Personen zu überschätzen.[57] Auch andere westliche Forscher kritisierten, dass einige DDR-Forscher versuchen würden, »anhand des kolonialen Geschehens leninistisch-marxistische Theorien zu beweisen«.[58] Diese heutigen Einschätzungen mögen durchaus zutreffen, beeinträchtigen die auf Quellenauswertung beruhenden historiographischen Leistungen der DDR-Forscher jedoch keineswegs. An der erwähnten von Jutta Bückendorf vorgetragenen Kritik wird indes deutlich, wie der verinnerlichte Antikolonialismus der DDR-Wissenschaftler mitunter zu Übertreibungen und zu manch anzuzweifelnder Komparation geführt hat.

Unzweideutig ist hingegen, dass auch im Osten Deutschlands die Kolonial- und Afrikageschichtsschreibung dem Marxismus-Leninismus verpflichtet war, was zweifelsohne zu einer gewissen Einseitigkeit in der Sicht und auf die Beurteilung des Untersuchungsgegenstandes führen konnte.[59] Dass diese Sicht in gewissem Sinne auch auf Kosten der wissenschaftlichen Objektivität erfolgte, wenn es insbesondere um Ideologiekritik ging, haben die westdeutschen Afrika- und Missionshistoriker Erhard Kamphausen und Werner Ustorf schon 1977 in ihrer kritischen Analyse der deutschen Missionsgeschichtsschreibung deutlich benannt. Missionsgeschichte wurde in der DDR vornehmlich in Verbindung mit der Afrikawissenschaft, insbesondere der Linguistik und Ethnographie, gesehen. Die Autoren stellten zutreffend fest, dass die »marxistische ideologiekritische Analyse [...] ihre positive Funktion unbestreitbar darin

[hat], dass sie aus der Solidarität mit den Kolonialvölkern die ideologischen Positionen und die entsprechende Praxis des bürgerlichen Missionsdenkens freilegt, gerät dann aber selbst unter ›Ideologieverdacht‹, wenn sie beansprucht, über eine universale und totale geschichtsphilosophische Emanzipationstheorie zu verfügen.«[60]

Durchgesetzt hatte sich unter den DDR-Historikern die Auffassung, dass die Kolonialgeschichtsschreibung zur Untermauerung der Leninschen Imperialismustheorie gehöre. Als Bestandteil der recht dogmatisch vertretenen Imperialismustheorie litt die Kolonialismusforschung in der DDR unter einem gewissen Theoriedefizit. Die in der Bundesrepublik und in der übrigen westlichen Welt geführten Diskussionen zum Wesen des Imperialismus wurden von den Kolonialhistorikern der DDR kaum rezipiert und in ihrem substantiellen Gehalt sogar ignoriert.[61] Durch eine staatlich gesteuerte öffentliche Meinung vor ernsthafter Kritik immunisiert, so der Düsseldorfer Historiker Wolfgang J. Mommsen, habe man geglaubt, es sich in der Regel leisten zu können, »die alten Formen vom imperialistischen Charakter des Kapitalismus in höchst pauschaler Form fortzuschreiben«.[62] Dieser Einwand erfolgte nicht ohne Berechtigung.

Trotz der in der Fachwelt bis heute anhaltenden Würdigung der Forschungsergebnisse ostdeutscher Kolonialhistoriker soll nicht verschwiegen werden, dass es die auf diesem Felde in der DDR Forschenden es versäumten, mehr Gewicht auf reine Quelleneditionen zu legen. Dies veranlasste eine der bedeutendsten Afrikahistorikerinnen der DDR, Thea Büttner, in späteren Jahren auf einer Tagung der Berlin-Brandenburgischen Akademie der Wissenschaften im Oktober 1995 dazu, von einem »außerordentlich vernachlässigten Bereich« zu sprechen.[63]

Dennoch verschwanden kolonialhistorische quellenorientierte Arbeiten niemals ganz aus dem Spektrum der Dritte-Welt-Forschung bzw. *Area Studies* in der DDR[64], die übrigens von westdeutscher Seite – so »aufgeklärt« vom MfS – »hinsichtlich des regionalwissenschaftlichen Ansatzes, also der Zusammenführung von Geschichte, Kultur- und Literaturwissenschaft, Philologie, Ökonomie und Geographie einer Region der isolierten Fächerdifferenzierung in Westdeutschland überlegen« gewesen sei.[64a]

Die Aktivitäten und unzweifelhaften Erfolge der DDR-Wissenschaftler auf dem Gebiet der deutschen Kolonialgeschichtsschreibung wurden von den BRD-Historikern über den gesamten Zeitraum der Existenz der DDR (einschließlich dessen, was sich auf dem Gebiet der akademischen Afrikaforschung und -ausbildung vor allem an der Universität in Leipzig tat) nicht nur aufmerksam verfolgt, sondern auch – wie dargelegt – von vielen anerkannt. Afrika- und Kolonialgeschichtsforscher des Auslands sagten, dass von der »Leipziger Initiative« eine »Art Signalwirkung« ausgegangen sei.[65] Denn in anderen Ländern begannen sich nach dem Leipziger Vorbild ebenfalls Kolonial- und Afrikahistoriker verstärkt mit dem europäischen Kolonialismus, nicht zuletzt mit dem deutschen, zu befassen.

Auch wenn die Wissenschaftler der DDR bei der Bewertung der kolonialen Vergangenheit Deutschlands und mit den wissenschaftlichen »Verteidigern« der deutschen Kolonialpolitik in der BRD in der Sache kompromisslos und hart waren, so unterließen sie es, sich explizit mit der kolonialen Vergangenheit von BRD-Diplomaten und anderer Bundesbürger auseinanderzusetzen[66] (wenngleich sie von einigen deren nationalsozialistische Herkunft öffentlich machten). Das hätte ihnen und der DDR in den ideologischen Kämpfen im Kalten Krieg einige Aufmerksamkeit eintragen können. Die Aufarbeitung der nationalsozialistischen Vergangenheit von Diplomaten im Auswärtigen Amt erfolge erst viel später.[67]

Seltsamerweise unternahm die DDR – entgegen der Sorge des Auswärtigen Amtes in Bonn – niemals den Versuch, die im Potsdamer Staatsarchiv lagernden Kolonialakten als belastendes Material gegen die westdeutschen Diplomaten einzusetzen, etwa in der ehemaligen deutschen Kolonie Tanganyika bzw. Tansania, wo die Systemauseinandersetzung besonders intensiv spürbar war.[69] Die DDR beließ es bei reichlich pauschalen Vorwürfen, die Bonner Politik sei neokolonialistisch und trete in die Fußstapfen der expansionistischen Politik der Nationalsozialisten.[70]

Was bleibt?

Für das Gebiet der Kolonialgeschichtsschreibung kann man den Schluss ziehen, dass es bereits vor der »Wende« Interaktionen zwischen einem Teil der ost- und westdeutschen Kollegen gegeben hat. Insofern hätte es nach der deutschen Vereinigung eine Fortsetzung der fruchtbaren Zusammenarbeit zwischen den Kolonialhistorikern beider deutscher Staaten geben können. Wie bekannt wurde daraus nichts. Wie auf anderen Gebieten der Wissenschaft ebenfalls ist es nicht nur zu keiner Zusammenarbeit, zu keinem gemeinsamen Forschen gekommen – wohl aber zu einer Verdrängung der ostdeutschen Kolleginnen und Kollegen.[71]

Und die zuvor geschätzten Leistungen ostdeutscher Kolonial- und Afrikaforscher wurden nunmehr schlichtweg negiert. Als geäußerte oder ungenannte Begründung dafür muss die Tatsache herhalten, dass die Gesellschaftswissenschaftler der DDR *per se* der marxistischen Ideologie verhaftet gewesen seien und deshalb aus solchen Arbeiten nichts Vernünftiges entstehen könne. Dabei werden oft Forschungsergebnisse von DDR-Kolonialhistoriker stillschweigend übernommen, was beim kritischen Leser kolonialgeschichtlicher Literatur in den letzten Jahren feststellbar ist. Die Begründung für die fast vollständige Beseitigung der DDR-Kolonialhistoriographie mit dem Verweis auf die marxistische Ideologie ist nicht nur billig, sondern auch albern. Karl Marx hat ein analytisches Werkzeug hinterlassen, so Franz Ansprenger in seinem Aufsatz über die (leider nicht stattgefundene) »Wiedervereinigung der deutschen Afrikawissenschaft«, »mit dem zu arbeiten keine Schande ist. Das gelte auch für die Erforschung Afrikas.«[72]

Auch der finnische Afrika- und Kolonialhistoriker Juhani Koponen, der den Schwerpunkt seiner Forschung auf die Geschichte des deutschen Kolonialismus in Ostafrika gelegt hat, bekennt sich ausdrücklich zur Marxschen Theorie bei der Erforschung der Geschichte Afrikas.[73]

Jüngeren Kollegen, die sich mit wissenschaftsgeschichtlichen Fragestellungen befassen – etwa zur Entstehung und Ausprägung der ostdeutschen Kolonialhistoriographie –, vermögen oftmals nicht, bis zum Kern des Wesens der historischen Gegebenheiten in dem untergegangenen deutschen Staat durchzudringen. Zu sehr hat die seit mehr als drei Jahrzehnten andauernde eindimensionale Beschäftigung mithilfe staatlicher Alimentierung zum Charakter des »Unrechtsstaates« dazu geführt, dass der Blick auf die ostdeutsche Geschichte nach 1945 nicht nur getrübt, sondern auch ideologisch sehr eingeschränkt ist. Der unsinnige Begriff vom »Unrechtsstaat« sei »ein Sesam-öffne-dich für die Ali Babas des Ostens«, nannte der Liedermacher Hans-Eckardt Wenzel diesen »Nachhall der

Wende von 1989«, der denen, die dieses politische Schlagwort verwenden, den »Zutritt zu öffentlichen Diskursräumen« sichert.[73a]

So mussten zwangsläufig Auffassungen und Urteile entstehen, die wenig mit der historischen Realität zu tun haben. So werden denn auch Leistungen von Kolonialhistorikern aus dem Osten Deutschlands als »problematisch« diffamiert und deren antikoloniale Einstellung verunglimpft. In einer 2017 erschienenen wissenschaftlichen Studie wurde sogar behauptet, dass in der DDR, wie angeblich auch in der Bundesrepublik, das Verhältnis zur afrikanischen Bevölkerung durch eine »imperiale Nostalgie« geprägt gewesen sei.[74]

Unmittelbar nach der deutschen Vereinigung, in deren Ergebnis auch die ostdeutschen Afrika- und Kolonialhistoriker evaluiert und letztlich »abgewickelt« wurden, verwiesen einige von ihnen mit einigem Erfolg auf positive Zeugnisse ihrer Arbeiten: Sie erhielten eine befristete Beschäftigung – zumindest in Berlin, wo einige Kolonialhistoriker aus der aufgelösten Akademie der Wissenschaften der DDR im neu gegründeten Forschungsschwerpunkt Moderner Orient einen Zeitvertrag erhielten. Als diese Institutionen sich erfolgreich in der *international scientific community* behauptete, wurden die Stellen, die für positiv evaluierte ostdeutsche Historiker geschaffenen worden waren, plötzlich für westdeutsche Kollegen interessant. Damit endete eine quellenorientierte Kolonialismusforschung, so wie sie in der DDR Tradition hatte.[75] Denn die meisten der übriggebliebenen Kolonialhistoriker aus der DDR fielen nunmehr, wenngleich verspätet, ebenfalls dem Elitenwechsel im Osten und dem Elitentransfer von West nach Ost zum Opfer.[76]

Auf die dadurch zum Ausdruck kommende Missachtung eines Teils der Traditionen der deutschen (Anti-)Kolonialismusforschung ging auch die wissenschaftliche Beschäftigung mit der Geschichte und Genesis des Kolonialismus und Rassismus in der gesamtdeutschen Gesellschaft zurück, bis sie seit einigen Jahren ins Blickfeld der deutschen Öffentlichkeit zurückkehrte. An vielen wissenschaftlichen Einrichtungen, hier sei vor allem auf Berlin verwiesen, wo ganze Forschungsgruppen einst zur deutschen Kolonialgeschichte arbeiteten,[77] wird sich kaum noch bzw. keineswegs im ausreichenden Maße damit befasst. Nebenbei: Der Völkermord an den Herero, so kritisieren Geschichtslehrer, ist lediglich eines von fünf Wahlthemen im Unterricht, so wird von Lehrern beklagt.[78] Will heißen: Das Thema findet nicht statt. Sind darum die Leistungen der ostdeutschen Kolonialismus- und Afrikaforscher gänzlich vergessen? Nicht ganz. 2020 formulierte Oloukpona-Yinnon, ein Germanist und Historiker aus Togo: »Aus heutiger Sicht bleibt der Beitrag der DDR-Afrikawissenschaft zur Stärkung afrikanischen Bewusstseins m. E. unvergesslich, vielleicht (*ist das – UvdH*) sogar wichtiger als das politische Erbe und die wirtschaftlichen Errungenschaften aus den 40 Jahren Beziehungen Afrikas zur DDR. [...]. Viele DDR-Historiker und -Afrikanisten [...] haben durch ihre wissenschaftlichen Publikationen dem ganzen afrikanischen Kontinent neue Wege der Geschichtsschreibung erschlossen.«[79]

Die Afrikawissenschaftler in der DDR – so wurde es bereits Ende der 1990er Jahre von einer Arbeitsgruppe der Berlin-Brandenburgischen Akademie der Wissenschaften festgestellt –, legten gerade auf den Gebieten der Kolonialhistoriographie Forschungsergebnisse von internationalem Standard vor. Hinzu kommen die Erfahrungen auf den Gebieten der interdisziplinären Studentenausbildung und in der Hochschulzusammenarbeit mit afrikanischen Partnereinrichtungen. Durch die personelle Abwicklung sind jedoch solche einschlägigen Erfahrungswerte beseitigt worden.

Als Fazit ist zu konstatieren: Die in schriftlicher Form vorliegenden Ergebnisse der DDR-Afrikawissenschaften – ausgenommen vielleicht Publikationen, die sich mit der Geschichte der nationalen Befreiungsbewegung auf marxistisch-leninistischer Grundlage befassten, die schon jetzt dem Vergessen anheimgefallen sind – werden zwar heute und auch zukünftig noch Bestand haben. Aber da sie personell nicht untersetzt sind, werden die positiven Erfahrungen in absehbarer Zeit zumindest hierzulande ihre Bedeutung verlieren.

Gleiches trifft auf die afrikabezogene Lehre zu.[80]

Anmerkungen

1 Vgl. hierzu ausführlicher die im Folgenden genannten Arbeiten von van der Heyden, Ulrich: Die Afrikawissenschaften in der DDR. Eine akademische Disziplin zwischen Exotik und Exempel. Eine wissenschaftsgeschichtliche Untersuchung, Münster/Hamburg/London 1999; Zwischen Bevormundung und Kreativität. Die Afrika-Geschichtsschreibung in der DDR, in: *Berliner Debatte INITIAL. Zeitschrift für sozialwissenschaftlichen Diskurs*, Nr. 4, Berlin 1992, S. 33-46; Die

Afrika-Geschichtsschreibung in der ehemaligen DDR. Versuch einer kritischen Aufarbeitung, in: *Afrika Spectrum*, Nr. 2, Hamburg 1992, S. 207-211; Die Afrika-Geschichtsschreibung im Osten Deutschlands – langsamer Abbruch und zäher Neuanfang, in: *Internationales Afrikaforum*, Nr. 2, Köln 1993, S. 181-187; Die historische Afrika-Forschung in der DDR. Versuch einer Bilanz der Afrika-Geschichtsschreibung, in: ders./Schleicher, Ilona/Schleicher, Hans-Georg (Hrsg.): Die DDR und Afrika. Zwischen Klassenkampf und neuem Denken, Münster/Hamburg 1993, S. 108-130; Kolonialgeschichtsschreibung in Deutschland. Eine Bilanz ost- und westdeutscher Kolonialhistoriographie, in: *Neue Politische Literatur. Berichte über das internationale Schrifttum*, Nr. 3, Frankfurt am Main 2003, S. 401-429; Die Kolonialgeschichtsschreibung in der DDR, in: *Politisches Lernen*, Nr. 1-2, Göttingen 2021, S. 11-18; Die Afrikawissenschaften in der DDR. Das Beispiel südliches Afrika, in: Krauth, Wolf-Hagen/Wolz, Ralf (Hrsg.): Wissenschaft und Wiedervereinigung. Asien- und Afrikawissenschaften im Umbruch, Berlin 1998, S. 371-442; Tansania in der DDR-Wissenschaft. Eine paradigmatische Untersuchung der Afrika- und Kolonialgeschichtsschreibung in der DDR, in: ders./Benger, Franziska (Hrsg.): Kalter Krieg in Ostafrika. Die Beziehungen der DDR zu Sansibar und Tansania, Münster 2009, S. 149-168; Handling GDR Colonial Historiography, in: Fair-Schulz, Axel/Kessler, Mario (Hrsg.): East German Historians since Reunification. A Discipline Transformed, New York 2017, S. 203-220.

2 Häußler, Maria: Wie kann man Rassismus loswerden?, in: *Berliner Zeitung*, 6.02.2021.

3 Der führende Vertreter dieser Hypothese konnte hierfür noch keine beide Teile Deutschlands betreffenden akzeptablen Belege vorweisen. Vgl. Zimmerer, Jürgen: Kolonialismus und koloniale Identität. Erinnerungsorte der deutschen kolonuialgeschichte, in: ders. (Hrsg.): Kein Platz an der Sonne. Erinnerungsorte der deutschen Kolonialgeschichte, Frankfurt am Main/New York 2013, S. 9.

4 So Davies, Catherine/Lenel, Laetitia: Konkurrenz oder Koproduktion? Zur Erinnerung an Holocaust und Kolonialverbrechen, in: *Merkur. Deutsche Zeitschrift für europäisches Denken*, Nr. 880, Stuttgart 2022, S. 83-93, hier insbesondere S. 88f.

5 Lenz, Susanne: »Ja, mein Film reproduziert rassistische Ereignisse, aber das hat einen Zweck«. Interview mit Lars Kraumer, in: *Berliner Zeitung*, 18.03.2023.

6 Vogt, Sylvia: Weniger Zeit für Geschichte, in: *Der Tagesspiegel*, 7.01.2020.

7 Es sei nur, um sich einen Überblick verschaffen zu können, auf eine Auswahl von zu den unterschiedlichsten Zeitetappen und Orten erschienenen relevanten Bibliographien verwiesen, wie: Afrika. Ein Kontinent verändert sein Gesicht. Bibliographie zur Unabhängigkeitsbewegung der afrikanischen Völker, hrsg. von der Stadt- und Bezirksbibliothek Frankfurt (Oder), Frankfurt (Oder) 1961; Deutsche Staatsbibliothek (Hrsg.): Periodica Africana. Zeitschriften und Serien über Afrika in den Bibliotheken der Deutschen Demokratischen Republik (Bestände ab 1945), [als Manuskript gedruckt], Berlin (Ost) 1963; Berliner Stadtbibliothek, Stadtbezirksbibliotheken, Zentralinstitut für Bibliothekswesen (Hrsg.): Literatur aus und über Afrika. Empfehlende thematische Bibliographie, Berlin (Ost) 1987; Sebald, Peter: African Studies in the GDR helped by the ANC, in: van der Heyden, Ulrich (Hrsg.): 75 Years of the African National Congress of South Africa – 75 Years of Struggle against Colonialism and Racism, Berlin 1988, S. 107-113. Zur Untersuchung der angesprochenen Thematik vgl. Vogel, Steffen: Kolonialismus im Schulbuch. Was Schüler*innen heutzutage über den Kolonialismus lernen, hrsg. von der Rosa-Luxemburg-Stiftung, Berlin 2020 (nur online verfügbar).

8 Vgl. van der Heyden, Ulrich: Die Afrikawissenschaften in der DDR…, a.a.O.

9 Vgl. van der Heyden, Ulrich: Rote Adler an Afrikas Küste. Die brandenburgisch-preußische Kolonie Großfriedrichsburg an der westafrikanischen Küste, Berlin 1993, 2. Aufl. 2001.

10 Vgl. Gründer, Horst: »… da und dort ein junges Deutschland gründen.« Rassismus, Kolonialismus und kolonialer Gedanke vom 16. bis zum 20. Jahrhundert, München 1999.

11 Vgl. Gründer, Horst/Hiery, Hermann J. (Hrsg.): Die Deutschen und ihre Kolonien. Ein Überblick, Berlin 2017.

12 Immer noch aktuell und vor allem den damaligen historischen Kontext beachtend Fesser, Gerd: Der Traum vom Platz an der Sonne. Deutsche »Weltpolitik« 1897-1914, Bremen 1996.

13 Vgl. van der Heyden, Ulrich: Wider den Kolonialismus! Antikoloniale Haltungen in der deutschen Geschichte von Mitte der 1880er Jahre bis zum Beginn der 1930er Jahre. Ein Überblick, in: *Zeitschrift für Religions- und Geistesgeschichte*, Nr. 3, Leiden 2018, S. 224-253; ders.: Antikolonialismus und Kolonialismuskritik in Deutschland, in: Bechhaus-Gerst, Marianne/Zeller, Joachim (Hrsg.): Deutschland postkolonial? Die Gegenwart der imperialen Vergangenheit, Berlin 2018, S. 143-158.

14 Vgl. beispielsweise Weinberger, Gerda: Zum antikolonialen Kampf der revolutionären Kräfte der deutschen Sozialdemokratie (1884-1914), unveröffentlichte Dissertation, Berlin (Ost) 1964; dies.: Die deutsche Sozialdemokratie und die Kolonialpolitik. Zu einigen Aspekten der sozialdemokratischen Haltung in der kolonialen Frage in den letzten Jahrzehnten des 19. Jahrhunderts, in: *Zeitschrift für Geschichtswissenschaft*, Nr. 3, Berlin 1967, S. 402-422.

15 Vgl. Stoecker, Helmuth: Deutschland und China im 19. Jahrhundert. Das Eindringen des deutschen Kolonialismus, 2 Bd., Berlin (Ost) 1958.

16 Vgl. das auch ins Englische und Russische übersetzte Standardwerk von Stoecker, Helmuth (Hrsg.): Drang nach Afrika. Die koloniale Expansionspolitik und Herrschaft des deutschen Imperialismus in Afrika von den Anfängen bis zum Ende des Zweiten Weltkrieges, Berlin (Ost) 1977.

17 Einige entsprechende wissenschaftsgeschichtliche Entwicklungen, vor allem am Beispiel der Ethnographie, sind in einem Sammelband aufgearbeitet worden. Vgl. Hann, Chris/Sárkány, Mihály/Skalnik, Peter (Hrsg.): Studying Peoples in the People's Democracies. Socialist Era Anthropology in East-Central Europe, Münster 2005.

18 Es sei nur erinnert an den Roman sowie den Bildband des Schriftstellers Uwe Timm. Siehe ders.: Morenga. Roman, München 1978; ders: Deutsche Kolonien, München 1981.

19 Vgl. hierzu die DDR-Sicht zusammenfassend, aber mit vielen Beispielen belegt, den Artikel von Piazza, Hans: Zur Geschichte der nationalen und antikolonialen Befreiungsbewegung, in: Lozek, Gerhard u.a. (Hrsg.): Unbewältigte Vergangenheit. Kritik der bürgerlichen Geschichtsschreibung in der BRD, 3. neu bearbeitete und erweiterte Auflage, Berlin 1977, S. 436-446.

20 Vgl. Lambrecht, Ronald: Politische Entlassungen in der NS-Zeit. Vierundvierzig biographische Skizzen von Hochschullehrern der Universität Leipzig, Leipzig 2006, S. 64–67.

21 Vgl. Kreide-Damani, Ingrid: Julius Lips und die Geschichte der »Völkerkunde«, Wiesbaden 2010; Lips, Eva: Zwischen Lehrstuhl und Indianerzelt. Aus Leben und Werk von Julius Lips, Berlin 1986.

22 Vgl. Treide, Dietrich: Eva Lips. Ein Porträt, in: *Jahrbuch des Museums für Völkerkunde zu Leipzig*, Bd. XXV, Berlin 1984, S. 6-22; ders.: Vorwort zur Eröffnung des Eva Lips-Archivs am Institut für Ethnologie der Universität Leipzig am 31. Januar 1996, in: *Abhandlungen und Berichte des Staatlichen Museums für Völkerkunde Dresden*, Nr. 49, Berlin 1996, S. 343-352.

23 H. K.: Walter Ruben 80 Jahre, in: *Zeitschrift für Geschichtswissenschaft*, Nr. 12, Berlin 1979, S. 1180–1181; Ritschl, Eva/Schetelich, Maria: Walter Ruben zum Gedenken, in: *Ethnographisch-Archäologische Zeitschrift*, Nr. 4, Berlin 1983, S. 747–749.

24 Markov, Walter: Zu einigen Ergebnissen und Problemen der Erforschung der Geschichte der nationalen Befreiungsbewegung, in: *Wissenschaftliche Mitteilungen. Historiker-Gesellschaft der Deutschen Demokratischen Republik*, Nr. 2, Berlin (Ost) 1974, S. 49.

25 Vgl. Sebald, Peter: Völkerfreundschaft oder Auslandsinformation. Impressionen zum Wirken der Deutsch-Afrikanischen Gesellschaft, in: van der Heyden, Ulrich/Schleicher, Ilona/Schleicher, Hans-Georg (Hrsg.): Die DDR und Afrika. Zwischen Klassenkampf und neuem Denken, Münster/Hamburg1993, S. 79-94.

26 Vgl. Markov, Walter: Fragen der Genesis und Bedeutung der vorimperialistischen Kolonialsysteme, in: *Wissenschaftliche Zeitschrift der Universität Leipzig*, Nr. 1/2, Leipzig 1954/55, S. 43-46.

27 Bayer, Erich: Historik und Geschichtsunterricht, in: *Geschichte in Wissenschaft und Unterricht*, Nr. 6, Stuttgart 1962, S. 352f.

28 Ansprenger, Franz: Aufgaben der deutschen politischen und historischen Wissenschaft in Bezug auf Afrika [=Afrikas Gegenwart und Zukunft. Schriftenreihe des Forschungsinstituts der Friedrich-Ebert-Stiftung], Hannover 1964, S. 107.

29 Italiaander, Rolf: Diesmal schlief der Westen nicht. Schwarze und weiße Afrikanisten. Welche Möglichkeiten bleiben dem Westen? Ein Kongreß in Ghana, in: *Die Welt*, 5.01.1963.

30 Drascher, Warhold: Russische Forschungen zur Geschichte Afrikas, in: *Historische Zeitschrift*, Bd. 186, München 1958, S. 732f.

31 Ansprenger, Franz: Neuere Geschichte und politische Wissenschaft, in: Abel, Herbert (Hrsg.): Deutsche Afrikawissenschaft. Stand und Aufgaben. Vorträge einer Tagung, Köln 1962, S. 139.

32 Geiss, Imanuel: Eine Ursache der Geschichtsmüdigkeit. Der desolate Zustand der bundesdeutschen Historiker-Zunft, in: *Frankfurter Rundschau*, Nr. 87, 1974.

33 Piazza, Hans: Zur Geschichte…, a.a.O., S. 440.

34 Wehler, Hans-Ulrich: Bismarck und der Imperialismus, Köln/Berlin (West) 1969.

35 Zorn, Wolfgang: Rezension zu Hans-Ulrich Wehler, Bismarck und der Imperialismus, Kiepenheuer & Witsch, Köln-Berlin 1969, 582 S, in: *Vierteljahresschrift für Sozial- und Wirtschaftsgeschichte*, Bd. 57, Wiesbaden 1970, S. 130.

36 So Bückendorf, Jutta: »Schwarz-weiß-rot über Ostafrika«. Deutsche Kolonialpläne und afrikanische Realität, Münster 1997, S. 12, die meinte, dass die bundesdeutsche Kolonialgeschichtsschreibung sich bislang »in weiten Teilen als eine Art Rehabilitationsliteratur fast nahtlos an die Kolonialschriftsteller der zwanziger Jahre« angeschlossen hätte. Sie wirft den Protagonisten vor, dass »sie in genau der paternalistischen Haltung, die die DDR-Historiker ihr vorwarfen«, verharrt hätten.

37 Vgl. Rüger, Adolf: Zu modernisierungs- und elitetheoretischen Aspekten in Schriften von Franz Ansprenger und Imanuel Geiss über Afrika, in: *Asien-Afrika-Lateinamerika*, Nr. 3, Berlin 1979, S. 487-496.

38 Bley, Helmut: Kolonialherrschaft und Sozialstruktur in Deutsch-Südwestafrika 1894–1914, Hamburg 1968.

39 Haarmann, Ulrich: Die islamische Moderne bei den deutschen Orientalisten, in: Kochwasser, Hans/Roemer, Hans Robert (Hrsg.): Araber und Deutsche. Begegnung in einem Jahrtausend, Tübingen 1974, S. 82.

40 Melber, Henning, unter Mitwirkung von Mary Melber und Werner Hillebrecht: In Treue fest, Südwest! Eine ideologiekritische Dokumentation von der Eroberung Namibias über die deutsche Fremdherrschaft bis zur Kolonialapologie der Gegenwart [=edition südliches afrika 19], Bonn 1984, S. VI.

41 Vgl. Büttner, Thea: The development of African historical studies in East Germany. An outline and selected bibliography, in: *History in Africa*, vol. 19, East Lanning 1992, S. 133–146.

42 Vgl. Kum'a Ndumbe III., Alexandre: Was will Bonn in Afrika? Zur Afrikapolitik der Bundesrepublik Deutschland, Pfaffenweiler 1992, S. 3.

43 So die Ausführungen Helmuth Stoeckers bei van der Heyden, Ulrich: Sichten auf die historische Afrikawissenschaft in der DDR. Ein Rundtischgespräch mit Afrikawissenschaftlern, in: *Asien-Afrika-Lateinamerika*, Nr. 5, Berlin 1994, S. 549f.

44 Vgl. Jegzentis, Peter/Wirth, Volker: Zum Stand der entwicklungstheoretischen Diskussion in der DDR in den 80er Jahren. Ein Literaturüberblick, in: *PERIPHERIE. Zeitschrift für Politik und Ökonomie in der Dritten Welt*, Nr. 41, Münster 1991, S. 71-88.

45 Belz, Jigal: Geschosse zu Wassertropfen. Sozio-religiöse Aspekte des Maji-Maji-Krieges in Deutsch-Ostafrika (1905-1907), Köln 2003, S. 46.

46 Vgl. Piazza, Hans/Rathmann, Lothar: Zur Kontinuität des antikolonialen Kampfes der revolutionären deutschen Arbeiterbewegung und zur Entwicklung der Asien-, Afrika- und Lateinamerikawissenschaften in der DDR, in: Partei – Tradition – Wissenschaft. Beiträge von Gesellschaftswissenschaftlern der Karl-Marx-Universität Leipzig, Berlin (Ost) 1976, S. 207-222.

47 Koponen, Juhani: Development for Exploitation, German Colonial policies in Mainland Tanzania, 1884-1914, Helsinki/Hamburg 1995, S. 17.

48 Vgl. beispielsweise die diesbezügliche Würdigung bei Bückendorf, Jutta: »Schwarz-weiß-rot über Ostafrika!« ..., a.a.O., S. 12.

49 Vgl. Koponen, Juhani: Knowledge, Power and History. German Colonial Studies in Tanzania, in: van der Heyden, Ulrich/von Oppen, Achim (Hrsg.): Tanzania. Koloniale Vergangenheit und neuer Aufbruch, Münster 1996, S. 118-139.

50 Steltzer, Hans Georg: Die Deutschen und ihr Kolonialreich, Frankfurt am Main 1984, S. 9.

51 Vgl. Metschies, Kurt: Quellen im Zentralen Staatsarchiv in Potsdam zur kolonialen Politik Deutschlands in Afrika und Nahost, in: *Archivmitteilungen*, Nr. 4, Berlin 1990, S. 134-139; ders.: Quellen zur kolonialen Politik des deutschen Imperialismus in Afrika und Nahost im Zentralen Staatsarchiv Potsdam, in: *Wissenschaftliche Zeitschrift. Karl-Marx-Universität Leipzig.* Gesellschaftswissenschaftliche Reihe, Nr. 6, Leipzig 1989, S. 686–692.

52 So Raue, Günter: Die Aufteilung der Welt als Parteiauftrag. Protokoll zur Sache und Person, in: *Neues Deutschland*, 27.01.1973.

53 Vgl. z.B. Müller, Fritz Ferdinand: Kolonien unter der Peitsche. Eine Dokumentation, Berlin (Ost) 1962; Hintze, Ursula: Bibliographie der Kwa-Sprachen und der Sprachen der Togo-Restvölker, Berlin (Ost) 1959; Gottberg, Achim: Unyamwesi. Quellensammlung und Geschichte, Berlin (Ost) 1971; Liedke, Wolfgang/Schippling, Heinz: Bibliographie deutschsprachiger Literatur zur Ethnographie und Geschichte der Ovambo, Nordnamibia, 1840-1915: Annotiert, Dresden 1986.

54 Vgl. beispielsweise Kühne, Horst: Faschistische Kolonialideologie und Zweiter Weltkrieg, Berlin (Ost) 1962; Lakowski, Richard: Die Kriegsziele des faschistischen Deutschland im transsaharischen Afrika, unveröffentlichte Dissertation, Humboldt-Universität zu Berlin, Berlin (Ost) 1970.

55 Drechsler, Horst: Südwestafrika unter deutscher Kolonialherrschaft, Berlin (Ost) 1966; Sebald, Peter: Togo 1884-1914. Eine Geschichte der deutschen »Musterkolonie« auf der Grundlage amtlicher Quellen, Berlin (Ost) 1988.

56 So Bley, Helmut: Die Auswirkungen der Kolonialherrschaft in Afrika, in: Nestvogel, Renate/Tetzlaff, Rainer (Hrsg.): Afrika und der deutsche Kolonialismus. Zivilisierung zwischen Schnapshandel und Bibelstunde, Hamburg 1987, S. 204.

57 Hallgarten, George W.: Imperialismus vor 1914. Die soziologischen Grundlagen der Außenpolitik europäischer Großmächte vor dem 1. Weltkrieg, 2. Aufl., Bd. 1, München 1963, S. 352, Anm. 3.

58 Bückendorf, Jutta: »Schwarz-weiß-rot über Ostafrika!« ..., a.a.O, S. 12.

59 Vgl. Gründer, Horst: Kolonialismus und Marxismus. Der deutsche Kolonialismus in der Geschichtsschreibung der DDR, in: Fischer, Alexander/Heydemann, Günther (Hrsg.): Geschichtswissenschaft in der DDR, Bd. 2: Vor- und Frühgeschichte bis Neueste Geschichte, Berlin 1990, S. 671–709.

60 Kamphausen, Erhard/Ustorf, Werner: Deutsche Missionsgeschichtsschreibung. Anamnese einer Fehlentwicklung, in: *Verkündigung und Forschung* [= Beihefte zu Evangelische Theologie, Nr. 2], München 1977, S. 53.

61 Vgl. Herzog, Jürgen/Sebald, Peter: Kolonialismus »von innen«. Überlegungen zur Bedeutung der Kolonialherrschaft für die Entwicklung afrikanischer Gesellschaften, in: *Asien-Afrika-Lateinamerika*, Nr. 4, Berlin 1991, S. 731.

62 Mommsen, Wolfgang J.: Imperialismustheorien. Ein Überblick über die neueren Imperialismusinterpretationen, Göttingen 1987, S. 95.

63 Büttner, Thea: Die Afrikawissenschaften in der DDR. Überlegungen für eine weiterführende Analyse, in: Krauth, Wolf-Hagen/Wolz, Ralf (Hrsg.): Wissenschaft und Wiedervereinigung..., a.a.O., S.467-478. Vgl. hierzu ebenso Middell, Matthias: Die Entwicklung der Area Studies in der DDR als Reaktion auf die Dekolonisierungsprozesse der 1950er/60er Jahre, in: *Jahrbuch für Historische Kommunismusforschung*, Berlin 2019, S. 223-254; Büttner, Thea: The Development of African Historical Studies in East Germany. An Outline and Selected Bibliography, in: *History in Africa*, vol. 19, Atlanta 1992, S. 133-146; v.d.Heyden, Ulrich: Die Bedeutung der Archive für die deutsche

Kolonialgeschichtsforschung, in: *Berliner Archivrundschau*, Nr. 2, Berlin 2024, S. 9-17.

64 Vgl. die in den 1970er Jahren entstandenen Publikationen in der Übersicht von Büttner, Thea/Stoecker, Helmuth: Forschungen zur Geschichte des subsaharischen Afrika, in: Historische Forschungen in der DDR 1970-1980. Analysen und Berichte zum XV. Internationalen Historikerkongress in Bukarest, Berlin (Ost) 1980, S. 493-501. Eine geplante Übersicht für die 1980er Jahre konnte nicht mehr erscheinen.

64a Eichner, Klaus/Schramm, Gotthold (Hrsg.): Top-Spione im Westen. Spitzenquellen der DDR-Aufklärung erinnern sich, Berlin 2016, S. 298.

65 Vgl. Rathmann, Lothar: Walter Markov und die »farbigen Kontinente«. Persönliche Reminiszenzen, in: Neuhaus, Manfred/Seidel, Helmut in Verbindung mit Diesener, Gerald/Middell, Matthias (Hrsg.): »Wenn jemand seinen Kopf bewusst hinhielt ...« Beiträge zu Werk und Wirken von Walter Markov, Leipzig 1995, S. 183.

66 Vgl. Grossman, Victor: The Starling List of Guilty Men. West German Ambassadors who served Hitler, in: *Democratic German Report*, vol. XI, no. 2, January 19th 1962, Berlin (Ost) 1962, S. 18-22. Vgl. auch Nationalrat der Nationalen Front (Hrsg.): Graubuch. Expansionspolitik und Neonazismus in Westdeutschland. Hintergründe – Ziele – Methoden, Berlin (Ost) 1967, insbesondere S. 75ff.

67 Vgl. Conze, Eckart/Frei, Norbert/Hayes, Peter/Zimmermann, Moshe: Das Amt und die Vergangenheit. Deutsche Diplomaten im Dritten Reich und in der Bundesrepublik, München 2010.

68 Vgl. van der Heyden, Ulrich/Benger, Franziska (Hrsg.): Kalter Krieg in Ostafrika ..., a.a.O.

69 Vgl. Kilian, Werner: Die Hallstein-Doktrin. Der diplomatische Krieg zwischen der BRD und der DDR 1955-1973. Aus den Akten der beiden deutschen Außenministerien, Berlin 2001, S. 192.

70 Vgl. beispielsweise Sperker, Heinrich: Zur Afrikapolitik der deutschen Imperialisten, hrsg. vom ZK der SED, Abteilung Agitation und Propaganda [=*Tatsachen und Argumente*, Heft 21], Berlin (Ost) 1960.

71 Vgl. Bollinger, Stefan/van der Heyden, Ulrich (Hrsg.): Deutsche Einheit und Elitenwechsel in Ostdeutschland, Berlin 2002; dies./Kessler, Mario (Hrsg.): Ausgrenzung oder Integration? Ostdeutsche Sozialwissenschaftler zwischen Isolierung und Selbstbehauptung, Berlin 2004.

72 Ansprenger, Franz: Zur Wiedervereinigung der deutschen Afrikawissenschaft, in: *Internationales Afrikaforum*, Nr. 1, Bonn 1991, S. 71.

73 Vgl. Koponen, Juhani: People and Production in late precolonial Tanzania. History and Structures, Jyväskylä 1988, S. 39.

73a Wenzel, Hans-Eckardt: Die Erkennbarkeit der Welt oder Nebelhörner im Dunst des Krieges, in: Vollmer, Antje/Rahr, Alexander/Dahn, Daniela u. a.: Den Krieg verlernen. Zum Vermächtnis einer Pazifistin. Eine Flugschrift, Hamburg 2024, S. 81.

74 Vgl. Bürger, Christiane: Deutsche Kolonialgeschichte(n). Der Genozid in Namibia und die Geschichtsschreibung der DDR und BRD, Bielefeld 2017, S. 34, S. 40.

75 Vgl. van der Heyden, Ulrich: Anspruch und Wirklichkeit beim Umbau der außeruniversitären Forschung nach der Wende. Das Beispiel des Forschungsschwerpunkts Moderner Orient, in: *Leviathan. Berliner Zeitschrift für Sozialwissenschaften*, Nr. 4, Baden-Baden 2013, S. 511-527.

76 Vgl. van der Heyden, Ulrich: Nie zuvor wurde so viel Humankapital auf den Müll geworfen, in: *Berliner Zeitung*, 12.08.2020.

77 Vgl. Krauth, Wolf – Hagen/Wolz, Rolf (Hrsg.): Wissenschaft und Wiedervereinigung..., a.a.O.

78 So Häußler, Maria: Vom Pflicht- zum Wahlmodell. Kolonialismus im Unterricht, in: *Berliner Zeitung*, 8.03.2021.

79 Oloukpona-Yinnon, Adjaï Paulin: DDR-Afrikawissenschaftler aus aktueller Sicht eines afrikanischen Germanisten, in: Rösberg, Dorothee/Walter, Monika (Hrsg.): Die DDR als kulturhistorisches Phänomen zwischen Tradition und Moderne, Berlin 2020, S. 243.

80 Vgl. van der Heyden, Ulrich: Die Afrikawissenschaften in der DDR. Das Beispiel südliches Afrika ..., a.a.O., S. 432.

4. Zwei Bücher desavouieren die kritische deutsche Kolonialgeschichtsschreibung

Seit einigen Jahren stehen Fragen rund um die Restitution von musealen Objekten, die aus dem globalen Süden stammen, in zum Teil kontrovers geführten Debatten im Mittelpunkt der medialen und wissenschaftlichen Öffentlichkeit. Natürlich ist das anhaltende Interesse außerhalb der Wissenschaft nur möglich, weil diese vor allem von Journalisten getragen werden, wobei eine weit verbreitete historische – in diesem Falle kolonialhistoriographische – Unwissenheit und Unbelehrbarkeit der Publizierenden immer wieder zum Vorschein kommt.

Aufgezeigt werden soll im Folgenden, dass die intensiv genutzten Basisinformationen zu möglichen Restitutionsansprüchen im geringen Maße von Vertretern aus Ländern des globalen Südens stammen, sondern mehrheitlich vorgetragen werden von hiesigen Aktivisten und Journalisten. Die oft unüberlegt erhobenen Forderungen stammen nicht unbedingt von den nachfolgend vorgestellten Wissenschaftlern, auf die man sich meist beruft und die ihren Platz in den einschlägigen kunsthistorischen und museumswissenschaftlichen Debatten gefunden haben.

Angefangen hat alles mit Aktionen der französischen Kunsthistorikern Bénédicte Savoy in den 2010er Jahren, als die Aufarbeitung der kolonialen Vergangenheit des Deutschen Reiches im »vereinigen Deutschland« mit Vehemenz begann. Auf einige spezielle Fragen zunächst begrenzt, brachte die Professorin an der TU Berlin das entsprechende Narrativ voran, ergänzte und gestaltete es mit nicht immer wissenschaftlich abgesicherten Thesen. Das jedoch ist nicht Gegenstand der im Folgenden begründeten Kritik, sondern ihr 2021 erschienenes Buch, welches vorgestellt sein soll.[1] Inwiefern man die dort nachzulesenden Argumente als wirkliche Basis entsprechender antikolonialer Debatten und somit die

Glaubwürdigkeit der Diskussionsinhalte ernst nehmen kann, mag jeder Leser für sich selbst entscheiden.[2]

Das zweite hier im Mittelpunkt stehende Buch, welches große Resonanz und kritische Diskussionen hervorgerufen hat, stammt von dem Berliner Historiker und Politikwissenschaftler Götz Aly.[3]

Die beiden Wissenschaftler hatten die – wenn man so will: postkoloniale – Debatte angeregt, sie setzten sich an die Spitze dieser sehr speziellen Diskussionen. Insbesondere befeuerten ihre Bücher den Meinungsstreit um die Restitution von Objekten in europäischen Museen, die aus kolonialen Kontexten stammen. Diese beiden Publikationen sollen hier kritisch aus der Sicht eines Kolonialhistorikers beleuchtet werden. Denn es scheint mir nötig, auf die Gefahren aufmerksam zu machen, die aus Dilettantismus, Verwendungen von *Fake Facts* und ideologischer Borniertheit entstehen könnten. Dadurch nämlich könnte das berechtigte Anliegen der Restitution unrechtmäßig nach Europa gebrachter musealer Objekte desavouiert werden, wodurch politischer Schaden entstünde.

Ein »neues« Genre? Provenienzforschung zu Objekten aus kolonialem Kontext

Ich befasse mich seit gut vier Jahrzehnten wissenschaftlich mit Geschichte, Kultur und Politik des afrikanischen Kontinents. Und ich teile die Auffassung, dass es notwendig ist, sich mit Objekten in unseren Museen zu befassen, die zur Zeit des Kolonialismus hierher gelangt sind. Deutschland war seit 1884/85 Kolonialmacht, aber auch schon davor kamen Objekte in deutsche Sammlungen, die zumeist von adligen Interessenten unterhalten wurden. Daraus entstanden die bekannten Kuriositätenkabinette oder Wunderkammern.[3a] Das waren Vorgänger der späteren Völkerkundemuseen, wie man diese Einrichtungen auch heute noch bezeichnet, obwohl nicht immer nachvollziehbare Umbenennungen erfolgten. Damals wie heute sollten mithilfe solcher Objekte und deren Erläuterungen den Europäern fremde Völker und Kulturen nahegebracht werden, um beispielsweise historischen Entwicklungen sehen und verstehen zu können. Und das in erster Linie. Natürlich wurden auch Trophäen ausgestellt, aber das war nicht die Mehrheit der musealen Exponate.

Oft genug beklagten sich in den 1970er bis in die 1990er Jahre hinein Afrika- und Kolonialhistoriker darüber, dass die hiesigen Völkerkundemuseen keinen oder nur eingeschränkten Zugang zu ihren Archiven gewährten. Zumeist wurde als Grund angeführt, dass die Archivmaterialien noch nicht erschlossen seien, man keine ausgebildeten Archivare für die Recherche besäße und schon gar nicht solche, die das Schriftgut sachgerecht erschließen und verwalten könnten usw. Deshalb ist es entschieden zu begrüßen, wenn sich nunmehr mit der Herkunft des Sammlungsguts, welches vielfach aus kolonialen Kontexten stammt, intensiv beschäftigt wird. Denn solche Recherchen gehören eigentlich zu den wichtigsten Aufgaben jedes Museums. Die Klärung der Herkunft und der Geschichte historischen Sachzeugen scheiterte nach Aussagen von Fachleuten bislang an der permanenten Personalnot in den Museen. So konnte in vielen Fällen nicht eindeutig über den Erwerb und die Sammlungsgeschichte in hinreichendem Maße Auskunft gegeben werden. Es wurde also höchste Zeit, sich damit zu befassen.

Darüber hinaus sollen die Provenienzforschungen nun dazu dienen, unrechtmäßig in die europäischen Museen gelangten Objekte zu ermitteln, damit diese den ursprünglichen Besitzern zurückgegeben werden können. Aber wer forscht da? Und wem sollen diese Objekte übergeben werden? Was geschieht mit ihnen? Solche und andere Fragen über die Realisierbarkeit von Rückgaben wurden und werden kontrovers diskutiert.[4] Eine einfache Lösung ist nicht in Sicht, zumal nicht pauschal alle Exponate, die aus Übersee stammen, als Raub- oder Beutegut bezeichnet werden können. Was ist mit Geschenken oder legalen Käufen? Lassen sich Geschenke zurückgeben, ohne die Nachfahren der vormaligen Besitzer zu kränken? Könnten diese eventuell vermuten, dass wir, wie es der seinerzeitige Berliner Kultursenator Klaus Lederer einmal gedankenlos formulierte, diese Geschenke lediglich als »Zeug«[5] ansehen, an dem wir Europäer das Interesse verloren hätten? Weil es in unseren Augen nichts wert sei? Weil die Gegenstände keine »Kunst« darstellen?

Darüber wurde tatsächlich hierzulande noch kaum ein Gedanke verschwendet: Die damaligen Käufer, Sammler oder auch Räuber aus

Europa erwarben doch nicht nur Kunst-, sondern auch Alltagsgegenstände und Gebrauchsartikel, um das Andersartige und das Besondere einer »fremden Kultur« zu zeigen. Es ging letztlich darum, die an der Erkennung und des Verstehens der Welt interessierten Europäer gegenständlich und visuell über »das Fremde« zu informieren.

Die mitgebrachten Objekte waren in der Regel darum auch für Völkerkundemuseen bestimmt und nicht für Kunstmuseen. Lange Zeit waren diese »Mitbringsel« der einzige Weg, das für die meisten Menschen unerreichbare Fremde in deren Blickfeld zu bringen, bevor diese Methode durch die Fotografie visuell ergänzt werden konnte.[6]

Das, was die Europäer als erstes und immer wieder von Afrika (außer Sklaven) wollten, war Gold. Aber keiner von ihnen, schon gar nicht ein Deutscher, kam je an eine Goldlagerstätte. Kein Europäer hat selbst Goldgruben ausgebeutet oder ausbeuten lassen – zumindest nicht bis zur Zeit der direkten deutschen Kolonialherrschaft. Goldene Schmuckstücke oder sonstige mit Gold verarbeitete Artefakte wurden eingetauscht, erworben oder erbeutet. Dass die Afrikaner ihre von den Europäern begehrten Schätze hüteten, erfuhren die ersten Deutschen, die Brandenburger, die Ende des 17. Jahrhunderts an der Westküste Afrikas, an der sogenannten Goldküste, ihre Handelskolonie Großfriedrichsburg errichteten. Enttäuscht mussten sie feststellen, dass sie nur so viel Gold eintauschen konnten, wie die Afrikaner bereit waren, ihnen anzubieten.[7] Für die Prägung eines sogenannten Guinea-Dukaten, so klagte Friedrich Wilhelm, der Große Kurfürst von Brandenburg (1620-1688), mussten an Herstellungskosten zwei Dukaten aufgewendet werden – es war also ein Verlustgeschäft.

Peinliche Fallen in der Provenienzforschung

Es ist aus den verschiedenen Gründen zwar zu begrüßen, dass sich heute so viele Historiker mit der Provenienzforschung beschäftigen, macht aber auch die Gefahr deutlich, dass alle von außerhalb Europas stammenden Objekte in einem kolonialen Kontext gestellt werden. So gelangen auf die Liste der zu erforschenden Objekte mitunter skurrile Gegenstände – etwa Gastgeschenke von Politikern aus der Dritten Welt (beispielsweise ein präpariertes Krokodil von Fidel Castro[8]). Das ist nicht nur sachlich widersinnig, sondern verwässert die kritische Beschäftigung mit dem Kolonialismus und seinen Folgen.

Angestoßen hatte die Beschäftigung mit den außereuropäischen Museumsobjekten der französische Staatspräsident Emmanuel Macron – der es aber gar nicht so rigoros geäußert hatte, wie deutsche Journalisten es aufgefasst und weitergetragen haben.[9] Dabei lenkte der präsidiale Hinweis ab von der nach wie vor neokolonialen Politik Frankreichs, also vor der wirklichen für viele Afrikaner realen politischen und wirtschaftlichen Situation in ihrer Heimat.[10] Die von Präsident Macron beauftragte Kunsthistorikerin Bénédicte Savoy legte im November 2018 einen mit Ko-Autor Felwine Sarr, einem senegalesischen Wirtschaftswissenschaftler, verfassten »Bericht über die Restitution des afrikanischen Kulturguts« vor. Er trug den pragmatischen Untertitel »Für eine neue Ethik der Beziehungen«[11]. Der Bericht der beiden sorgte nicht nur für Kontroversen unter Fachleuten,[12] sondern auch unter Kunsthändler. Viele waren wegen der undifferenzierten Betrachtungsweise empört.[13]

In der zuweilen hitzig geführten Debatte wurde zudem der Eindruck vermittelt, dass erst jetzt die deutschen Afrika- und Kolonialhistoriker sich veranlasst sahen, sich mit Restitutionsproblematik zu beschäftigen. Das war und ist fern der Realität. Vorliegende Forschungsergebnisse zur Sammlungs- und Objektgeschichte wurden und werden einfach ignoriert – auch im Buch von Bénédicte Savoy, wenngleich sie einige davon in ihrem Literaturverzeichnis anführte.[14]

In ihrem 2021 erschienenen Buch »Afrikas Kampf um seine Kunst. Geschichte einer postkolonialen Niederlage« stützt sie sich nur auf eine begrenzte Auswahl der tatsächlich vorhandenen wissenschaftlichen Publikationen und bezieht sich – neben der Auswertung der nun zugänglichen Museumsarchive – vornehmlich auf Pressebeiträge, offizielle Dokumente und archivierte Meinungsäußerungen von Museumsdirektoren. Dabei gibt es eine Reihe von aussagekräftigen wissenschafts- und museumsgeschichtlichen Abhandlungen von Ethnologen sowie Afrika- und Kolonialhistorikern. Diese Literatur auszuwerten, hätte sicherlich viel Zeit beansprucht. Aber es ging wohl weniger um Gründlichkeit, sondern mehr um die politische Wirkung und mediale Aufmerksamkeit.

So ist es nicht verwunderlich, dass das Buch von Bénédicte Savoy wie kaum eine andere kunstgeschichtliche Monographie zitiert und überschwänglich gelobt wird.[15] Es wird in entsprechenden Debatten als Expertise angeführt. Denn es wird unterstellt, die Verfasserin argumentiere »ganz von der Perspektive der fordernden afrikanischen Akteure aus«.[16] Genau das ist zu bezweifeln, denn um dies zu können, benötigt man hinreichende Kenntnisse der afrikanischen Kultur und Geschichte.

Man kann sich nicht des Eindrucks erwehren, dass das Buch in den seit einigen Jahren anhaltenden Debatten um Kolonialismus und Postkolonialismus zum richtigen Zeitpunkt erschienen ist. Die sich daraus ergebenden Meinungsstreite binden gegenwärtig fast das gesamte öffentliche Interesse am afrikanischen Kontinent und die dortigen Probleme.

Bei einem Blick auf die anderen ehemaligen europäischen Kolonialmächte kann man feststellen, dass dort die hierzulande geführten Auseinandersetzungen kaum oder gar nicht ein Pendant aufzuweisen haben. Vor allem in den Niederlanden,[17] wo erst im Sommer 2023 deren König sich für die Verbrechen seines Landes an der Sklaverei entschuldigt hat,[18] und in Portugal stehen diesbezügliche Debatten erst am Anfang. Insofern stellt sich die Frage, inwiefern solche unvollständigen europäischen Restitutionsbemühungen für die Kulturbesinnung der Afrikaner – was ja oftmals als Begründung hierfür angeführt wird – zielführend sein könnte.

Der unbestreitbare Verdienst der Professorin für Kunstgeschichte an der Technischen Universität Berlin und am Collège de France in Paris liegt darin, den Fokus auf die Rückgabe möglicher geraubter Kulturgüter aus den westlichen Sammlungen öffentlichkeitswirksam gelegt zu haben. Sie will mit ihrem Buch ihre zuvor schon geäußerten Thesen von einer »Vorgeschichte« der aktuellen Restitutionsforderungen unterstützt wissen. Deshalb ist der Inhalt des Buches vornehmlich der Geschichte der Rückgabeforderungen, die vornehmlich an Deutschland gestellt wurden, gewidmet.

Wie bereits ausgeführt, ist dies eine lobenswerte Initiative. Jedoch gibt es neben den allzu oft von ihr schon früher provozierten verallgemeinernden Argumenten zur Rückgabe von Gegenständen aus europäischen Museen (die nur zum Teil von Savoy selbst gefordert worden sind, aber unter Berufung auf ihre Argumentationsmuster weitergetragen und begründet wurden) auch Bedenken nicht nur über ihre Kenntnisse von afrikanischer Geschichte und afrikanischer Tradition, sondern auch von der afrikabezogenen Wissenschaftsgeschichte.

Nach eigenen Worten hat die Verfasserin 2018 damit begonnen, sich mit der – von ihr so gesehenen – verdrängten vierzigjährigen Geschichte der Restitution »kolonialer Museumsbestände« aus Afrika zu beschäftigen. Also erst, als sie dazu den Auftrag vom französischen Präsidenten erhalten hatte.[19]

Savoy hat ihr Buch neben einer Einleitung und einem Epilog sowie in einem Anhang in 16 chronologisch geordnete Kapitel eingeteilt. Ihr selbst formuliertes Hauptanliegen ist es, die Geschichte der Restitutionsforderungen nachzuverfolgen, worin letztlich der tatsächliche Gewinn der Lektüre des Buches zu suchen ist, nicht aber in der daraus abgeleiteten undifferenzierten Forderung nach Rückgabe vermeintlicher Raubkunst aus dem globalen Süden.

Interessant ist, dass sie auf eine Ausstellung aus dem Jahre 1972 in Westberlin verweist. Wenngleich es sich einzig um Objekte aus Nigeria handelte, sieht sie damit die »›deutsche‹, ja europäische Geschichte der Debatte um Restitutionen von Kulturgütern nach Afrika«[20] eingeleitet. In den Ausführungen versucht Savoy diesbezügliche Forderungen, einzelne, keinesfalls repräsentative Anfragen weniger Intellektueller und Künstler aus verschiedenen afrikanischen Ländern bis in die Gegenwart exemplarisch weiter zu verfolgen. Das wird von einigen Rezensenten gewürdigt.[21]

Dabei fällt allerdings eine gewisse Unerfahrenheit mit den vorliegenden wissenschaftsgeschichtlichen Erkenntnissen der deutschen Afrika- und Kolonialgeschichtsschreibung auf. Der Verfasserin scheinen auch originäre Erkenntnisse der jüngsten afrikanischen Geschichte nicht geläufig zu sein. Denn ausgerechnet der kongolesische Diktator Mobutu Sese Seko (1930-1997) wird den Lesern als Vorkämpfer der afrikanischen Restitutionsforderungen vorgestellt und erfährt dadurch von Frau Savoy späte Ehren.[22] Immerhin gilt die mithilfe westlicher Geheimdienste errichtete Herrschaft Mobutos als eine der übelsten Kleptokratien der Welt, berüchtigt wegen ihrer Brutalität und Blutrünstigkeit. Es liegt nahe, dass der Diktator, der sich etwa fünf Milliarden US-Dollar angeeignet haben soll, Restitutionsforderungen aus eigenen Gewinninteressen erhob.[23]

Mobutu, der den demokratisch gewählten Präsidenten des unabhängigen Kongo Patrice Lumumba (1925-1961) ermorden ließ, kann eine dem Allgemeinwohl dienende politische Forderung nach Rückgabe von Kulturgütern wohl kaum unterstellt werden.

Solche und weitere Missachtungen der afrikanischen Realitäten führen die berechtigten Forderungen nach Restitution von in den Kolonien geraubten Kulturgütern *ad absurdum*. Zugleich erweist die Verfasserin den Anstrengungen einen Bärendienst. Der Kulturkritiker Andres Kilb schrieb zurecht: »Hinter den Restitutionsforderungen stehen [...] ganz unterschiedliche Motive privater, ideologischer und ökonomischer Art.«[24] Aber davon erfährt man in dem vorzustellenden Buch wenig.

Vollkommen die wissenschaftliche Empathie vermissenlassende Formulierungen schaden dem Anliegen des Buches noch weiter. Der erste westdeutsche Historiker, der sich kritisch mit der deutschen Kolonialgeschichte auseinandersetzte,[25] wurde von Savoy als »Figur« vorgestellt, der auf einem Panel aus dem Jahre 1984 lediglich »als Kolonialhistoriker bezeichnet«[26] wurde – dabei handelte es bei Helmut Bley um einen der bedeutendsten westdeutschen Fachkollegen. Abwertender kann man wohl kaum einen verdienstvollen Afrikaforscher bezeichnen.

Irgendwie musste die Verfasserin mit dem in ihrem Buch auszugsweise wiedergegebenen Diskussion auf jener Tagung nicht zufrieden gewesen sein, denn sie vermerkte, dass nach dieser Veranstaltung ein »Bleimantel (sic!) des Schweigens« über die europäischen Museen gebreitet worden sein soll, womit »das Vergessen ihrer kolonialen Vergangenheit begann«[27].

Das genau trat nicht ein, was etwa jeder Student der Afrikawissenschaften belegen könnte. Seit Mitte der 1960er Jahre setzte man sich in der alten Bundesrepublik, wenngleich später als in der DDR,[28] mit der deutschen kolonialen Vergangenheit kritisch auseinander. Allerdings wurde es Helmut Bley und seinen Kollegen nicht leichtgemacht, weil in der Bundesrepublik in den Medien immer wieder der Verlust der deutschen Kolonialgebiete betrauert wurde.[29]

In einem Kapitel des Buches, welches den relevanten wissenschaftspolitischen Ereignissen des Jahres 1985 zum hundertsten Jahrestag der sogenannten Kongo-Konferenz[30] gewidmet ist, konzentriert sich Bénédicte

Savoy auf die Ausstellung »Schätze aus Alt-Nigeria«, welche – nachdem die Exposition zuvor in der Bundesrepublik gezeigt worden war – im Osten Berlins ebenfalls ihr Publikum fand.[31] Auch hier fällt Unkenntnis der Wissenschaftsgeschichte auf. Kritik verdient insbesondere die Wortwahl, etwa, wenn von Nigeria als »vollwertigem Partner«[32] der DDR geschrieben wurde. Dies war eine Selbstverständlichkeit, die der Hervorhebung nicht bedurfte – wenn denn der Autorin der politische Kontext bewusst gewesen wäre. Die DDR war von Anfang an bemüht, den westdeutschen Alleinvertretungsanspruch – die Hallstein-Doktrin – außenpolitisch zu unterlaufen. In diesem Zusammenhang (aber nicht allein aus diesem Grunde) wurden alle Staaten der Dritten Welt und deren Politiker selbstredend als »vollwertige Partner« behandelt, was selbst nach dem Ende der DDR dem untergegangenen Staat positiv angerechnet wird.[33]

Es ist auch kein Geheimnis, dass enge Beziehungen zwischen den ethnographischen Museen der DDR und afrikanischen Staaten bestanden. Sie unterstützten sich gegenseitig beim Aufbau und der Präsentation von Sammlungen.[34]

Unvorstellbar, dass ein DDR-Politiker eine Rede wie Bundespräsident Heinrich Lübke (1894-1972) gehalten hätte. 1962 hatte das BRD-Staatsoberhaupt in Liberia seine Gastgeber mit den Worten begrüßt: »Meine sehr verehrten Damen und Herren, liebe Neger!«. Oder dass Ostberlin den mauretanischen Gesandten mit den Worten verabschiedet hätte: »Na, dann wünsche ich Ihnen noch eine gute Entwicklung da unten.«[35]

Undenkbar in der DDR war auch die in der Bundesrepublik geübte Praxis, auf Grund einer »schutzgebietsbezogenen Gesetzgebung« (bis 1975) noch »steuerliche Anpassungen« bis ins Jahr 1992 gelten zu lassen[36]. Oder dass 1962 eine Gedenktafel am Geburtshaus von Theodor Seitz (1863-1949) angebracht wurde, des ehemaligen Gouverneurs von Kamerun und Deutsch-Südwestafrika, dem Ex-Präsidenten und Ehrenpräsidenten der Deutschen Kolonialgesellschaft in der Weimarer Republik und des Nationalsozialismus. Diese Tafel existiert noch immer im Mannheimer Stadtteil Seckenheim.[37] Für ostdeutsche Politiker wäre es undenkbar gewesen, an Wiedererlangung von Kolonien überhaupt zu denken. Anders im Westen. Dort forderte im April 1954 der Vorsitzende des Bundestagsausschusses für Außenhandelsfragen, der CDU-Politiker Reinhold Friedrich Bender, von der UNO die Übertragung der Treuhandschaft einer afrikanischen Kolonie auf die Bundesrepublik.[37a] Auch wären Initiativen zur Wiederbelebung kolonialer Initiativen, wie es 1955 in Hamburg geschehen ist, nicht denkbar. Dort wurde der »Verband ehemaliger Kolonialtruppen« gegründet, aus dem der noch heute existierende »Traditionsverband ehemaliger Schutz- und Überseetruppen« hervorging.

Bénédicte Savoy war also erstaunt darüber, dass die DDR den afrikanischen Partnern auf Augenhöhe begegnete. Und dass die Humboldt-Universität dem 100. Jahrestages der »Kongo Konferenz« 1984 eine wissenschaftliche Tagung widmete.[38] Eine zweite Tagung mit dem Titel »Kolonialismus, Neokolonialismus und der Weg Afrikas in eine friedliche Zukunft« war eine internationale Konferenz des Zentralen Rates für Asien-, Afrika- und Lateinamerikawissenschaften der DDR, worüber nicht nur, wie Savoy schrieb, in einem rein philosophischen Fachjournal informiert wurde[39] – es gab davon auch eine international verbreitete Publikation.[40]

Diese beiden wissenschaftlichen Veranstaltungen waren nicht, wie Savoy mutmaßt, auf Initiative des nigerianischen Archäologen Ekpo Eyo zustandegekommen, sondern auf die des Nestors der deutschen Kolonialgeschichtsschreibung Helmuth Stoecker.[41] Er betrachtete die internationale Tagung, zu der aus 39 Staaten Teilnehmer angereist waren, allerdings als nicht so bedeutend, wie anscheinend die Verfasserin, denn er stellte später dieser Konferenz das Prädikat als »the absolute zero level« aus.[42] (In diesem Zusammenhang ein Hinweis an Bénédicte Savoy: Die DDR wurde 1990 »aufgelöst« und nicht, wie behauptet, im Jahre 1989.[43])

Nicht nur in ihrem »Afrika-Buch« offenbart die Verfasserin eine beachtliche Unkenntnis außereuropäischer Geschichte und der Erforschung der Kolonialzeit. Symptomatisch für diese Feststellung ist ihr Bericht über die »Spitze des Kilimandscharo«. Der so bezeichnete Stein hatte der deutsche Forscher Hans Meyer 1890 dem deutschen Kaiser Wilhelm überreicht. Der Felsbrocken war schließlich im Grottensaal des Neuen Palais, das heute zur Stiftung Preußischer Schlösser und Gärten in Potsdam-Sanssouci gehört, zur Schau gestellt worden. Recht umfangreich orakelt sie darüber,[44] »was sich wohl für eine Geschichte dahinter verbirgt« und mutmaßt, dass wohl »der ausgestellte Stein nicht von der Spitze des Kilimandscharo stammt«. Keinesfalls abwegig fragte sie rhetorisch: »Ob der ursprüngliche

Stein verloren ging oder gestohlen wurde, oder ob das Geschenk Meyers nicht das war, was Meyer behauptete, lässt sich nicht klären.«

Allerdings: Die Fragen sind schon lange beantwortet, was sie hätte nachlesen können.[45] Als nämlich Wissenschaftler Anfang der 1980er Jahre in mühsamer Kleinarbeit sämtliche Mineralien des Grottensaales bestimmten, stellten sie auch fest, dass der vermeintliche ostafrikanische Gipfelstein nicht Lava, sondern Biotitschiefer war, einem Gestein, welches häufig in deutschen Mittelgebirgen vorkommt, aber keineswegs am Kilimandscharo. Es handelte es um ein Substitut. Das Originalstück, so recherchierte man, war nach dem Zweiten Weltkrieg bei Renovierungsarbeiten versehentlich mit einer Leiter herausgebrochen und durch ein ähnlich aussehendes Stück ersetzt worden. Dieses hatten die Bauarbeiter im Schotter vor dem Schloss gefunden. Als die Mogelei entdeckt wurde, nahm man Ersatz aus der Gesteinssammlung, die Meyer von seiner ersten Expedition mitgebracht hatte, und fügte es an die betreffende Stelle ein. Zwar war's ein Lavastein vom Kilimandscharo, aber eben nicht vom Gipfel.[46]

Weitere Beispiele des defizitären Kenntnisstandes der afrikanischen Geschichte sowie der deutsch-afrikanischen Kolonialgeschichte und deren wissenschaftsgeschichtlichen Aufarbeitung ließen sich anführen. Es ist zu bedauern, dass die »Aufarbeitung« der so wichtigen Fragestellungen der Restitution von musealen Objekten, die aus kolonialen Kontexten stammen, darunter leiden muss.

Die afrikanische Sicht

Noch ärgerlicher ist der Umstand, dass die Verfasserin in ihren Argumentationen auf Stimmen von Afrikanern weitgehend verzichtet und nur wenige Persönlichkeiten zitiert, von denen man oft nicht weiß, ob sie mit den Restitutionsansprüchen eigene Interessen – wie seinerzeit Mobutu – verfolgen.

Ihr Anliegen war es jedenfalls nicht, sich mit der von Afrikanern geäußerten Kritik an der pauschalen Restitutionsforderung auseinanderzusetzen. Fragen nach Möglichkeiten einer fachgerechten Unterbringung zurückgegebener Museumsobjekte oder zum Umgang mit ethischen

Einwänden wurden nicht gestellt.[47] Fragen jedenfalls, die zumindest Vorbehalte gegen eine rasche und/oder pauschale Restitution hätten erkennen lassen können. Stattdessen setzte sie sich mit skeptischen Positionen gegenüber undifferenzierten Restitutionsanfragen auseinander, die vornehmlich aus den 1970er und 1980er stammten – ohne Beachtung des damaligen historischen Kontextes. Auch bei anderen Themen ist es inzwischen üblich, mit dem Wissen von heute Vorgänge und Sichten von damals zu konfrontieren. Der globale Kalte Krieg, die zumindest in den portugiesischen Kolonien geführten bewaffneten Befreiungskriege sowie die neokolonialen Abhängigkeiten – um nur einige Probleme zu nennen – müssen bei der Bewertung beachtet werden. Bénédicte Savoy tut dies indes nicht.

In diesem Zusammenhang muss auch auf weitere handwerkliche Desiderata von Savoy verwiesen werden, die bereits von anderen fachkundigen Kollegen erwähnt worden sind, so etwa vom Ethnologen Claus Deimel, der in einer Rezension monierte, dass die Verfasserin offensichtlich keinen Wert auf »zeitgeschichtlich relativierende und abwägende Bemerkungen legt« und sie Einzelbeispiele verallgemeinert. Ihre Analyse erfolge in einer »Beurteilung aus heutigen moralischen Maßstäben heraus«, »massive Behauptungen« erachte sie »offensichtlich nicht für nötig« zu belegen. Kurzum, Bénédicte Savoy habe sich einer »unwissenschaftlichen Sichtweise« bedient.[48]

Die Politiker der damals so bezeichneten jungen Nationalstaaten hatten in den 1960er und 1970er Jahren andere, existentiellere Sorgen als die Rückführung von Kulturgütern (wenn es denn überhaupt solche waren). Bei Savoy liest es sich so, als ob die Afrikaner nicht gewusst hätten, was für sie prioritär gewesen wäre und die hiesigen politischen und museumswissenschaftlichen Entscheidungsträger über keinerlei Empathie für deren Situation sowie Afrikaerfahrungen und -kenntnisse verfügt hätten. Erinnert das nicht an eine kolonial-paternalistische Herangehensweise? Recherchen unter Einbindung des historischen Kontextes hätten die Publikation mit Sicherheit befruchten können, ja, wären notwendig gewesen.

Um es zu betonen: Ich bin nicht *gegen die Rückgabe* von in europäischen Museen lagernden Kulturgütern – ich bin *für die Klärung* der damit zusammenhängenden Fragen durch Experten. Es sei Bénédicte Savoy in diesem Kontext ein Hinweis des schwedischen Schriftstellers und Afrikakenners Henning Mankell empfohlen: »Ihre lange koloniale Vergangenheit hat den Afrikanern alle Illusionen genommen. Sie kennen die Unberechenbarkeit der Weißen, die laufend eine Idee gegen eine neue austauschen und dann augenblicklich verlangen, dass der schwarze Mann sich dafür begeistert. Ein weißer Mann fragt nie nach Traditionen, geschweige denn nach den Ansichten der Ahnen. Der weiße Mann arbeitet schnell und hart, aber Eile und Ungeduld sind in den Augen der Schwarzen ein Zeichen fehlender Intelligenz. Die Weisheit des schwarzen Mannes basiert darauf, lange und gründlich nachzudenken.«[49]

Was sollte getan werden, und was nicht?

Als Erstes, was ja auch schon mit recht weitgehend erfolgreichen Anfängen praktiziert wird, ist die Herkunft von *human remains* zu klären und dann sollten sie, wenn es von den Herkunftsgesellschaften gewünscht wird, schnellstmöglich zurückgeführt werden.[50] Daran schließen sich geradezu zwingend einige Fragen an. Eine zum Beispiel lautet: Zu welcher ethnischen Gemeinschaft gehörten etwa die menschlichen Gebeine, die zurückgeführten werden sollten? Wenn diese Ethnie nicht mehr auf ihr ursprünglichem Territorium lebt, wo sollen sie beigesetzt werden? Sollen sie in ihrer Heimat ausgestellt oder endlich begraben werden? Oder zu anatomischen Zwecken, wie vielfach in Europa praktiziert, der Ausbildung des medizinischen Nachwuchses dienen? Könnten sie etwa in einem Museum wie dem Historischen Museum von Abomey, der Hauptstadt des alten Königreichs Dahomey im heutigen Benin, eine neue Bleibe finden? Würden dann menschliche Schädel den traditionellen Versammlungsplatz des Herrschers begrenzen, über die die Besucher treten würden, um das Gebäude des »Königs« zu besichtigen? Dort würden sie weitere menschliche Überreste bestaunen, etwa einen aus Beinknochen bestehenden Thron, der auf menschlichen Schädeln steht …

Gerade in Diskussionen mit Regierungsvertretern Benins sollte dieser Fakt nicht aus dem Blick geraten. Er beschäftigte übrigens schon in den 1880er und 1890er Jahren die deutsch-afrikanischen Beziehungen. Denn ursprünglich bestanden zwischen dem Königreich Danhomé, wie die richtige Bezeichnung lautete, und dem Deutschen Reich recht gute Beziehungen – bis das Königreich von den Franzosen besiegt und danach untergegangen war. Es gab verschiedene Gründe dafür, dass die Deutschen die Franzosen, die zu den kolonialen Konkurrenten zählten, nicht zurückwiesen und dem König Gbêhanzin halfen.[51] Eine zumindest propagandistisch ausgenutzte Tatsache waren die Sklaverei und die vielen Menschenschlachtungen im dem westafrikanischen Königreich. So heißt es in einer katholischen Missionszeitschrift aus dem Jahre 1893: »Mit aufrichtiger Freude erfüllte zum Schlusse des Jahres 1892 alle Freunde der Antisklavereibewegung die Nachricht, dass das berüchtigte Negerkönigreich Dahome nach hartnäckigen Kämpfen von den Franzosen erobert, und dadurch den dort seit Jahrhunderten üblichen Gräueln der Sklaverei und der entsetzlichen Menschenschlachterei ein vorläufiges Ende gemacht wurde.«[52]

Ebenso sollte das Narrativ von der Schuld der Deutschen beim Raub der Benin-Bronzen, worauf in dem Buch von Bénédicte Savoy nicht explizit eingegangen wird, korrigiert werden. Dies hat der Philosoph und Theologe Richard Schröder hingegen in einem interessanten Zeitungsbeitrag getan. Er plädierte dafür, die Geschichte, auch die des Kolonialismus, nicht eindimensional zu sehen, und verwies auf den innerafrikanischen Sklavenhandel und gesellschaftsinterne Gewaltexzesse, die es den Briten damals leicht gemacht hatten, die Benin-Bronzen zu konfiszieren. Nach Schröder handelte es sich hier um Beutegut und nicht um Raubgut.[53]

Das Buch von Bénédicte Savoy geht allerdings undifferenziert von Raubgut aus, auch wenn sie zuweilen andeutet, dass ebenso Tausch, Verkauf oder Schenkungen eine Rolle beim Eigentümerwechsel gespielt haben könnten. Diese Möglichkeiten auszublenden oder nur nebenbei zu erwähnen, beleidigt. Denn den Afrikanern wird auf diese Weise ein eigenständiges, bewusstes Handeln abgesprochen. Da hat sich schon so mancher afrikanische Kollege gefragt, warum nicht nur zu Zeiten des Kolonialismus die Deutschen zu wissen meinten, was die Afrikaner wollen, denken, handeln, fordern sollen. Bis heute hält sich mehr oder minder verdeckt das jahrhundertealte Narrativ »Am deutschen Wesen soll die Welt genesen«. Deshalb sollten Fingerspitzengefühl und Sachkenntnis die Diskussionen bestimmen. Und Demut vor den Fakten.

Und um Afrika und die Afrikaner zu verstehen, genügt nicht nur ein Auftrag eines hohen europäischen Staatspolitikers und eine kurzzeitige Beschäftigung mit einem zwar nicht ganz neuen, aber in einem völlig anderen historischen Kontext stehenden Problematik, als das bislang selbst bearbeitete Forschungsthema.[54]

Die gegenüber den Menschen der überseeischen Welt unverändert bestehende paternalistische Haltung spiegelt sich nicht nur bei Savoy wider, sondern nicht zuletzt in den Forderungen von sogenannten Aktivisten, die – in der Regel ohne historisches Wissen – Forderungen nach Rückgabe von aus Übersee stammenden Museumsobjekten aufstellen. Damit ist nicht gesagt, dass die Verfasserin in jedem Fall deren Argumente in ihrem Buch akzeptiert. Aber solche »euro-masochistischen Impulse«, wie einer der gegenwärtig bekanntesten deutschen Philosophen, Peter Sloterdijk, diese Reflexe bezeichnete, haben Bénédicte Savoy wesentlich inspiriert. Und er gibt auch eine Erklärung zu diesem Phänomen: »Überheblichkeit in der Selbstanklage – das ist ein seit dem Mittelalter bekannter Twist in der Geschichte des Schuldbewusstseins.«[55]

Das spürt man zumindest in Deutschland, wo die entsprechenden Debatten mit Berufung auf das Buch von Savoy befeuert werden, die inzwischen schon längst die Außenpolitik erreicht haben.

Was macht der Nachbar?

In Frankreich – was von einigen als Inspirator oder sogar als Vorbild der Rückgabeforderungen angesehen wird – gibt es keine so intensive Auseinandersetzung mit der kolonialen Vergangenheit. Präsident Macron, der Bénédicte Savoy mit den Forschungen zur Restitution beauftragte, hat sich bislang nicht für die Kolonialverbrechen Frankreichs in Afrika entschuldigt. Er bezeichnete zwar die französische Kolonialisierung als Verbrechen gegen die Menschlichkeit, schließt jedoch Reue, Entschuldigungen und Wiedergutmachung als Teil der Versöhnung aus. Lediglich, so verlautet es, wolle der französische Präsident an symbolischen Handlungen im Namen Frankreichs teilnehmen.[56] Im Oktober 2021 drehte er den Spieß sogar um und beschuldigte Algerien des bewaffneten Befreiungskampfes, der Geschichtsklitterung sowie des Hasses auf Frankreich und löste damit eine diplomatische Krise aus. Das war mehr als unverständlich, zumal Macron erst wenige Monate zuvor den Bericht einer Historikerkommission zum Algerienkrieg entgegengenommen hatte, in der die französischen Verbrechen aufgelistet worden waren.[57]

Auch wurde von kompetenter Seite darauf hingewiesen, dass »sich französische Museen über die angekündigten pauschalen Rückführungsforderungen des Präsidenten irritiert« zeigten und »auf die vielfältigen und unterschiedlichen Umstände« berufen, »unter denen Objekte aus kolonialen Kontexten in ihre Sammlungen gelangten, die rasche und pauschale Rückführungen nicht nachvollziehbar machten.«[58]

Das widersprüchliche Verhalten des offiziellen Frankreich verwundert kaum, verstanden sich doch die französischen Präsidenten schon immer gut mit den afrikanischen Eliten in den ehemaligen französischen Kolonien. Sie inthronisierten Herrscher und Diktatoren, wenn diese sich willfährig zeigten und loyal zum einstigen »Mutterland« standen. Die von Korruption und Machtverteilung geprägten Beziehungsgeflechte zwischen den politischen und wirtschaftlichen Eliten beider Seiten werden als *Françafrique* bezeichnet. Diese Politik wird in einem 2021 in Paris erschienenen, fast eintausend Seiten umfassenden Sammelband eindrucksvoll dokumentiert.[59]

Unser westliches Nachbarland hätte also genug »Aufarbeitung« zu leisten und taugt in dieser Hinsicht kaum als Vorbild. Denn unverändert profitiert Frankreich von neokolonialer Durchherrschung der Welt. Die Diskussion um die Restitutionen ist, in diesen Kontext gestellt, eher ein Ablenkungsmanöver und Nebenkriegsschauplatz. »Wenn man die Welt nicht ändern kann, ändert man das Thema«, soll der deutsche Dichter Thomas Brasch einmal gesagt haben.

Es bleibt festzuhalten: Savoys Buch vermittelt Forschungsergebnisse zur Restitutionsdebatte vornehmlich in Deutschland. Daran können zukünftige wissenschaftsgeschichtliche Forschungsarbeiten anknüpfen.

Nur sollten die erkannten und benannten Monita berücksichtigt werden. Die Auswertung der in Museen lagernden Archivalien ist durch Bénédicte Savoy erfolgt, aktuelle Zeitungsartikel hat sie verarbeitet. Sie hätte, um glaubwürdiger dabei argumentieren zu können, vor allem die relevanten, auch in afrikanischen Archiven lagernden Dokumente auswerten sollen. Abschließend fordert Savoy eine »neue Ethik der Beziehungen zu Afrika«,[60] dem nicht widersprochen werden kann. Ob sie damit die Millionen Menschen gemeint hat, die in Afrika Hunger leiden? Laut Information der Welthungerhilfe betrifft es gegenwärtig 278 Millionen Afrikaner.[61] Zeugt es nicht von europäischer Überheblichkeit gegenüber den anstehenden Problemen des Kontinents, wenn sich der Fokus stärker auf die Restitutionsdebatte statt auf die Lösung existentieller Probleme der Menschen dort richtet? Nicht grundlos meinen afrikanische Intellektuelle wie der togoische Germanist und Historiker Kokou Azamede, dass solche Debatten in Deutschland zwar breite Aufmerksamkeit genießen würden, aber in Afrika keine Rolle spielten. Das konstatierte er in einem Vortrag im Deutschen Historischen Institut in London im Juni 2023.[62]

Bestätigung erfuhr diese Aussage durch Carola Lentz, Präsidentin des Goethe-Instituts, in einem Interview. Sie habe auf einer Konferenz in Dakar feststellen müssen, »dass die Rückgaben für uns Europäer eine viel größere symbolische Bedeutung haben als für die Kolleginnen und Kollegen in den afrikanischen Ländern«. Jene bezeichneten die in Europa geführten Debatten als »Dekolonisierungstheater«, denn »die Frage nach den Objekten verdrängt beispielsweise die nach einer zu verändernden Visumspolitik oder den Fragen der Handelsbeziehungen insgesamt«. In Europa herrsche laut Lentz »immer noch eine sehr eurozentristische und paternalistische Vorstellung davon, wie die Aspekte der kolonialistischen Vergangenheit behandelt werden können und sollen«.[63]

Die Ethnologin machte unmissverständlich deutlich, dass – bei allen zum Teil kontroversen wissenschaftlichen und politischen Diskussionen – die Tatsache beachtet werden sollte: Die hiesigen Restitutionsdebatten werden nach Ansicht von vielen Afrikanern vornehmlich deshalb geführt, um von den als ungleich höherwertig betrachteten

Problemen der neokolonialen Ausbeutung, Umweltzerstörung, Migration, Hunger und Elend abzulenken.

Wie berechtigt dieser Einspruch ist, zeigt die Tatsache, dass Savoy weder in ihrem Buch noch, soweit bekannt, in ihren vielen Diskussions- und Zeitungsbeiträgen auf das benannte Thema adäquat eingegangen ist.

Der Historiker Achille Mbembe aus Kamerun warnte schon 2018 davor, dass die Restitution afrikanischer Kunstgegenstände für Europa eine Möglichkeit sein könnte, sich billig ein gutes Gewissen zu verschaffen. Die Wahrheit lautet, »dass Europa uns Dinge genommen hat, die es uns nie zurückgeben kann«.[64] Auch die tansanische Kuratorin Flower Manase vom Nationalmuseum von Tansania machte deutlich, dass die einschlägigen Debatten in Deutschland an den Afrikanern vorbei geht.[65]

Es ist eine Tatsache, dass Savoy – trotz unterstellter guter Absicht – die jahrelangen Diskussionen zwar befruchtet, aber dabei kaum jemand dazu gebracht hat, nach der sozialen oder politischen Situation der afrikanischen Bevölkerung zu fragen. Es bleibt der bislang nicht erfüllte Wunsch, dass »die wichtigste wissenschaftliche Stimme in der Debatte um die Rückgabe afrikanischer Kunstwerke, die in der Vergangenheit nach Europa gelangt sind«[66], sich nachhaltig bemüht, die gravierendsten Probleme der Afrikaner, nämlich ein menschenwürdiges Leben ohne Hunger und Gewalt, zu ermöglichen, zu erkennen und die Notwendigkeit einer Verbesserung von deren Lebenslage zu akzeptieren. Das wäre von der im September 2022 mit dem »Deutschen Kulturpolitikpreis« und dann auch noch mit dem Kasseler Bürgerpreis ausgezeichneten Bénédicte Savoy zu erwarten – wohl nicht zuletzt von den an Hunger und »Unterentwicklung« leidenden Afrikanern in den ehemaligen französischen Kolonien. Sie brauchen eine starke Stimme für ihre Interessen.

Never Ending Story: die Rückgabe der Benin-Bronzen (Hintergrund)

Die deutsche Außenministerin Annalena Baerbock und die Staatsministerin für Kultur und Medien der Bundesrepublik, Claudia Roth, haben dem Ansehen des Staates, den sie repräsentieren, Schaden in Afrika zugefügt. In der internationalen Öffentlichkeit sind niemals zuvor Repräsentanten eines großen demokratischen Staates, der inzwischen als »Vorreiter im Prozess der Restitution« bezeichnet wird,[67] so einhellig kritisiert worden wie diese beiden Politikerinnen. Den persönlichen Wunsch, Wiedergutmachung zu leisten für das vom Deutschen Reich begangene Unrecht in seinen ehemaligen Kolonien, mag man ihnen glauben. Aber das Gute wollen und das Richtige tun, sind verschiedene Dinge.

Ende 2022 wollten die beiden Hunderte in den Museumsmagazinen lagernde sogenannte Benin-Bronzen zurückgeben, weil sie annahmen, dass diese zur Zeit des Kolonialismus geraubt worden seien. Aber nicht nur die beiden geschichtsunkundigen Politikerinnen der Grünen standen im Mittelpunkt von Häme und Lächerlichkeit, sondern auch die gesamte deutsche Außenpolitik. Die Berliner Boulevardzeitung *B.Z.* nannte die Art und Weise der Übergabe »inszeniert wie eine Show«[68]. Andere sprachen von einem »Dekolonisierungstheater«.[69]

Die Rückgabe vermeintlichen »Raubguts« fügte nicht zuletzt der kritischen Kolonialhistoriographie und den Debatten um die Restitution von Raubgut schweren Schaden zu. Vielleicht liefern einige der hier vorgetragenen Gedanken Anlass für eine weitergehende Beschäftigung und möglicherweise Erkenntnisse für einen vernünftigeren Umgang mit so einer politisch sensiblen Thematik.

Zwanzig Benin-Bronzen befanden sich im Regierungsflieger nach Nigeria. Die beiden Politikerinnen übergaben sie mit einem »Schuldstolz«, wie es bei einigen Kommentatoren hieß, an nigerianische Politiker mit den Worten: »Wir zeigen, dass Deutschland es ernst nimmt mit der Aufarbeitung seiner dunklen Kolonialgeschichte.«[70] Zwanzig Objekte von Tausenden in europäischen, auch in deutschen Museen und im Privatbesitz befindlichen Kunstobjekten.

Weder Nigeria noch das heutige Benin, welches den Kunstgegenständen den Namen gab, stand unter deutscher Kolonialherrschaft. Vielmehr wurden die betreffenden Objekte Ende des 19. Jahrhunderts von den Briten geraubt und außer Landes geschafft. Von den Briten erwarben deutsche Museen diese Stücke; sie sind also kein Teil der »dunklen deutschen Kolonialgeschichte«. Der Erwerb war gängige Praxis des internationalen Kunsthandels zur damaligen Zeit. Was man natürlich kritisieren kann (dann aber auch die heutige Praxis, die sich nicht wesentlich von jener in der Vergangenheit unterscheidet). So gelangten rund 1.100 Objekte des ehemaligen Benin-Reiches in deutschen Museen, davon allein 502 in Berliner Einrichtungen. Sie sollen alle, wenn es nach den Politikern geht, in den nächsten Jahren an Nigeria überführt werden, wobei einige vor Ort als Dauerleihgabe verbleiben sollen.

War die Rückgabe der Benin-Bronzen durchdacht? Neben viel Kritik und Spott ob der übertriebenen Inszenierung[71] fand die Übergabe auch in einigen, allerdings wenigen Zeitungsspalten Anerkennung. So im *Tagesspiegel* durch Andrea Nüsse, die lobte, dass Claudia Roth mit der Restitution gezeigt habe, dass man künftig von einer »deutschen Politik auf Augenhöhe« mit Afrika sprechen werde. Interessant, denn das bedeutete, dass die mehr als siebzig Jahre Außenpolitik beider deutscher Staaten nicht auf Augenhöhe waren. Die offensichtlich auf der Linie der gegenwärtigen Außenpolitik liegende Redakteurin des *Tagesspiegels* ging sogar in ihrer Begeisterung noch einen Schritt weiter. Denn in Nigeria, dessen Erdölreichtum sie zu faszinieren schien, erhoffte sie auch einen »innenpolitischer Neustart, der auch die bilateralen Beziehungen beleben kann«.[72]

Lediglich bei einer Minderheit von Fachleuten – wozu vermutlich der Sammlungsleiter der Staatlichen Museen im Humboldt-Forum gehörte, aus dessen Bestand die rückgeführten Benin-Bronzen stammten – war Zustimmung zu beobachten. Jener hatte zuvor frohlockt: »Das wird in Nigeria ein großes Ereignis werden.«[73] Dabei hätte er schon vorher in Erfahrung bringen können, dass man in Nigeria gar nicht die Absicht hatte, die restituierten musealen Objekte im geplanten *Ebo Museum of Western African Art* (EMOWAA)auszustellen, was sich die deutsche Seite gewünscht hatte.[74] In einer öffentlichen Erklärung kündigte nämlich der scheidende nigerianische Staatspräsident Mohammedu Buhari am 23. März 2023 an, er werde die von Deutschland überreichten Objekte dem Oba Ewuare II, einem Nachfahren des Herrschers des sich auf dem Staatsgebiet Nigerias befindlichen einstigen Königreichs, überlassen.

Auch wenn die deutschen Politikerinnen an die Übergabe der Benin-Bronzen keine Bedingungen geknüpft hatten, waren sie doch davon ausgegangen, dass diese künftig im Ebo Museum of Western African Art ausgestellt werden würden. Den Museumsneubau hat Deutschland bislang mit vier Millionen Euro gesponsert.

Nachdem bekannt wurde, dass die Benin-Bronzen in Privatbesitz übergehen sollten, wurde im Bundestag mit einigem Recht gefragt, welche Gründe die Bundesregierung habe, ihre finanzielles Engagement am Bau des Museums fortzusetzen. Die Bundesregierung antwortete: »Die Einigung über Art und Umfang der Ausstellung obliege den nigerianischen Entscheidungsträgern. Die Konzeption des EMOWAA gehe über die Aufbewahrung der Bronzen hinaus. Sie umfasse das Ziel, das EMOWAA zu einem ›wichtigen archäologischen Forschungszentrum (›Mauern von Benin‹)‹ und Museum aufzubauen.« Dieses Argument ist kaum nachvollziehbar. Bei Kenntnisnahme der bisherigen eher bescheidenen Zusammenarbeit zwischen beiden Ländern auf kulturellem Gebiet nimmt man erstaunt die diesbezügliche Erklärung zur Kenntnis: »Durch die Unterstützung seitens der Bundesregierung soll die kulturelle Zusammenarbeit zwischen Deutschland und Nigeria als Ganzes vertieft werden«.[75]

Damit hat die deutsche Regierung angedeutet, dass die Übertragung restituierter musealer Objekte an eine Privatperson auch in Zukunft durchaus möglich sei. Der neue Besitzer könne entscheiden, was damit geschieht. Denkbar also, dass Artefakte den Augen der Öffentlichkeit, etwa denen der nigerianischen Bevölkerung, verwehrt bleiben. Das Gegenteil aber war – laut Bundesaußenministerin Baerbock – das Ziel der Rückgabe: Möglichst viele Menschen sollen die Kunstgegenstände sehen können. Sofern diese sich die Eintrittsgebühren würden leisten können. Auch der Verkauf restituierter Gegenstände auf dem internationalen Kunstmarkt ist nicht ausgeschlossen.

Die Schweizer Ethnologin Brigitta Hauser-Schäublin kommentierte darum nicht grundlos: »Für die deutsche Politik und die ihren Zielen dienenden Museumsleuten endet damit die Rückgabe der Bronzen an ›das nigerianische Volk‹ in einem Fiasko.«[76]

Der Journalist Harry Nutt suchte nach den Ursachen, warum die Nigerianer nicht so handelten, wie es sich die beiden Grünen-Politikerinnen gewünscht zu haben schienen, und kam wieder zu den Punkt, der bei der Rückgabe-Diskussion in Europa eine Rolle spielte. Er ging auch davon aus, dass die Afrikaner die Rückgaben »nicht allzu wichtig

[...] nehmen«[77]. Er befürchtete zudem, dass »König Oba« – der spirituelle Anführer des nicht mehr existierenden Reiches – auf diese Weise die Deutungshoheit über die Vergangenheit bekäme. Sowohl die »Opfergeschichte« des von britischen Truppen eroberten Königreichs als auch »die Tätergeschichte des Regimes seiner Vorfahren, die von einem systematisch betriebenen Sklavenhandel profitiert haben«. Eben diese Art von Verdrängung wäre fatal.[78]

Um diese zu verhindern, hat sich in den USA eine *Restitution Study Group* zu Wort gemeldet. Das sind Nachfahren der aus Benin verschleppten Sklaven, die zumindest einen Teil der Bronzen für sich reklamieren. Ihre Vorfahren waren von den Obas zwischen dem 16. und 19.Jahrhundert an Europäer gegen Metall eingetauscht bzw. verkauft worden, aus denen dann die bewussten Kunstwerke gefertigt worden waren. Sie nannten es »Blutmetall«.

Als erstes Medium berichtete die *ARD-Tagesschau* über die Intervention der *Restitution Study Group,* die die pauschale Rückgabe der Benin-Bronzen nach Afrika ablehnte. »Wir glauben, dass Deutschland das Richtige tut, die Benin-Bronzen aus der Zeit vor dem Sklavenhandel (*sie meinte vermutlich den transatlantischen Menschenhandel, denn es gab auch einen innerafrikanischen – UvdH*) zurückzugeben, also aus dem 12. bis 15. Jahrhundert«, erklärte deren Direktorin. »Aber Deutschland und jede andere Nation sollten die Bronzen aus dem 16. bis 19. Jahrhundert behalten und nicht an die Nachkommen und Erben der Sklavenhändler zurückgeben.«

Die Chefin der Nichtregierungsorganisation griff die in Nigeria Herrschenden direkt an: »Nigeria hat bis heute ein großes Problem mit Menschenhandel. Benin-Stadt, die ganze Edo-Region ist das Zentrum davon. Sie haben dort nie mit dem Menschenhandel aufgehört.« Und sie erläuterte in einem Interview, dass die Bronzen bei Menschenopferritualen verwendet worden sind. Eine Praxis, die erst nach der britischen Strafexpedition 1897 beendet worden sei. Zugleich warnte sie: »Wir wissen, dass die Relikte verschwinden.« Denn schon nach der Unabhängigkeit Nigerias im Jahre 1960 seien viele Bronzen restituiert worden. Diese finden sich jedoch nicht in öffentlichen Einrichtungen. Sie gehe davon aus, dass allein im Nationalmuseum Benin etwa 150 Bronzen verschwunden sind. »Und wir befürchten, dass die neuen, die jetzt zurückgegeben werden, auch verschwinden. Deshalb ist es wichtig, dass alle Nationen vor einer Rückgabe Fragen stellen, wo die Bronzen geblieben sind.«[79]

Man kann Harry Nutt zustimmen, der meinte, dass die Obas zu allen Zeiten Nutznießer »von Verbrechen gegen die Menschlichkeit«[80] waren. Nur langsam setze sich bei den Nachfahren der afrikanischen Sklavenfänger die Erkenntnis durch: »Ja, wir haben am Sklavenhandel mitgewirkt.«[81]

Allerdings gibt es in Afrika auch Verteidiger oder Ignoranten des Sklavenhandels. Dass beispielsweise die Geschichte der Benin-Bronzen geschrieben werden kann, ohne auf die – der britischen »Strafexpedition« vorangehende – grausame Politik von Sklavenhandel und Menschenschlachtungen des Oba einzugehen, demonstrierte exemplarisch der nigerianische Professor Osadolor.[82]

Bei der Behandlung der Bronzen, ihrer Geschichte und die Restitution kommen auch andere aktuelle Themen hoch, etwa der vor allem in Nigeria blühende Frauenhandel nach Europa. Wie 2017 die Zeitschrift *Stern* berichtete, käme das Gros der in Europa tätigen Zwangsprostituierten aus der Anderthalb-Millionen-Stadt Benin City.[83]

Die Bundesregierung zeigte sich überrascht vom Presseecho der zwar gut gemeinten, aber dilettantisch geplanten und durchgeführten Mission und die Reaktion von Nigerias Staatspräsident Mohammedu Buhari, die Bronzen an König Oba Ewuare II. weiterzureichen. Claudia Roth: »Wir werden gemeinsam mit dem Auswärtigen Amt klären, was diese Maßnahme des scheidenden Präsidenten zu bedeuten hat.«[84] Sie sah »nach der überraschten Wendung Klärungsbedarf«.[85] Eigentlich hätte man sich vorher kundig machen und dies klären müssen.

Der Präsident der Stiftung Preußischer Kulturbesitz, Hermann Partzinger, gab sich in einem Interview etwas stur: »Meines Wissens ist das alles noch nicht rechtskräftig.«[86] Er argumentierte mit europäischem Blick, dass nämlich die musealen Objekte an eine staatliche Institution, an die *National Commission for Museums and Monuments,* übergeben worden sei. Dies sei »eine Art Bundesbehörde«, wenngleich der nigerianische Präsident diese in seinem Statement überhaupt nicht erwähnt hatte. Es stehe jedenfalls noch gar nicht fest, dass die restituierten Ausstellungsstücke dem Oba gehörten. »Es muss auf jeden Fall ein Museum errichtet werden«, so Partzinger.

Das ist der fromme Wunsch eines Europäers, der davon überzeugt ist, etwas Gutes tun – aber nicht die afrikanische Realität kennt, insbesondere jene im Vielvölkerstaat Nigeria, in die nicht so recht das »deutsche Benin-Märchen passen will«.[87] In all diesen Diskussionen wird deutlich, dass auch die Europäer, die sich für afrikanische Fragen interessieren, nach wie vor in europäischen Strukturen denken und handeln.[88]

Dadurch entstehen Missverständnisse, wie etwa ein Interview deutlich machte, dass im Mai 2023 ein Mitglied der »Oba-Königsfamilie«, Prinz Okpame-Osawe Oronsaye, gab. Auf die Frage nach der offensichtlichen Unkenntnis der deutschen Außenministerin antwortete er fast verständnisvoll: »Machen Sie sie dafür nicht verantwortlich. Ihre Berater haben die Frau nicht informiert.«[89]

Und auf Nachfrage von Susanne Lenz von der *Berliner Zeitung* sagte der Prinz: »Es tut mir leid, aber Ihre Außenministerin ist zu jung. Sie hat keine Erfahrung und manchmal merkt man das, wenn sie spricht. Sie hat es übertrieben. Das ist das Problem mit Ihrer Außenministerin. Sie weiß nicht, wie man sich diplomatisch ausdrückt und anscheinend hat sie keine guten Berater.«

Sodann widersprach der Prinz dem Narrativ der deutschen Restitutionspolitik: »Die Deutschen haben uns nichts gestohlen. Das waren die Briten.« Auf den Einwand, dass Deutsche aber die Kriegsbeute gekauft hätten, also mindestens Hehler waren, machte Okpame-Osawe Oronsaye einen rationalen Vorschlag: »Sie (*die deutsche Außenministerin – UvdH*) hätte einfach sagen sollen: Das sind Sachen, die wir zurückgeben, weil sie Ihnen gestohlen worden sind. Wir haben sie gekauft, aber wir wissen, dass sie eigentlichen Ihnen gehören. Die Worte, die die deutsche Außenministerin in Nigeria gesagt hat, kann sie in Namibia benutzen, in Kamerun, in Togo und Tanganika, dem heutigen Tansania. Denn dort waren die Deutschen die Kolonisatoren.« Mit Bezug auf den Sklavenhandel seiner Vorfahren erklärte er im Interview: »Unter meinen Vorfahren gab es auch Sklavenhändler. Aber ich habe damit nichts zu tun und fühle mich nicht schuldig. Das gilt auch für Sie als Deutsche. Sie sollten sich nicht dafür schuldig fühlen, was Ihr Vater oder Ihr Großvater gemacht hat. Ich gebe auch den Museen keine Schuld, die die Bronzen gekauft haben, die die Briten gestohlen haben. Das war eben ein Geschäft.«

Das war nicht die einzige Stimme aus Nigeria, die den Deutschen klarzumachen versuchte, was die Realität in Afrika ist, die weitab von überheblichen Vorstellungen in Europa liegen. So schrieb der Direktor des bereits erwähnten EMOWAA, welches von der Bundesrepublik mit Millionen Euro unterstützt worden ist: »Unser Museumskomplex wird sich über die Bedürfnisse und Möglichkeiten im heutigen Westafrika definieren, nicht über romantische Vorstellungen des Westens. [...] Wir müssen sicherstellen, dass der Begriff ›Restitution‹ von uns geprägt wird und es nicht nur um Artefakte und Opferrate geht.«[90]

Bestätigung der emanzipiert formulierten Vorstellungen über ein eigenes Museumswesen erfuhren diese durch eine Rede des nigerianischen Präsidenten Bola Tinuba. Jener hatte im Juli 2023 dem Oba zugesagt, dass er den König beim Bau seines Palastmuseums unterstützen wolle. In diesem könnten die restituierten Bronzen ausgestellt werden. Damit, so Susanne Lenz, »düpierte er Deutschland, das bereits vier Millionen in ein anderes Museum für Benin-Bronzen in Benin-Stadt gesteckt hat«.[91]

Nicht nur in den restitutionsbereiten Museen sowie bei Ethnologen und Museologen hat diese Entwicklung relative Ratlosigkeit hervorgerufen, sondern auch bei der Presse. Der Tenor gipfelt in der Frage: »Doch lieber behalten?«[92]

Im Juni 2023 machte der kamerunische Historiker Prince Kum'a Ndumbe III. bei einer Diskussionsrunde im Humboldt-Forum den afrikanischen Standpunkt deutlich: »Das Museum ist ein europäisches Konzept. Die Agencies (*englische Bezeichnung für geraubte Kulturgüter – UvdH*) wurden aus Königshäusern und heiligen Stätten geraubt, nicht aus Museen.«[93]

Als Reaktion stellten Museen in Sachsen und Bayern die Restitutionsgespräche über die Benin-Bronzen vorerst ein. Auch das zur Universität Cambridge gehörende Museum für Anthropologie und Archäologie sowie das British Museum in London stoppten diesbezügliche Aktivitäten.[94]

Es ist in der Tat unverständlich, warum Millionen an Steuergeldern ausgegeben werden sollen, damit sich die Nachfahren von Sklavenhändlern, die ihre Landsleute für »Blutmetall« verkauften und sich auf Kosten ihrer Völker bereicherten, durch Rückgabe von Kunstwerken einmal mehr profitierten. Dahinter, noch einmal, steht eine auf Unwissen fußende Überzeugung, die mit missionarischem Eifer durchgesetzt wird: ein europäischer Gerechtigkeitssinn, der alle Afrikaner zu »Opfern« macht. Unter diesen gab und gibt es wie überall auf der Welt Opfer und Täter. Darum sollten sich Politiker sich vorher schlau machen, wenn sie mit diesen – behandelt wie eine »Staatsaffäre«, wie es in der Presse heißt[95] – in Kontakt treten. Symbolpolitik aus postkolonialer Ahnungslosigkeit wiederholt letztlich nur die kritikwürdigen Gesten kolonialer Überheblichkeit.[96]

Der Philosoph und Theologe Richard Schröder erinnerte nicht grundlos Monate vor der Rückgabe der Benin-Bronzen, dass erst die Haager Landkriegsordnung von 1899, also zwei Jahre nach der britischen Eroberung der Hauptstadt Benins, der Raub der tatsächlich mit Blut befleckten Bronzen verboten worden ist. Dort wurden im Artikel 23g »die Zerstörung oder Wegnahme feindlichen Eigentums« sowie die Plünderung (Artikel 28, Artikel 47) untersagt. Eine Rückgabe der nach Europa verbrachten Objekte sei nach Schröder daher nicht »zwingend«, sondern »eine Geste der Großzügigkeit und des Wohlwollens«.[97]

Neokolonialmacht Frankreich

Eine Option ist, die Forschungen zur Restitution sachgerecht, aber gründlich voranzutreiben und sich dabei abzugrenzen von den Forderungen selbsternannter Aktivisten, die sich anmaßen, im Namen der Bevölkerung eines ganzen Kontinents zu sprechen. Dabei darf keinesfalls das gegenwärtige neokolonialistische Verhalten etwa Frankreichs gegenüber seinen ehemaligen Kolonialgebieten in Westafrika ignoriert werden. Dagegen muss die Stimme erhoben werden. Denn die meisten der ehemaligen französischen Kolonien stehen nach wie vor unter dem »militärischen Schutz« ihrer einstigen Kolonialmacht. Gegen Provisionen in Millionenhöhe – die aber kaum die Bevölkerung erreichen – gewährleisteten die afrikanischen Länder französischen Unternehmen den Zugang zu strategischen Ressourcen wie Diamanten, Erze, Uran sowie Gas- und Ölvorkommen. Mit 1.100 Konzernen, gut 2.100 Tochtergesellschaften und dem drittgrößten Investitionsbestand hinter Großbritannien und den Vereinigten Staaten passiert dort nichts, was nicht von Paris kontrolliert wird.

Frankreich besitzt zudem das Vorkaufsrecht auf alle natürlichen Ressourcen und einen privilegierten Zugriff auf staatliche Aufträge.

Nathalie Yamb, Politikerin in der Republik Côte d'Ivoire (Elfenbeinküste), konstatierte in einem Interview mit der *Deutschen Welle*, dass sich die Beziehungen zwischen Frankreich und den französischsprachigen Ländern in Westafrika unter Macron weiter verschlechtert haben. »Ich halte Emmanuel Macron sogar für einen der schlimmsten Präsidenten. Er verhält sich wie de Gaulle und verbirgt seinen Willen nicht, dieses Verhältnis zwischen Afrika und Frankreich gewaltsam aufrechtzuerhalten.«[98] Yamb weiter: »Macron versucht, Afrika eine Beziehung aufzuzwingen, die die Afrikaner nicht mehr wollen.«[99]

Wie in der Elfenbeinküste, wo im Jahre 2016 die Alphabetisierungsrate bei 43,1 Prozent lag,[100] sieht es bei den anderen ehemaligen französischen Kolonien in Westafrika nicht viel anders aus.

Ein wichtiger Punkt in der neokolonialen Strategie besteht nämlich darin, dass die dortige Einheitswährung, der CFA-Franc, an den Euro gekoppelt ist, was eine eigenständige Geldpolitik unmöglich macht. Udo Norden, ein Journalist, dazu in einer Reportage: »Der CFA ist ein Teil des Problems, das junge Afrikaner auch in Togo ›Neokolonialismus‹ nennen. [...] Denn auch 61 Jahre nach der Unabhängigkeit haben die an den CFA gebundenen Länder keinen Zugriff auf einen Großteil ihrer Währungsreserven. Die CFA-Länder müssen 65 Prozent ihrer Währungsreserven hinterlegen bei der Agence France Trésor. Die 2001 gegründete Einrichtung in Paris untersteht dem französischen Wirtschafts-, Finanz- und Industrieministerium. Der CFA als faktische Binnenwährung am Gängelband der französischen Nationalbank sichert Frankreich die Versorgung mit billigen Rohstoffen, in Togo vor allem mit Phosphaten, in Niger mit Uran. Für die Togolesen bedeutet dies chronische Geldknappheit, hohe Zinssätze und Kapitalflucht der schmalen Oberschicht. In der Folge fehlen Mittel für das ärmliche Bildungs- und Gesundheitswesen.«[101]

Bezeichnend für die neokoloniale Abhängigkeit ist die Tatsache, dass Frankreich mit 2.436 Tonnen die viertgrößten Goldreserve der Welt besitzt – ohne eine eigene Goldmine. Der westafrikanische Staat Mali hingegen besitzt keine Goldreserven, obgleich es dort mehr als ein Dutzend Minen gibt, in denen etwa 70 Tonnen Gold im Jahr gewonnen werden. Diese gehen mit starker französischer Beteiligung an multinationale Goldgräberkonzerne.[102]

Der immer wieder aufflammender Protest gegen die neokoloniale Politik der alten Kolonialmacht wird erstickt, Frankreich unterhält zu diesem Zweck in allen ehemaligen Kolonien – mit Ausnahme von den Inseln Martinique und La Réunion – Armee- und Marinestützpunkte.[103] Wenn es nicht so läuft, wie es sich die französischen Politiker und Wirtschaftsleute wünschen, wird militärisch interveniert, wovon in Europa oder in den Ländern des globalen Südens oftmals nichts bemerkt wird. Dominic Johnson, engagierter Journalist und Afrikakenner, kritisierte beispielsweise die Intervention französischer Truppen in Mali im Jahre 2013. Er bezeichnete in einem Beitrag in der *taz* am 13. Januar 2013 sie als »einen im klassischen neokolonialen Stil schmutzigen Afrikakrieg; ohne Beteiligung des französischen Parlaments machen sich französische Kampftruppen aus ehemaligen französischen Afrika-Kolonien auf den Weg, während Minister in Paris noch das Gegenteil behaupten. Die Operation wird erst offiziell, nachdem sie längst im Gange ist. Aber nicht einmal dann wird die genaue Anzahl der eingesetzten Soldaten bekanntgegeben, geschweige denn Ausmaß, Umfang, Dauer und Ziel des Einsatzes. Andere frankophone Länder der Region werden eingespannt, um dem Feldzug einen afrikanischen Anstrich zu geben. Das hat System.« Ähnliches Handeln war auch kurze Zeit darauf festzustellen, als »französische Soldaten diskret in der Zentralafrikanischen Republik eingegriffen« haben. »Die französische Diplomatie«, so Johnson, habe »für ein verstärktes Eingreifen gegen Rebellen im Kongo«, getrommelt.[104] Der Regierungschef von Mali warf Frankreich im Sommer 2022 eine »Politik der Dominanz« und den »Raub der Rohstoffe« vor.[105] Die französischen Truppen mussten dort nach zehn Jahren abziehen.

In Burkina Faso hat Frankreich 400 Soldaten der Spezialkräfte stationiert, die jederzeit nach Niger verlegt werden können. Dort halten sich bereits etwa 2.000 französische Soldaten auf.[106] Der Verfasser selbst sah vor einigen Jahren französische Offiziere in alten Gebäuden der deutschen Schutztruppe in Togo tafeln.

In der Afrika-Politikwissenschaft ist es kein Geheimnis, was der französische Neokolonialismus in Westafrika bedeutet. Zunehmend gibt es antikoloniale Stimmen aus der Region, die aber aus den hier benannten

Gründen in Europa kaum reflektiert werden. Auf einer antikolonialen westafrikanischen Plattform las ich erst unlängst den Vorwurf, dass alle Präsidenten Frankreichs – einschließlich Macron – afrikanische Despoten unterstützt hätten, die in den Augen der afrikanischen Bevölkerungen nicht legitimiert waren und sind. Paris habe Verfassungsbrüche bestätigt und manipulierte Wahlen anerkannt.[107] Da fügt sich ins Bild, dass von der Übertragung der Benin-Bronzen an Nigeria ebenfalls nur eine reaktionäre Elite zu profitieren scheint.[108]

Die gegenwärtig gegen den globalen Norden gerichteten politischen und versuchten ökonomischen Aktionen verschiedener westafrikanischer Staaten kann man als durchaus als Beginn einer Ära beginnender postkolonialer Revanche betrachten.

Und nun auch noch die Südsee

An der Diskussion um die Rückgabeforderungen von angeblichen Kunstschätzen beteiligte sich auch der in Berlin sehr bekannte Kolumnist Götz Aly, ein renommierter Historiker, der sich mit Forschungen zum Antisemitismus und den nationalsozialistischen Verbrechen einen geachteten Namen gemacht hat. Er legte 2021 eine Publikation vor, die in den Medien ein großes Echo fand, aber unter Kolonialhistorikern und akademischen Südsee-Spezialisten im höchsten Maße für Unverständnis sorgte. Aly behandelte ein wenig bekanntes Kapitel aus dem Spektrum der deutschen Kolonialgeschichte, nämlich das aus der Südsee.[108a]

Anlass lieferte die weitgehende Fertigstellung des Humboldt-Forums in Berlin gegen Ende der 2010er Jahre.[109] Zwar wurde und wird dieses Großprojekt auch von Experten kritisch gesehen, aber der millionenschwere Nachbau eines Schlosses benötigte vor allem einen praktischen Zweck, um die Kosten sowie sein Dasein zu rechtfertigen. Also sollte es ein Museum werden, in dem vornehmlich Objekte aus Übersee ausgestellt werden würden, die bislang vornehmlich im Ethnologischen Museum und dem Museum für Asiatische Kunst in Berlin-Dahlem zu sehen waren.

Ob diese nunmehr umgelagerten und neu gestalteten Ausstellungen[110] jemals nach einem anfänglichen Besucheransturm aufgrund des darum seit Jahren in der Öffentlichkeit betriebenen Hypes einmal wesentlich mehr Besucher anlocken können als in dem bisherigen Standort am Stadtrand, wird abzuwarten sein, ja kann bezweifelt werden. Schon 2023 wurde bekannt, dass – so der Direktor des Märkischen Museums und Chef-Kurator des Landes Berlin im Humboldt-Forum in einem Interview – »weniger Publikum als gewünscht gekommen« ist.[111]

Denn, so könnte man wohl nicht ohne allzu weit in Spekulationen zu verfallen, die Frage stellen, welcher Besucher aus Afrika, Asien, Polynesien oder vom amerikanischen Kontinent reist in die deutsche Hauptstadt, um hier ethnographische Objekte aus seiner jeweiligen Heimat in einem »abwegigen Gebilde«, so formulierte es der Kulturjournalist Ulrich Seidler, zu betrachten? In Anbetracht der von den Kritikern des Humboldt-Forums vorgetragenen Argumente ist es zumindest verständlich, wenn die Stadtforscherin Noa Ha in einem Interview Ende 2021 äußerte: »Es war ein ganz großer Fehler, dieses Gebäude zu errichten – mit dieser Form und diesem Inhalt. Aber weil wir aufbauen und abtragen können, würde ich sagen, dass man das auch wieder abtragen kann.«[112] Inzwischen ist eindeutig bewiesen, dass der Palast der Republik nicht hätte abgerissen werden müssen, schon gar nicht wegen angeblicher Asbestbelastung. Der leitende Architekt in deren Entwurfskollektiv, Prof. Wolf R. Eisentraut, sagte im Mai 2024 hierzu: »Asbest war kein Abrissgrund, bot aber ein willkommenes Argument. Vielmehr führten das gestörte Verhältnis der neuen Bundesrepublik zum übernommenen Erbe der DDR und politische Prämissen zur Abrissentscheidung. [...] Es war tatsächlich eine kulturgeschichtliche und umweltpolitische Fehlentscheidung. [...] Der Abriss war von Anfang an politisch gewollt, der Wille schon weit vor dem Bundestagsbeschluss zum Wiederaufbau des Schlosses manifestiert.«[112a]

Die weitgehende pauschale Abneigung und Ablehnung des aus der Not geborenen musealen Großprojektes reicht bis zu sehr genauen und begründeten Vorschlägen, um den Bau abreißen zu lassen.[113]

Im Januar 2023 machte der Berliner Kultursenator Klaus Lederer den Vorschlag, dass ein Teil der Ausstellung, der sich »Berlin global« nennt und unter der Schirmherrschaft des Stadtmuseums steht, sich aus dem Humboldt-Forum zurückziehe.[114] Solche Diskussionen über den Sinn und die Effizienz des Forums werden nicht zuletzt verstärkt durch immer wieder an die Öffentlichkeit getragene mehr oder minder große Skandale, die sich um dieses gewaltige scheinkulturelle Gebäude ranken, auf die hier jedoch nicht weiter eingegangen werden soll. Auch die wiederholt vorgetragenen Kritiken zu Konzeptionen, Inhalten und Umsetzungen der Expositionen sollen hier nicht im Mittelpunkt stehen. Vielmehr interessiert ein einzelnes Ausstellungsstück, das Götz Aly mit einer Publikation in den öffentlichen Fokus brachte.

Es handelte sich um ein aus der Südsee stammendes und bislang im Völkerkundemuseum in Berlin-Dahlem gezeigtes Prachtboot, bekannt als Luf-Boot. Es ist fast 16 Meter lang und stammt von der Südseeinsel Luf. Wie die Benin-Bronzen[115] wurde es im Kontext der Rückgabe-Debatten zu einem Objekt der Raub- bzw. Beutekunst erklärt. Angestoßen hatte dies Götz Aly, der sich mit seinem Buch an gängige Dikta des aktuellen Mediendiskurses orientierte. Das wiederum führte dazu, dass er sich der Kritik von Fachleuten ausgesetzt sah.[116]

Für den Umzug dieses großen Objekts in »Deutschlands größtes und umstrittenstes Museumsprojekt«[117] im Jahre 2018 wurden extra Mauern im Pseudo-Schloss eingesetzt. Nunmehr ist das Boot, welches Platz für fünfzig Menschen bot, derart eingemauert, dass es nicht mehr in einem Stück herausgeschafft werden könnte. Etwa im Falle einer Rückgabe. Götz Aly, auf dieses Problem angesprochen, gab sich optimistisch. In einem Interview meinte er, dass die Wände, wenn notwendig, aufgebrochen werden könnten, um das Luf-Boot der »Herkunftsgesellschaft« zurückzugeben. Wer oder was ist Herkunftsgesellschaft dieses Objektes? Wer repräsentiert sie, falls sie überhaupt noch existiert? Haben deren Nachgeborene an diesem Objekt überhaupt ein Interesse? Auf solche und ähnliche Fragen vermochte Aly weder in seinem Buch noch in begleitenden Medienbeiträgen Antwort zu geben.

Die Existenz der Völkerschaft, aus der der ehemalige Besitzer bzw. die Erbauer des Bootes stammen, wurde von Götz Aly in detaillierter Recherche nachgewiesen. Aber sie scheint es nicht mehr zu geben. Also existiert auch niemand, der darauf berechtigten Anspruch erheben könnte. Dennoch bleibt die Frage, nachdem die Forderung nach Rückgabe dieses Prachtbootes im Raum steht: Wohin soll eines der ersten hochseetauglichen Schiffe der Menschheitsgeschichte gehen?

In der Publikumszeitschrift *Geo* lieferte deren Chefredakteur Siebo Heinken einige Argumente für und gegen die Rückführung musealer Gegenstände. Eine allseits zufriedenstellende Antwort vermochte auch er nicht zu geben, darum verwies er darauf, dass nach dieser weiterhin gesucht werden müsse, zumal »die Forderungen mancher Wissenschaftler und Aktivisten«[118] nach Rückgabe von in europäischen Museen lagernden Artefakten in die Herkunftsregionen immer vehementer würden.

In Falle des Luf-Bootes wie auch in ähnlich gelagerten Fällen, scheint es kaum zu interessieren, was die Nachfahren der angeblich (oder tatsächlich) bestohlenen und betrogenen Indigenen dazu zu sagen haben. Wenn man jedoch ihre Stimmen nicht zur Kenntnis nimmt, so kann mit einiger Berechtigung festgestellt werden, dass diese Haltung Ähnlichkeit aufweist mit der erniedrigenden Behandlungsweise, wie sie aus der Kolonialzeit bekannt ist. Es ist erschreckend, wie in manchen deutschen Köpfen wieder (oder noch immer?) koloniale Mentalität sich verfestigt hat. Die Ursachen sind vermutlich in einem nicht überwundenen kolonial geprägten Paternalismus zu suchen. Europäer wollen erneut bestimmen, was gut für die Bewohner des globalen Südens sei, wie sie zu denken, zu werten, zu handeln und was sie zu fordern haben. Dieses Denken, meine ich, ist sowohl bei Savoy als auch bei Aly feststellbar.

Wohin zurückgeben?

Alys Buch sorgte in der Tat für eine breite Aufmerksamkeit und provozierte geradezu Stellungnahmen von wohl jedem, der sich davon angesprochen fühlte.[119]

So erklärte beispielsweise im Juli 2021 in der *Frankfurter Rundschau* ein Journalist, der in seiner Jugend nach eigenen Angaben Ethnologie studiert hatte, dass es »unfassbar (sei), dass keiner der Tausenden, die wie ich einmal dieses Fach studierten, ein Buch geschrieben hat, wie Götz Aly es mit seinem ›Prachtboot‹ vorlegt. Ein wenig fassbar wird es, wenn man die Entgegnung auf Alys Buch liest, die die Göttinger emeritierte Professorin für Ethnologie, Brigitta Hauser-Schäublin« erarbeitet hat. Diese hätte erklärt, »da man nichts Genaues wisse, laufe alles doch auf Indizien hinaus. Diese sprächen dafür, dass die Einheimischen [...] das Boot ganz offiziell überlassen hätten. Es war das Boot, das für den Vorsteher eines Männerhauses gebaut worden war. Der sei aber vor Fertigstellung desselben gestorben. Es sei durchaus üblich gewesen, ein solches Boot der Natur zurückzugeben und verrotten zu lassen. Ein Verkauf und Abtransport in ferne Gebiete war für die Leute eine akzeptable Alternative.«

Das ist augenscheinlich für den *FR*-Redakteur nicht einleuchtend. Sonst würde er die Stellungnahme der Fachfrau nicht monieren.[120]

Weitere – außer die von Professorin Hauser-Schäublin indirekt genannten – Unklarheiten in Alys vorwurfsvoller Schrift ließen sich anführen. So umfasste die Anzahl der Marinesoldaten der Landungstruppe auf der Luf-Insel real 139 statt 300 Mann. Auch die von Aly genannten 40 überlebenden Insulaner scheinen eine eher willkürliche Schätzung zu sein.[121] Die bei Aly häufig vorkommenden »Strafexpeditionen« sind in der Geschichtsschreibung durchaus bekannt, sie bleiben im Buch unerwähnt und wurden erst in die Diskussion von ihm eingebracht.[122] Kundige Wissenschaftler werden bei solchen Ungenauigkeiten hellhörig.

Nicht minder unbefriedigend ist der Umstand, dass Aly alle praktischen Fragen, wohin man Kulturgüter wie das Luf-Boot zurückgeben könnte und wo man es zeigen sollte, einfach ausspart. Und wer würde sich auf einer pazifischen Insel dafür interessieren? Gibt es dort ein entsprechendes offizielles Interesse und eine Bereitschaft, so einen Gegenstand (den man in ähnlichen Formen dort immer noch antreffen kann), der bislang nie vermisst worden ist, gegen Eintrittsgeld zu besichtigen?

In dem Buch von Aly werden solche konkreten praktischen, eigentlich naheliegenden Fragen nicht gestellt. Er möchte erzählen, wie die Kolonie Deutsch-Neuguinea von Kaufleuten, Völkerkundlern und Militärs besetzt und – so fasst er das Anliegen seines Buches in einer Kolumne zusammen – »leergeplündert und kulturell ruiniert wurde«[123]. Das liest sich wie der Appell, dass man sich nun endlich mit der kolonialen Geschichte Deutschlands befassen müsse. Andererseits, und das wiederum sprich für Aly, verweist er in der unsinnigen Debatte um die Umbenennung der Mohrenstraße[124] zurecht auf die wissenschaftsgeschichtlichen Erkenntnisse auf dem Gebiet der Afrika- und Kolonialgeschichtsschreibung.[125] Im Falle des Luf-Bootes jedoch scheinen ihm diesbezügliche kolonialgeschichtliche Forschungen aus West- und aus Ostdeutschland[126] wenig oder gar nicht interessiert zu haben.

Wenn ein Buch mit wissenschaftlichem Anspruch vorgestellt wird, stellt sich die Frage nach der wissenschaftlichen Kompetenz des Autors. Vor allem natürlich zu seinem Wissen über die Weltregion, die im Mittelpunkt der Publikation steht. Es genügt wohl nicht, dass ein Vorfahre des Autors – bei Aly der Urgroßonkel – als Pfarrer in der Südsee während der kolonialen Beherrschung durch das Deutsche Reich stationiert war. Zu einer wissenschaftlich anspruchsvollen Studie gehören mehr Fachwissen, Engagement, Einfühlungsvermögen in die Historie, also in den seinerzeitigen gesellschaftlichen Kontext. Und vor allem Kenntnisse über die Opfer des Kolonialismus. Denn diesen will Götz Aly anklagen, weil er davon ausgeht – dieser Vermutung drängte sich auf –, dass dies noch niemand vor ihm in ausreichendem Maße getan habe.

Der bekannteste deutsche Historiker zur kolonialen Südseegeschichte, Hermann Hiery, warf ihm deshalb vor, dass er sich »der Problematik seiner nicht hinterfragten eurozentristischen Sichtweise nicht einmal bewusst zu sein« schien.[127] Hiery fasst in seiner Wortmeldung die wesentlichsten bislang vorgetragenen Kritikpunkte auch von anderen Fachleuten zusammen. Im Untertitel seines Aufsatzes heißt es zugespitzt: »Deutsche Allesbesserwisser rufen nach Restitution, ohne zu wissen, was Südseevölker darüber denken« und klärt angesichts der Kollision der »Sprachlosigkeit der Pazifikinsulaner […] mit dem Sprachtsunami des Europäers« auf, dass Tauschobjekte die Basis melanesischer Geschichte bilden. Tausch sei »viel mehr als das, was im Europäischen auf das rein Materielle reduziert wird«. Mit der Rückgabe einer Gabe würde das gegenseitige soziale Verhältnis einseitig aufgekündigt werden. Auf Konferenzen, so der Fachhistoriker Hiery, würden von melanesischer Repräsentanten deutlich abgeraten, indigene Artefakte aus europäischen Museen zurückzugeben.

In den zwölf Kapiteln des Buches von Götz Aly wird kein Beweis erbracht, dass das Boot auf der Insel Luf geraubt worden oder unter Wert eingetauscht worden sei – was der Verfasser aber vehement behauptet. Darum war es, so Hiery, eigentlich eine Blamage, wenn zur angefragten Übertragung der Eigentumsrechte an Neuguinea – zu dem die nur fünf

Kilometer lange und zwei Kilometer breite Insel im Bismarck-Archipel gehört – die Regierung des Staates Papua-Neuguinea erklären ließ, dass das Boot in Berlin verbleiben solle.[128]

Der bekannte Südsee-Fachhistoriker und -völkerkundler Hermann Mückler hatte Aly zuvor in einer Rezension Eurozentrismus und fehlende Quellenkritik an den von ihm herangezogenen historischen Quellen vorgeworfen. Er belegt in der Buchbesprechung, dass Aly »bei gleichzeitiger Insistierung auf Wissenschaftlichkeit den wichtigsten Grundsatz vorsätzlich ignoriert: [...] man muss mit Schlussfolgerungen, denen ein endgültiger Charakter innewohnt, vorsichtig sein.« Man solle mit einem Buch, welches »vorgibt, einen Skandal aufgedeckt zu haben, der keiner ist«, zurückhaltend sein, denn »Verallgemeinerungen und Pauschalisierungen entwerten [...] eine sachliche Auseinandersetzung.«[129]

Ungenügende wissenschaftliche Kompetenz

Der Versuch, einerseits ein Kapitel deutscher Kolonialgeschichte in der Südsee zu beleuchten und andererseits die Diskussionen hierzulande um die Restitution von aus der Region stammenden – vornehmlich – Ethnographica zu befeuern, könnte eigentlich als eine positive Absicht verstanden werden. Götz Aly hat sich zwar Mühe gegeben und zeitgenössische Literatur und leider nur sehr begrenzt ausgewählte Fachliteratur herangezogen, um seine Ansichten argumentativ zu untermauern, aber da ihm der wissenschaftsgeschichtliche Hintergrund und auch der welthistorische Blick (etwa zur Rolle der USA und anderer europäischer Kolonialmächte bei der Unterwerfung der Südsee-Bevölkerung) augenscheinlich fehlte, kann seine oftmals polemisch vorgetragene Argumentation in diesbezüglichen wissenschaftlichen Debatten nicht überzeugen.

Götz Aly versuchte schon zum Anfang seines Buches – wie man es ansonsten nur von Doktorarbeiten kennt, um die Berechtigung der behandelten Forschungsfragen zu begründen – die Leser davon zu überzeugen, dass die Geschichte der deutschen Kolonialpolitik in der Südsee bisher kaum erforscht worden sei. Er hat keine Hemmungen, die Arbeiten verdienstvolle Forscher, ähnlich wie Savoy, herabzustufen.[130] Er schrieb, dass »zu den entsprechenden Geschehnissen in den deutschen Südseekolonien bislang nur wenig Kritisches von in Deutschland ansässigen Historikern veröffentlicht«[131] worden sei. Mit einer solchen apodiktischen Aussage missachtet er beachtliche Erfolge der relevanten Forschungen in diversen Publikationen von Historikern und Ethnologen, die sich tiefgründig mit der deutschen Kolonialgeschichte befasst haben, vor allem von denjenigen, die sich der kritischen Aufarbeitung des deutschen Kolonialismus in der Südsee zugewandt haben.[132]

Götz Aly sei die Aussage von Jakob Anderhandt empfohlen, der konstatierte: »Verschiedene Historiker aus Alys Generation haben teilweise ihr gesamtes Berufsleben darauf verwendet, um ein differenziertes Bild des europäischen Kolonialismus zu zeichnen, in dem auch Schattierungen und Grautöne vorkommen können. Ihre Untersuchungen zeigen, wie heterogen das Bild der Kolonisierten ist (es gab immer auch Täter), genau wie das der Kolonisatoren (es gab immer auch Opfer).«[133]

Insbesondere ist bei Götz Aly eine Stigmatisierung der kolonial Unterworfenen als hilflose Opfer zu verspüren, wovor Kolonial- und Globalhistoriker sowie Ethnologen und Anthropologen entschieden warnen. Wie kann, so muss des Weiteren gefragt werden, ein wissenschaftlichen Ansprüchen genügen wollendes Buch veröffentlicht werden, ohne die wichtigste Forschungsliteratur und auf dieser Basis geführte Debatten zu berücksichtigen? Stattdessen beruft sich der Autor vornehmlich »auf zeitgenössische Erinnerungen, Reiseberichte, Zeitschriftenaufsätze, ethnologische Werke und amtliche Veröffentlichungen«. Sein Hinweis auf von ihm nur mäßig genutzte »neuere Literatur«[134] scheint nur eine Alibifunktion zu erfüllen, wenn man das Literaturverzeichnis studiert.

Nicht nur einmal wurden in Stellungnahmen von Experten bereits die Lücken und Ungereimtheiten in der Darstellung von Aly aufgegriffen. An mehreren Stellen wurde zumindest darauf hingewiesen, dass der vom Verfasser behauptete »Diebstahl ebenso wenig zweifelsfrei dokumentiert (ist) wie ein fairer Kauf«.[135]

Alys Entgegnungen auf die kritischen Einwände muten hilflos an.[136] Das fällt schon auf, wenn er scheinbar überrascht feststellt, dass das Wirken der Kolonialherren von »Rücksichtslosigkeit, vom Dünkel, von der Angst und Gewinnsucht«[137] geprägt gewesen seien. Ja, was hatten sie überhaupt in Übersee verloren bzw. zu suchen?

Darüber gibt eine Reihe von Forschungsliteratur Auskunft, die in dem Buch jedoch nicht auftaucht. Welche Vorstellungen von kolonialer Herrschaft besaß bzw. besitzt der Verfasser, dass ihm die Charaktere und Motivationen der Kolonialherren offenbar zu überraschen scheinen? Ist ihm nicht bewusst, dass unser heutiger (relativer) Wohlstand zum großen Teil auf Kolonialismus und neokolonialer Ausbeutung beruht?

In der wissenschaftlichen Auseinandersetzung mit dem Kolonialismus ist es kontraproduktiv, holzschnittartige, nicht gerade schmeichelhafte Charakteristiken von Personen und deren Handlungen zu erstellen – selbst wenn diese berechtigt sind! Es gab nicht nur Täter, »Räuber«, »Plünderer«, »Ausbeuter« oder »Mörder«, was der Schriftsteller und Südsee-Kenner Jakob Anderhandt an diesem Buch kritisierte.[138]

Die vollkommene Unkenntnis Alys an der von ihm behandelten Thematik macht nicht zuletzt eine Bildunterschrift auf S. 73 deutlich, wo ihm eine ganz offensichtlich unbekannte Kultur in Form eines speziellen architektonischen Hausbaus begegnete. Er bezeichnete sie als »Nothütten«. Dies grenzt in der Tat an kolonialistisch-paternalistische Überheblichkeit gegenüber den Völkern, als deren Verteidiger er sich versteht. Zu Recht hält ihm der Ethnologe und Südsee-Spezialist Mückler vor, dass er »in seinem Buch genau das fort(setzt), was er an manchen zeitgenössischen Autoren und kolonialen Akteuren kritisiert: die Objektivierung und Entmündigung der Bewohner Lufs«.[139]

Im gewissen Sinne ist es verständlich, wenn Provenienzforscher ohne große Kenntnisse der deutschen Kolonialgeschichte Götz Aly beistehen. Der Kunst- und Kulturhistoriker Kai Artinger will in diesem Buch »eindrückliche Kapitel« gefunden haben, die »ein Panorama des Schrekkens und der Vernichtung« belegen würden.[140] Wie hier dargelegt, sehen dies die Fachleute ganz anders. So Jakob Anderhandt, der akribisch und mit wirklichem Sachverstand schildert, was damals auf der Insel Luf geschehen ist. Er macht deutlich, dass die damalige »Sachlage komplex« und zu kompliziert war, um sie in »Zeitungsartikeln, Fernsehstatements und Podiumsdiskussionen, denen Götz Aly sich zur Verbreitung seiner Thesen auch bedient«, hinreichend zu erläutern.[141]

Unter Kennern der Kolonialgeschichte taucht angesichts solcher Vereinfachungen und auch Übertreibungen immer wieder die Frage auf, ob der Kolonialismus für die betroffenen Menschen nicht schrecklich genug in der Intensität und der Langzeitwirkung gewesen ist, sodass man diese gewaltsame und ökonomische Unterwerfung heute mit Unwahrheiten und Übertreibungen auf kognitiver Ebene zu verstärken versucht? Und damit zugleich der auf Auswertung der historischen Quellen beruhenden wissenschaftlichen Aufklärung der Vergangenheit dienenden seriösen kritischen Kolonialgeschichtsschreibung ein weiteres Mal einen Bärendienst erweist. So bleibt festzuhalten, dass dieses Buch keinen besonders nützlichen langfristigen Beitrag zur Geschichtsaufarbeitung leistet, wozu die Bücher Alys über die Zeit des Nationalsozialismus jedoch ohne Zweifel gehören. Das soll hier explizit gesagt sein.

Nicht nur er, auch andere »Allesbesserwissende«, die sich zuvor nie mit Themen der außereuropäischen *Area Studies* beschäftigt haben, müssen sich von ausgewiesenen Kolonialismus-Experten wie Hermann Hiery fragen lassen: Kennen diese überhaupt die Sichtweisen der potenziell Betroffenen in den ehemaligen deutschen Kolonialgebieten auf die »geteilte« Geschichte? Haben sie mit ihnen gesprochen und sie vor allem nach ihrer Sicht der Dinge gefragt? Haben sie ihre eigenen Interpretationen der Geschichte vorgestellt und zur Diskussion angeboten? Kennen sie die indigenen Sprachen, die kulturellen und religiösen Besonderheiten der spezifischen ethnischen Gemeinschaften, deren Geschichte, Traditionen und Mentalitäten? Waren sie – wo möglich – überhaupt einmal in jenen Gebieten, für deren Bewohner sie sich ins Zeug legen, aber mit ihrem Paternalismus großen politischen Schaden anrichten können? Wohl kaum, denn, wenn ja, hätten sie mit den Nachfahren der direkt Betroffenen diskutiert und deren Meinungen eingeholt.[142]

Der Replik von Hiery auf das Buch von Aly ist eigentlich nicht viel hinzuzufügen. Wer sich mit der außereuropäischen Geschichte befasst, sollte die eurozentristische Sichtweise ablegen und die indigenen »Außereuropäer« zu Wort kommen lassen und nicht für sich den Anspruch erheben, als »Anwälte der Eingeborenen« zu handeln, was eine Zeit lang im 19. Jahrhundert die Intention der europäischen christlichen Missionare gewesen war. Zudem sollte ein Historiker wissen, dass nicht nur zu

Zeiten der direkten Kolonialherrschaft, sondern auch schon vor 1884/85 und bis in die Gegenwart hinein und nicht nur von Europäern und nicht nur in deren außereuropäischen Kolonialgebieten, vor allem Kulturgüter geraubt und zerstört worden sind.[143]

Fazit

Ein wenig mehr Kenntnis über die bisherigen Ergebnisse Kolonial- und deren Wissenschaftsgeschichtsschreibung sowie Demut vor den dort zu entnehmenden Forschungsleistungen hätten die alles in allem an Blamage grenzenden Ausführungen der hier vorgestellten zwei Bücher nicht mehr, sondern überhaupt Glaubwürdigkeit verschaffen können.

Aus den genauen Analysen dieser beiden Publikationen, die mit mehr wissenschaftlicher Kompetenz einen gewichtigen Beitrag für die kritische Kolonialgeschichtsschreibung hätten leisten können, sollten Lehren gezogen werden hinsichtlich einer quellenorientierten kolonialgeschichtlichen Forschungsarbeit sowie des berechtigten Anliegens, die Provenienz- und Restitutionsforschung voranzubringen. Die Bücher hätten bei der Erarbeitung auf einer wissenschaftlichen Grundlage für diese ein Erfolg sein können, statt dessen sind sie Belege für Einfalt. Und es sollte eigentlich selbstverständlich sein, dass so eine sensible Thematik nicht »nebenbei« zu bearbeiten, sondern nur durch langwieriges und intensives Studium zu erfassen ist – und dennoch werden Fragen offenbleiben, auf die man hinweisen muss. Und man sollte nicht das eigene Dargelegte als der Weisheit letzten Schluss der Öffentlichkeit präsentieren.

Denn es gilt zu beachten, was die ehemalige Direktorin des Ethnologischen Museums in Berlin, Viola König, ausdrückte: »Die Rückgabe ist ein hochkomplexes Unterfangen, eine enge Zusammenarbeit mit den Herkunftsgesellschaften ist die Bedingung. Zuweilen sind dafür die großen Fotobestände hilfreich, die in ethnologischen Museen aufbewahrt werden, insbesondere, wenn sich in den Herkunftsgesellschaften noch Personen und Objekte auf den Bildern identifizieren lassen. Dabei ist Eile geboten – und dennoch wird es Jahrzehnte dauern. Echte Kooperation bedeutet, dass der Abschluss, die Form der Lösung offen ist. Es ist nicht ausgeschlossen, dass manche Nachkommen ihre Gegenstände doch in Europa aufbewahrt sehen wollen.«[144] Zur Ehrenrettung der hier Kritisierten sollte darauf verwiesen werden, dass eine gewisse moralische Empörung durchaus berechtigt und darum verständlich ist, wenn man sich mit Fragen und Problemen der europäischen, insbesondere deutschen Kolonialgeschichte befasst. Jedoch sollte ein Wissenschaftler bei allen Emotionen – möglicherweise inspiriert durch freundschaftliche oder familiäre Beziehungen oder auch Auftragserteilung aus der Politik –, niemals die Quellenkritik vernachlässigen oder, wie es bei der Lektüre des Buches von Götz Aly oftmals festzustellen ist, fast gänzlich negieren. Sonst könnte das geschehen, was zunehmend den Vertretern der *postcolonial studies* vorgeworfen wird, dass nämlich wissenschaftliche Erkenntnis durch Moral ersetzt wird.[145] Dies wäre zweifelsohne ein weiterer Schritt in die Richtung, vor der Hans Ulrich Gumbrecht, Philosoph und Romanist, Träger von zehn Ehrendoktorwürden aus aller Welt, eindringlich gewarnt hat, nämlich vor dem unausweichlichen Untergang der Geisteswissenschaften.[146]

Empfehlenswerte Vorschläge, wie die Zukunft um die Auseinandersetzung der kolonialen Vergangenheit Deutschlands aussehen kann, vermitteln auch die beiden führenden deutschen Kolonialhistoriker Hermann Hiery und Horst Gründer in der dritten Auflage des Standardwerkes »Die Deutschen und ihre Kolonien«. Sie plädieren für ein »proaktives« Handeln zwischen den ehemaligen kolonialen Mutterländern und deren damaligen Kolonialgebieten, allerdings »ohne den Oberlehrer-Ton des Allesbesserwissenden, sondern mit offenem Herz, Mitgefühl, Respekt und Toleranz für das Andere und die Anderen, deren Vorfahren früher einmal den Kolonialismus der Deutschen erfahren haben.«[147]

Anmerkungen

1 Savoy, Bénédicte: Afrikas Kampf um seine Kunst. Geschichte einer postkolonialen Niederlage, München 2021.

2 Vgl. dazu van der Heyden, Ulrich: Wissenschaftlich? Ein kunsthistorischer Bestseller auf tönernen Füßen, in: *Museum aktuell. Die aktuelle Fachzeitschrift für die deutschsprachige Museumswelt*, Nr. 289+290, München 2023, S. 56- 60; ; Bahners, Patrick: Kampagne in Deutschland. Bénédicte Savoy und der Streit um die Raubkunst, Springe 2023.

3 Aly, Götz: Das Prachtboot. Wie Deutsche die Kunstschätze der Südsee raubten, Frankfurt am Main 2021. Siehe ausführlicher hierzu die Kritik von van der Heyden, Ulrich: Das Prachtboot. Wie Deutsche die Kunstschätze der Südsee raubten – oder nicht, in: Schweizerische Zeitschrift für Religions- und Kulturgeschichte, Bd. 118, Basel/Berlin 2024, S. 435-446.

3a Vgl. hierzu Wagner, Sarah: Die Kunst- und Wunderkammer im Museum. Inszenierungsstrategien vom 19. Jahrhundert bis heute, Berlin 2023.

4 Vgl. hierzu den Überblick bei Zuschlag, Christoph: Einführung in die Provenienzforschung. Wie die Herkunft von Kulturgut entschlüsselt wird, München 2022.

5 *dpa*-Meldung: »Das Zeug ist geklaut«. Lederer will Benin-Bronzen nur als Leihgaben, in: *Berliner Zeitung*, 11.06.2021.

6 Vgl. zur Vielfalt der einschlägigen Fachliteratur van der Heyden, Ulrich: Die Missionsfotografie – Genre, Entwicklung und wissenschaftsgeschichtliche Forschungsübersicht, Berlin 2021.

7 Vgl. van der Heyden, Ulrich: Rote Adler an Afrikas Küste. Die brandenburgisch-preußische Kolonie Großfriedrichsburg in Westafrika, Berlin 2001, S. 64.

8 URL: *https://themator.museum-digital.de/ausgabe/scrolltopic.php?m_tid=829&tid=829&navlang=de*. (letzter Zugriff: 26.12.2023).

9 Vgl. van der Heyden, Ulrich: Emmanuel Macrons afrikanisches Erbe, in: *Kunstgeschichte-ejournal*, 26.04.2018. URL: *http://kunstgeschichte-ejournal.net/518*.

10 Vgl. van der Heyden, Ulrich: Restitution afrikanischer Kulturgüter. Macrons kulturpolitisches Verwirrspiel, in: *Welttrends. Das außenpolitische Journal*, Nr. 148, Potsdam 2019, S. 58-63.

11 Deutsche Übersetzung: Sarr, Felwine/Savoy, Bénédicte: Zurückgeben. Über die Restitution afrikanischer Kulturgüter, Berlin 2019.

12 So wirft der renommierte Ethnologe und vormalige Mitarbeiter bzw. Direktor verschiedener Museen, Claus Deimel, Savoy einen »Tunnelblick« auf Kolonialismus und Restitution in kolonialen Kontexten vor. Vgl. Deimel, Claus: Volle Breitseite – deutsche Museen unter Beschuss..., in: *Rotary Magazin für Deutschland und Österreich*, Hamburg, 1.09.2021, S. 54-55.

13 Vgl. Grimm-Weissert, Olga: Berater empfehlen Macron Rückgabe afrikanischer Kulturgüter – Händler sind empört, in: *Handelsblatt*, 1.12.2018.

14 Es sei nur auf eine kleine Auswahl von relevanten Publikationen – neben entsprechenden Diskussionen in der Presse – verwiesen, von denen einige auch in dem Literaturverzeichnis von Frau Savoy zu finden sind, wie Zwernemann, Jürgen: Gedanken zur Rückführung von Kulturgut, in: *Afrika Spectrum*, Nr. 3, Hamburg 1977, S. 297-304; Hoffmann, Beatrix: Das Museumsobjekt als Tausch- und Handelsgegenstand. Zum Bedeutungswandel musealer Objekte im Kontext der Veräußerungen aus dem Sammlungsbestand des Museums für Völkerkunde Berlin, Berlin 2012; Ganselmayer, Herbert: Rückführung von Kulturgütern. Experten der Unseco gegen kolonialen Raub, in: *3. Welt Magazin*, Nr. 3-4, Freiburg i. Br. 1976, S. 63; Zeller, Joachim: Kunstwerke aus deutschen Kolonien im Ethnologischen Museum, in: van der Heyden, Ulrich/ders. (Hrsg.): Kolonialmetropole Berlin. Eine Spurensuche, Berlin 2002, S. 280-283; Petri, Hans-Hermann: Ethnographika von Kaniet (Anachoreten, Südsee) im Übersee-Museum Bremen, in: *Veröffentlichungen aus dem Übersee-Museum in Bremen*, Reihe B, Bremen 1956, S. 130-139; Abel, Herbert: Vom Raritätenkabinett zum Bremer Übersee-Museum. Die Geschichte einer hanseatischen Sammlung aus Übersee anlässlich ihres 75-jährigen Bestehens, Bremen 1970; Lange, Britta: Sensible Sammlungen, in: Berner, Margit/Hoffmann, Anette/dies. (Hrsg.): Sensible Sammlungen. Aus dem anthropologischen Depot, Hamburg 2011, S. 15-40; Hahn, Hans-Peter: Leo Frobenius' Reise durch Nord-Togo in den Jahren 1908/09. Ethnographische Dokumentation und koloniale Sichtweise, in: Heine, Peter/van der Heyden, Ulrich (Hrsg.): Studien zur Geschichte des deutschen Kolonialismus in Afrika. Festschrift zum 60. Geburtstag von Peter Sebald, Pfaffenweiler 1995, S. 259-279; Hoffmann, Beatrix: Das Museumsobjekt als Tausch- und Handelsgegenstand. Zum Bedeutungswandel musealer Objekte im Kontext der Veräußerungen aus dem

Sammlungsbestand des Museums für Völkerkunde Berlin, Berlin 2012; Bräutigam, Herbert (Hrsg.): Schätze Chinas in Museen der DDR. Kunsthandwerk und Kunst aus vier Jahrtausenden, Leipzig 1989; Bergner, Felicitas: Ethnographisches Sammeln in Afrika während der deutschen Kolonialzeit. Ein Beitrag zur Sammlungsgeschichte deutscher Völkerkundemuseen, in: *Padeuma. Zeitschrift zur Kulturkunde*, Bd. 42, Frankfurt am Main 1996, S. 225-235; Brandstetter, Anna-Maria/Hierholzer, Vera (Hrsg.): Sensible Dinge in Museen und universitären Sammlungen, Mainz 2018; Volker-Saad, Kerstin: Curiosa, Pretosia, Exotica. Begehrte Objekte fremder Völker, in: Die Kunstkammer der Herzöge von Württemberg. Bestand, Geschichte, Kontext, Bd. 1, hrsg. vom Landesmuseum Württemberg, Ulm 2017, S. 135-147; Briskorn, Bettina von: Zur Sammlungsgeschichte afrikanischer Ethnographica im Übersee-Museum Bremen 1841-1945, Bremen 2000.

15 Unter den Rezensenten, die das Buch durchweg positiv bewerten, befinden sich kaum Kolonial- und Afrikaspezialisten. Es sei nur verwiesen auf Anhalt, Utz: Über Kulturzerstörungen in aller Welt und zu Afrikas Restitutionsbemühungen, in: *Museum aktuell. Die aktuelle Fachzeitschrift für die deutschsprachige Museumswelt*, Nr. 275+276, München 2021, S. 15–18.

16 Lundt, Bea: Vom Nehmen und Geben afrikanischer Kulturgüter in (post)-kolonialer Perspektive. Rezensionsaufsatz über Neuerescheinungen zur Restitutionsdebatte, in: *Zeitschrift für Weltgeschichte,* Nr. 1, Berlin 2022, S. 235.

17 Vgl. Davies, Catherine/Lenel, Laetitia: Konkurrenz oder Koproduktion? Zur Erinnerung an Holocaust und Kolonialverbrechen, in: *Merkur. Zeitschrift für europäisches Denken,* Nr. 880, Stuttgart 2022, S. 83-93, hier S. 89f.

18 *dpa*-Meldung: Niederlande – König bittet um Entschuldigung für Sklaverei, in: *Berliner Zeitung*, 3.07.2023.

19 Savoy, Bénédicte: Afrikas Kampf um seine Kunst …, a.a.O., S. 7.

20 Ebenda, S. 27.

21 Vgl. beispielsweise Lundt, Bea: Vom Nehmen und Geben afrikanischer Kulturgüter…, a.a.O., S. 231-253, hier S. 236.

22 Savoy, Bénédicte: Afrikas Kampf um seine Kunst…, a.a.O., S. 45-51. Auch andere Verfasser, die sich in der »Restitutionsdebatte« zu Wort gemeldet haben, scheinen das persönliche Interesse des Kleptokraten als politisches Statement verstanden zu haben. Siehe Sandkühler, Thomas/Epple, Angelika/Zimmerer, Jürgen (Hrsg.): Geschichtskultur durch Restitution? Ein Kunst-Historikerstreit, Köln 2021, S. 13.

23 Vgl. zu dessen Kleptomanie, die sein Land in die Armut führte, in den Büchern von Wrong, Michela: In the Footsteps of Disaster in Mobutu's Congo, New York 2001; Johnson, Dominic: Kongo. Kriege, Korruption und die Kunst des Überlebens, Frankfurt am Main 2014. Wenn dies zu umfangreiche Lektüre ist, kann folgender komprimierte aktuelle populärwissenschaftliche Artikel empfohlen werden: Eckert, Andreas: Blind für die dunklen Kapitel, in: *Damals. Das Magazin für Geschichte*, Nr. 9, Hamburg 2023, S. 40-44.

24 Kilb, Andreas: Wie man ein Problem nach Afrika exportiert, in: *Frankfurter Allgemeine Zeitung*, 27.04.2021.

25 Bley, Helmut: Kolonialherrschaft und Sozialstruktur in Deutsch-Südwestafrika 1894–1914, Hamburg 1968.

26 Savoy, Bénédicte: Afrikas Kampf um seine Kunst…, a.a.O., S. 186.

27 Ebenda, S. 189.

28 Vgl. van der Heyden, Ulrich: Kolonialgeschichtsschreibung in Deutschland. Eine Bilanz ost- und westdeutscher Kolonialhistoriographie, in: *Neue Politische Literatur. Berichte über das internationale Schrifttum*, Nr. 3, Frankfurt am Main 2003, S. 401-429.

29 Vgl. Michels, Eckard: Geschichtspolitik im Fernsehen. Die WDR-Dokumentation »Heia Safari« von 1966/67 über Deutschlands Kolonialvergangenheit, in: *Vierteljahreshefte für Zeitgeschichte*, Nr. 3, München 2008, S. 467–492.

30 Vgl. hierzu Stoecker, Helmuth: Die Berliner Konferenz von 1884/85 über die koloniale Aufteilung Afrikas südlich der Sahara, in: *Asien – Afrika – Lateinamerika*, Nr. 5, Berlin (Ost) 1984, S. 888-899; Pogge von Strandmann, Hartmut: Imperialismus vom grünen Tisch. Deutsche Kolonialpolitik zwischen wirtschaftlicher Ausbeutung und »zivilisatorischen« Bemühungen, Berlin 2009.

31 Autorenkollektiv unter Leitung von Ekpo Eyo: Schätze aus Alt-Nigeria. Erbe von 2000 Jahren, Berlin (Ost) 1985.

32 Savoy, Bénédicte: Afrikas Kampf um seine Kunst…, a.a.O., S. 192.

33 Vgl. beispielsweise Schleicher, Hans-Georg: »Wie hältst du es mit Südafrika?« Die Gretchenfrage der Afrika-Politik beider deutscher Staaten, in: Lessing, Hanns/Dedering, Tilman/Kampmann, Jürgen/Smit, Dirkie (Hrsg.): Umstrittene Beziehungen. Protestantismus zwischen dem südlichen Afrika und Deutschland von den 1930er Jahren bis in die Apartheidzeit, Wiesbaden 2015, S. 509–521; Kunze, Thomas/Vogel, Thomas (Hrsg.): Ostalgie international. Erinnerungen an die DDR von Nicaragua bis Vietnam, Berlin 2010; Schade, Anja: Das Exil von ANC-Mitgliedern in der DDR. Eine transnationale Verflechtungsgeschichte um Solidarität im Kalten Krieg, Berlin 2022; dies./van der Heyden, Ulrich: GDR Solidarity with the ANC of South Africa, in: Dallywater, Lena/Saunders, Chris/Fonseca, Helder Adega (Hrsg.): Southern African Liberation Movements and the Global Cold War »East«. Transnational Activism 1960–1990, Berlin/Boston 2019, S. 77-101.

34 Aselmeyer, Norman/Jehne, Stefan/Müller, Yves: »Die DDR hat's nie gegeben«. Leerstellen in der aktuellen Erinnerungsdebatte, in: *Merkur. Zeitschrift für europäisches Denken*, a.a.O., S. 27. Um ein Beispiel anzuführen vgl. Escher, Reiner/Helmboldt, Rüdiger: »Wallaga-Museum« öffnet seine Türen. Bericht über die wissenschaftliche Beratertätigkeit beim Aufbau des Museums der Verwaltungsregion Wallaga in Naqamt, Äthiopien (1987), in: *Ethnographisch-Archäologische Zeitschrift*, Nr. 3, Berlin 1988, S. 489-504.

35 Zitiert in Guntram und Irene Rinke Stiftung: Rede zur Preisverleihung 2015, in: URL: *www.rinke-stiftung.org/downloads/pdf/Rede-Rinke 2015.pdf.* (letzter Zugriff: 20.02.2023); Cassier, Philip: Schändliches Trauerspiel um den Bundespräsidenten, in: *Die Welt*, 8.01.2012.

36 Vgl. Wagner, Norbert B.: Die deutschen Schutzgebiete. Erwerb, Organisation und Verlust aus juristischer Sicht, Baden-Baden 2002. Allgemeiner siehe auch Bechhaus-Gerst, Marianne: Koloniale Spuren im städtischen Raum, in: *Aus Politik und Zeitgeschichte*, Nr. 40-42, Bonn 2019, S. 40-45.

37 Vgl. Nagl, Dominik: Seckenheim, Berlin, Buea, Windhoek. Die imperial Weltläufigkeit des Theodor Seitz, in: Gißibl, Bernhard/Niederau, Katharina (Hrsg.): Imperiale Weltläufigkeit und ihre Inszenierungen. Theodor Bumiller, Mannheim und der deutsche Kolonialismus um 1900, Göttingen 2021, S. 255-289, hier S. 255.

37a Baer, Martin/Schröter Olaf: Eine Kopfjagd. Deutsche in Ostafrika. Spuren kolonialer Herrschaft, Berlin 2001, S. 175.

38 Vgl. die dort gehaltenen Beiträge in Stoecker, Helmuth (Hrsg.): Die koloniale Aufteilung Afrikas und ihre Folgen [=Berichte der Humboldt-Universität zu Berlin, Nr. 7], Berlin (Ost) 1985.

39 Koch, Gustel: Kolonialismus, Neo-Kolonialismus und der Weg Afrikas in eine friedliche Zukunft, in: *Deutsche Zeitschrift für Philosophie*, Nr. 11, Berlin (Ost) 1985, S. 1036-1040. Wer sich dafür näher interessiert, sollte sich die dazu vorhandene Akte bei der Stasiunterlagenbehörde anschauen. Siehe BStU: MfS-HA XX, Nr. 7372 sowie HA XVIII, Nr. 6965, Bl. 1, wo sogar detailliert zu lesen ist, dass »ca. 90 Personen als Vertreter von elf sozialistischen Staaten, 14 afrikanischer Staaten, sechs europäischen kapitalistischen Länder sowie von sieben internationalen Organisationen, u.a. UNO, UNESCO, ANC, SWAPO, OAU teilnahmen.«

40 Rathmann, Lothar/Kück, Gert/Hutschenreuter, Klaus/Kress, Albin (Hrsg.): Colonialism, Neocolonialism, and Africa's Path to a peaceful Future [= *Asia – Africa – Latin America*, Special Issue, 16], Berlin (Ost) 1985.

41 Vgl. van der Heyden, Ulrich: Die Afrikawissenschaften in der DDR. Eine akademische Disziplin zwischen Exotik und Exempel. Eine wissenschaftsgeschichtliche Untersuchung, Münster/Hamburg/London 1999, S. 257.

42 Stoecker, Helmuth: Socialism with Deficits. An academic Life in the German Democratic Republic, Münster/Hamburg 2000, S. 91.

43 Savoy, Bénédicte: Afrikas Kampf um seine Kunst..., a.a.O., S. 175.

44 Vgl. Savoy, Bénédicte: Alles erzählen, was wir über die Kunstwerke wissen, in: *Der Tagesspiegel*, 30.12.2021. Ausführlicher hierzu dies.: Modisch altmodisch. Über »alte neue Formen des Wissens« in und über Museen und den Spaß daran. Jahresvortrag am 13. Juni 2021, hrsg. von den Freunden der Preußischen Schlösser und Gärten e.V., Berlin 2021, hier S. 37.

45 Vgl. van der Heyden, Ulrich: Deutsche Entdeckungsreisende in Afrika und der Kolonialismus. Das Beispiel Hans Meyer, in: Brogiato, Heinz Peter (Hrsg.): Meyers Universum. Zum 150. Geburtstag des Leipziger Verlegers und Geographen Hans Meyer, 1858–1929, Leipzig 2008, hier S. 121f.

46 Vgl. ausführlicher hierzu van der Heyden, Ulrich/Becher, Jürgen: Erfundene Geschichten: Wie die »Spitze des Kilimandscharos« ins Neuen Palais in Potsdam gelangte, in: *Museum aktuell. Die aktuelle Fachzeitschrift für die deutschsprachige Museumswelt*, Nr. 283+284, München 2022, S. 16-21. Siehe auch das entsprechende Kapitel in dieser Streitschrift.

47 Siehe zu den seit Mitte des Jahres 2022 erhobenen Forderungen von verschiedenen sich betroffen bzw. zuständig fühlenden Gruppierungen aus Afrika sowie von Nachfahren afrikanischer Sklaven in Nordamerika über das Schicksal der Benin-Bronzen u. a. bei Thomas, Gina: Die Kunst der Sklavenhändler, in: *Frankfurter Allgemeine Zeitung*, 17.08.2022.

48 Deimel, Claus: Rezension: Savoy, Bénédicte: Afrikas Kampf um seine Kunst. Geschichte einer postkolonialen Niederlage, in: *Anthropos. Internationale Zeitschrift für Völkerkunde*, Nr. 2, Baden-Baden 2021, S. 532–534; ders.: Tunnelblick, in: *Museum aktuell. Die aktuelle Fachzeitschrift für die deutschsprachige Museumswelt*, Nr. 275+276, München 2021, S. 15.

49 Mankell, Henning: Das Auge des Leoparden. Roman, München 2006, S. 228.

50 Vgl. eine der ersten wissenschaftlichen Auseinandersetzungen mit dieser Thematik in Stoecker, Holger/Schnalke, Thomas/Winkelmann, Andreas (Hrsg.): Sammeln, Erforschen, Zurückgeben? Menschliche Gebeine aus der Kolonialzeit in akademischen und musealen Sammlungen, Berlin 2013.

51 Vgl. Oloukpona-Yinnon, Adjai (Hrsg.): Gbêhanzin und die Deutschen. Der Schriftwechsel zwischen Danhomê und Deutschland von 1882 bis 1892, Berlin 1996.

52 Gott will es. *Katholische Zeitschrift für die Antisklaverei-Bewegung deutscher Zunge zugleich Afrika-Missions-Blätter*. Organ des Afrika-Vereins Deutscher Katholiken, Mönchengladbach 1893, S. 38.

53 Vgl. Schröder, Richard: Was in der Raubkunst-Debatte zu kurz kommt, in: *Die Welt*, 18.09.2021; ders.: Was der Begriff der Raubkunst verschleiert. Viele Objekte gelangten ohne Gewaltandrohung in westliche Museen und Sammlungen, in: *Neue Züricher Zeitung*, 30.11.2021.

54 Vgl. die sehr verdienstvolle Arbeit Savoy, Bénédicte: Kunstraub. Napoleons Konfiszierungen in Deutschland und die europäischen Folgen. Mit einem Katalog der Kunstwerke aus deutschen Sammlungen im Musée Napoléon (CD-ROM), Wien 2010.

55 Monath, Hans/Schröder, Christian: Interview mit Peter Sloterdijk, in: *Der Tagesspiegel*, 29.11.2022.

56 Vgl. Vogt, Erich: Kolonialismus, Rassismus und die schöngefärbte Geschichtsschreibung, in: *Neue Züricher Zeitung*, 17.09.2021.

57 Vgl. hierzu Johnson, Dominic: Kennen wir uns? Was koloniale Aufarbeitung in Deutschland von der in Frankreich, Großbritannien und Belgien unterscheidet, in: Melber, Henning/Platt, Kristin (Hrsg.): Koloniale Vergangenheit – postkoloniale Zukunft? Die deutsch-namibischen Beziehungen neu denken, Frankfurt am Main 2022, S. 85-91, insbesondere S. 90.

58 Hinz, Hans-Martin: Museen, Dekolonisation, Zukunft. Wem gehört das Sammlungsgut aus kolonialen Kontexten?, in: *Jahrbuch für Europäische Überseegeschichte,* Bd. 20, Wiesbaden 2020, S. 226.

59 Borrel, Thomas/Boukari-Yabara, Amzat/Collombat, Benoit/Deltombe, Thomas (Hrsg.): L'Empire qui ne veut pas mourir. Une histoire de la Françafrique, Paris 2021.

60 Savoy, Bénédicte: Afrikas Kampf um seine Kunst…, a.a.O., S. 200.

61 URL: *https://www.welthungerhilfe.de/spenden-hunger-afrika-nothilfe/?wc=DGGOFM1000&gad=1&gclid=EAIaIQobChMI6veVlMGNgAMVWOZ3Ch0axweiEAAYAiAAEgKcaPD_BwE* (letzter Zugriff: 14.07.2023).

62 Azamede, Kokou: Die Wahrnehmung kolonialer Kulturgüter und menschlicher Überreste in der Gemeinschaft der ehemaligen deutschen Kolonie Togo im Kontext der Restitutionsdebatte, GHIL Lecture, London, 27.06.2023.

63 Nutt, Harry: »Ich würde nicht von einem Fisko sprechen«. Interview mit Carola Lentz, in: *Berliner Zeitung*, 16.05.2023.

64 Mbembe, Achille: Restitution ist nicht genug, in: *Frankfurter Allgemeine Zeitung*, 9.10.2018.

65 Vgl. Manase, Flower: Restitution and Reparation of Objects of Colonial Context. The Status of Debates in Tanzania, Uganda, and Kenya National Museums, Wien/Köln/Weimar, S. 181-189.

66 Kilb, Andreas: Kulturkampf, erster Akt, in: *Frankfurter Allgemeine Zeitung*, 17.03.2021.

67 Bucheli, Roman: Die deutsche Regierung lässt sich vom nigerianischen Staatspräsidenten vorführen, in: *Neue Züricher Zeitung*, 7.05.2023.

68 Schupelius, Gunnar: Die Rückgabe der Kunstschätze war inszeniert wie eine Show, in: *B.Z.*, 20.12.2022.

69 Nutt, Harry: Carola Lentz über Benin-Bronzen: »Ketzerisch würde ich von ›Dekolonisierungstheater‹ sprechen«, in: *Frankfurter Rundschau*, 25.05.2023.

70 *dpa*-Meldung: Baerbock – Aufarbeitung der Kolonialgeschichte ernst gemeint, in: *Süddeutsche Zeitung*, 18.12.2022.

71 Hier nur einer von vielen ähnlichen Leserbriefen: »Einfach nur unglaubwürdig und peinlich! Ich schäme mich als Deutscher für diese Regierung«, in: *B.Z.*, 22.12.2022.

72 Nüsse, Andrea: Auf dem Weg zur Augenhöhe mit Afrika, in: *Der Tagesspiegel*, 20.12.2022.

73 Zitiert in Bauer, Sebastian: Die Rückkehr des geraubten Schatzes, in: *B.Z.*, 17.12.2022.

74 Vgl. Mücke, Lutz: »Wir planen ein Palastmuseum«, in: *Frankfurter Allgemeine Zeitung*, 14.04.2018.

75 Deutscher Bundestag, Parlamentsnachrichten: Auswärtiges – Antwort – hib 582/2023. Unterstützung des Edo Museums of West African Art, in: URL: *https://www.bundestag.de/presse/hib/kurzmeldungen-959530,* 2.08.2023.

76 Hauser-Schäublein, Brigitta: War das der Sinn der Restitution?, in: *Frankfurter Allgemeine Zeitung*, 5.05.2023.

77 Nutt, Harry: Geschichte hat keinen Nullpunkt, in: *Berliner Zeitung*, 10.05.2023.

78 Ebenda.

79 Mücke, Peter: NGO gegen Rückgabe aller Benin-Bronzen, in: *ARD Tagesschau*, 5.01.2023. URL: *https://www.tagesschau.de/ausland/amerika/rueckgabe-stopp-benin-bronzen-101.html* (letzter Zugriff: 16.08.2023).

80 Nutt, Harry: Raubkunst und die Doppelmoral, in: *Berliner Zeitung*, 11.01.2023.

81 So zitiert in Herber, Benedikt: Das Blut an den Bronzen aus Benin, in: *Berliner Zeitung*, 2.09.2023.

82 Osadolor, Osarhieme Benson: The Benin Sculptures. Colonial Injustice and the Restitution Question, in: Sandkühler, Thomas/Epple, Angelika/Zimmerer, Jürgen (Hrsg.): Geschichtskultur durch Restitution? Ein Kunst-Historikerstreit, Wien/Köln/Weimar 2021, S. 207–221.

83 Vgl. Rauss, Uli: Aus dem Elend in die Sklaverei, in: *Stern*, 26.08.2017. Siehe ebenso Gänsler, Katrin: Menschenhandel und Prostitution in Nigeria. Einmal Elend und zurück, in: *Die Tageszeitung* (*taz*), 28.90.2011; Brinkbäumer, Klaus: Von Benin City nach Oberhausen: »Sie fesselten und schlugen mich«, in: *Der Spiegel.* 26.06.2006.

84 Zitiert in Lenz, Susanne: Nigeria verschenkt Benin-Bronzen an König, in: *Berliner Zeitung*, 8.05.2023.

85 Ebenda.

86 Lenz, Susanne: »Der König ist noch nicht endgültig Eigentümer«. Interview mit Hermann Parzinger, in: *Berliner Zeitung*, 15.05.2023.

87 Vgl. hierzu den historischen und politischen Kontext erklärend Karich, Swantje: Tja, wer hätte das gedacht?, in: *Welt am Sonntag*, 7.05.2023.

88 Vgl. hierzu u. a. Busse, Matthias: Die erstaunliche Ahnungslosigkeit deutscher Verantwortlicher, in: *Die Welt*, 19.05.2023.

89 Lenz, Susanne: »Es tut mir leid, aber Ihre Außenministerin hat es übertrieben.« Interview mit Prinz Okpame-Osawe Oronsaye, in: *Berliner Zeitung*, 13.05./14.05.2023.

90 Ihenacho, Philip: Benin Bronzes. Whose restitution is this anyway?, in: *The Art Newspaper*, London/New York, 31.05.2023 [Übersetzung aus dem Englischen].

91 Lenz, Susanne: Benin-Bronzen: Nigerias neuer Präsident äußert sich erstmals und düpiert Deutschland, in: *Berliner Zeitung*, 18.07.2023.

92 Doch lieber behalten?, in: *Welt am Sonntag*, 14.05.2023.

93 Neumann, Malte: Geraubte Kunstgüter, in: *Der Tagesspiegel*, 5.06.2023.

94 Vgl. Lenz, Susanne: Bronzen sollen in Palast, in: *Berliner Zeitung*, 19.07.2023; dies.: Britisches Museum behält Benin-Bronzen, in: ebenda, 19.05.2023.

95 Nutt, Harry: Worum es beim Thema Benin-Bronzen wirklich geht, in: *Berliner Zeitung*, 23.05.2023.

96 Vgl. ebenda.

97 Schröder, Richard: *Berliner Extrablatt. Mitteilungsblatt des Fördervereins Berliner Schloss e.V.*, Nr. 10, 2021. Vgl. auch ders.: Was in der Raubkunst-Debatte zu kurz kommt, in: *Die Welt*, 18.09.2021.

98 Fröhlich, Silja: Frühere Kolonien Frankreich und Afrika. Abnabeln in Zeitlupe, in: *Deutsche Welle*, 31.07.2020. URL: *https://www.dw.com/de/frankreich-und-afrika-abnabeln-in-zeitlupe/a-54245021-0.* (letzter Zugriff: 13.04.2022).

99 Ebenda.

100 Cissé Cheick, Ely: Formation et emploi – Tout sur les filières à débouchés, Abidjan, 2008 [Online].

101 Norden. Udo: Über einer Bretterbude weht die deutsche Flagge als Sehnsuchtssymbol, in: *Berliner Zeitung*, 10.12.2022.

102 Ausführlicher hierzu vgl. Sonneborn, Martin/Latour, Claudia: Globaler Süden will nicht mehr ausgeplündert werden, in: *Berliner Zeitung*, 4.08.2023.

103 Vgl. Ruf, Werner: Streben nach imperialer Größe, in: *Neues Deutschland*, 3.01.2023.

104 Johnson, Dominic: Linker Neokolonialismus, in: *Die Tageszeitung* (*taz*), 13.01.2013.

105 Norden, Udo: Über einer Bretterbude…, a.a.O.

106 *AFP*: Frankreich in Afrika unter Druck, in: *Berliner Zeitung*, 26.01.2023.

107 Zitat in Kebir, Sabine: In Sankaras Namen, in: *Der Freitag*, Nr. 44, Berlin 2022, S. 10. Was die französische neokoloniale Politik insbesondere in Westafrika angerichtet hat, ist in einer Vielzahl von Publikationen nachgewiesen worden, deren Schlussfolgerungen man nicht in allen Aspekten folgen muss, aber zur Kenntnis nehmen sollte, insbesondere diejenigen, deren Engagement für die Probleme Afrikas sich in Restitutionsforderungen erschöpfen. Es sei hier nur auf einige deutschsprachige Fachliteratur verweisen, wie Schmid, Bernhard: Frankreich in Afrika. Eine (Neo)Kolonialmacht in der Europäischen Union zu Anfang des 21. Jahrhundert. Münster 2011; Fuchs, Günther/Henseke, Hans: Das französische Kolonialreich, Berlin (Ost) 1987; Schumann, Gerd: Kolonialismus, Neokolonialismus, Rekolonisierung, Köln 2016; Seefelder, Stefan: »Françafrique« lebt. Europäische Integration im Zeichen des Neokolonialismus, in: *iz3w*, Nr. 374, Freiburg i.Br. 2019, S. 10-13; Ruf, Werner: Kolonialmacht Frankreich, in: *Welttrends. Das außenpolitische Journal*, Nr. 194, Potsdam 2022, S. 38-45; Edlinger, Fritz/Lanier, Günther (Hrsg.): Krisenregion Sahel. Hintergründe, Analysen, Berichte, Wien 2022.

108 Vgl. etwa Busse, Matthias: Bedingungslose Rückgabe der Benin-Bronzen – an wen jetzt? An die Clans?, in: *Die Welt*, 30.03.2022; ders.: »Ich kann die Rückkehr der Bronzen nicht feiern, wenn ich Angst um mein Leben habe«, in: *Die Welt*, 22.07.2022.

108a Aly, Götz: Das Prachtboot. Wie Deutsche die Kunstschätze der Südsee raubten, Frankfurt am Main 2021.

109 Vgl. die im Gegensatz zu den in der Öffentlichkeit geführten Diskussionen über eine sachliche Auseinandersetzung mit der Thematik, hier allerdings fokussiert auf die ehemalige Kolonie Deutsch-Ostafrika, das Buch von Reyels, Lili/Ivanov, Paola/Weber-Sinn, Kristin (Hrsg.): Humboldt Lab Tanzania. Objekte aus den Kolonialkriegen im Ethnologischen Museum, Berlin. Ein tansanisch-deutscher Dialog, Berlin 2018.

110 Vgl. zum Beginn der Diskussionen Parzinger, Hermann/Probst, Bettina: Das Humboldt-Forum im Berliner Schloss. Planungen, Prozesse, Perspektiven, München 2013.

111 Seidler, Ulrich: Kein Schaufenster im Humboldt-Forum!, in: *Berliner Zeitung*, 2.01.2023.

112 Lenz, Susanne: »Ich bleibe optimistisch, man sollte das Humboldt-Forum abtragen«. Interview mit Noa Ha, in: *Berliner Zeitung*, 31.12.2021.

112a Tkalec, Maritta: »Viel Blödes und Unsinniges«. Interview mit Wolf R. Eisentraut, in: *Berliner Zeitung*, 6.05.2024.

113 Vgl. *rbb24* (von der Medienanstalt *RBB*): Abriss des Stadtschlosses in 2050. Verein fordert Wiederaufbau des Palastes der Republik, 19.07.2021; Feldhaus, Friedhelm: Kritiker fordern Abriss des Humboldt-Forums, in: *Immobilien Zeitung*, Nr. 30, Wiesbaden 2021; Nutt, Harry: Rechthaberei. Die Forderung nach Abriss ist keine Architekturkritik, in: *Berliner Zeitung*, 26.09.2021.

114 Vgl. Schaper, Rüdiger: Humboldt-Forum. Ziel ist die Beseitigung von Geburtsfehlern, in: *Der Tagesspiegel*, 19.01.2023.

115 Vgl. die sachkundige Darstellung der Problematik, die belegt, dass die Diskussion mitnichten nur aktuellen Charakter trägt, bei Ganslmayr, Herbert: Wem gehört die Benin-Maske? Die Forderung nach Rückgabe von Kulturgut an die Ursprungsländer, in: *Vereinte Nationen*, Nr. 3, Berlin (West) 1980, S. 88-92.

116 Vgl. beispielsweise Bernau, Niklaus: Unterworfene als hilflose Opfer, in: *Berliner Zeitung*, 30.06.2021; Hauser-Schäublin, Brigitta: Warum das Luf-Boot im Humboldt-Forum bleiben kann, in: *Die Zeit*, Nr. 29, Hamburg 2021.

117 Preuss, Sebastian: Die Kunst ist da!, in: URL: *https://www.weltkunst.de/ausstellungen/2021/09/-humboldt-forum-eroeffnung-ethnologische-sammlung-kunst-ist-da*. (letzter Zugriff: 2.05.2022).

118 Heinken, Siebo: Lange Schatten, in: *Geo. Die Welt mit anderen Augen sehen*, Nr. 8, Hamburg 2021, S. 32.

119 Vgl. beispielsweise von solchen moralisch empörten Unwissenden die Artikel von Rieger, Birgit: Die Verbrechen von Deutsch-Neuguinea, in: *Der Tagesspiegel*, 13.05.2021; Häntzschel, Jörg: Mahnmal der Schrecken, in: *Süddeutsche Zeitung*, 10.05.2021; Ribi, Thomas: Das »Luf«-Boot soll ein Prunkstück des Humboldt-Forums werden. Doch hinter seiner Herkunft steckt ein dunkles Kapitel deutsche Geschichte, in: *Neue Züricher Zeitung*, 19.05.2021.

120 Widmann, Arno: Götz Alys »Das Prachtboot«. Mörder und Sammler, in: *Frankfurter Rundschau*, 20.07.2021.

121 Vgl. Anderhandt, Jakob: Täter, Opfer, Fakten. Zur Debatte über das Luf-Boot im Humboldt-Forum, in: *Museum aktuell. Die aktuelle Fachzeitschrift für die deutschsprachige Museumswelt*, Nr. 275+276, München 2021, S. 22.

122 Vgl. etwa Krug, Alexander: »Der Hauptzweck ist die Tötung von Kanaken«. Die deutschen Strafexpeditionen in den Kolonien der Südsee 1872-1914, Tönning/Lübeck/Marburg 2005; Morlang, Thomas: Rebellion in der Südsee. Der Aufstand von Ponape gegen die deutschen Kolonialherren 1910/11, Berlin 2010; Christmann, Helmut: Der Aufstand von Ponape (1910/11). Bemerkungen zur deutschen Kolonialpolitik in der Südsee, in: Wagner, Wilfried: Strukturwandel im Pazifischen Raum. Referate der Jahrestagung des Arbeitskreises Pazifik vom 9.–11. September 1987 in Bremen, Bremen 1988, S. 269-299.

123 Aly, Götz: Was tun mit kolonialer Beutekunst?, in: *Berliner Zeitung*, 1.06.2021.

124 Vgl. van der Heyden, Ulrich: Die Umbenennung der Berliner »Mohrenstraße« – eine Blamage, in: *Berliner Debatte INITIAL*, Nr. 4, Potsdam 2020, S. 133-144; ders.: Die Berliner Mohrenstraße und die Ignoranz geisteswissenschaftlicher Forschungen. Versuch einer geschichts- und politikwissenschaftlichen Analyse, in: *Jahrbuch für Europäische Überseegeschichte*, Nr. 20, Wiesbaden 2020, S. 247-266. Siehe auch das entsprechende Kapitel in der Streitschrift.

125 Vgl. u. a. Aly, Götz: Osmanische Reichsbürger in Berlin. Teil I bis Teil IV, in: *Berliner Zeitung*, 8.09.2020, 14.09.2020, 21.09.2020, 29.09.2020.

126 Vgl. hierzu van der Heyden, Ulrich: Die Kolonialgeschichtsschreibung in der DDR, in: *Politisches Lernen*, Nr. 1-2, Göttingen 2021, S. 11-18.

127 Hiery, Hermann Joseph: Das Boot des weißen Mannes, in: *Rotary-Magazin*, September, Hamburg 2021, S. 48–51, hier S. 48. Es ist zu hoffen, dass der international ausgewiesene Bayreuther Historiker seine Kritik in einer wissenschaftlichen Zeitschrift weiter ausführt.

128 Vgl. Schröder, Richard: Was in der Raubkunst-Debatte…, a.a.O.

129 Mückler, Hermann: Das Prachtboot, in: Pazifik Informationsstelle (Hrsg.): *Pazifik Rundbrief*, Nr. 125, Neuendettelsau 2021, S. 53-58.

130 Aly, Götz: Das Prachtboot …, a.a.O., S. 20f.

131 Ebenda, S. 19.

132 Neben der von Aly herabgesetzten Arbeit von Hermann Hiery (der weitaus mehr Publikationen veröffentlicht hat, als die von Aly genannten) scheinen ihm auch die zumeist in verschiedenen deutschsprachigen Monographien, Sammelbänden und Zeitschriften veröffentlichten Studien – um nur eine Auswahl zu nennen – von Wilfried Wagner, Simon Habenberger, Hans Fischer, Hans-Hermann Petri, Gerd Hardach, Thomas Morlang, Reinhard Wendt, Hermann Mückler, Livia Loose, Felicity Jensz, Andreas Leipold, Helmut Christmann, Dirk Anthony Ballendorf, Peter John Hempenstall, Klaus J. Bade, Sven Mönter, Alexander Krug, Heinz Schütte, Doris Kaufmann nicht bekannt zu sein.

133 Anderhandt, Jakob: Täter, Fakten, Opfer …, a.a.O., S. 20.

134 Aly, Götz: Das Prachtboot …, a.a.O., S. 21.

135 Preuss, Sebastian: Mord und Raub in Ozeanien, in: URL: *https://www.weltkunst.de/kunstwissen/2021/05/goetz-aly-prachtboot-luf-boot-humboldt-forum-mord-und-raub-in-ozeanien.* (letzter Zugriff: 8.11.2022).

136 Vgl. Beispielsweise Aly, Götz: Die alten Lügen leben noch, in: *Zeit online*, Nr. 31, Hamburg 2021.

137 Ebenda, S. 18.

138 Anderhandt, Jakob: Täter, Opfer, Fakten …, a.a.O., S. 20–23.

139 Mückler, Hermann: Das Prachtboot …, a.a.O., S. 57.

140 Artinger, Kai: Götz Alys Buch »Das Prachtboot« offenbart die dunkle Geschichte des Luf-Bootes, in: *Museum aktuell. Die aktuelle Fachzeitschrift für die deutschsprachige Museumswelt*, Nr. 272, München 2021, S. 8.

141 Anderhandt, Jakob: Täter, Opfer, Fakten …, a.a.O., S. 21.

142 Vgl. Hiery, Hermann Joseph: Das Boot des weißen Mannes …, a.a.O.

143 Vgl. Hemeier, Birthe/Sabrine, Isbert (Hrsg.): Kulturraub. Fallbeispiele aus Syrien, Irak, Jemen, Ägypten und Libyen, Berlin 2021; Partzinger, Herrmann: Verdammt und vernichtet. Kulturzerstörungen vom Alten Orient bis zur Gegenwart, München 2021.

144 Timm, Tobias: »Gegen jeglichen Verkauf«. Die Ethnologin Viola König kritisiert den kulturellen Missbrauch indigener Objekte, in: *Die Zeit*, Nr. 53, Hamburg 2018.

145 Vgl. Gumbrecht, Hans Ulrich: Das Ende der Postkolonialisten, in: *Die Welt*, 29.05.2020.

146 Gumbrecht, Hans Ulrich: Brüchige Gegenwart. Reflexionen und Reaktionen, Stuttgart 2019.

147 Hiery, Hermann/Gründer, Horst: Deutschland und sein koloniales Erbe. Versuch einer Bewertung, in: Gründer, Horst/Hiery, Hermann (Hrsg.): Die Deutschen und ihre Kolonien. Ein Überblick, 3. durchgesehene und erweiterte Aufl., Berlin 2022, S. 348.

5. Griechenland, Italien, Türkei oder Deutschland – wem gehört der Pergamonaltar?

Von P. Werner Lange

Der Geograph und Forschungsreisende Hans Meyer (1858-1929) – bekannt auch als einer der Ersten, die auf dem Gipfel des Kilimandscharos standen – vermachte dem Leipziger Grassi-Museum eine stattliche Anzahl Benin-Bronzen. Die hatte er nicht gestohlen, sondern bei Versteigerungen erworben. (Nebenbei: Die »Benin-Bronzen« sind aus Messing, nicht aus Bronze. Einige gibt es auch aus Elfenbein und Holz.) Die Objekte in Leipzig könnte man darum allenfalls »Kunstwerke aus Hehlerbesitz« titulieren, deutsche Raubkunst sind sie also nicht.

Ich unterstelle, dass die deutsche Außenministerin auch dieses nicht wusste, als sie gemeinsam mit der deutschen Staatsministerin für Kultur und Medien in Nigeria Ende 2022 zwanzig Bronzen »zurückgab«. Und in ihrem Umfeld wusste man es wohl auch nicht besser. Hier traf wohl zu, was ein nigerianisches Sprichwort trefflich beschreibt: »Hinkt der Häuptling, dann hinken auch sogleich die Ratgeber.«

Die Baerbock/Roth-Mission animierte Saraya Gomis, Staatssekretärin für Vielfalt und Antidiskriminierung in Berlin, zum Vorschlag, der Türkei den Pergamonaltar zu schenken und die Büste der Pharaonin Nofretete nach Ägypten zu überführen. Frau Gomis ist parteilos, teilt aber augenscheinlich den Missionierungseifer und die Unwissenheit der Grünen auf diesem Felde: Pergamon war eine hellenistische Residenz, gehörte später dem römischen und danach dem byzantinischen Reich, und im 14. Jahrhundert fiel der Ort einschließlich dieses Tempels türkischen Eroberern in die Hände. Der Altar ist das Prunkstück der Museen in Gomis' Heimatstadt Berlin, eine Einrichtung trägt diesen Namen; er ist von unschätzbarem Wert für die gesamte Menschheit. Seit 1902 – ausgenommen jene Jahre, in denen der Altar während des Krieges in einem Bunker lagerte und später von der Roten Armee als Beutegut der Leningrader Ermitage übergab – haben unzählige Besucher aus aller Welt die mehr als zweitausend Jahre alte Bildhauerarbeit und ihre künstlerische Ausführung bewundert.

Nicht zu vergessen: Ehe der Altar nach der Jahrtausendwende in Berlin bestaunt werden konnte, haben zwei Jahrzehnte lang Handwerker und Wissenschaftler aus Tausende Bruchstücken die Platten und Wandfriese zusammengefügt. Der dargestellte Kampf der von Zeus geführten Götterschar mit Giganten und Fabelwesen bestand an seinem Fundort Pergamon eigentlich nur aus Trümmer. Erst durch diese mühevolle Arbeit erstand wieder, was einst – bunt bemalt und strahlend im Licht des Südens – hoch über dem Ägäischen Meer thronte und vom Ruhm der Attalidenherrscher, von ihren Siegen über andere Machthaber, über Barbaren und aufbegehrende Untertanen kündete. Aber auch das Leid der Unterlegenen, der Verwundeten und Getöteten findet sich auf dem Skulpturenfries. Überdies hatten der Zahn der Zeit und fremde Eroberer, die Witterung und die Arbeit der Kalkbrenner das Kunstwerk lehrreich wie nachhaltig verändert.

Mancher wird vielleicht den dreihundert Meter hohen Burgberg von Pergamon – türkisch: Bergama – kennen: die steilen Sitzreihen des Theaters am Westhang, die Terrasse mit dem Altarfundament, das Trajaneum aus römischer Zeit und andere Bautenresten. Pergamon ist schließlich eines der Ziele vieler Touristenreisen zwischen Troja und Ephesos. Sicherlich wird der Reiseführer auf die Grabstätte Carl Humanns am Fuß der Tempelhöhe hingewiesen haben. Humann (1839-1896) war ein deutscher Vermessungsingenieur, vorwiegend in türkischen Diensten, der 1865 erstmals die Akropolis von Pergamon besuchte: »Traurig stand ich da und sah die herrlichen, fast mannshohen korinthischen Capitäle, die reichen Basen und andere Bauglieder, alles überwuchert von Gestrüpp und wilden Feigen. Daneben rauchte der Kalkofen, in den jeder Marmorblock, welcher dem schweren Hammer nachgab, zerkleinert wanderte. Einige tiefe, frisch gezogene Gräben zeigten, welche Fülle von Trümmern unter der öden Bodenfläche lagerte; je kleiner zersplittert, umso angenehmer waren sie den Arbeitern. – Das also war übriggeblieben von dem stolzen, uneinnehmbaren Herrschersitz der Attaliden.«[1] Bewohner von Pergamon zerschlugen die antiken Tempeltrümmer und Skulpturen aus Marmor, um daraus Kalk als Baustoff und zum Weißen ihrer Häuser zu gewinnen. Es vergingen sechs Jahre, bis Carl Humann die türkischen Behörden von der Bedeutung Pergamons überzeugen und ein Verbot des Kalkbrennens auf dem Burgberg erreichen konnte. Weitere zwei Jahre vergingen, bis es ihm gelang, drei Friesplatten zu bergen und als Geschenk nach Berlin zu senden. Zuvor mussten die tonnenschweren Blökke freilich mit Flaschenzügen auf eigens angefertigte hölzerne Schlitten gehievt werden. Zunächst von Büffeln gezogen, erreichten sie dann über einen von Humann vermessenen Serpentinenweg das Flachland und den kleinen, dreißig Kilometer von Pergamon entfernten Hafen Dikili. Dort nahmen Leichter die Marmorplatten auf und brachten sie nach Smyrna, das heute Izmir heißt. Im Hafen von Smyrna beendete endlich das Ladegeschirr eines Handelsschiffes die mühselige Arbeit mit den Flaschenzügen. Nach Triest verschifft, konnten die Friesteile nun auf Eisenbahnwaggons verladen werden. Später gelangten sie dann per Schiff nach Hamburg und von dort auf Binnenschiffen nach Berlin.

Carl Humann hat jenen ersten Transport aus einer leidenschaftlichen Begeisterung heraus organisiert und finanziert, und es ist ungewiss, ob er dafür Auszeichnung erhoffte. Daheim blieb man jedenfalls tatenlos, vermutlich neidisch auf den Erfolg eines Laien, und Humanns Geschenk verschwand im Keller des Berliner Museums. Erst nachdem Alexander Conze (1831-1914) die Leitung der Skulpturenabteilung übernahm, folgten 1878 von den zuständigen Behörden genehmigte Grabungen in Pergamon. Die türkische Regierung fertigte damals einen Firman aus, demzufolge ein Drittel der Funde an Deutschland, ein Drittel an die Türkei und das dritte Drittel an den Bodenbesitzer fallen sollte. Neben solchem Entgegenkommen wären freilich auch die Mühen der türkischen Grabungsarbeiter erwähnenswert, die sich zum Beispiel vor die Schlitten spannten, nachdem Büffel sich als untauglich erwiesen hatten. Die Hohe Pforte verzichtete übrigens später auf das ihr zustehende Drittel der Funde und verkaufte dem Deutschen Reich das Bodendrittel. Bis 1886 wurden nun insgesamt etwa 700 Kisten mit Bruchstücken verschifft – von den 500 Tonnen, die sie auf die Waage brachten, entfielen 135 auf den Pergamonaltar.

Carl Humann wurde berühmt, Ordentliches Mitglied der Deutschen Archäologischen Gesellschaft, Ehrendoktor der Greifswalder Universität und Abteilungsdirektor der Königlichen Museen Berlin mit Amtssitz in Smyrna. Vorbei war die Zeit, in der man mehr als zwei Jahre gebraucht hatte, um ihm den Empfang der als Geschenk nach Berlin gesandten drei Friesplatten zu bestätigen.

Humann leitete hernach zahlreiche Grabungen im Osmanischen Reich und lebte weiterhin in Smyrna. Reich geworden ist er dabei nicht – im Gegenteil. Obwohl er nebenher eine Firma für Schleifmittel betrieb, waren seine Einkünfte zu gering, um dem Ansturm von Prominenten und archäologisch Interessierten auf sein gastfreundliches Haus sowie auf den über hundert Kilometer von Smyrna entfernten Burgberg standzuhalten.[2] Seine Gesuche um Aufwandsentschädigung fanden in Berlin nur teilweise Gehör – es ist gut vorstellbar, dass er preußischen Beamten nicht erklären konnte weshalb es namentlich im Orient nicht üblich war, Quittungen für unversteuerte Zuwendungen auszustellen. Der Kaiser von Brasilien und sein Gefolge kamen, Gelehrte und Besatzungen deutscher Kanonenboote.

Später erinnerte man sich gern an Carl Humann: seine zahlreichen Freunde unter den Archäologen und in der türkischen Altertumsverwaltung wie jene Hilfsarbeiter, die mit ihm Athena und Zeus vom Staub befreit und seine Schlitten gezogen hatten, oder wie die Räuber am Weg von Smyrna nach Pergamon, von denen ein Mitreisender berichtete, sie hätten Humann »ehrerbietig gegrüßt«.

Als die Stadtverwaltung von Izmir in den 1960er Jahren den katholischen Friedhof einebnen ließ, wurden Carl Humanns Gebeine nach Pergamon gebracht und dort am Hang des Burgberges bestattet.

Weshalb wird hier diese alte Geschichte erzählt? Weil hierzulande nicht wenige – meist gut mit Steuermitteln bedachte – Menschen uns Zeitgenossen ein Bild der deutschen Geschichte zu vermitteln versuchen, das nicht der Realität entspricht. Es ist unwahr, dass ein Großteil der in deutschen Museen gezeigten und/oder verwahrten auswärtigen Exponate durch Täuschung und Bestechung erworben oder sogar geraubt worden seien, weshalb sie zurückgegeben werden müssten. An ihnen klebe Blut und damit deutsche Schuld. Von dieser könnten und müssten wir uns befreien, indem wir diese an die Herkunftsländer zurückgeben würden. Nun ist in der Vergangenheit wahrlich viel Unheil von Deutschland ausgegangen, die Schuld ist nicht gering. Aber wir sollten nicht das Kind mit dem Bade ausschütten. Pathos und Moral ersetzen nicht notwendige Sachkenntnis, zumal, wie die Alt-Grüne Mechthild Blankenagel so schön kritisch anmerkt, wir »in einer Zeit überbordender Moralversessenheit und Gefühligkeit« leben.[3]

Ich sehe kritisch auf deutsche Schuld und Verantwortung. Aber nicht minder kritisch schaue ich auf politische Aktivisten, die bar von Sachkenntnis im halluzinierten Dienste einer angeblich höheren Moral die Depots von Museen und Forschungseinrichtungen plündern. Und sich obendrein dafür noch von Journalisten feiern lassen, die so wenig von dieser Materie verstehen wie ihre Protagonisten. Es ist kein Sozialneid, wenn ich ein afrikanisches Sprichwort zitiere: »Wenn der Brei billiger wird, dann wächst auch der Bauch.« Es ist mein subjektiver Ärger über verschleuderte Steuergelder, die anderweitig dringender gebraucht werden. Etwa zur Pflege und Erhaltung deutscher Museen.

Anmerkungen

1 Schulte, Eduard (Hrsg.) Carl Humann. Der Entdecker des Weltwunders von Pergamon. In Zeugnissen seiner Zeit 1839-1896, Dortmund 1971, S. 27.

2 Fuhrmann, Malte: Der Traum vom deutschen Orient. Zwei deutsche Kolonien im Osmanischen Reich, Frankfurt am Main 2006, S. 301-305.

3 Blankenagel, Mechthild: Beleidigung des gesunden Menschenverstandes, in: *Berliner Zeitung*, 18.12.2023

6. Die Umbenennung der Berliner Mohrenstraße als ein Menetekel

Am meisten Angst macht mir die Weltanschauung derer, die die Welt nicht angeschaut haben.

Alexander von Humboldt

Einige persönliche Vorbemerkungen zur Thematik

In der deutschen historischen Wissenschaftslandschaft bewegt sich etwas rasant, und zwar auf dem Gebiet der Kolonialgeschichte.[1] Die Thematik hat eine solche breite Öffentlichkeit erreicht, wie noch nie zuvor in der Vergangenheit.[2] Allerdings gibt es hinlänglich Gründe, die jeden Kolonial-, Global-, Welt- oder Überseehistoriker dabei mindestens nachdenklich werden lassen. Da ist einerseits die Tatsache, dass zu bestimmten kolonialgeschichtlichen Forschungsthemen und -richtungen nicht mehr wissenschaftliche Erkenntnisse die Richtungen vorgeben und somit das öffentliche Geschichtsbild beeinflussen, sondern politische Ambitionen. Andererseits versuchen sich in den letzten Jahren viele Laien, sich auf diesem Gebiet ebenfalls Gehör zu verschaffen. So entstehen in der Öffentlichkeit Narrative, die einer wissenschaftlichen Prüfung nicht nur nicht standhalten, sondern schlichtweg unsinnig und falsch sind.

Historiographie ist eine wissenschaftliche Disziplin, für die, wie für jede andere Forschungsrichtung auch, klare Kriterien gelten. Diese werden aber zunehmend in der Öffentlichkeit unterlaufen und negiert. Es wäre vielleicht allenfalls ein Ärgernis für Historiker, wenn Amateure ihnen ins publizistische Handwerk pfuschten. Doch wenn diese inzwischen Deutungshoheit bekommen, ist das eine fatale Entwicklung. Die

Gesellschaft geht in die Irre. Und Propaganda-Leichen säumen diesen Weg. Es sind Opfer fehlgeleiteter Debatten.[3]

Exemplarisch die Diskussion um die Umbenennung der Mohrenstraße in der deutschen Hauptstadt, die inzwischen nicht nur nationale, sondern auch internationale Aufmerksamkeit[4] erlangt hat. Für mich ist das eine politische Blamage.[5]

Die bar wissenschaftlicher Erkenntnis von Aktivisten forcierte Debatte zog und zieht Kreise, die u. a. die Staatlichen Kunstsammlungen Dresden (SKD) erreichte. Dort wurden elf alte Kunstobjekte, in deren zeitgenössischen Benennungen »Mohr« vorkam, neu betitelt. Wo diese vier Buchstaben standen, stehen nun vier Sterne, Asterisken genannt. Der im Grünen Gewölbe ausgestellte »Mohr« heißt jetzt nach mehreren Jahrhunderten »**** mit Smaragdstufe«.[6]

Gegen diese geschichtsvergessene Maßnahme regte sich Widerspruch nicht nur bei Politikern und Bürgern, die sich von der SKD-Leitung entmündigt fühlten. Auch Fachleute vom Deutschen Museumsbund erklärten, dass Museen nicht berechtigt seien, althergebrachte, vermeintlich diffamierende Begriffe zu tabuisieren. Und die *Frankfurter Allgemeinen Zeitung* fragte, ob mit öffentlicher Tilgung oder Überarbeitung von traditionellen Bezeichnungen quasi Geschichte ungeschehen gemacht werden könne oder solle. Hätten Museen nicht vielmehr die Aufgabe, die Dinge in den historischen Kontext zu stellen?[7]

Die Forderung nach einer kritischen Beschäftigung mit der deutschen Kolonialvergangenheit läuft ins Leere: Sie wurde bereits unternommen. Entweder wurde das in arroganter Weise übersehen oder, was nicht minder fatal ist, bewusst ignoriert, weil die Geschichtswissenschaftler zu anderen Befunden kommen als die Bilder- und Bezeichnungsstürmer. Anstößig in ihrem Sinne sind etwa solche Aussagen von Adjaï Paulin Ouloukpona-Yinnon, einem internationales Renommee besitzenden Germanisten aus Togo. Seine Landsleute sehen »ihre deutsche Kolonialzeit nicht mit Trotz, sondern eher mit Stolz – eine Tatsache, die durch viele Untersuchungen bestätigt wird«.[8]

Ähnliches vernahm auch der Journalist und Afrikakenner Bartholomäus Grill in den ehemaligen Kolonialgebieten des Deutschen Reiches. Zu seiner Überraschung hörte er »immer wieder« in Kamerun, »dass die

Deutschen zurückkehren und das Land zur Blüte bringen mögen«.[9] Im Zuge der Restitutionsdebatten um die Benin-Bronzen meldete sich Guy Kouemou, der Urenkel eines ehemaligen Königs aus dieser Region. Er nannte die in Kamerun noch vorhandenen Gebäude aus der deutschen Kolonialperiode »Zeugen einer gemeinsamen Geschichte«. Nun gut, das ist unstreitig. Jedoch fügte er an: »Es lief wahrlich nicht alles zum Besten, aber es gab auch Gutes – was die Kameruner heute erst erkennen. Die Menschen vergleichen mit den späteren Kolonialmächten – England, Frankreich –, sie schätzen die von den Deutschen hinterlassene Infrastruktur. Insgesamt blickt Kamerun positiv auf die deutschen Zeiten zurück.«[10]

Ein Blick in die entsprechenden Forschungsergebnisse der Kolonialhistoriografie bieten differenzierte Antwortmöglichkeiten für solche Formen der Germanophilie.[11]

Die Überraschung bei einigen Lesern, die sich für die Geschichte des europäischen Kolonialismus in Afrika interessieren, mag groß sein, wenn sie sich mit dem vielfältigen Charakter und Formen kolonialer Herrschaft eingehender befassen. So wird, worauf Andreas Eckert die deutschen Leser aufmerksam machte, seit geraumer Zeit in den fachhistorischen Debatten kritisiert, dass »hinter einer Rhetorik von ›Verflechtung‹ und ›Interaktion‹ handfeste hierarchische, auf Gewalt basierende Verhältnisse« in den afrikanischen Gesellschaften verschleiert werden würden. In den einschlägigen Forschungsergebnissen sei »wiederholt betont (*worden – UvdH*), dass Kolonialismus eben auch eine Geschichte ebenso vielfältiger wie widersprüchlicher Kooperationen und Auseinandersetzungen war, ohne damit den Gewaltcharakter zu verleugnen oder Gewalt und Rassismus gegen vermeintliche ›zivilisatorische‹ Leistungen der Europäer« aufrechnen zu wollen.«[12]

Der Professor für afrikanische Geschichte an der Humboldt-Universität zu Berlin Andreas Eckert berief sich auf eine Studie des US-amerikanischen Historikers Frederick Cooper.[13] Eckert machte deutlich, dass es auffallend sei, dass in den gegenwärtigen Restitutionsdebatten Afrikaner »in der Regel entweder als Opfer unwiderstehlicher europäischer Gewalt dargestellt werden oder als Personen, die mit fiesen Tricks übers Ohr gehauen wurden«. Selbst wenn es nur begrenzte Möglichkeiten für die Afrikaner gab, werden in den Diskussionen »weder lokale Vorstellungen von Besitz und Eigentum noch Spielräume, Interessen und Möglichkeiten« der indigenen Bevölkerungen benannt. Sie würden in den Debatten bisher keine substantielle Rolle spielen. Der Afrika-Historiker warnte: »Wird diese Leerstelle nicht gefüllt« und bleiben diese »vor allem auf den metropolitanen Raum beschränkt, wird die derzeit vielbeschworene ›gemeinsame Geschichte‹ von Europa und Afrika nur schwerlich zu schreiben sein«.[14]

Wenn man die skurrilen Formen betrachtet, die dieses Auslassen von wichtigen Komponenten der afrikanischen und Kolonialgeschichte – aus Unkenntnis oder bewusst aus Gründen einer vorgeblichen *political correctness* – in der Wissenschaft hinterlassen, kann man wirklich besorgt sein. Es wurde sogar bekannt, dass Übersetzungen historischer Texte durch sogenannte *sensitivity reader* überprüft werden. Lektoren prüfen Texte auf angeblich verletzende oder missverständliche Ausdrucksweisen oder Darstellungen. Diese Praxis machte, soweit ich weiß, eine renommierte deutsche Übersetzerin öffentlich, die u. a. Bücher des südafrikanischen Literaturnobelpreisträgers J. M. Coetzee ins Deutsche übertrug.[15] Abgesehen von der Tatsache, dass damit ein Eingriff in die Ästhetik eines literarischen Textes erfolgt, wird durch eine solche Sprachregelung auch die historische Realität verunglimpft. Nach Vorstellungen einiger Verlage bezeichnen »schwarz« und »weiß« keine Hautfarben, »sondern Positionen und Identitäten innerhalb eines rassistischen Systems«. »Schwarz«, groß geschrieben, sei eine politische Selbstbezeichnung von Personen, die von rassistischer Diskriminierung betroffen sind. Hingegen steht »weiß«, klein und kursiv geschrieben, für Menschen, die keine rassistische Diskriminierung erleben.[16] Das ist alles ziemlich verkopft und verquast und hat mit der Wirklichkeit, der vergangenen und der gegenwärtigen, wenig bis nichts zu tun.

Wer sich in Afrika auskennt, wird wissen, dass dort selbst blutiger Rassismus existiert. Es gibt ihn unter Schwarzen, oft als Tribalismus – also auf die eigenen Stamm bezogen, den man gegenüber anderen Ethnien als höherwertig betrachtet –, und er existiert gegenüber Weißen, besonders ausgeprägt in Südafrika (was ursächlich mit der Apartheid-Vergangenheit zusammenhängt, was hier nicht weiter erörtert werden soll. Tausende weiße Farmer fielen ihm zum Opfer.)

Dass die Sache nicht so einfach betrachtet werden kann, wie *sensitivity reader* meinen, macht die Metapher eines Häuptlings aus Kamerun bewusst, welches uns der Schriftsteller, Richter, Umweltschützer, Landwirt und Regierungsberater Elspeth Huxley überlieferte: »Kolonialismus ist wie das Zebra. Manche sagen, es sei ein schwarzes Tier, andere sagen, es sei ein weißes Tier, und diejenigen, die gut sehen, wissen, dass es ein gestreiftes Tier ist.«[17] – Zurück zur Berliner Mohrenstraße:

Die wissenschaftlich begründeten Argumente *gegen* eine Umbenennung erfuhr bei den dafür zuständigen Politikern kaum Beachtung. Sich selbst ermächtigte Aktivisten und die sie unterstützenden Politiker erzielten mehr Resonanz und Wirkung als Wissenschaftler und Anwohner. Sie diktierten nach Ansicht des Historikers Andreas Rödder, »was öffentlich erinnert werden soll und was nicht«.[18] Bewohner von betroffenen Straßen und Plätzen werden nicht oder kaum in die Entscheidungsfindung einbezogen. Das galt auch im Afrikanischen Viertel in Berlin, wo der Umbenennungswahn bei ungefähr der Hälfte der dortigen Anwohner auf Ablehnung stieß und stößt.[19]

Es geht in dieser Debatte nicht um eine »Rehabilitation des Kolonialismus«, wie man mir und anderen Kritikern vorhielt. Wir fordern eine realistische Geschichtsbetrachtung ein, plädieren dafür, dass der historische Kontext angemessen beachtet wird. Das heißt: Berücksichtigung der ideologischen, wirtschaftlichen, machtpolitischen, mentalen wie gesellschaftlichen Bedingungen der kolonialen Eroberung und des Verlaufs der europäischen Kolonialherrschaft. Das schließt beispielsweise auch die Kollaboration ethnischer Gemeinschaften und Persönlichkeiten ein, die oft undifferenziert als »Kolonisierte«, pauschal als Opfer, bezeichnet werden. Und es sollten, wie in vielen kolonialhistorischen Werken zumeist bereits geschehen, die Folgen der direkten Kolonialherrschaft einen Platz in den wissenschaftlichen Diskursen finden.

Es muss dass Pro und Contra des kolonialen Projekts diskutiert werden – bis hin zu dem seit 2021 in deutscher Sprache vorliegenden, in großen Teilen falschen, unsäglich dummen und ideologisch plump daherkommenden Buch von Bruce Gilley über den deutschen Kolonialismus[20]. Gilleys zuweilen krude Darstellungen verhindern jeden zielstrebenden Erkenntnisgewinn. Man muss den in den komplexen historischen

Prozessen Uneingeweihten entgegenhalten, was Bertolt Brecht in einem anderen Zusammenhang sagte: »Nur belehrt von der Wirklichkeit können wir die Wirklichkeit ändern.«[21]

Immer mehr Menschen fragen sich, was dabei herauskommen soll, wenn quellengestützte Ansichten gegen Fantastereien und Verweise auf die Realität denunziert werden als Verschiebung von »diskursiven Grenzen«, um »die weiße Definitionshoheit zu erhalten«. Wissenschaftlern, die sich gegen solche unsinnige Behauptungen wehren, wird vorgeworfen, sie würden »Angst vor Veränderungen« haben.[22] Das ist unzutreffend. Richtig ist: In dieser Auseinandersetzung geht es um die Anerkennung wissenschaftlicher Forschungsergebnisse. Der Widerstand gegen wissenschaftliche Erkenntnisse ist im weitesten Sinne ein Kampf gegen den Fortschritt der kognitiven Erkenntnisse der menschlichen Entwicklung. Wer den Fortschritt bei der wissenschaftlichen Erkenntnis der Welt nicht wahrhaben will, kann nicht die Zukunft gestalten. Keine neue Weisheit. Aber man sollte sie gelegentlich sich bewusst machen.

Der früherer SPD-Politiker Wolfgang Thierse monierte das Überhandnehmen von unwissenschaftlichen Darstellungen. »Die Reinigung und Liquidation von Geschichte«, sagte er mit Blick auf pseudowissenschaftlichen Unsinn, sei »bisher Sache von Diktatoren, autoritären Regimes, religiös-weltanschaulichen Fantastikern« gewesen.[23] Womit er zugleich auf die Gefahr politischer Folgeerscheinungen hinwies.

Zumal wenn diese von der Politik, wie etwa im Falle der Kampagne zur Umbenennung der Mohrenstraße, nicht nur Beifall, sondern auch Geld erhält. Berlins damaliger Kultursenator Klaus Lederer, ein promovierter Rechtswissenschaftler, habe, so Maritta Tkalec in der *Berliner Zeitung*, mit Millionen Euro das Projekt »Dekoloniale« gesponsert – ein von zivilgesellschaftlichen Organisationen und Kultureinrichtungen des Landes Berlin getragenes Recherche-, Ausstellungs- und Veranstaltungsprogramm zum Thema Kolonialismus und postkoloniale Gegenwart zwischen 2020 und 2024. Und sie kritisierte, dass die daran beteiligten Gruppen »laut klagend und mit wenig Effekt, weil exklusiv unterwegs waren«. Sie seien »eher mit der Selbstbefriedigung ihrer Blase befasst (gewesen), statt mit dem Anliegen, einem wirklich großen Publikum die deutsche Kolonialzeit und ihre Folgen klarzumachen«.[24]

Der Historiker und Kolumnist Götz Aly hatte dies gleichfalls moniert: »Die Wegbenenner der Mohrenstraße werden von Senator Klaus Lederer (LINKE) mit einigen Millionen aus Steuermitteln gefördert und als ›zivilgesellschaftliche Akteur*innen‹ umschmeichelt.«[25]

Auch Regionalpolitikern – nicht nur Bundespolitikerinnen – fällt es augenscheinlich sehr schwer, Forschungen auf dem Felde der Kolonialgeschichte anzuerkennen, insbesondere dann, wenn diese eigenen Intentionen zuwiderlaufen. Um es simpel zu formulieren: Wenn CDU und AfD in der zuständigen Bezirksverordnetenversammlung von Berlin-Mitte, für die Beibehaltung des Namens »Mohrenstraße« plädierten und der von den Grünen und der SPD im August 2020 eingebrachte Antrag auf Umbenennung eine Mehrheit in der Bezirksverordnetenversammlung (BVV)findet, konnte die opportunistische Zustimmung und Unterstützung auf den nächsten Ebenen nicht ausbleiben. Die Mohrenstraße sollte nach Anton Wilhelm Amo benannt werden. Jener wurde Anfang des 18. Jahrhunderts in Ghana geboren, als Sklave in die Niederlande verschleppt und dem Herzog Anton Ulrich von Braunschweig-Wolfenbüttel »geschenkt«. Er erhielt eine ausgezeichnete Ausbildung, besuchte die Universität Helmstedt, lernte mehrere Sprachen, promovierte 1734 in Wittenberg. 1747 verließ er Deutschland unter anderem wegen angeblicher rassistischer Anfeindungen und kehrte in sein Geburtsland zurück. Wann genau er gestorben ist, ist unbekannt. Die Pointe, sofern es überhaupt eine bei diesem Schicksal geben kann: Amos 1729 veröffentlichte Magisterarbeit lautete »Über die Rechtsstellung des Mohren in Europea« (De jure Maurorum in Europa). Er äußerte sich einige Monate später unter anderem zum Thema, »wie weit der von Christen erkauften Mohren in Europa ihre Freyheit oder Dienstbarkeit dessen üblichen Rechten noch nicht erstreckte«.[25a]

Auch sollte man in die (wenn auch wenigen) erhaltenen Selbstzeugnisse von Afrikanern blicken, wie diese sich (wenn sie Deutsch schrieben, war ihnen dieser Begriff bekannt) bezeichneten. So schrieb Christian Protten (1715–1769), einer der ersten, recht viele deutschsprachige Dokumente hinterlassende Afrikaner, von sich als Mohr, der eine »Mohrische Sprache« spricht, und vom »Mohrnland«.[25b]

Und der Sohn indisch-pakistanische Einwanderer Hasnain Kazim, Politikwissenschaftler und Journalist, berichtete 2023 in Vorträgen von seinen Beobachtungen: Statt ausgeschriebener Begriffe geht nur noch vom »N-Wort« oder »M-Wort« die Rede. Er schreibt dazu: »Meine Erfahrung ist [...], dass man ein Wort erst recht mystifiziert und andere dazu bringt, es zu Zwecken der Provokation zu benutzen, wenn man schon das reine Aussprechen zu einem bösen Akt erklärt. Ich bin überzeugt, dass man so eher Unverständnis und die gegenteilige Wirkung erzielt.«[25c]

Interessant ist ebenfalls ein weiterer Blick auf die Geschichte. Ein deutscher Handwerker, der noch vor Ankunft der Brandenburger an der Westküste Afrikas im Fort Elmina arbeitete, hinterließ einen Reisebericht mit dem Titel »Guineische und West-Indianische Reisebeschreibung de An. 1639 bis 1645 von Ambsterdam nacht St. Joris de Mina, ein Castell in Africa ...«, erschienen im Jahre 1663 in Nürnberg. Dort ist auf Seite 51 zu lesen: »Die Mohren wollen sich von ihren Leibeigenen unterscheiden und sich nicht Mohren heissen lassen, sondern *negro* oder *Pretto*, welches so viel als Schwartze Leut heisset. Dann Mohr, sagen sie, wäre so viel als ein Leibeigener oder Catyff (*Gefangener – UvdH*), und zwar ein solcher Sclav, der nicht bei Sinnen oder Verstand ist.«[25d] Im mittelhochdeutschen Wortschatz aus der Zeit zwischen 1070 und 1450 finden wir übrigens das Adjektiv »môr-gevar« für »schwarz«, »Môr-, Môrn-lant« für »Mohrenland«, worunter Mauretanien bzw. Arabien verstanden wurde. Und mit »môrliute« Mohren waren Araber und Mauren gemeint.[25e]

Der Sprecher der »Initiative Berlin Postkolonial«, Mnyaka Sururu Mboro, kommentierte die Entscheidung der Umbenennung der Mohrenstraße bar jeden historischen Wissens mit dem schlichten Satz: »Das ist ein großartiger Tag: Berlin verbannt eine Beleidigung aus dem Stadtraum und ehrt mit Amo einen widerständigen Gelehrten aus Afrika.« Als Argument dafür, dass nach Amo in der deutschen Hauptstadt eine Straße benannt werden soll, dient die Behauptung, er wäre ein rassistisches Opfer gewesen (dabei sind die ihm verächtlich machenden Schriften erst nach seiner Rückkehr nach Afrika entstanden). Er habe aus diesem Grunde Deutschland verlassen müssen, wodurch er angeblich prädestiniert sei, im Berlin den Namen der Mohrenstraße zu ersetzen. Das führte u. a. so weit, dass in einer Presseagentur-Meldung behauptet wurde, Anton Wilhelm Amo sei »ein afrikanischstämmiger Gelehrter im 18. Jahrhundert in Berlin« gewesen[25f], obgleich er dort nicht einmal zu Besuch gewesen war.

Man kann ja das eine tun – nämlich Amo ehren – und das andere unterlassen, wenn man denn akzeptierte, was wissenschaftlich erhärtet ist, dass eine »Mohrenstraße« keine »Beleidigung« darstellt. Man muss nur auf vorliegenden Forschungsergebnisse zur Kolonialhistoriographie zurückgreifen.

Aber nicht nur Politiker, sondern auch einige Akademiker sind von der gleichen Neigung befallen, Forschungsergebnisse zu negieren. So antwortete der in Kanada lehrende Politikwissenschaftler Erich Vogt auf die Frage, was die Kolonialländer angetrieben habe, »Dunkelhäutige zu versklaven und systematisch zu ermorden«, dass es »darauf noch keine konklusiven Antworten« der Sozialwissenschaften gäbe.[26]

Sowohl die marxistische DDR-Kolonialismusforschung als auch andere deutsche Historiker haben darauf bereits ausgiebig hingewiesen, dass für den Kolonialisierungsprozess letztlich ökonomische und machtpolitische (und damit im Ergebnis wieder wirtschaftliche Interessen) ausschlaggebend gewesen waren. Das ist ein historischer Fakt jenseits jeder Ideologie.

Die Mohrenstraße als Objekt des Cultural Change

Diskussionen um die Bedeutung des Begriffs »Mohr« erfolgen schon seit mehreren Jahren. Auf die gesamte Breite der Debatte will ich hier nicht eingehen, denn im Mittelpunkt soll vielmehr die Berliner Mohrenstraße stehen. Als gesichert gilt, dass bereits Ende des 17. Jahrhunderts eine unbefestigte Straße in Berlin als »Mohrenweg« bezeichnet wurde. Bei der Anlage des *Friedrichstadt* genannten Quartiers war er als Querverbindung zur Friedrichstraße entstanden. Den Namen hatte sie erhalten, weil dort eine Delegation afrikanischer Repräsentanten aus der brandenburgischen Kolonie Großfriedrichsburg in einem Gasthaus für einige Monate Unterkunft gefunden hatte. Es handelte sich um eine Abordnung von Häuptlingen oder Ältesten unter Leitung eines Häuptlings Janke aus der Ortschaft Poqueso, welche später, nach dem Tode des Großen Kurfürsten im Jahre 1688 und der Übernahme der Macht durch den brandenburgischen Kronprinzen, den bis heute erhaltenen Namen *Princes*

Town im heutigen Ghana annahm.[27] Dies ist eine von mir favorisierte und auf Akten-Recherche fußende Annahme.[28]

Es existieren jedoch auch andere wissenschaftlich nachvollziehbare Vermutungen, woher die Mohrenstraße ihren Namen hat. Hierüber lässt sich diskutieren, solange nicht Fantastereien ins Feld geführt werden, die in den Köpfen jener entstanden, die Hans Ulrich Gumbrecht als »gebildete Halbgebildete«[29] bezeichnete. Der Politiker Wolfgang Thierse nannte sie »neue Bilderstürmer«. In Bezug auf die Mohrenstraße warnte er davor, dass hinter der »subjektiven Betroffenheit« der Aktivisten wegen der »lästigen bösen Geschichte« noch etwas anderes zählen würde, »mehr als der genaue Blick auf die Bedeutungsgeschichte eines Namens, eines Denkmals, einer Person«.[30] Was so verklausuliert daherkam, meint einen »Kulturwandel«, der neudeutsch *Cultural Change* bezeichnet wird. Soziale und kulturelle Faktoren wirken auf die Politik ein und diese wiederum, in dem sie darauf reagiert, versucht diese gesellschaftlichen Entwicklungen zu beeinflussen. Es ist eine dialektische Wechselwirkung. Dabei können Prozesse entstehen, die demokratiegefährdend sein können (siehe die Entstehung der AfD und die Reaktion der Parteien auf die Migration). Nicht nur die Migrations-Historikerin Sandra Kostner warnte davor.[31] Auch der Publizist Thomas Fasbender tat es in der *Berliner Zeitung* am 22. Dezember 2023, wo er von der »großen Heuchelei« der Grünen schrieb. »Die Grünen haben den Rechten das perfekte Wählerstimmen-Beschaffungsprogramm gestrickt: die ganze Welt einladen (auf Steuerzahlerkosten); Waffen in Kriegsgebiete liefern, wo man eben noch ach so pazifistisch war; Atomkraftwerke abschalten und im Ausland Atomstrom kaufen. Die Partei der Heuchler und Doppelmoralisten. Ein Teil von jener Kraft, die stets das Gute will und stets das Böse schafft.«[31a]

In den eindimensionalen Gedanken und Meinungen der afrozentrischen Aktivisten sind die Europäer an der afrikanischen Küste ausschließlich zu Raubzwecken gelandet. Diese geschichtslosen Vorstellungen musste auch ich in einigen Diskussionen zur Kenntnis nehmen. Versuche der Richtigstellung wurden mit lautem Geschrei beantwortet; man wollte sich von der eigenen Überzeugung nicht abbringen lassen.

Solch krude Sichtweisen werden von einigen jüngeren Historikerkollegen dadurch befeuert, indem sie über die koloniale Vergangenheit pauschale Urteile fällten. Dass solche Urteile weder zutreffen noch die notwendigen Diskussionen mit akademischen Ansprüchen um die koloniale Vergangenheit voranbringen, machte der französische Romancier und Essayist Pascal Bruckner im Februar 2018 in einem Artikel eindringlich deutlich.[32] Er argumentierte, dass der Begriff Kolonialismus zu einem »Allzweckwort« geworden sei, welches »in der Lage ist, jedes erdenkliche Problem zu erklären; eine leere Hülse, in der jeder einen Platz für seine Wut findet«. So einige Aussagen der 2016/17 im Deutschen Historischen Museum in Berlin gezeigten Ausstellung zur Geschichte des deutschen Kolonialismus. Die Exposition wurde von Fachwissenschaftlern für die einseitige, germano- und eurozentristische sowie tendenziöse, mehr ideologischen als wissenschaftlichen Ansprüchen genügende Ausrichtung kritisiert. So berechtigt ein kritischer Blick auf den deutschen Kolonialismus ist, so sehr waren Pauschalurteile auf den in der Ausstellung gezeigten Schautafeln abzulehnen. Dort hieß es völlig undifferenziert »Die Deutschen waren …«, »Die Deutschen sind …«, in Namibia wollten »die Deutschen alle Menschen töten. Männer, Frauen und Kinder«.[33]

Solche hier zum Ausdruck kommenden Vorstellungen basieren zum Teil auf ähnliche Ansichten vertretenden afropolitischen Publikationen, die den Anspruch von Wissenschaftlichkeit gern erheben, aber es nicht sind. Nur wenige Fachwissenschaftler nehmen diese ernst. Dennoch haben diese Blätter eine wenngleich auch begrenzte Wirkungsmacht. Der Münchener Ethnologe und Spezialist für Diaspora- und Postcolonial Studies Thomas Reinhardt hatte sich schon 2007 kritisch zu dieser Art Literatur geäußert: »Schon die oberflächliche Lektüre eines kleinen Korpus afrozentristischer Texte reicht in der Regel aus, um zu erkennen, dass die Hauptstoßrichtung des Afrozentrismus nicht wissenschaftlicher, sondern politischer Natur ist. Vorrangiges Ziel ist die Rehabilitierung Afrikas und der Afrikaner. Das mag ein nobles Ziel sein, entbindet jedoch Afrozentristen ›als Wissenschaftler‹ nicht von der Verpflichtung, ihren Diskurs auf eine solide Datenbasis zu stellen. Weder geht es an, dass politisch unliebsame Fakten ignoriert werden, noch dass Autoren, deren Werke nicht den ideologischen Vorgaben entsprechen, pauschal als Rassisten (wenn sie weiß sind) oder Verräter ihrer Rasse (sind sie schwarz) verurteilt werden.«[34]

Dass die afrozentristischen Aktivisten in der Absicht zum Nutzen der kolonialen Opfer zu agieren versuchen, ist akzeptabel und verständlich – wenn man einmal von individuellen Interessen wie das Erheischen von Aufmerksamkeit, monetäre Unterstützung der Lebensgrundlage, ideologisch geprägtes Sendungsbewusstsein oder politische Intentionen o. ä. außer Acht lässt. Sie sind inzwischen ein politikwissenschaftliches Phänomen geworden. Allerdings, so machte der Linguist und Sprachpsychologe Clemens Knobloch in einem lesenswerten Artikel deutlich, würden verschiedene gesellschaftliche Akteure den Einsatz und die Aufmerksamkeit für wirkliche oder vermeintliche Opfergruppierungen zur Selbstlegitimation und zum Aufbau eines moralischen Images nutzen.[35] Dafür verzerren sie die Wirklichkeit, die sie in guten Büchern oder durch Gespräche und Vorträge von Fachleuten finden könnten. Oder wenn sie sich selbst einmal bei denen umsehen würden, für die sie sich einzusetzen glauben. Deshalb wäre jedem von denen, die reich an Meinungen, aber arm an Wissen sind, ein Afrika-Aufenthalt zu empfehlen. Das interessiert vermutlich die Betreffenden nicht, denn das könnte sie zweifeln lassen – und so werden nur Mitteilungen aufgenommen, die die eigene Überzeugung bestätigen. In der Psychologie nennt man das wohl *Bias*. Dieser kann noch verstärkt werden durch eine Tunnelvision, wie dieses Phänomen die Psychologen nennen. Das bedeutet, dass nur Informationen geglaubt werden, die den eigenen Vorstellungen nicht zuwiderlaufen. Verknüpft ist eine solche Einstellung häufig mit einem Sendungsbewusstsein, was dadurch für die Betreffenden eigentlich traurig ist, denn – um es geläufig zu formulieren – sie wissen nicht, was sie tun. Man könnte dies auch als Dunning-Kruger-Effekt bezeichnen, der die kognitive Verzerrung im Selbstverständnis inkompetenter Menschen beschreibt, die das eigene Wissen und Können zu überschätzen neigen.[36]

Wie auch immer im Einzelnen eine Beurteilung ausfallen mag, so kann geschlussfolgert werden, bei solch einem Agieren und Argumentieren erfährt die historische Wahrheit keine Bedeutung.

Schon die Gründung von Großfriedrichsburg wird verfälscht

Beispielsweise wird bei Veranstaltungen, die Themen der deutschen Kolonialgeschichte zum Inhalt haben, von einigen Teilnehmern immer wieder die Tatsache als unglaubwürdig bewertet, dass die Bewohner eines westafrikanischen Küstenstreifens den Brandenburgern in der Frühen Neuzeit erlaubten, an Land zu kommen, mit ihnen freundschaftliche Beziehungen unterhielten und dann halfen, am Rande ihrer Siedlung Poqueso im Jahre 1683 die Festung Großfriedrichsburg zu errichten. Das geht so weit, dass man denjenigen Afrikanern, die mit den Brandenburgern einen Vertrag schlossen, unterstellt, sie hätten nicht gewusst, was sie taten.[37] Sie seien über die wahren Absichten getäuscht worden.

Im Verhältnis zwischen Afrikanern und Europäern gab es in der Geschichte der Kolonie Großfriedrichsburg sicherlich verschiedene Phasen. War es in der ersten Zeit eher distanziert, lernte man sich mit der Zeit besser kennen. Die Brandenburger bzw. Preußen waren auf das Wohlwollen der afrikanischen Bevölkerung angewiesen. So gibt es Hinweise darauf, dass Mitglieder der europäischen Festungsbesatzung afrikanische Frauen heirateten und einige mit ihnen ins Landesinnere zogen, wo sie bis zum Tode auch bei Verwandten der Frau lebten. So besagen es die oralen Überlieferungen, wie ich bei Feldforschungen erfuhr.

Dennoch wird der Prozess – der auch für die Entstehung des Namens »Mohrenstraße« relevant ist – von »postkolonialen Kritikern« durchweg als gewaltsame Landnahme beschrieben. Dabei hätte ein Blick in die Fachliteratur genügt, um festzustellen, dass dies nicht der Fall war. In vollkommener Unkenntnis der historischen Realität zu Beginn der 1680er Jahre wird behauptet, dass dies so geschehen sei, weil die Macht der Brandenburger nahezu ausschließlich auf ihrer militärischen Überlegenheit basierte, »auf nackter Gewaltanwendung und auf skrupelloser Ausnutzung militärtechnologischer Überlegenheit«[38].

Der Asienhistoriker Sven Trakulhun setzte sich 2019 mit Erinnerungskultur und Geschichtspolitik anhand des Reiseberichts von Otto Friedrich von der Groeben auseinander . Von der Groeben war der Gründer von Großfriedrichsburg, der über seine Reise nach Westafrika einen Bericht verfasste.[39] Trakulhun legte dar, wie sich das Bild der Gröbenschen Reisebeschreibung verschob, wenn sie »nicht nur als Ausprägung eines machtgeleiteten kolonialen Diskurses« verstanden wird, »sondern auch als historisches Zeugnis früher Formen europäisch-afrikanischer Kommunikation«. Unter Verweis auf Jürgen Osterhammel[40] schrieb Trakulhun weiter: »Von der Groeben entspricht eigentlich sehr wenig dem geläufigen Typus des plündernden Konquistadors, wie er seit Pizarro und Cortés unsere Vorstellung von kolonialer Machtausbreitung beherrscht. Von der Groeben betrat den afrikanischen Kontinent nicht mit dem brutal-heroischen Gestus des Eroberers, sondern musste dort vornehmlich auf Aushandlung und freiwilligen Austausch setzen.«[41]

Die afrikanischen Bewohner jener Region erwarteten von den in ihrer Nachbarschaft angelandeten Brandenburgern vor allem Schutz vor ihnen feindlich gesonnenen Ethnien, aber auch vor der kolonialen Konkurrenz: Niederländer, Engländer, Franzosen, Portugiesen, Dänen, Schweden und selbst Kurländer, die mit überseeischem Handel, vor allem mit Menschenhandel, Profit erlangen wollten. Die Brandenburger, ab 1701 Preußen, beteiligten sich später ebenfalls am transatlantischem Sklavenhandel, worauf im Folgenden zurückzukommen sein wird.

Der Ursprung des Namens Mohrenstraße in Berlin

Die 26 Persönlichkeiten, die Mitte der 1680er Jahre als offizielle Gesandtschaft jener Region, in der die Brandenburger gelandet waren, nach Berlin kamen, bekundeten aus freien Stücken ihre Verbundenheit mit dem brandenburgischen Herrscher. In einem Schriftstück erklärten sie, dass sie sich freuten, unter seinem Schutz und seiner Protektion zu leben. Sie seien Willens, alle geschlossenen Verträge einzuhalten und sich keinesfalls unter einer anderen europäischen Herrschaft zu stellen. Kurfürst Friedrich Wilhelm antwortete darauf »huldvoll« in schriftlicher Form.

Da er mehrere Male sich mit der afrikanische Abordnung traf, werden sich beide Seiten auch mündlich ausgetauscht haben. Die Afrikaner wurden am Hofe wie europäische Diplomaten bzw. Herrscher empfangen und genossen Gastfreundschaft wie andere diplomatische Delegationen auch. Da machte man keine Unterschiede. »Kennzeichnend für diese frühere Periode afrikanisch-europäischer Rechtsbeziehungen war«, so belegt Jakob Zollmann in einem richtungsweisenden Aufsatz, »dass europäische Akteure regelmäßig von der Souveränitätsausübung afrikanischer Herrscher ausgingen und sie durch Handel und Vertragsabschlüsse als völkerrechtliche Subjekte aus eigenem Recht anerkannten.«[42]

Dass Afrikaner seinerzeit so »normal« behandelt wurden,[43] wollten und wollen einige Berliner Aktivisten, die eine Umbenennung der Mohrenstraße fordern, nicht verstehen.[44] Von Unverständnis oder Unwillen, sich mit der seinerzeitigen Situation zu beschäftigen, zeugte eine in großer Menge auf Demonstrationen verteilter Flyer.[45]

Es herrschte die Lesart vor, dass die Afrikaner nach Berlin verschleppt und zu einer Ergebenheitsadresse gezwungen worden seien, danach habe man sie wieder abgeschoben. Diese Erzählung wird von allen vorliegenden Dokumenten widerlegt. Christina Brauner[46] beispielsweise hat dies in einer bemerkenswerten Studie über die frühneuzeitlichen Formen der Diplomatie vorgelegt, dafür hatte sie bislang wenig beachtete historische Quellen und Forschungsarbeiten intensiv ausgewertet.

Christian Kopp und andere hingegen bezweifeln, dass die afrikanische Delegation am brandenburgischen Hof gleichberechtigt behandelt worden sei. Mehr noch: Die Existenz eines von den Häuptlingen aus Poqueso und den Brandenburgern unterzeichneten Vertragsdokuments wird geleugnet. Dabei wurde es bereits wiederholt in der wissenschaftlichen Literatur veröffentlicht. Möglicherweise – dies muss eingeräumt werden – kann dieses Papier auch vor oder nach der Europareise von Häuptling Janke unterschrieben worden sein. Ungeachtet dessen bestätigten mir während eines Feldforschungsaufenthalts Einwohner von Princes Town (vormals Poqueso) diese erste Reise von Bewohnern ihres Ortes ins ferne Europa sowie die auf der Liste befindlichen Namen, von denen sie aus ihren oralen Überlieferungen wissen. Einige Nachfahren der damals Beteiligten leben noch heute dort.

Nachdem die Mohrenstraße ihren Namen erhalten hatte und an deren östliches Ende die Mohrenkolonnaden errichtet worden waren, wurden 1787 dort Heeresmusiker der preußischen Armee einquartiert, Janitscharen genannt. Das waren in der Regel fremdländische Militärmusiker, die vornehmlich mit Metallschlag- und Blechblasinstrumenten für den Gleichschritt sorgten. Unter diesen Musikern befanden sich auch einige Schwarzafrikaner. Diese Truppe wurde über Preußen hinaus bekannt und diente anderen europäischen Höfen als Vorbild.[47]

Die Uniformen des Janitscharen-Musikcorps unterschieden sich von den der anderen preußischen Militärmusiker: »Blau, unten gantz weit und rundumb mit Falten, die Ermel, Aufschläge und Fordertheile am Rocke sind mit güldenen Schleifen besetzet, dazwischen silbern gepremet, welche an beiden Enden silberne Frantzen haben.«[48] Um den Hals trugen sie einen zwei Finger breiten, abnehmbaren Ring aus gediegenem Silber und ebensolche Ohrgehänge. In der Wissenschaft ist diese exotische Ausstaffierung durchaus bekannt. Für einige sich damit nicht auskennende, aber zu der Thematik etwas Postkoloniales sagen wollende Menschen ist dies offensichtlich nicht nachvollziehbar. Und so macht eine sich mit der preußischen Geschichte anscheinend nicht vertraute damalige Mitarbeiterin der renommierten Stiftung Preußischer Schlösser und Gärten Berlin-Brandenburg ihre Verwunderung darüber Ausdruck gebend, in einem Begleitband zu einer Ausstellung über die kolonialen Ambitionen Brandenburg-Preußens ihre Überraschung deutlich: Sie »haben also existiert«! Sie meinte die Halsbänder, die sie auf einem Gemälde entdeckt hatte. Ohne andere Belege dafür zu suchen, werden bei ihr die Silberringe zu Symbolen »für Macht und Unterdrückung«.[48a] Kein Wort darüber, dass dies Schmuckstücke sind, welche abgelegt werden konnten und ebenso wie Turban und Pluderhosen Symbole für die in Europa damals noch weitgehend unbekannte Kulturen in Übersee waren, die bekanntlich als »exotisch« beschrieben wurden. Zudem könnte man die abnehmbaren Halsbänder aus Edelmetall auch als Symbole für die errungene Freiheit von ehemaliger oder bedrohter Sklaverei betrachten.

Zur exotisch anmutenden Kleidung trugen sie Turbane. Damals galten alle südlich Europas lebenden Völkerschaften, also auch die Afrikaner, als Muslime, die nach seinerzeitiger Vorstellung solche Kopfbedeckungen trugen. Deshalb bezeichnete man sie bisweilen auch als Türken oder Mauren. Sie mussten sich (im Unterschied zu den anderen preußischen Soldaten) keinen Zopf flechten, und ihre Haare blieben ungepudert.

Im Standardwerk zur Geschichte der afrikanischen Diaspora in Deutschland schreibt Peter Martin: »Da man die meisten von ihnen für

Mohammedaner hielt, trugen sie angeblich wegen ihres Glaubens, in Wahrheit aber wohl wegen des exotischen Gepräges, statt des üblichen Huts einen bunten Turban. Einige echte Türken, die ursprünglich zu der Truppe gehört hatten, wurden nach ihrem Ausscheiden durch Tod oder anderen Gründen in der Regel durch schwarze Musiker ersetzt, so dass sich später (1786) der türkische Botschafter Ahmad Effendi mit säuerlicher Miene und den Worten: ›Das ist nicht türkisch!‹ an Friedrich II. wandte, als dieser ihm zu Ehren seine schwarzen ›Türken‹ aufziehen ließ.«[49]

Unter »Soldatenkönig« Friedrich Wilhelm I. (1688-1740) wurden auch für die Janitscharen große Afrikaner gesucht. »Lange Kerls« waren nicht nur bei den Soldaten, sondern auch bei Militärmusikern gefragt. Deren Existenz wie auch die Mohrenkolonnaden können ebenfalls Gründe gewesen sein, der Straße ihren Namen zu geben.

Übrigens: Seit 1991 gibt es wieder eine Janitscharenkapelle (»Berlin Mehter Takımı e.V.«), die bundes- und europaweit auftritt. Die Musiker sehen sich in der Tradition historischer Militärkapellen des osmanischen Reiches.

»Krieg gegen die Wissenschaften«

Die Umbenennungsbefürworter der Mohrenstraße sind davon überzeugt, dass dort »versklavte Afrikaner_innen« gelebt hätten, die von der »niederländischen Krone« entführt und gezwungen worden seien, »in der königlichen Blaskapelle zu spielen«. Diese ahistorische Darstellung wurde in einem 2014 gedruckten Flyer verbreitet.

Das Königreich der Niederlande wurde erst 1815 gegründet.

Solches skurrile »Wissen« ruft Staunen hervor, denn es stellt sich doch die Frage, in welcher bayerischen Blaskapelle (die es zu jener Zeit wohl nur dort gab), sollen Afrikaner in Preußen – und vor allem Afrikanerinnen – zwangsweise die Tuba geblasen haben?

In anderen Darstellungen wurden Friedrich Wilhelm, der Große Kurfürst (1620-1688), mit Kaiser Wilhelm II. (1859-1941) verwechselt. Und auch mit den militärischen Diensträngen nahm man es nicht so genau: da wurde ein Major schon mal zum Generalleutnant gemacht.

Und alles unter der Flugblatt-Überschrift: »Wir meinen, dass dieser Teil der deutschen Geschichte allen bewusst sein sollte.«

In einem Artikel nahm ich vor einigen Jahren darauf Bezug. Anmaßende Falschdarstellungen würden nach meiner Überzeugung genau das hervorrufen, wogegen eigentlich angetreten werde: nämlich rassistisches und koloniales Denken. Ich schrieb im 2021er *Jahrbuch des Landesarchivs Berlin* unter dem Titel »Der Mohr hat seine Schuldigkeit getan« über den sträflichen Umgang mit der Geschichte in der deutschen Hauptstadt: »Es lässt sich nirgendwo nachweisen, dass in Berlin oder auf dem gesamten Territorium Preußens die Bezeichnung ›Mohr‹ bis zur Zeit der kolonialen Aufteilung Afrikas zu Beginn der 1880er Jahre negativ oder stark abwertend gebraucht wurde.« Und mit Blick auf die Umbenennungsbefürworter führte ich aus: »Mitbürger, die sich der Bekämpfung solcher Erscheinungen wie Rassismus, Rechtsextremismus und Fremdenfeindlichkeit verpflichtet fühlen, (sollten sich) ihrer Verantwortung bewusst sein. Was sie an historisch gesicherten Fakten und Prozessen vortragen und erläutern, muss jeder skeptischen Nachfrage standhalten. Wenn etwas unklar in der Erkenntnis ist, muss dies benannt werden, auf andere Meinungen – wenn sie nicht provokativ vorgetragenen rassistischen Inhalts sind – muss eingegangen werden. Und es muss klar und eindeutig formuliert werden. Denn eine diffuse Formulierung, die das Gefühl der angesprochenen Mitbürger nicht trifft, wird bei solchen sensiblen Themen mit relativer Sicherheit das Gegenteil erreichen von dem, was eigentlich beabsichtigt ist. Behauptungen, die durch geschichtswissenschaftliche Forschungsergebnisse oder durch andere stichhaltige Beispiele nicht belegbar sind, schaden eher, als dass diese als hilfreiche Argumente angenommen werden. Dies ist eine simple Erfahrung.«[50]

Leider zeitigte dieser Appell wenig Erfolg. Der leichtfertige Umgang mit historischen Fakten bestimmt weiterhin das Konzept der *Critical Whiteness*. Critical Whiteness oder »kritisches Weißsein« heißt, sich seiner eigenen Privilegien auf Grund einer vorherrschenden Hautfarbe und Ethnie bewusst zu werden und die Auswirkungen dieser Privilegien zu verstehen. Deren Vertreter meinen, dass »Weißsein« automatisch eine andere Sicht auf die Welt mit sich bringe. Sie gehen also davon aus, dass man komplexe soziale Phänomene mittels eines universell gültigen Modells erklären könne. Dieser Sicht widersprechen nicht nur Fachhistoriker. Mit einigem Erfolg. Einige Wissenschaftsvertreter des Critical Whiteness-Konzepts begriffen, dass diese Disziplin zur Ideologie verkommen war und eine antirassistische Politik sabotierte.[51]

Das ist allerdings noch keine flächendeckende Erkenntnis. Laut einer Pressemitteilung vom 13. Dezember 2019 stellte der Berliner Senatsverwaltung für Kultur und Europa zur »Aufarbeitung des Kolonialismus« im Jahr 2020 etwa 700.000 Euro und im Jahr 2021 darauf 1,3 Millionen Euro zur Verfügung.[52] Es hieß dort: »Neuland betritt insbesondere ein großes stadtweites Projekt zur Auseinandersetzung mit der Berliner Kolonialgeschichte und ihren bis heute reichenden Folgen, an dessen Finanzierung sich die Kulturstiftung des Bundes beteiligt. Über einen Zeitraum von fünf Jahren realisieren zivilgesellschaftliche Initiativen und die Stiftung Stadtmuseum gemeinsam Ausstellungen, Veranstaltungen und Festivals, Interventionen im Stadtraum und eine anwachsende Web-Kartierung kolonialer und postkolonialer Orte.« In der Tendenz folgte man damit genau jener kritisierten Ideologie des *Critical Whiteness* und der Ignoranz der Kolonialgeschichtsforschungen an den deutschen Universitäten.

Initiator dieser Entscheidung war dem Vernehmen nach Sebastian Walter (MdA/Grüne), dem bekannt gewesen sein sollte (wofür er sich bei mir auch per Email bedankte!), dass bereits drei Sammelbände über die kolonialen Erinnerungsorte in Berlin[53] und speziell ein Buch zur Geschichte der Mohrenstraße[54] sowie weitere Aufsätze und sonstige Publikationen zur Thematik[55] vorlagen. Man musste also das Rad nicht neu erfinden. Aber außer einem höflichen, per Mail übermittelten Dank an den Hinweisgeber erfolgte keine Reaktion. So überraschte es denn nicht, wenn in der Folgezeit immer wieder das Mantra erneuert wurde, es gäbe mit der Kolonialgeschichte ein »verdrängtes Kapitel der deutschen Geschichte«.[56]

Vor diesem Hintergrund sei auf die Rede des Vorsitzenden der Nobelstiftung Vidar Helgesen bei der Vergabe des Nobelpreises 2021 verwiesen, der darauf aufmerksam machte, dass Beachtung und Nutzung wissenschaftlicher Kenntnisse »besonders wichtig« seien, denn es gebe einen Krieg gegen die Wissenschaften. Fakten würden bestritten, Behörden fassten Beschlüsse und ignorierten wissenschaftliche Erkenntnisse. Der UN-Generalsekretär forderte, den Krieg gegen die Wissenschaften zu beenden. »Wir müssten zu einem neuen Konsens kommen in Bezug auf Fakten, Forschung und Erkenntnissen.«[57]

Auf diesen Appell wurde bis heute nicht reagiert.

Argumente für eine Beibehaltung des Namens »Mohrenstraße«

Basiert »der jetzige Name der Straße, in der versklavte Minderjährige aus Afrika lebten, die am brandenburgisch-preußischen Hof dienen mussten [...] auf einer rassistischen Fremdbezeichnung und verletzt die Würde Schwarzer Menschen«, wie einer der Umbenennungsbefürworter in einem Zeitungsinterview[58] zu Protokoll gab? Wie war es wirklich bestellt um den sozialen Status der Mohren, worunter nicht nur Schwarzafrikaner verstanden wurden, die in der nach ihnen benannten Straße eine Ausbildung als Militärmusiker erhielten und dort untergebracht waren?

Warum, so drängt sich die Frage auf, wenn Kritik an den Namen »Mohr« geübt wird, werden darunter im Berliner Diskurs nur Schwarzafrikaner verstanden? 1996 erinnerte der Wiener Historiker Walter Sauer daran, dass Berlin nicht die einzige europäische Hauptstadt sei, die durch die Benennung von Örtlichkeiten mit Namen aus vergangenen Zeiten an die Anfänge ihrer Multikulturalität erinnert. Er belegt dies am Beispiel der österreichischen Metropole. In seinem Buch »Das afrikanische Wien« zeigt er auf, dass mit »Mohr« eigentlich »Außereuropäer im Allgemeinen« gemeint waren. »So sehr man die Bewohner/innen außereuropäischer Kontinente [...] generell als in *äthiopischen* (paradiesischen) Umständen lebende *edle Wilde* assoziierte, so wenig war man noch an ›rassischen‹ Besonderheiten (etwa unterschiedlichen Hautfarben) als Abgrenzungs- und Unterscheidungskriterien interessiert; dies sollte der Epoche des Kolonialismus vorbehalten bleiben. Der *Äthiopier* (als Synonym für Afrikaner) konnte schwarz sein, braun oder weiß – wichtig war nur, dass er (im Unterschied von den Europäern) *nahe dem Paradiese* war.«[59] (*kursive Hervorhebung durch Walter Sauer*) An dieser Stelle nicht unerwähnt bleiben soll der 1993 in der edition ost, Berlin, erschienene und von Monika Firla-Forkl edierte Band von Wilhelm A. Bauer (1888-1968): »Angelo Soliman, der hochfürstliche Mohr. Ein exotisches Kapitel Alt-Wien«

Kann einer der Gegner des Namens »Mohrenstraße« auch nur einen Afrikaner nennen, der »Klima und Krankheiten« erlag, weil er in der Mohrenstraße zwanghaft lebte?[60]

Solches aber wird pauschal unterstellt. Auf solche Behauptungen trifft die Kritik Ingo von Münchs zu. Der Hamburger Medienforscher und emeritierter Professor für Öffentliches Recht monierte in einem Buch die »dürftigen Geschichtskenntnissen« von Journalisten und von Redakteuren. Besonders von ihnen forderte er ein »Minimum an Geschichtskenntnissen« ein. Im vorhandenen Defizit sieht er einen Grund der gravierenden Krise der heutigen Medien.[61]

Die sich vornehmlich in den Medien widerspiegelnden Diskussionen um die Umbenennung der Mohrenstraße belegen dieses Defizit anschaulich. Aber die Unkenntnis oder Ignoranz historischer Prozesse, Daten und Fakten ist nicht nur in Berlin zu beobachten, sondern in Bezug auf den kritischen Umgang mit tatsächlich belasteten Straßennamen, beispielsweise in Köln. Seit dort über den Umgang mit kolonialen Namensgebungen gestritten wird, etwa seit der Jahrtausendwende, entschied man sich, zwei Straßen umzubenennen: die Carl-Peters-Straße wurde zur Namibiastraße und die Lüderitzstraße zur Usambarastraße. Dass Carl Peters nichts mit dem heutigen Namibia und Lüderitz nichts mit Deutsch-Ostafrika/Tansania, wo sich die Usambaraberge befinden, zu tun haben, fiel erst später auf.[62]

Andere Straßennamen, die in kolonialem Kontext gesehen wurden, beispielsweise die Karolinenstraße in Neustadt an der Haardt, deren Ursprung einige Aktivisten in der Südsee verorteten, wo es auch eine koloniale Herrschaft gegeben hatte, blieben. Sie erwiesen sich als Irrtum.[63]

Der Wissenschaft sind einige seinerzeit in Berlin wohnende afrikanische Pauker und Pfeifer der Janitscharen namentlich bekannt. Wenn sie getauft wurden, waren ihre Paten in der Regel hochgestellte Persönlichkeiten; bei einigen war es sogar der preußische König selbst. Sie dienten nach ihrer Ausbildung in der Mohrenstraße in renommierten preußischen Armeeeinheiten. Viele der »Mohren« oder »Turkos« arbeiteten nach Verlassen des Militärs als »Kammer-«, »Leib-« oder »Hofmohren«. Das waren im feudalen Zeitalter besonders gefragte Stellungen. Jene konnten, wie neuere Forschungen belegt haben, aufgrund ihres exotischen Aussehens bei ihren adligen Dienstherren herausgehobene Positionen innerhalb des Personals übernehmen und Vorgesetzte von »weißer« Dienerschaft sein. In einer 2013 veröffentlichten Dissertation wurde nachgewiesen, dass etwa Musiker in den preußischen Militärkapellen »ohne Zweifel als frei und – angesichts ihres gehobenen Status als Hof- und/oder Militärmusiker – sogar als privilegiert« betrachtet werden können.[64]

Interessant ist ebenso die auf einer gründlichen Auswertung der relevanten Quellen beruhende Feststellung: »Vor allem als Musiker und Diener in verschiedenen, hierarchisch gestuften Positionen waren Schwarze hochsichtbar für die Öffentlichkeit und exponiert an den Höfen als politische, kulturelle, soziale, religiöse und militärische Zentren des Alten Reichs. Hier waren sie entweder als Bedienstete angestellt (und wurden als solche entlohnt) oder als Musiker und Soldaten in privilegierten Armeeeinheiten wie dem Roten Grenadierbataillon, der Elitetruppe der preußischen Könige mit vorwiegend repräsentativen Funktionen. Berufliche Veränderungen waren dabei nicht ausgeschlossen: Einige verzichteten auf den Dienst in der Armee oder am Hof, um anderswo bessere Positionen zu suchen, andere änderten ihr berufliches Profil grundlegend.«[65]

Im Buch von Anne Kuhlmann-Smirnow werden konkrete Beispiele des sozialen Status und der »sozialen Mobilität« als Belege für diese Feststellung angeführt, so wie auch andere Forscher in ihren Werken exemplarische Berufswege von »Mohren« angeführt haben.[66]

Auch wenn die in der Regel jungen Menschen damals aus ihren Familienverbänden in Afrika gleichsam gerissen worden waren, kam es zu besonderen Beziehungen dieser Bediensteten zu ihrer Herrschaft, bis hin zu engen Abhängigkeitsverhältnissen.

In der Beschäftigung mit dieser Thematik tritt bis heute eine Forschungslücke auf. Es ist nämlich in der Fachliteratur kaum thematisiert worden, wie, auf welchen Wegen und warum Afrikaner zu jener Zeit nach Brandenburg bzw. Preußen gelangten. Als Sklaven, wie oft behauptet wird, kamen sie jedenfalls nicht bzw. sie verloren ihren Sklavenstatus, wenn sie hierhin gelangten. Denn Sklavenhandel war in Preußen nicht erlaubt (anders als in den überseeischen Kolonialgebieten). Dennoch wird oftmals behauptet, dass es Brandenburger oder Preußen gegeben habe, die im Lande Sklaven gehalten hätten. Nicht selten wird ohne die geringsten historischen Kenntnisse die steile These aufgestellt, die an vielen adligen Höfen vorhandenen Hofmohren seien Sklaven gewesen.

Als in Berlin nach den Ende der deutschen Zweistaatlichkeit die Umbenennung von wirklichen oder nur angenommenen kolonial belasteten Straßennamen diskutiert worden war, behaupteten einige, dass der Gründer von Großfriedrichsburg, welches später tatsächlich zu einem Sklavenfort wurde,[67] nämlich Otto Friedrich von der Gröben, auf seinen westpreußischen Gütern Afrikaner als Angestellte oder gar Sklaven beschäftigt habe.

Jedem einigermaßen mit der Geschichte vertrautem Menschen müsste klar sein, dass es an ein Wunder grenzen würde, wenn die Westpreußen in ihrer Heimat zu jener Zeit überhaupt einmal einen Afrikaner leiblich gesehen hätten. Nun sollte es dort sogar Sklaven gegeben haben. Es besteht also absolut keinerlei Grund, von der Gröben als »Sklavenhalter« oder »Sklavenhändler« zu bezeichnen.[68] Ein anderer absurder Fall: 2022 hieß es in einem *Spiegel*-Geschichtsmagazin[69], der Graf von Pückler-Muskau (1822–1871) habe ein Mädchen namens Machuba aus dem heutigen Äthiopien[70] auf einem arabischen Sklavenmarkt »gekauft«, nicht etwa »freigekauft«. Hermann Graf von Pückler habe die Zwölfjährige nach Deutschland »mitgenommen« und – um die Leser noch stärker in Pücklers Denk- und Handlungsmuster zu integrieren – »importiert«.

Damit nicht genug. Frank Patalong, der die Geschichte schrieb, wusste ferner, dass der Name Machuba, was im Arabischen »Geliebte« bedeuten könnte, »wohl wörtlich« gemeint gewesen sei. Patalong, schon wegen eines recht oberflächlichen Buches zur Geschichte des Kolonialismus[71] in die Kritik geraten,[72] zeigte auch in Bezug auf die Geschichte der afrikanischen Diaspora erkennbare Fehlstellen. Beispielsweise als er behauptete, dass »Kolonialbeamte« schon Jahrzehnte vor Beginn der direkten Kolonialherrschaft des Deutschen Reiches Afrikaner »erworben« hätten – also zu einer Zeit, als es weder Kolonien noch Kolonialbeamte gab.[73]

Was mag wohl in den Köpfen solcher Menschen vorgehen, die den Begriff »Freikauf«, der ja »Freiheit« impliziert, falsch auslegen (wollen). Es hat den Anschein, als wollten sie unbedingt etwas skandalisieren, weil es nach ihrer Meinung anscheinend gut in die gegenwärtig gängige Geschichte von Sklaverei und Kolonialismus hineinpassen könnte. Warum kauft ein per se böser Europäer auf einem Sklavenmarkt ein afrikanisches Mädchen? Natürlich um es zu missbrauchen. Anderslautende, auf wissenschaftlichen Forschungen beruhende Ansichten werden als »verharmlosende Lesart« denunziert.[74]

Auch in diesem Fall offenbart ein Blick in die Gedankenwelt solcher Publizisten eher etwas über deren psychische Vor- und Einstellungen als die historische Wahrheit. Denn was hätte ein liberal eingestellter Humanist sonst tun können, wenn ihm die Möglichkeit eines »Kaufs« eines bemitleidenswerten jungen Mädchens auf einen Markt, auf dem Menschen feilgeboten werden, tun können? Ablehnen? Das offensichtliche Leid ignorieren? Die »Gekaufte« wieder freilassen, damit sie auf dem nächsten Sklavenmarkt wieder angeboten wird?

Auch in anderen Fällen wurden Afrikaner aus Mitleid auf Sklavenmärkten gekauft und – um zu verhindern, dass sie sofort wieder dort hingelangten – mit nach Europa genommen. Es ist eine Aufgabe der Geschichtswissenschaft, genauer zu erforschen, auf welchen Wegen dann Afrikaner – wenn auch nicht viele – nach Mitteleuropa gelangten. Bislang ist die Frage nach dem »Sklavenstatus« und der behaupteten oder wirklichen Unfreiheit von Außereuropäern im preußischen Staat, ebenso wie die Beschäftigung mit abolitionistischen Initiativen in Deutschland[75] – also Initiativen zur Abschaffung der Sklaverei – nur ab und an Gegenstand in der Forschungsliteratur gewesen; Ausnahmen bestätigen die Regel.[76]

Diese Fragen müssen en détail noch weiter untersucht und popularisiert werden, denn wenn es auch schon Erkenntnisse in der geschichtswissenschaftlichen Literatur dazu gibt, sollten diese auch selbsternannte Aktivisten zur Kenntnis nehmen. So sollte etwa die erst kürzlich bekannt gewordene Tatsache eingehend untersucht werden, wie Friedrich II. in einer Kabinettsordre reagierte, als er im April 1782 von einem seiner Geheimer Räte beim Zollwesen gebeten wurde, dessen Bruder, einem Kaufmann in Bordeaux, die Erlaubnis zu erteilen, Sklavenhandel unter preußischer Flagge führen zu dürfen. Der preußische König antwortete laut einer Randverordnung darauf: »Der Negerhandel erschien mir schon zu allen Zeiten schändlich für die Menschlichkeit, und niemals würde ich ihn durch mein Handeln zulassen oder befördern. Daher solltet Ihr Eure Schiffe in Frankreich kaufen und ausrüsten und Eure Waren in den Häfen Europas entladen, die Ihr für geeignet haltet. Es (Euer Anliegen) ist darüber hinaus ein Grund, Euch meine Flagge zu verweigern. Wenn dieser Handel Euch so zusagt, solltet Ihr nach Frankreich zurückkehren, um Euren Appetit zu stillen.«[77]

In der Geschichtsschreibung ist bekannt, dass, wie es Maritta Tkalec ausdrückte, Friedrich II. die Vorstellung anwiderte, dass Menschen anderer Menschen Eigentum sein könnten.[78] Auch in anderen europäischen Ländern begannen sich die Möglichkeiten zur Beendigung der Sklaverei, zumindest wenn sie nach Europa kamen, langsam – und nicht in jedem Falle – durchzusetzen.[79] Friedrich II. scheint sogar ein maßgeblicher Befürworter des Verbots des Menschenhandels in seinem Land gewesen zu sein, was er mit Befreiung von der Leibeigenschaft verband.[80] Er schrieb: »Von allen Lagen ist dies die unglücklichste und muss das menschliche Gefühl am tiefsten empören. Sicherlich ist kein Mensch dazu geboren, der Sklave von seinesgleichen zu sein.«[81]

Im Allgemeinen Landrecht für die Preußischen Staaten, welches 1780 beschlossen, aber erst 1794 – nach dem Tode von Friedrich II.– in Kraft gesetzt worden ist, hieß es:

»§ 196: Sklaverey soll in den Königlichen Staaten nicht geduldet werden.

§ 197: Kein Königlicher Unterthan kann und darf sich zur Sklaverey verpflichten.

§ 198: Fremde, die sich nur eine Zeitlang in Königlichen Landen befinden, behalten ihre Rechte über die mitgebrachten Sklaven.

§ 199: Doch muss ihnen die Obrigkeit Schranken setzen, wenn sie diese Rechte bis zu lebensgefährlichen Misshandlungen der Sklaven ausdehnen wollen.

§ 200: Wenn dergleichen Fremde sich in Königlichen Landen niederlassen; oder auch, wenn Königliche Unterthanen auswärts erkaufte Sklaven in hiesige Lande bringen: so hört die Sklaverey auf.

§ 201: Der Herr hat also kein persönliches Eigenthum über die gewesenen Sklaven.«[82]

Auch wenn dies noch kein allgemeines Verbot der Sklaverei in Preußen darstellt, waren es doch wichtige Grundlagen für die später einsetzende Abolition, also der Beendigung und des Verbots der Sklaverei.

Der vorläufige Höhepunkt einer nur als Posse der Berliner Lokalpolitik zu bezeichnenden demonstrierten Unwissenheit oder Ignoranz der Fakten – hier zu Fragen der Zeit vor der direkten Kolonialherrschaft ab Anfang der 1880er Jahre – wurde erreicht, als mit dem ersten für die Aufarbeitung der kolonialen Vergangenheit vorgesehenen Geld eine Broschüre mit dem Titel »Grenzgänger*innen. Schwarze und osmanische Präsenzen in der Metropole Berlin um 1700« finanziert wurde.[83] Geradezu von Pech verfolgt wurden die Verfasserin und Verantwortlichen aus dem Umkreis des Vereins *Berlin postcolonial*, die sicherlich etwas Gutes tun wollten, aber das Gegenteil erreichten und nicht nur sich, sondern auch den das Geld gebenden Berliner Senat blamierten.

Insbesondere ein wichtiger inhaltlicher Aspekt in dieser Publikation, die in großer Anzahl gedruckt wurde, gab Anlass zu Widerspruch und Kritik an dem Wahrheitsgehalt des Dargebotenen.

Die Verantwortlichen hatten sich ein exemplarisches »Opfer« ausgesucht, welches, von »heterosexuellen, christlichen, vermögenden, einflussreichen Männern« mit Füßen getreten worden sein soll. Dieses »Opfer« war jedoch noch heute in familiären Erinnerungen präsent.

Auf 42 Seiten der Publikation wurde das traurige Schicksal der »Familie Aly ab 1668« beleuchtet. Alys waren angesehene Bürger in Berlin, der bekannte Historiker Götz Aly einer ihrer Nachfahren. Er konnte nachweisen, dass die publizierte Darstellung erstens ein Plagiat war aus dem Buch mit dem Titel »Türken, Mohren und Tataren. Muslimische (Lebens-)Welten in Brandenburg-Preußen im 18. Jahrhundert« des Historikers Stephan Theilig (Jahrgang 1978).[84]

Aly warf, zweitens, den Abschreibern in mehreren Kolumnen zudem vor, dass sie dort, wo sie Aussagen nicht mit Fakten belegen konnten, ihre Darlegungen in einer »rassistisch verengten Zuschreibung« skandalisiert und die Hautfarbe der Beschriebenen »zum einzigen Charakteristikum« gemacht hatten. Dabei hätten sie nicht gescheut, den Kolonial- und Sklavenhalterstaat Osmanisches Reich zu verherrlichen. So stellten sie den europäischen Widerstand gegen die einfallenden osmanischen Truppen, die bekanntlich bis Wien vordrangen, »als schändliche Tat«

dar. Diese Zuschreibung erinnerte Aly an die großosmanische und sunnitisch-islamische Geschichtspolitik Recep Tayyip Erdogans.[85]

In einem späteren Interview machte Götz Aly, ausgewiesener Experte der Geschichte von Antisemitismus und Holocaust, darauf aufmerksam, dass sich »in dieser postkolonialen Bewegung natürlich Antisemiten« befinden würden, die »plötzlich von Musliminnen und Muslimen sprechen, die Opfer des Kolonialismus geworden seien, von Osmaninnen und Osmanen«.[86] Juristische Konsequenzen wegen solcher dreisten Plagiate lagen im Bereich des Möglichen. Diese wurden mit einem Brief des edierenden Verlages verhindert. Nachträglich wurde von den Herausgebern eine Lizenz eingeholt und mit einem Einleger darauf hingewiesen, dass große Teile der zweiteiligen Broschüre auf der Forschungsarbeit von Stephan Theilig basierten. Zudem hieß es in einem Entschuldigungsschreiben an Theilig, dass es »zu keiner Zeit unsere Absicht (war), Ihren Beitrag zum Thema zu schmälern. Dass das Format der Broschüren dies offenbar nahegelegt hat, tut uns aufrichtig leid. Wir möchten Sie außerdem um Entschuldigung dafür bitten, Sie nicht in der Danksagung erwähnt zu haben. Wie Sie bereits wissen, war dies ein Versehen, das wir sehr bedauern.«

Es ist schon verwunderlich, dass ein so beschämender wie peinlicher Vorgang passieren konnte – bei einem Projekt, welches vom Berliner Senat mit Steuermitteln gefördert und von einem wissenschaftlichen Beirat unterstützt worden war. An der skandalösen Ausrichtung der Publikation wird wohl vermutlich nicht viel, trotz des Hinweises auf das Plagiat, geändert werden. Dabei machten sich Autoren und Finanziers spätestens zu Beginn des Jahres 2023 zusätzlich lächerlich, als Götz Aly aus seinem familiären Erbe das Bildnis eines »Kammertürken« ans Schloss Charlottenburg übergab, welches dort einst im Toilettenzimmer der Kurfürstin Sophie Charlotte, ab 1701 Königin von Preußen, hing.

In dem Zusammenhang wurde nämlich den Interessierten bekannt, dass neben Hofmohren auch die Kammertürken (die aus Nordafrika oder anderen Regionen des Osmanischen Reichs stammen konnten) durchaus »hohe Positionen« im Hofstaat des Königshauses erringen konnten, bis hin zur Erhebung in den erblichen Reichsadelstand.[87]

Da so wenig über die Wege und Gründe bekannt ist, wie und warum Afrikaner nach Brandenburg bzw. Preußen gelangten, versuchen die Aktivisten diese Wissenslücke mit *Fake News* zu füllen. So wird oftmals ohne Belege behauptet, dass aus der Handelskolonie Großfriedrichsburg Afrikaner nach Berlin »verschleppt« wurden. Es ist eines der Phänomene in der Geschichte, dass sich die Deutschen damals in ihren Kolonialgebieten nicht anders verhielten als die anderen Europäer, aber im Land selbst – wie bereits angeführt – keine Sklaverei zuließen. An die 20.000 Versklavte wurden von Brandenburgern bzw. Preußen von ihrem Handelsstützpunkt in Afrika aus in die Karibik verkauft – nach neueren Berechnungen handelte es sich exakt um 19.240 Personen,[88] andere errechneten 18.980 Personen auf nachweisbaren 110 Schiffsfahrten[89].

Dieses Faktum wird zur Begründung der Umbenennung der Mohrenstraße benutzt. Dafür wird der etwa dreißig Kilometer lange Küstenstreifen im Golf von Guinea zum »zentralen Umschlagplatz«[90] für den europäischen transatlantischen Sklavenhandel stilisiert. Tatsache ist, dass vom afrikanischen Kontinent etwa 12 Millionen Menschen verschleppt wurden (5,8 Millionen durch Portugal und 3,2 Millionen durch Großbritannien[91]). Die UNO hat zutreffend den von den Europäern initiierten transatlantischen Menschenhandel als Schande der Menschheit bezeichnet. Dennoch bleibt sachlich festzuhalten: Auf das brandenburgisch-preußische Kolonialterritorium entfallen dabei 0,2 Prozent.

Und nicht vergessen sollte werden: Der Sklavenhandel war keine Erfindung der Europäer – die Sklaverei war Bestandteil der Weltgeschichte seit Beginn der Menschheit, und sie existiert bis in die Gegenwart.[92] Die Häuptlinge und ihre Gefolgsleute in Afrika, vor allem in den Küstenregionen, waren von Europäern, die mit Menschenhandel ins große Geschäft einsteigen wollten, wie es der anerkannte britische Historiker Basil Davidson formulierte, »leicht zum Sklavengroßhandel (zu) korrumpieren«, denn »der Schritt von einheimischer Sklaverei, die sie stets betrieben hatten, bis zum Verkauf von Sklaven war leicht getan«.[93]

Die Sklaverei war, so seriöse Forschungen, oft eine Art Motor hinter dynamischen Entwicklungen. Sklavereiregimes gab es sowohl in Afrika und Amerika *vor* Ankunft der kolonisierenden Europäer.[94] Bis Mitte des 19. Jahrhunderts, zuweilen auch darüber hinaus, lag die Kontrolle über Sklavenproduktion, Sklavenlieferungen und Sklavenhandel in Afrika in der Hand von afrikanischen, mitunter auch muslimischen Akteuren; nicht selten auch bei afrikanischen Frauen. Europäer besaßen dort damals keine militärische Überlegenheit.[95]

Natürlich bedeutete jedwede Versklavung unermessliches Leid für viele Millionen Menschen. Als ob es mit diesem Leid noch nicht genug wäre[96] – die damalige afrikanische Bevölkerung und ihre Führungskräfte werden von Menschen, die sich mit der Geschichte nicht auskennen oder allenfalls ein grobes Verständnis von ihr haben, desavouiert, indem ihnen Rollen zugeschrieben werden, die sie nicht besaßen. So wurde Ende 2022 vom öffentlich-rechtlichen Sender *Radio Berlin-Brandenburg* (*rbb*) in einer Sendung kritisiert, dass der Vertrag, den die Brandenburger mit Afrikanern abgeschlossen hatten, »in Berlin auf Deutsch vorgefertigt worden« sein sollte. Ja, so muss man bei solcher Einfältigkeit fragen, in welcher Sprache hätte der Vertrag denn geschrieben werden sollen, wenn Deutsche mit schriftunkundigen Bewohnern einen Vertrag schließen wollte? Da ein Dolmetscher bei den Verhandlungen und dem Vertragsabschluss anwesend war, dürfte der Inhalt des Vertrages verständlich gewesen sein. Wie kann man mit derart paternalistischer Überheblichkeit annehmen, dass den Afrikanern nicht bewusst war, welchen Verabredungen sie zustimmten? Es ist überdies bekannt, dass die Afrikaner zumindest in der Küstenregion durchaus wussten, *wie* sie die europäischen Konkurrenten gegeneinander ausspielen konnten. Wie kann man da unterstellen: »Dass den Häuptlingen klar gewesen war, was sie da genau unterschrieben, erscheint aus heutiger Sicht unmöglich.«[97]

Der Umbenennungswahn in Berlin, exemplifiziert an der Mohrenstraße, wird von vielen Menschen als undemokratischer, unwissenschaftlicher und unsinniger Akt angesehen. Dennoch begehrten nur relativ wenige dagegen auf.

In der Wissenschaft wird zur Ursprungsbezeichnung der Mohrenstraße diskutiert. Gleichgültig, welcher Annahme der Vorzug gegeben wird, keine Erklärung stützt die Behauptung, dass »Mohr« ein Beleg für Kolonialismus sei. Denn der Name ist älter als der europäische Kolonialismus. Bezeichnungen wie »Mohren-Apotheke« oder »Zum Mohren« (für Gastwirtschaften) gab es in Deutschland schon einige Jahrhunderte und bevor das Deutsche Reich oder Teile davon, wie Brandenburg-Preußen, Kolonialmacht wurden. Man braucht nur auf den Minnesänger Heinrich von Morungen zu schauen – er wurde schon im 14. Jahrhundert mit einem Mohren-Wappen abgebildet.[98] Oder auf den heiligen Märtyrer Mauritius, dessen Reliquien sich im St.-Maurus-Schrein auf der Prager Burg befinden. Sie gelten als nationales Kulturgut.[99]

Der frühchristliche Märtyrer wird je nach Region als Mohr, Mauritius, Mauritz oder Maurice bezeichnet. In Berlin haben neue archäologische Forschungen die Erkenntnis erbracht, dass auch in der deutschen Hauptstadt in den dortigen Kirchennamen mehr Kult zu Ehren des heiligen Mohren steckt, als gemeinhin angenommen. Dies hatte man bisher vornehmlich in Mitteldeutschland, insbesondere im Magdeburger Dom, so gesehen, der nachweislich im Jahre 1207 im Verlaufe des damals sehr verbreiteten Mauritiuskults seinen Namen zu Ehren des heiligen Mohren erhielt.[100]

Mohr war zweifelsohne eine wertfreie, wenn nicht sogar ehrende Bezeichnung für diejenigen Menschen, die Wissen, etwa in Form von medizinischen Heilmitteln und -methoden (warum sonst sollten sich Apotheken so nennen?) nach Europa brachten. Es ist eine positive Referenz an die maurische (mohrische) Heilkunde.[101] Mit deren Nutzung in Europa begann, wie der Journalist und Redakteur der *FAZ*, Jasper von Altenbockum, herausgefunden hat, eine Tradition, »die mehrere Jahrhunderte hielt«.[102] Und zwar bis zum Beginn der direkten Kolonialherrschaft, der im Allgemeinen mit der sogenannten Kongokonferenz von 1884/85 zusammenfällt. Das war eine Zäsur.

Eine weitere Begründung für die erst nach mehreren Jahrhunderten zum Streitpunkt gewordene Straßenbezeichnung könnte die Tatsache sein, dass der Name auf das Vorhandensein der Mauren (vulgo Mohren) im Mittelmeergebiet verweist. Diese nordafrikanischen Berberstämme, teilweise Nomaden, eroberten vom 7. bis ins 10. Jahrhundert hinein den mediterranen Küstenraum, vor allem in Spanien und Italien. Sie waren grausame Eroberer. Heute nennt man solche Expansionisten Kolonialisten. Sie waren auch noch später Sklavenfänger, -halter und -händler, was jedoch kaum im allgemeinen Bewusstsein der Deutschen bekannt ist. Dazu liegen bislang nicht allzu viele Studien vor; allerdings neueren Datums einige Berichte von europäischen Versklavten, die von Mauren, also Nordafrikanern, geraubt und zu Zwangsarbeit gepresst worden waren.[103]

»Soll in Deutschlands Hauptstadt eine Straße nach Sklavenhaltern und Kolonialisten benannt sein?« So lautete eine in der Diskussion aufgeworfene Frage, nachdem der frühere Direktor des Instituts für Europäische Ethnologie der Humboldt-Universität zu Berlin, Professor Wolfgang Kaschuba, in mehreren Zeitungsinterviews geäußert hatte, dass »der Mohr [...] der Eroberer, nicht der Sklave« gewesen ist.[104]

In einem Rundfunkinterview präzisierte Kaschuba seine Auffassung und erläuterte: »›Der Mohr‹ steht in der europäischen Geschichte vor tausend Jahren für den Täter, der ganz Südeuropa – Spanien, Italien, Griechenland – erobert hat. Sie finden heute noch ungefähr 150 Gemeinden in Italien, die Gedenktage abhalten für ermordete Christen vor tausend Jahren, die nicht zum Islam übertreten wollten.«[105]

Und die Kunsthistorikerin Gude Suckale-Redlefsen, die sich intensiv mit der Ikonographie des Mauritius, dem »heiligen Mohren«, beschäftigt und die die religiös-ideologischen Hintergründe dafür erforscht hat, bekräftigte: »Man lernte sie (*die Mauren – UvdH*) als Söldner im Dienste des Islam kennen.«[106]

Kaschuba richtete auch einen – leider folgenlos verhallten – Appell an Leser der *taz*, jener Zeitung, die zu den stringentesten Befürwortern einer Umbenennung der Mohrenstraße gehört: »Eine Stadt, in der jede Generation den Stadtplan umschreibt, kann ich mir [...] nicht vorstellen. Unsere Straßen sind zu großem Teil eine Zeitaufnahme aus dem Kaiserreich und daher schon national und kolonial geprägt. Auch eine Sudetenstraße behagt mir nicht, in Berlin gäbe es bestimmt tausend weitere Beispiele. Es wird nicht gehen, die alle umzubenennen, weil viele das auf ihre Geschichte beziehen. Aber zu fragen, warum heißt das hier so und wie gehen wir damit um – das ist gut.«[107]

In dem erwähnten Artikel der *Stuttgarter Zeitung* wurden seine diesbezüglichen Warnungen zur Thematik kurz und bündig zusammengefasst und auf die von ihm formulierten Folgen einer Änderung des Mohrenstraßen-Namens verwiesen: »Die Umbenennung von Straßen ebnet […] eine schwierige und schmerzhafte Geschichtslandschaft eher ein.«

Das Unverständnis über die Straßenschilder-Stürmerei in Berlin lässt sich mit Leserbriefen belegen. »Ich bin ganz allgemein gegen Straßenumbenennungen«, schrieb Joachim Wädlow in der *Berliner Zeitung*, »weil sie eine Spielwiese für selbstgerechte Aktivisten und Ideologen sind, die sich profilieren, Deutungshoheit beanspruchen und damit einfache politische ›Erfolge‹ verbuchen wollen. Opfer dieses Machtgerangels sind die Bürger der Stadt, ihre Identität und Tradition.«[108]

In einer anderen Leserzuschrift im gleichen Blatt teilte Adelheid Krause-Pichler mit: »Es ist meiner Meinung nach ein völlig unsinniger Antrag, der in keiner Weise einen triftigen Grund vorweisen kann, außer der zunehmenden Geschichtslosigkeit in unserer Gesellschaft zu dienen.«[109]

Auf diese Ursache zur Demokratiegefährdung verweist auch Linda Teuteberg, Vize-Vorsitzende des Vereins *Gegen Vergessen – Für Demokratie e.V.*, in einem Beitrag im *Tagesspiegel*. Sie plädierte für ein Umdenken, denn: »Geschichtsbewusstsein gehört zum Immunsystem einer wehrhaften Demokratie. Zukunft braucht auch Herkunft und Respekt vor der Überlieferung. Nicht nur Sonntagsreden, sondern auch unser Bild von der eigenen Geschichte […] vertragen Vielfalt und Differenzierung. Weltoffenheit sollte nicht mit Geschichtsvergessenheit verwechselt werden.«[110]

Das gefällt natürlich nicht allen. So echauffierte sich ein »Kulturjournalist« über einen recht ausgewogenen Artikel des Potsdamer Historikers Hanno Hochmuth zu dieser Thematik in der *taz*. Mit Attributen wie »Ausblenden und Kleinreden der kolonialen Geschichte« einer angeblich zu beobachtenden »erstaunliche(n) Versachlichung« der Debatte stellte er den Wissenschaftler vor und offenbarte seine eigene Unkenntnis der Geschichte. Hanno Hochmuth hatte in seinem *taz*-Artikel von 2019 über Forderungen nach Umbenennungen mehrerer Straßen, die Namen preußischer Generäle aus den Befreiungskriege tragen, einen vernünftigen Umgang mit der Geschichte vorgeschlagen. Dazu der nassforsche Kritiker: Hochmuth »halte nicht viel davon, die Maßstäbe von heute retrospektiv auf die Vergangenheit zu legen, sagte er. ›Geschichte hat immer einen Schatten.‹ Die Befreiungskriege seien natürlich militant und aggressiv gewesen, auch der deutsche

Nationalismus sei in dieser Zeit entstanden. ›Aber wenn wir anfangen die Geschichte zu säubern im Hinblick auf die heutigen Standards, wüssten wir gar nicht, wo wir aufhören sollten.‹«[111] Das kann ein der deutschen Geschichte unkundiger und dem temporären Zeitgeist verpflichteter Journalist nicht durchgehen lassen. Die sachlichen Argumente eines Fachmannes – der nach Ansicht dieses Journalisten bislang »keine Expertise in einem der in Rede stehenden Themen« geliefert habe – wurde von einem, der noch viel weniger mit Fachwissen zu dieser Thematik hervorgetreten war, in die Schranken gewiesen.[112] Das kann durchaus als ein weiteres Beispiel angesehen werden, wie notwendig es ist, diesen historisch unbedarften Vertretern der sogenannten Vierten Gewalt, also der Massenmedien, entsprechende Bildungsangebote anzubieten.

Wie die von einigen Politikern für ihre Absichten genutzten und von einigen Publizisten mit dem Begehren, Aufmerksamkeit zu finden, verbreiteten Forderungen nach Straßenumbenennungen dazu beitragen, die deutsche Gesellschaft zu spalten, macht immer wieder das Beispiel Berlin deutlich. Etwas sarkastisch mit Blick auf viele Bezeichnungen im hauptstädtischen Stadtbild, die aus verschiedenen Gründen mit Umbenennungsforderungen rechnen müssen, resümiert der einstige Berliner TV-Moderator Alexander Kulpok: »Übrig bleibt nur, den Straßen Nummern wie in New York zuzuteilen.«[113]

Ähnliche Besorgnis in Bezug auf den Zerfall der Gesellschaft durch die unsinnigen Diskussionen um die Bedeutung des Namens Mohr gab und gibt es auch in anderen Städten, etwa in Köln.[114] Die dortige Mohrenstraße lieferte bis zum Beginn der 2010er Jahre keinen Anlass zur Diskussion, sie taucht nicht einmal in einem Sammelband zu den kolonialen Spuren in der Stadt auf.[115] In Erfurt ging es um den Namen Joachim Nettelbeck.[116] Am heftigsten wurde dieser Disput wohl in Radebeul ausgefochten.[117]

Inzwischen ist auch in der Schweiz eine solche Debatte um die angebliche Notwendigkeit der Umbenennung von Orten, die den Namen Mohr tragen, entbrannt.[118]

Da wie hier gibt es berechtigten Widerstand gegen unbegründete oder aus angeblicher Betroffenheit (die noch keiner der dies Vortragenden nachvollziehbar erklären konnte) erwachse Umbenennungsforderungen.

Ob die historisch begründeten Hinweise, die gegen eine Umbenennung sprechen, letztlich die Aktivisten zum Nachdenken animieren, darf bezweifelt werden, wenn man die Erfahrung eines ehemaligen Bezirksstadtrats aus Berlin zur Kenntnis nimmt, der zu einem vor Jahren gegründeten Umbenennungsarbeitskreis in einem Leserbrief mitteilte: »Mit Neurotikern hatte ich als Arzt schon zu tun. Aber um den Streit von hysterischen oder zumindest hysteroiden Rechthabern um den richtigen Nachfolgenamen freiwillig mitzuerleben, war mir meine Lebenszeit zu schade.«[119]

Was bringt die Umbenennung? – Sachliche und persönliche Argumente

Über wissenschaftliche Fragestellungen, die auf historischen Tatsachen beruhen, kann man diskutieren und auf deren Basis unterschiedliche Antworten suchen. Aber nicht über »alternative Fakten« à la Trump oder *Fake Facts*. In der Umbenennungsdebatte stehen auf der einen Seite durch wissenschaftliche Forschungen gesicherte Erkenntnisse und auf der anderen Seite vom Berliner Senat alimentierte, geschichtsunkundige Aktivisten. Ohne entsprechende Vorbildung kann es einerseits zu einem weiter steigenden Misstrauen gegenüber der Politik in der Bevölkerung führen und zum anderen zu einer Beschädigung wissenschaftlicher Erkenntnisse.

Dass es in Berlin auch anders gehen kann, zeigten die Diskussionen um die Umbenennung von Straßennamen, deren Namensgeber »mit Antisemitismus in Verbindung gebracht werden«. Davon soll es dort etwa 290 geben. In einem Artikel zu dieser Thema erklärte der Antisemitismusbeauftragte des Landes Berlin, dass es vor einer Umbenennung oder Kontextualisierung es eine »seriöse Prüfung« und proaktivistische Diskussionen mit den Anwohnern geben müsse. »Das Thema braucht eine intensive Auseinandersetzung. Das braucht Zeit.«[120]

Ich selbst hatte vor einiger Zeit öffentlich gefordert, dass die vorgesehenen Gelder für die Antikolonialismus-Kampagne besser in eine Institution – einer Stiftung oder ähnliches – eingebracht würden als sie für Flyer und geschichtsklitternde Publikationen auszugeben. Man könne die Mittel beispielsweise in eine Spezialbibliothek zur Kolonialgeschichte und Postkolonialgeschichte stecken mit dem Ziel, relevantes Archivmaterial wie Nachlässe von Angehörigen der kolonialisierenden Nation und von ehemals Kolonisierten zu erwerben und zu untersuchen. Desgleichen Nachlässe von sich mit der Kolonialgeschichte befasst habenden Emeriti. Des weiteren Investitionen in themenorientierte Seminar- und Bildungseinrichtungen.[121] Damit wäre das Geld effektiv und langfristig zielorientiert angelegt. So könnte aktivistisches Engagement und wissenschaftliche Kenntnisse für ein zukunftsorientiertes politisches Handeln gebündelt werden. Dafür sollten die Vertreter beider Seiten eigentlich stehen. Indirekte Unterstützung erhielt dieser Vorschlag, erweitert um den Vorschlag, ein Kolonialmuseum in Deutschland zu gründen, unter anderem mit einem Artikel in der Wochenzeitung *Die Zeit*.[122]

Ohne Gesichtsverlust der Berliner Politiker ist jedoch eine Hinwendung zu einer effektiven zukunftsgerichteten Bearbeitung der kolonialen Vergangenheit in der deutschen Hauptstadt – so fürchte ich – nicht mehr zu bewerkstelligen. Die hiesige Politik hat sich im Gerangel um die Umbenennung der Mohrenstraße international längst desavouiert. Spätestens als im Sommer 2020 *Reuters TV* von Taipeh bis Johannesburg über die Negierung wissenschaftlicher Erkenntnisse bei der Straßenumbenennungsdebatte in der deutschen Hauptstadt berichtete. Betont wurde in der in viele Sprachen verbreiteten Dokumentation, dass nunmehr – dank politischer Rückendeckung durch die Obrigkeit – jeder rassistisch eingestellte Bürger in Deutschland weiß, dass er dunkelhäutige Menschen als »Mohren« bezeichnen sollte, wenn er sie zu beleidigen wünscht.

Um die möglichen Folgen solcher Bilderstürmerei deutlich zu machen, sei nur auf die gleichermaßen lächerlichen wie gefährlichen Auswüchse zum *Zwarte Piet* (deutsch: »Schwarzer Peter«) in den Niederlanden hingewiesen. Dort kam und kommt es alljährlich zu gewalttätigen Ausschreitungen und Morddrohungen.[123] Der »Zwarte Piet« ist der Helfer des Heiligen Nikolaus. Bei Kritikern gilt die dunkelhäutigen Figur mit schwarz angemaltem Gesicht (»Blackfacing«) und dicken roten Lippen als rassistisch. Seit Jahren mobilisiert die Organisation *Kick Out Zwarte Piet* (KOZP) gemeinsam mit *Amnesty International* Proteste um die Nikolauszeit, die wiederum zu Gegendemonstrationen führen.

Vor diesem Hintergrund geriet im Februar 2023 der Name des beliebten Kuchens *Kalter Hund*, auch *Kalte Torte* oder *Kalte Schnauze* genannt, ins Blickfeld der vermeintlich antirassistischen Aufklärer. Denn eine der regional unterschiedlich verwendeten Bezeichnungen lautet *Schwarzer Peter*. Wie bekannt wurde, musste 2009 ein in Sachsen ansässiges Traditionsunternehmen, welches den beliebten Kuchen herstellt, eine beim Deutschen Werberat eingegangene Beschwerde abwenden.

Eine ebenfalls dort seit Jahrzehnten hergestellte Kakaocreme trug den Namen *Massa Savanna,* die Tube zierte zudem die Abbildung einer Afrikanerin.[124] Das fanden einige anstößig.

Nun mag man sich fragen, wie früher Bezeichnungen und Traditionen entstanden, als die Menschen noch nicht so schlau waren wie heutige Schlaumeier, die zwar auch nicht sehr viel wissen, sich aber im Besitz einer höheren Moral wähnen. Und man sollte spaßeshalber auch fragen, wie die Afrikaner seinerzeit die Deutschen nannten und wie sich diese Bezeichnungen eventuell hielten oder fortpflanzten.[125]

Die Mohrenstraßen-Umbenennungsbefürworter haben alles dafür getan, dass dieser Name nunmehr als rassistisch verstanden werden kann. Bisher war dieser Begriff – sowohl in Deutschland als auch vor allem in Afrika – weithin unbedenklich. Es ist zu befürchten, dass das Eintreten für die Beseitigung des Wortes Mohr aus Berlin weiterhin kontraproduktiv sein wird. Und dies nicht nur, weil nunmehr ein weiteres als rassistisch angesehenes Schimpfwort die Runde machen wird, sondern weil eine Umbenennung für viele Menschen in Afrika den Anstrich kolonialistisch-paternalistischer Überheblichkeit hat.

Das brachte der in Deutschland lebende gebürtige Nigerianer Andrew Onuegbu gegenüber der Presse und in einem Gespräch in der *ARD*-Sendung »Hart aber fair«[126] deutlich zum Ausdruck. »Ich halte es für rassistisch, wenn mir ein Deutscher erklären will, wann meine Gefühle verletzt sind.« So wies er Argumente zurück, dass er sich doch von dem Wort »Mohr« verletzt fühlen müsse. Andrew Onuegbu betreibt in Kiel eine Gaststätte mit den Namen *Zum Mohrenkopf.*

In Interviews verteidigte er seinen Standpunkt. »Für mich ist ›Mohrenkopf‹ eine Auszeichnung«[127] und: »Ich bin ein Mohr und stolz darauf!«[128] In der rechtskonservativen Zeitung *Junge Freiheit* machte er deutlich, was wohl nicht nur er, sondern auch andere Afrikaner von den deutschen Vorkämpfern und Anhängern des *culture changes* halten, wenn jene behaupteten, dass der Begriff Mohr rassistisch sei. »Wie kann eine Weiße mir erklären, wann meine Gefühle als Schwarzer verletzt sind?«[129]

Ähnliche Reaktionen erlebte ich bei Lehrveranstaltungen an mehreren afrikanischen Universitäten. Studierende in verschiedenen Ländern des schwarzen Kontinents teilten mir ihre Meinungen dazu mit. (Nebenbei: »Schwarze Deutsche« werden als Deutsche und nicht als Afrikaner gesehen.) Unmissverständlich gab man mir zu verstehen, dass sie solche ideologischen Debatten für Unsinn und für Manöver hielten, um von wichtigeren Fragen der neokolonialen Ausbeutung abzuhalten.

Die Behauptung, schwarze Menschen würden sich durch den Begriff »Mohr« diskriminiert fühlen, widerspricht den auf langjährigen Forschungen basierenden Erfahrungen nicht weniger Afrikaexperten. Keine der diesbezüglichen Befragungen und Diskussionen von bzw. mit Afrikawissenschaftlern – die in Ostberlin, wo sich die Mohrenstraße befindet, reichen bis in die DDR-Zeit zurück – haben dies zutage gefördert. Wenn sie afrikanischen Kollegen die Berliner Stadtmitte zeigten, mit ihnen die Mohrenstraße durcheilten oder an der gleichnamigen U-Bahnstation ausstiegen, fühlte sich niemand beleidigt, diskriminiert oder verletzt. Auch ich habe in mehr als vierzig Jahren keinerlei Betroffenheit erlebt, wenn ich mit Kollegen oder Studenten eine Sightseeing-Tour durch die Hauptstadt unternahm. (In Paranthese: Die 1908 eröffnete U-Bahnstation hieß bis 1950 »Kaiserhof«, bis 1986 »Thälmann-Platz« und anschließend nach der fertiggestellten Otto-Grotewohl-Straße, die einst die Wilhelmstraße war. Die Berliner Verkehrsbetriebe (BVG) tauften den Haltepunkt 1991 um in »Mohrenstraße« – mit dem ehemaligen Reichstagsabgeordneten der SPD und langjährigen DDR-Ministerpräsidenten wollte man nichts mehr zu tun haben.) Eine von einem Radiosender vorgenommene Umfrage in den 1990er Jahren an afrikanischen Botschaften in Berlin lieferte keinen anderen Befund.

Insofern ist es, freundlich formuliert, eine zweckdienliche Hochstapelei, wenn die Kritiker der Mohrenstraße sich auf angeblich sehr viele »weiße« und »schwarze« Deutsche berufen, die sich angeblich unangenehm berührt fühlten, wenn sie »Mohrenstraße« lesen, weshalb der Name aus dem Stadtbild getilgt werden müsse. (Einige Straßenschilderstürmer griffen sogleich zur Selbsthilfe, setzten auf den Wegezeichen zwei Punkte auf das o und machten aus der Mohren- eine Möhrenstraße, Kraut- und Rüben eben.)

Was machen wir nun mit der Mohrenfalterstraße in Berlin-Biesdorf? Oder mit Mohrkirch in Schleswig-Holstein oder Groß Mohrdorf in Mecklenburg-Vorpommern? Vermutlich nichts, Orte wie diese bringen keine Schlagzeilen, sie liegen an der Peripherie der Stadt und des Landes.

Es sei nicht unterschlagen, dass es natürlich auch Personen wie Ibou Diop gibz, der in einem vom Berliner Senat finanzierten Projekt beschäftigt ist. Er untersuchte am Beispiel der deutschen Hauptstadt, so hieß es in der Vorstellung des Senegalesen zu Beginn des Gespräches, welches er mit einer Tageszeitung führte, »wie eine Metropole, ihr Raum, ihre Institutionen und ihre Gesellschaft auf (post-)koloniale Wirkungen hin untersucht werden können.« Diop verwies darauf, dass »wir seit über fünfzig Jahren wissen, dass Kolonialismus mit Rassismus einhergeht.« Ein Blick in die entsprechende Literatur hätte ihm zeigen können, dass diese Erkenntnis weitaus älter ist.

Neben einigen anderen Belegen für eine eher lückenhaften Kenntnis der deutsche koloniale Vergangenheit und deren Aufarbeitung, meinte er auch, dass der Mohren-Begriff »keine Selbstbezeichnung, sondern eine Fremdbeschreibung« gewesen sei. Man könne nicht aus einer »weißen« Positionierung heraus argumentieren, das sei Geschichte.[130] Ein Leser der *Berliner Zeitung* fragte darum nicht grundlos in einem Anfang 2023 veröffentlichten Brief: »Aber welchen Begriff, der nicht von Weißen für dunkelhäutige Menschen gedacht war, hätte dafür genommen werden sollen?« Und der Frage nach einer Alternative fügte er noch die These an, dass es rassistisch sei, »die Bezeichnung einer Straße nach einer Personengruppe nur deshalb abzulehnen, weil sie von Weißen stamme«.[131]

Ein Marvin Mouraum hingegen ließ die Leserschaft der gleichen Zeitung wissen, dass er sich als Kind oft in der Mohrenstraße aufgehalten und bemerkt habe, dass der Name der Straße »einen abwertenden Charakter hat«. Und später sei ihm bewusst worden, dass er »als Schwarzer persönlich gemeint« sei.[132] Ergebnis steter Agitation?

Die *Frankfurter Allgemeine Zeitung*, die gelegentlich vom Streit berichtete, zitierte zwei Personen, deren Positionen den Kern dieser Auseinandersetzung sichtbar machen. Tahir Della von der Initiative »Schwarze Menschen in Deutschland«: »Entscheidend ist, dass der Begriff von schwarzen Menschen heute als diskriminierend empfunden wird.«[133]

Und der pensionierte Rechtsanwalt Bodo Berwald registrierte, dass sich die Proteste »auf lautstarke Versammlungen mit rund hundert Personen beschränkt« hätten. »Eine kleine Minderheit fühlt sich beleidigt und diskriminiert, die geben keine Ruhe.«[133] Manche Journalisten – etwa Axel Ehrlich in der Magdeburger *Volksstimme* – verstanden den Streit als Realsatire. »Möhren umbenennen, sofort!« forderte er und begründete seinen Vorschlag: »Möhre heißt in unserer Gegend auch Mohrrübe. Eine Erklärung für diesen Namen ist eine Scheinblüte, die die wilde Möhre ziert. Sie ist, na klar, in der Mitte schwarz. Spätestens da wird es richtig eng. Jetzt müssen nicht nur Mohren- und Möhren-Apotheken und Straßen umbenannt werden. Sondern auch die Möhre respektive Mohrrübe selbst. Und das bitte schnellstmöglich. Mal sehen, wann der erste mit dem Vorschlag ›Karotten-Apotheke‹ um die Ecke kommt.«[134]

Viel dramatischer ist jedoch der Fall in der Stadt Coburg, wo es im Stadtwappen den Heiligen Mauritius gibt, der als »Coburger Mohr« bekannt ist. Sollten die Forderungen nach Beseitigung der Figur oder des Namens Erfolg haben, so wird vollendet, was bereits die Nazis im Jahr 1934 versucht und zeitweise – bis zum Ende des Zweiten Weltkriegs – auch durchgesetzt hatten. (Das Nazi-Stadtwappen zeigte ein schwarz-gold gefärbtes, längs gespaltenes Schild mit gestürztem Schwert und einem zum Sonnenrad gebogenen Hakenkreuz im Knauf. Nach dem Ende des Zweiten Weltkrieges führte Coburg das Mauritius-Bildnis wieder als Wappen ein. 1974 beschloss der Coburger Stadtrat einstimmig, die mittelalterliche Wappentradition fortzusetzen und unabhängig der Herkunft und des möglichen Aussehens des Heiligen, ihn im Stadtwappen als Afrikaner zu symbolisieren.)

Vorgänge wie diese sollten uns bewusst machen, wie dicht sich bestimmte Aktionen nicht nur an den ideologischen Abgründen des Kolonialismus, Rassismus und Paternalismus bewegen, sondern auch an dem des Faschismus. Eben dies ruft Skepsis und Unverständnis bei vielen afrikanischen Kollegen und anderen Intellektuellen hervor. Sie sehen auch, dass auf diese Weise die wirklichen Probleme Afrikas und der Afrikaner – Neokolonialismus und Neoliberalismus – in den Hintergrund gedrängt werden. Mehr als einmal bekam ich zu hören: »Wann legt ihr Deutschen endlich euren Überlegenheitsanspruch ab? Wann hört ihr endlich auf, uns zu sagen, was wir zu denken, zu fühlen, zu fordern, zu verstehen haben?«

Im September 2021 berichtete ein deutscher Kollege, der in Accra forschte, von einem ghanaischen Historiker. Von dem bekam er zu hören, nachdem er ihm von der Absicht berichtet hatte, die Berliner Mohrenstraße nach Anton Wilhelm Amo zu benennen[135]: »Das mit dem ›Mohr‹ und der Umbenennung ist Quatsch.«[136]

Der Kollege hatte sich mit Amo beschäftigt und herausgefunden, dass jener von Afrikanern selbst versklavt worden war, bevor er nach Europa gelangte. Er hatte in Deutschland studierte und war 1746/47 aus freien Stücken in seine Heimat Ghana zurückgekehrt.[137] Das wird in dem in Deutschland vorherrschenden Narrativ nicht widergespiegelt. Stattdessen gehen die unsinnigen wie ahistorischen, moralisierenden Vorwürfe gegen den traditionellen Straßennamen weiter.

Die Publizistin Sabine Beppler-Spahl machte deshalb auf eine gravierende negative Folge der unsinnigen Debatten aufmerksam. »Das Traurige ist, dass der wirkliche Rassismus Gefahr läuft, bagatellisiert zu werden, wenn er mit kleinen Ärgernissen (›Mikroaggressionen‹) wie diesen gleichgestellt wird.«[138]

Der Kameruner Literaturwissenschaftler David Simo ging noch einen Schritt weiter. Er fürchte, so meinte er, dass mit zwar gutgemeinten, aber naiven Aktivitäten das Bestreben, den Rassismus in Deutschland zurückzudrängen, gefährdet würde. Ein Kulturaustausch bewirke keinen Abbau rassistischer Denkmuster. Es könne vielmehr, so warnte er, »die Feindseligkeit und Ablehnung des Anderen verstärken«.[139] Die Journalistin Maritta Tkalec belegte dies anhand der Geschichte der »Genossenschaft für Kolonialwarenhändler«, heute EDEKA. Denn Sprachsäuberungen würden zu historischen Bewusstseinstrübungen führen.[140]

Stimmen wie diese sind selten in der deutschen Presselandschaft. Es herrscht ein moralisierender Unterton vor, der die dürftige Faktenkenntnis überlagert. Besserwisserei ist an die Stelle von besserem Wissen getreten. Journalisten handeln als Sprachpolizisten, sie drängen Begriffe aus dem geläufigen Wortschatz und kreieren neue. Nicht immer sind sie auch die Initiatoren, sie handeln oft als willige Vollstrecker eines ideologisch determinierten politischen Willens. Von Unabhängigkeit des Denkens ist wenig zu spüren, sie sind – wie wir alle in dieser Gesellschaft – ökonomischen Zwängen ausgesetzt, richtiger: unterworfen. Geld ist Freiheit. Wer wenig hat oder auf seinen Job angewiesen ist (wie wohl die meisten von uns), ist folglich nicht ganz frei. Wer noch weniger hat, ist folglich unfrei …

In einem Zeitungsartikel machte Harry Nutt darauf aufmerksam, dass der Journalist Lothar Müller, ein Kultur- und Literaturwissenschaftler, von einer »Giftampullentheorie« gesprochen habe.[141] Beim Streit um Namen und Bezeichnungen entstünde nämlich ein rassistisch konnotiertes Gift, das sich in der Gesellschaft immer weiter ausbreite.[142] Es wirkt, wie zu beobachten ist, selbst bei Museumsfachleuten.

Carolin Alff, Projektleiterin und Kuratorin der Ausstellung »Schlösser. Preußen. Kolonial.« im Berliner Schloss Charlottenburg von Juli bis Oktober 2023, erklärte im Mai, also vor der Eröffnung der Exposition, sie prüften »zum Beispiel unsere Ausstellungstexte, sodass wir in der Beschreibung nicht unbewusst rassistische Bilder reproduzieren«.[143] Dabei werde man sich auf die Worte Neger und Mohr konzentrieren.

Neger verwendet heutzutage so gut wie kein Mensch mehr, es sei denn, er will damit jemanden bewusst verletzen. Jedoch soll daran erinnert werden, dass auch dieser Name einmal eine selbstbewusste Eigenbezeichnung schwarzer Menschen gewesen ist. Wir Heutigen haben kein Recht, deren Bezeichnungen als »N-Wort« zu verunstalten. Es sei nur an die klassenbewussten revolutionären Organisationen der Afroamerikaner aus den USA und die schwarzafrikanischen Arbeitskräfte erinnert, die nach dem Ersten Weltkrieg und um bzw. nach der Mitte des 20. Jahrhunderts existierten. Sie nannten sich »Liga zur Verteidigung der Negerrasse« oder »Internationale Konferenz der Negerarbeiter in Hamburg«, es gab die Gewerkschaftszeitungen »The Negro Worker« und »International Negro Worker's Review« sowie Organisationen wie »Negro Youth Congress«, »National Council of Negro Women« oder »The International Trade Union Committee of Negro Worker«.[143a] Und der große afroamerikanische Bürgerrechtler Martin Luther King sprach in seiner berühmten Rede »I have a Dreame« die Worte: »But one hundred years later, the Negro still is not free.«[144]

Warum, so fragen sich sicherlich viele Menschen, kümmern sich afrozentristische Aktivisten nicht darum, wenn in Deutschland etwa 68.000 Frauen und Mädchen leben, die selbst oder ihre Eltern auf dem afrikanischen Kontinent geboren wurden, hierzulande von weiblichen Genitalverstümmelungen betroffen und 15.000 weitere davon bedroht sind?[145] Gäbe es nicht genug Aufklärung und Hilfe zu leisten, wenn sie diesen menschenrechtsverachtenden Handlungen unterworfen werden? Ein Journalist formulierte zutreffend mit Blick auf die Namenspolizisten und Straßenumbenenner: »Im antirassistischen Kampf ist es wie mit dem Sexismus. Die Wahl bizarrer Nebenkriegsschauplätze macht von wichtigen Hauptanliegen einiges kaputt. Ich finde es wenig zielführend, sich für hehre Ziele zum Vollhorst zu machen.«[146]

Auch Sahra Wagenknecht warnte vor solchen Aktivisten, vor jenen Menschen, die mit so »einem Eifer und einer Überzeugung« ihre Ansichten verfolgen, »als läge hier der Schlüssel, um der modernen Sklaverei von Bullshit-Jobs, Demütigung und Armut die Grundlage zu entziehen«.[147]

Wissenschaftlich hergeleitet fasste der emeritierte Professor an der Universität Siegen, Clemens Knobloch, die Hintergründe für die nimmermüden Energien der sinnlosen Aktivitäten zusammen: »Je attraktiver die Rolle des Opfers wird, desto schneller wächst die Neigung, diese Rolle auch für sich selbst zu beanspruchen bzw. anzunehmen.«[148]

Nicht nur die Mohrenstraße

Die Warnungen prominenter Wissenschaftler wie »einfacher Bürger« vor solch unhistorischen, bei einigen vielleicht Sympathie erzeugenden Forderungen gehen weit zurück. So wird – betrachtet man den Vorgang der Straßenumbenennung als politischen Prozess – immer deutlicher, worauf der marxistische Wirtschafts- und Globalhistoriker Eric Hobsbawm einst aufmerksam machte. Er sprach vom »goldenen Zeitalter für die Erfindung emotional verzerrter historischer Unwahrheiten und Mythen«.

In Bezug auf die Historiographie meinte er: »Politisch gesehen liegt die größte unmittelbare Gefahr für die Geschichtsschreibung in einem ›antiuniversalistischen‹ Ansatz nach dem Motto: ›Meine Wahrheit ist so gültig wie deine, völlig unabhängig von Fakten und Belegen.‹ Dies wirkt wie eine Einladung an die verschiedenen Arten von Geschichtsschreibung für *identity groups*. Für sie geht es nicht um die zentrale Frage, *was* geschehen ist, sondern um die Frage, *wie* dieses Geschehen die Mitglieder einer bestimmten Gruppe betrifft. Ganz allgemein gesprochen geht es dieser Geschichtsschreibung nicht um rationales Erklären, sondern um ›Bedeutung‹, nicht um die Frage, was geschehen ist, sondern wie ein Geschehen von den Mitgliedern einer Gruppe empfunden wird, die sich aufgrund religiöser, ethnischer und nationaler Kriterien oder nach Geschlecht, Lebensstil usw. definitorisch abgrenzt.«[149]

Die Umbenennung der Mohrenstraße ist inzwischen von der zuständigen Stadtverordnetenversammlung beschlossen worden, nachdem die Abgeordneten sehenden Auges einem Akt zugestimmt haben, der weder demokratisch war (die betroffenen Bewohner der Straße werden nicht befragt), noch den Beschlüssen des Berliner Abgeordnetenhauses, der nächst höheren parlamentarischen Instanz, entsprach. Im Berliner Straßengesetz heißt es nämlich unmissverständlich: »Umbenennungen sind nur zulässig zur Beseitigung von Straßennamen aus der Zeit vor 1933, wenn diese nach heutigem Demokratieverständnis negativ belastet sind und die Beibehaltung nachhaltig dem Ansehen Berlins schaden würde.«[150]

Eine Zusammenfassung des aktuellen Standes der administrativen Vorgänge zu Beginn des Dezembers 2020 um die eingeleitete Umbenennung der Mohrenstraße gibt der dortige Anwohner und engagierte Bürger bei der Verteidigung des Straßennamens Bodo Berwald. Er informierte mich seinerzeit zum Stand des Prozesses: »Die Bezirksverordnetenversammlung Mitte von Berlin (BVV) und das Bezirksamt (BA) haben seit 2016 alle Angebote zu sachlicher Diskussion über die Mohrenstraße abgelehnt. Auf Petitionen Berliner Bürger erfolgte nicht einmal eine Eingangsbestätigung. Nachdem nun die bezirklichen Gremien vollendete Tatsachen geschaffen haben, besteht keine Basis mehr für eine partizipatorische Beteiligung der Berliner.

Am 26. Oktober 2016 hatten die Kreisverbände und BVV-Fraktionen von SPD und Bündnis 90/Die Grünen als ein kulturpolitisches Ziel ihrer Zählgemeinschaft für die Wahlperiode schriftlich vereinbart: ›Außerdem wird die Diskussion um die Entwicklung eines Lern- und Erinnerungsortes an der Mohrenstraße unterstützt und weitergeführt.‹

Dann jedoch gab es einen personellen Wechsel in der Fraktion der SPD und 2020 eine überraschende Kehrtwende um 180 Grad. Am 20. August 2020 hat die BVV die Umbenennung der Mohrenstraße in Anton-Wilhelm-Amo-Straße beschlossen und das Bezirksamt als zuständige Behörde ersucht, unverzüglich den Vorgang zur Umbenennung zu beginnen. Gegen alle demokratischen Gepflogenheiten wurde dieser Beschluss im Eilverfahren durch die Zählgemeinschaft von SPD und Bündnis 90/Die Grünen ohne Beteiligungsmöglichkeit von Historikern oder Berliner Bürgern durchgepeitscht«, so Bodo Berwald. »Auf eine Große Anfrage der CDU-Fraktion an das BA vom 8. September 2020: ›Inwiefern ist eine Umbenennung der Mohrenstraße gem. Berliner Straßengesetz, AV Benennung, Ziff. 2 c), Abs. 3 und Drs. 0384/II BVV-BA-Mitte zwingend vorzunehmen und damit unverzüglich der Vorgang zur Umbenennung zu starten?‹ hat die zuständige Bezirksstadträtin am 17. September 2020 vor der BVV erklärt: ›Zwingend ist eine Umbenennung nicht, aber die BVV Mitte hat entschieden, daher wird das BA nun die Umbenennung vornehmen.‹ Gegenüber der Presse hat sie erklärt, dass es keine Bürgerbeteiligung geben werde. Das BA sei dazu nicht verpflichtet. Damit hat sich das BA in der Sache bereits für eine Umbenennung entschieden.

Die Umbenennung selbst verstößt gegen das Willkürverbot und ist somit rechtswidrig. Das BA hat das ihm zustehende Ermessen für eine Umbenennung der Straße eindeutig nicht ordnungsgemäß geprüft.«[151]

Der Straßenname hat über 300 Jahre lang weder das Demokratieverständnis der Bürger negativ belastet noch dem Ansehen Berlins geschadet. Eine angeblich gefühlte Betroffenheit von Mitgliedern oder Sympathisanten kleiner afrozentristischer Vereine sollte eigentlich kein Grund für eine Umbenennung sein. Immer wieder hört man von besorgten Bürgern, dass Regional- bzw. Heimatgeschichte und deren Aufarbeitung nicht Privileg einer bezirklichen Zählgemeinschaft, die sich den lautstarken Forderungen unterworfen hat, sein sollte, sondern Sache der Historiker und aller Berliner wäre.

Schließlich wies im Juli 2023 das Verwaltungsgericht Berlin die Klage gegen die Straßenumbenennung, die Anwohner eingereicht hatten, ab. Aus formaljuristischen Gründen, wie es hieß. Wegen der Besonderheiten einer Allgemeinverfügung sei es, so das Gericht, nach den geltenden gesetzlichen Regelungen nicht möglich, die von den Klägern gegen die Umbenennung vorgetragenen inhaltlichen Argumente zu berücksichtigen. Die Schwelle der Willkür sei in dem Verfahren des Bezirksamtes offensichtlich nicht überschritten worden. Ebenfalls aus formaljuristischen Gründen konnte auch dem Antrag auf Zulassung der Berufung nicht entsprochen werden.[152]

Im Juristendeutsch hieß es konkret: »Mit Allgemeinverfügung vom 29. April 2021 setzte das Bezirksamt Berlin-Mitte einen Beschluss der Bezirksverordnetenversammlung um, die hier befindliche Mohrenstraße in Anton-Wilhelm-Amo-Straße umzubenennen. Die hiergegen eingelegten Widersprüche wies das Bezirksamt zurück. Soweit hiergegen Klagen von nicht in dieser Straße wohnenden Personen erhoben wurden, hat das Verwaltungsgericht Berlin diese bereits im vergangenen Jahr als unzulässig abgewiesen [...] Zwar sei der Kläger als Anwohner der Straße befugt, die Umbenennung anzugreifen. In der Sache könne er aber keine Verletzung eigener Rechte geltend machen. Da die Benennung von Straßen ebenso wie ihre Umbenennung nach dem Berliner Straßengesetz vorrangig im öffentlichen Interesse erfolge, stehe dem Bezirksamt bei Entscheidungen dieser Art ein weites Ermessen zu. Eine Straßenumbenennung könne daher gerichtlich nur eingeschränkt darauf überprüft werden, ob die Behörde in willkürlicher Weise gehandelt habe. Dies sei hier nicht der Fall gewesen. Es sei nicht völlig unvertretbar, der Entscheidung den in jüngerer Zeit eingetretenen Wandel der Anschauungen zugrunde zu legen. Die Bezeichnung ›Mohr‹ für schwarze Personen werde heutzutage jedenfalls teilweise als anstößig empfunden. Bei seiner Entscheidung habe das Bezirksamt damit das Willkürverbot nicht verletzt. Der Kläger habe kein formelles Recht auf Beteiligung am Umbenennungsverfahren, so dass er insoweit eine Rechtsverletzung nicht geltend machen können.«[153]

Das Gericht hatte also einen Weg gefunden, sich *nicht* mit inhaltlichen Sachfragen befassen zu müssen. »Wir haben nicht entschieden, ob es gute Gründe geben könnte, den Namen zu behalten oder zu ändern. Historische und politische Gründe waren nicht Gegenstand der Entscheidung«, zitierte *Zeit online* den Richter am 6. Juli 2023.

Mehr als eintausend Einwände hatte es im Laufe der Jahre gegen die beabsichtigte Umbenennung gegeben, zweihundert offizielle Beschwerden waren beim Bezirk eingegangen, der sie alle zurückgewiesen hatte. Sieben Anwohner hatten schließlich geklagt. Die Klage des Anwohners Götz Aly wurde vom Richter als Musterklage behandelt, die anderen sechs Klagen vorerst »ruhend gestellt«.

Das bedeutet letztlich, dass die Umbenennungsbefürworter nicht aus inhaltlichen Gründen obsiegt haben. Es bleibt darum die Option, dass bei einer anderen Zusammensetzung des Bezirksparlaments von Berlin-Mitte – wenn man es dann möchte – eine Umbenennung der Umbenennung beantragen könnte.

Nicht nur alteingesessene Berliner Einwohner, sondern der deutsche Staatsbürger nigerianischer Herkunft Onuegbu stellte im Vorfeld der Diskussion die Frage: Wenn die Bezeichnung »Mohr tatsächlich abwertend wäre, weshalb sollten die Deutschen denn früher ihre Gasthäuser, Hotels und Apotheken so benannt haben?«[154] Nicht alle zuständigen Abgeordneten im Stadtparlament von Berlin-Mitte ignorierten dieses eigentlich nachvollziehbare Argument. So nannten schon von Anfang an die CDU-Abgeordneten die vorgetragenen Gründe für eine Umbenennung in den aufkeimenden Diskussionen »abstrus« und »Unsinn«.[155]

Bereits am 4. Mai 2021 hatte das Bezirksamt Mitte den 1. Oktober 2021 als Datum der Umbenennung der Mohrenstraße in Anton-Wilhelm-Amo-Straße bekanntgegeben. »Nach heutigem Demokratieverständnis ist der bestehende rassistische Kern des Namens belastend und schadet dem nationalen und internationalen Ansehen Berlins.« Der neue Name werde »seit vielen Jahren von zivilgesellschaftlichen [...] Akteuren vorgeschlagen, um eine historische Persönlichkeit afrikanischer Herkunft zu ehren, die eng mit der Geschichte des Straßennamens verbunden ist«.[156] Inwiefern Amo etwas mit der Berliner Geschichte zu tun hatte oder haben könnte, wird nicht erläutert. Belege hierfür existieren bekanntlich nicht.

Allerdings war bis Jahresende 2023 die Umbenennung nicht vollzogen. Zwischenzeitlich hatte ein Anwohner beim Oberverwaltungsgericht einen Antrag auf Zulassung der Berufung gestellt. »Wird der Antrag auf Zulassung der Berufung abgewiesen, werde die Entscheidung der ersten Instanz rechtskräftig. Dann wird die Straße umbenannt. Wird die Berufung zugelassen, muss das OVG über die Sache entscheiden«, berichtete der *rbb* am 10. September 2023. »Gegenwärtig kann noch nicht eingeschätzt werden, wann mit einer Entscheidung zu rechnen ist.«[157]

Aber nicht nur in Berlin-Mitte gab es vergleichbare Possen bei der »Aufarbeitung« der deutschen Kolonialgeschichte und ihren Folgen.

Das Bezirksmuseum Pankow freute sich über eine unerwartete Zuwendung – es bekam Gelder für ein »Forschungsprojekt«, das es ursprünglich nicht in der Planung hatte: nämlich Namensgeber für Straßen und Plätze im Bezirk auf eine koloniale Verstrickung und Belastung zu überprüfen. Zwei Mal wurde man fündig. Da gibt es eine Straße, die den Namen des Fabrikanten und Pankower Lokalpolitikers Fritz Heyn (1849-1928) trägt. Heyn machte sein Vermögen mit dem Handel von Rattan, auch Peddingrohr geheißen, aus dem dann vorzugsweise Sitzmöbel geflochten wurden. Mit dem Geld kaufte er Grundstücke in Pankow, auf denen er Häuser errichten ließ, die er kostengünstig an die in seinem Unternehmen Fritz Heyn & Co. Tätigen vermietete. Vermutlich auch wegen dieser lobenswerten sozialen Haltung überlebte der Straßenname in der DDR.

Das von Heyn importierte Rohr stammte aus den Regenwäldern Südostasiens. Dort gab es zwar keine direkten deutschen Kolonialinteressen. Der Weltmarkt funktionierteindes schon vor dem Ersten Weltkrieg, aber das ist für die Vergabe von Forschungsmitteln unerheblich.

Gleichfalls in den Fokus geraten ist der Hamburger Reeder Gustav Adolf Schön, der in Berlin 1872 ein Rittergut kaufte und ausbaute. Vermutlich besteht sein Vergehen darin, »aus den Einnahmen seiner kolonialen Aktivitäten in Übersee« Gewinne erzielt zu haben, denn nach ihm sollen die Gustav-Adolf- sowie die Schönstraße in Berlin-Weißensee benannt worden sein.

Wie die Anwohner auf solch ein an den Haaren herbeigezogenes Ansinnen reagierten, machte ein sarkastischer Leserbrief im September 2021 im *Tagesspiegel* öffentlich: »Dass die Stadtreinigung selbst noch in den hektischen Tagen vor der großen Wahl solch bescheidenen und stadtweit bisher eher unbekannten Wohnstraßen wie unserer Schönstraße ihre Aufmerksamkeit widmet, finden wir großartig. Diese Aufmerksamkeit möchten wir nutzen, um daran zu erinnern, dass unsere Straße seit mehr als drei Jahren gar keine Straße mehr ist, sondern eine Dauerbaustelle.«[158]

Wenn der an dem angesprochenen Beispiel zum Ausdruck kommende Irrsinn konsequent weiterverfolgt werden sollte, könnte man einige weitere Straßen im Berliner Stadtteil Weißensee umbenennen, denn Gustav Adolf Schön hatte eine große Familie. So die Albertinenstraße, benannt nach seiner Schwägerin, Frau seines Bruders Christian; die Amalienstraße, die den Namen seiner Kusine trägt; der Antonplatz heißt nach seinem Bruder; die Gäblerstraße ist nach dem Mitbegründer seines Bauunternehmens Ernst Gäbler benannt; die Magnusstraße nach dem Inhaber des Bankhauses, welches Schöns Unternehmen finanzierte; die Roelckestraße, die nach Hermann Roelcke heißt, hatte gemeinsam mit Schön und Gäbler eine Baugesellschaft gegründet …

Inzwischen geht der Streit über angeblich »belastete« Personen, nach denen Straßen benannt worden sind, weit über den »kolonialen Kontext« hinaus. In Berlin-Buch hat es den verdienstvollen Mediziner Robert Rössle (1876-1956) getroffen, dem vorgeworfen wird, er sei an Euthanasieverbrechen der Nationalsozialisten beteiligt gewesen. Experten halten diesen Vorwurf für unzutreffend und den Umbenennungsbeschluss der zuständigen regionalen Gremien für blamabel. Rössle bekam 1949 den Nationalpreis der DDR und 1952 das Bundesverdienstkreuz. Ein Akademie-Institut für Krebsforschung bekam 1960 seinen Namen und 1988 die Pathologie der Schiller-Universität in Jena … Alle diese Ehrungen nutzten nichts, sodass einige Anwohner sich genötigt sahen, den Rechtsweg zu beschreiten.[159] Die Straße wurde dennoch umbenannt.[159a]

Dies sind nur einige Beispiele für geschichtsignorante Handlungen in Berlin. Wenn der in diesem Zusammenhang oft angekündigte, geforderte und immer wieder verschobene Vorsatz (wenn er denn überhaupt politisch umgesetzt werden sollte), nämlich eine Verbesserung des Geschichtsunterrichts in den Schulen zu erreichen, kann also eine Aufklärung von Kindern und Jugendlichen nur eine Option sein. Genauso wichtig ist die Erwachsenenbildung, wie das Beispiel eines Grünen-Lokalpolitikers in Berlin-Kreuzberg demonstrierte. Offenkundig bar jeglicher Kenntnis der deutschen Geschichte, hier speziell der Befreiungskriege 1813/14, verlangte er die Änderung von Straßenschildern, auf denen die Namen preußischer Generäle wie Gebhard Leberecht von Blücher, Neidhardt von Gneisenau, Graf York von Wartenburg oder von Orten standen, wo Schlachten gegen die französischen Okkupanten geschlagen worden waren. Die Boulevard-Zeitung *B.Z.* titelte: »General-

Angriff auf die Kreuzberg-Generäle«.[160] Die historische Unkenntnis setzt sich fort. So sollte »auf Drängen der Pankower Grünen« eine neue Straße nach Deutschlands erster Gartenarchitektin nicht benannt werden. Die Geschichtsunkundigen vermuteten, dass sie der Ideologie der Nazis nahe gestanden hätte. Historiker wiesen diese Einschätzung als ungerechtfertigt zurück. Selbst in einer Dissertation war nachgewiesen worden, dass die in Frage stehende Herta Hammerbacher auf Grund »ihrer fortschrittlichen Denk- und Lebensweise« mit der Politik des Nationalsozialismus unvereinbar war. Dennoch wurde die Straße nicht nach ihr benannt, und so wurde, wie es in Pankow heißt, ihr Ruf dauerhaft beschädigt.[161a]

Und ein solch absurdes Vorgehen geschieht in einer Stadt, die weder eine Wahl vernünftig zu organisieren vermag, noch wo Bürgerämter funktionieren, in der Schulen wegen Baufälligkeit geschlossen werden, Straßenbaustellen dem St. Nimmerleinstag entgegendämmern und der öffentliche Nahverkehr »ausgedünnt« wird, weil der Krankenstand zu hoch und die Fahrzeuge zu alt sind …

Im Übrigen: Das bürgerschaftliche Engagement, von der doch angeblich die Demokratie lebt, weshalb es bei jeder Gelegenheit vom Bundespräsidenten eingefordert wird, zeigte sich bei der Debatte um die Mohrenstraße. Exemplarisch auch der Umgang der Obrigkeit damit. Wie erwähnt legten 1.134 Berliner beim zuständigen Bezirksamt Mitte gegen die Tilgung des historischen Namen Mohrenstraße Widerspruch ein. Zusammen mit der Eingangsbestätigung erhielten diese auch den »vorsorglichen Hinweis« im Kuvert, dass die Gebühren für dessen Bearbeitung bis zu 741,34 Euro betragen könnten. Mehr als 300 der so Benachrichtigten zogen daraufhin ihren Protest zurück. Weitere folgten, die Androhung wirkte. Und alle – auch ich – wurden mit einer Gebühr von 153 Euro belegt, weil wir das verfassungsmäßige Recht wahrnahmen, den Abgeordneten und den Verwaltungsbeamten auf die Finger zu sehen. Einer Berliner Bürgerin, die sich mit einem Vorschlag zur Vermittlung an das zuständige Bezirksamt wandte – sie hatte keinen Widerspruch eingelegt, sollte jedoch ebenfalls zur Kasse gebeten werden. Sie berichtete: »Ich schrieb aber zurück, man habe meinen Text offenbar nicht gelesen, denn ich hätte ja keinen Ablehnungs-, sondern einen Vermittlungsvorschlag gemacht.«[161]

Ein Lehrstück für demokratische Mitbestimmung. In der *Berliner Zeitung* wurde Hartmut Grethen zitiert, der zu den 834 Personen gehörte, die sich nicht hatten einschüchtern lassen. Er erinnerte an die Praxis des vermeintlichen Unrechtsstaates DDR. »›Jeder Bürger hatte das Recht, behördliche Eingaben zu machen, die innerhalb von zwei Wochen beantwortet werden MUSSTEN.‹ Er findet: ›Eine demokratische Mitbestimmung, die man nur mit Geld kaufen kann, ist keine.‹«[162]

Nur eine Straßenumbenennung?

Es wird hier ein weiteres Mal deutlich, was einige Geisteswissenschaftler schon seit längerem zu bedenken geben: nämlich die Absicht mit Sprache Menschen »erziehen« zu wollen, um bestimmte politische Absichten durchzusetzen. Aber niemand sage, worin das Erziehungsziel bestehe. Und wer die »Erzieher« dafür legitimiere. Mit Demokratie hat diese Selbstanmaßung solcher »pressure groups« wenig zu tun. Germanisten und Sprachforscher machen in diesem Zusammenhang darauf aufmerksam, wie wirkmächtig Sprache ist und dass es einen »Doppelklang« von Sprache und Gewalt gebe.[163]

Es kann eine solche Warnung mit Blick auf die Berliner Mohrenstraßen-Debatte vertieft werden. Wer mit falschen und verfälschenden Argumenten Straßenumbenennungen fordert, für die es aus wissenschaftlicher und politischer Sicht keine substantielle Begründung gibt, und diese mit Macht gegen Mehrheitsinteressen durchzusetzen vermag, der wird auch vor dem Sturz anderer Denkmale und Werte nicht zurückschrecken. Für mich ist das eine Art kultureller Vandalismus, dem Einhalt geboten werden muss.

Eine Studie des Allensbach Instituts aus dem Jahr 2019 stellte fest, dass zunehmend in bestimmten Kreisen gefordert werde, Bücher, die nicht die politische Überzeugung von Heranwachsenden, von Lernen und Studierenden, adäquat widerspiegelten, aus den öffentlichen und wissenschaftlichen Bibliotheken zu entfernen. Allensbach konstatierte das Vorhandensein eines angstbesetzten Meinungsklimas, das die freiheitliche Ordnung untergrabe. »Nur noch 45 Prozent der Deutschen geben bei Allensbach an, frei und ohne besondere Vorsicht ihre politische Meinung zu äußern.«[164] Wer erinnert sich da nicht an die Verhältnisse in der DDR? Ob aber gerade angesichts der hier kritisierten ideologischen Verzerrungen ein durchaus begrüßenswerter Vorschlag, ein Mahnmal für Opfer des Kolonialismus in Berlin zu errichten,[165] ausreichend ist, dürfte bezweifelt werden.

Etwas vorwitzig – und vor allem ohne Belege – behaupteten einige Aktivisten, dass eine Mehrheit der Berliner Bevölkerung eine umfassende Auseinandersetzung mit den Verbrechen des deutschen Kolonialismus unterstützen würde, worunter sie auch den Mohrenstraßen-Umbenennungswahn rechneten. Die Masse an Leserbriefen und Posts in den sozialen Medien sagt etwas anderes aus. Überhaupt sollte der erste Schritt nicht Forderungen beinhalten, sondern Maßnahmen der politischen und historischen Bildung. Was allein in der deutschen Hauptstadt tatsächlich auf dem Gebiet der Kolonialismusforschung in Jahrzehnten geleistet wurde, kann dann nicht mehr ignoriert werden.

Wohin Geschichtsvergessenheit führen und politische wirkmächtig werden kann, zeigt der französische Philosoph Pascal Bruckner, der in seinem Buch[166] einen Fall in den USA schildert. Darin wird sichtbar, wie gefährdet die Geisteswissenschaft ist. Vor einigen Jahren hatten zwei US-amerikanische Akademiker der Zeitschrift *Sociology of Race and Ethnicity* einen Aufsatz angeboten, der aus Versatzstücken von Hitlers *Mein Kampf* bestand. Lediglich das Wort *Jude* war darin durch das Wort *Weißer* ersetzt worden. Die Veröffentlichung sei zwar abgelehnt worden, habe aber die Anerkennung mehrerer Wissenschaftler erhalten, die das Geschriebene offenkundig für wissenschaftlich relevant hielten. Es soll sogar einer der Gutachter gelobt haben: »Dieser Artikel hat das Potenzial, ein wichtiger und einzigartiger Beitrag für Forschungsliteratur zu werden, die sich mit den Mechanismen der Bewahrung weißer Vorherrschaft beschäftigt.«[167]

Im *Tagesspiegel* machte im April 2023 der Redakteur im Kulturressort Bernhard Schulz auf einen weiteren skandalösen Fall von *Cancel Culture* in den USA aufmerksam, der sich um die Frage drehte, ob man den im Islam als Propheten verehrten Mohammed abbilden dürfe. Bereits die Frage wurde als Eklat behandelt. Er warnte davor, da es viele weitere ähnliche Versuche zur Beeinträchtigung der Wissenschaftsfreiheit gebe und diese zunehmend gefährdet sei.[168]

Oder um es mit den Worten des Berliner Dramaturgen am Berliner Ensemble Bernd Stegemann zu sagen: »Identitätspolitik ist ein Politmodus für vormoderne Gesellschaften.« Je länger mit deren rückschrittlichen Methoden »versucht wird, die Probleme der Gegenwart zu bewältigen, umso tragischer wird es werden«.[169] Deshalb: Wehret den Anfängen![170]

Wie berechtigt dieser Mahnruf ist, zeigt die Warnung des britisch-amerikanischen Schriftstellers Salaman Rushdie im Mai 2023, als er in seiner Dankesrede zur Verleihung des *British Book Award* vor der Bedrohung der Meinungsfreiheit in westlichen Ländern warnte, die so eminent sei, wie es sie in seiner Lebenszeit noch nicht gegeben habe. Als Beispiel nannte Rushdie den Druck auf Bibliotheken und Schulen in den USA, wo weltanschauliche Gruppierungen Bücher mit bestimmten Inhalten verbannen wollten. Man müsse »sehr vehement dagegen ankämpfen«, sagte Rushdie. Er wandte sich auch gegen Bestrebungen, historische Bücher von als anstößig empfundenen Begriffe zu bereinigen, wie es bei einigen Büchern bereits geschehen sei.[171] Ich halte es mit dem, was der Globalhistoriker Wolfgang Reinhard in seinem letzten Buch geschrieben hat: »Nicht die Geschichte, wohl aber die Erinnerung an sie ist immer anfechtbarer geworden. Die heutige Erinnerungskultur kann zur neuen Krankheit ›Memorialitis‹ verkommen und zur ›kollektiven Bulimie‹ entarten. Doch weil sich Geschichte nicht rückgängig machen lässt, müssen wir mit der inzwischen herrschenden Erinnerungskultur und ihrem penetranten Moralismus leben, mag ihre ›wokeness‹ unserem Gedächtnis auch noch so viele Kapriolen zumuten. Wir können, dürfen, müssen aber versuchen, sie zu dekonstruieren und im Notfall sogar zu delegitimieren. Das ist nötiger denn je, damit wir kein ›Ministerium zur Förderung der Tugend und zur Verhinderung des Lasters‹ bekommen wie 2021 in Afghanistan.

Wenn wir scheitern, müssen wir uns eben mit der Rolle des Hofnarren begnügen, der aber immerhin im Gegensatz zum Preisredner indischer Fürsten noch versuchen kann, den Mächtigen auch einmal die Wahrheit zu sagen!«[172]

Anmerkungen

1 Dieses Kapitel entstand insbesondere aus dem folgend genannten Aufsatz: Die Berliner Mohrenstraße und die Ignoranz geisteswissenschaftlicher Forschungen. Versuch einer geschichts- und politikwissenschaftlichen Analyse, in: *Jahrbuch für Europäische Überseegeschichte*, Bd. 20, Wiesbaden 2020, S. 247–266.
2 Vgl. van der Heyden, Ulrich: Kolonialgeschichtsschreibung in Deutschland. Eine Bilanz ost- und westdeutscher Kolonialhistoriographie, in: *Neue Politische Literatur. Berichte über das internationale Schrifttum*, Nr. 3, Frankfurt am Main 2003, S. 401–429. Siehe das entsprechende Kapitel in dieser Streitschrift.
3 Ich verzichte hier auf eine direkte Auseinandersetzung mit der Polemik der Vertreter der Cultural Change, die nach meiner Ansicht lediglich Bedeutung in gewissen intellektuellen Kreisen genießt und von der Masse der Bevölkerung nicht beachtet oder anerkannt wird und vermutlich ohne Transferierung durch einige Journalisten kaum Aufmerksamkeit gefunden hätte. Zur Auseinandersetzung hiermit vgl. das Buch von Sahra Wagenknecht: Die Selbstgerechten. Mein Gegenprogramm für Gemeinsinn und Zusammenhalt, Frankfurt am Main/New York 2021. Ähnlich argumentiert, allerdings vor allem mit Blick auf die USA Liu, Catherina: Die Tugendpächter. Wie sich eine neue Klasse mit Moral tarnt und Solidarität verrät, Frankfurt am Main 2023.
4 Vgl. etwa Engler, Jenny: Renaming Streets, Inverting Perpectives. Actes of postcolonial Memory Citizenship in Berlin, in: *Focus on German Studies*, vol. 20, Cincinnati 2013, S. 41-61; Schoonenboom, Merlijn: De Moor kann gaan, in: *De Groene Amsterdammer*, 2.9.2020.
5 Vgl. van der Heyden, Ulrich: Die Umbenennung der Berliner »Mohrenstraße« – eine Blamage, in: *Berliner Debatte INITIAL*, Nr. 4, Potsdam 2020, S. 133–144.
6 Vgl. Matzig, Gerhard/Pollmer, Cornelius: Asterisk bei den Dresdnern, in: *Süddeutsche Zeitung*, 15.09.2021.
7 Vgl. Locke, Stefan: Weg mit dem Hottentottenpaar, in: *Frankfurter Allgemeine Zeitung*, 16.09.2021.
8 Oloukpona-Yinnon, Adjaï Paulin: Unbewältigte koloniale Vergangenheit. Problematik der Aufarbeitung der deutschen Kolonialzeit in Togo, in: Wagner, Wilfried/van der Heyden, Ulrich/Kubitscheck, Hans-Dieter/Rüger, Adolf/Scharf, Kurt/Stoecker, Helmuth (Hrsg.): Rassendiskriminierung – Kolonialpolitik und ethnisch-nationale Identität. Referate des 2. Internationalen Kolonialgeschichtlichen Symposiums in Berlin, Münster/Hamburg 1992, S. 430-438, hier S. 431.
9 Grill, Bartholomäus: Wir Herrenmenschen unseres rassistischen Erbes. Eine Reise in die deutsche Kolonialgeschichte, München 2019, S. 148.
10 Tkalec, Maritta: »Unser Ziel kann nicht sein: Gebt die Kunstschätze ab und tschüss«. Interview mit Guy Kouemou, in: *Berliner Zeitung*, 5.06.2023.
11 Etwa bei Stoecker, Helmuth: Germanophilie und Hoffnung auf Hitler in Togo und Kamerun zwischen den Weltkriegen, in: Heine, Peter/van der Heyden, Ulrich (Hrsg.): Studien zur Geschichte des deutschen Kolonialismus in Afrika. Festschrift zum 60. Geburtstag von Peter Sebald, Pfaffenweiler 1995, S. 495–500; Austen, Ralph A.: »Ich bin ein schwarzer Mann aber mein Herz ist Deutsch!« Germanophobes and »Germanness« in Colonial Cameroons and Tanzania, in: Bechthaus-Gerst, Marianne/Klein-Arendt, Reinhard (Hrsg.): Die koloniale Begegnung. AfrikanerInnen in Deutschland 1880–1945. Deutsche in Afrika 1880–1918, Frankfurt am Main/Bern et al. 2003, S. 23–40.
12 Eckert, Andreas: Die »Wiederentdeckung« des deutschen Kolonialismus, in: Sandkühler, Thomas/Epple, Angelika/Zimmerer, Jürgen (Hrsg.): Geschichtskultur durch Restitution? Ein Kunst-Historikerstreit, Köln 2021, S. 258.

13 Cooper, Frederick: Conflict and Connection. Rethinking African Colonial History, in *American Historical Review*, no. 5, Oxford 1994, S. 1516-1545.

14 Eckert, Andreas: Die »Wiederentdeckung« des deutschen Kolonialismus …, a.a.O., S. 258f. Hierzu vgl. auch Förster, Larissa: Wer fühlte sich beraubt?, in: *Frankfurter Allgemeine Zeitung*, 24.11.2018.

15 Vgl. Fleischer, Janina: »Ich möchte mich nicht verbiegen«. Die Leipziger Germanistin und Anglistin Reinhild Böhnke übersetzt seit mehr als 50 Jahren Literatur aus dem Englischen, in: *Märkische Allgemeine Zeitung*, 26./27.08.2023.

16 Übernahme der Zitate und Darlegungen aus ebenda.

17 Huxley, Elspeth: Nine Faces of Kenya, London 1997, S. XXV. Im Original: »Colonialism is like the zebra. Some say it is a black animal, some say it is a white animal, and those whose sight is good, they know it is a striped animal.«

18 Rödder, Andreas: Wo bleiben die Gegenkonzepte aus der Mitte der Gesellschaft?, in: *Der Spiegel*, Nr. 52, Hamburg 2020, S. 136.

19 Vgl. Erhardt, Claus: Sprachlandschaften als Erinnerungsräume. Die Debatten um das Berliner Afrikanische Viertel, in: Heinz, Friederike/Agossavi, Simplice/Ahouli, Akila/Logossou, Ursula/Schiewer, Leonore (Hrsg.): Afrika im deutschsprachigen Kommunikationsraum. Neue Perspektiven interkultureller Sprach- und Literaturforschung, Bielefeld 2022, S. 299.

20 Gilley, Bruce: Verteidigung des deutschen Kolonialismus, Lüdinghausen 2021.

21 Weidenfeld, Kristian S. (Hrsg.): Lexikon der schönsten Sprichwörter und Zitate, München o. J., S. 378.

22 So Schmitt, Tobis: Die Rehabilitierung des Kolonialismus? Umdeutungen kolonialer Geschichte und Gegenwart im Kontext der Kontroverse um die Umbenennung von Straßennamen, in: *Ausdruck. Informationsstelle Militarisierung*, Nr. 1, Tübingen 2018. URL: *http://www.imi-online.de/download/Ausdruck-2018-1-TS.pdf*. (letzter Zugriff: 2.02.2020)

23 Thierse, Wolfgang: Wie viel Identität verträgt die Gesellschaft? Identitätspolitik darf nicht zum Grabenkampf werden, der den Gemeinsinn zerstört, in: *Frankfurter Allgemeine Zeitung*, 22.02.2021.

24 Tkalec, Maritta: Clubkultur und das Rennen nach dem Zebra, in: *Berliner Zeitung*, 25.04.2023.

25 Aly, Götz: Meine letzte Kolumne, in: *Berliner Zeitung*, 29.06.2021.

25a Zitiert aus Firla, Monika: Die Texte aus A. W. Amos Feder in deutscher Sprache 1729–1737, Stuttgart 2020, S. 23.

25b Dannenberg, Lars-Arne/Donath, Matthias/Jones, Adam (bearbeitet und herausgegeben): Die Schriften Christan Prottens (1715–1769). Edition und Kommentar, Königsbrück 2024, S. 121f.

25c Kazim, Hasnain: Ethnische Herkunft und Identität. Die etikettierte Welt, in: Identitätspolitik. Eine gespaltene Gesellschaft? Hrsg. von der Konrad-Adenauer-Stiftung, Berlin 2023, S. 28.

25d Zitiert bei Sebald, Peter: Waren im 15. Jahrhundert die Portugiesen tatsächlich die ersten Europäer in Westafrika?, in: *Asien–Afrika–Lateinamerika*, Nr. 6, Berlin 1980, S. 1061–1074, hier S. 1073, Fn. 15.

25e Vgl. Henning, Beate: Kleines Mittelhochdeutsches Wörterbuch, Tübingen 2001, S. 230.

25f *dpa*: Mohrenstraße immer noch Mohrenstraße, in: *Berliner Zeitung*, 10.07.2024.

26 Vogt, Erich: Kolonialismus, Rassismus und die schöngefärbte Geschichtsschreibung, in: *Neue Zürcher Zeitung*, 19.09.2021.

27 Vgl. van der Heyden, Ulrich: Rote Adler an Afrikas Küste. Die brandenburgisch-preußische Kolonie Großfriedrichsburg in Westafrika, Berlin 1993, 2. Aufl., Berlin 2001; ders.:

Der Mohr hat seine Schuldigkeit getan. Der sträfliche Umgang mit der Geschichte in der deutschen Hauptstadt, in: *Berlin in Geschichte und Gegenwart*. Jahrbuch des Landesarchivs Berlin, Berlin 2014, S. 247–266.

28 van der Heyden, Ulrich: Auf Afrikas Spuren in Berlin. Die Mohrenstraße und andere koloniale Erblasten, Berlin 2008.

29 Gumbrecht, Hans Ulrich: Die neue Internationale der Halbgebildeten, in: *Neue Zürcher Zeitung*, 25.11.2017.

30 Thierse, Wolfgang: Wie viel Identität ..., a.a.O.

31 Kostner, Sandra: »Ein Schutzraum nur für freies Denken. An deutschen Hochschulen wächst der Widerstand gegen die abnehmende innere Freiheit«. Interview, in: *Stuttgarter Zeitung*, 4.03.2021.

31a Fasbender, Thomas: Eine große Heuchelei. Grüne machen Wahlkampf für die AfD, in: *Berliner Zeitung*, 22.12.2023.

32 Bruckner, Pascal: Kolonialismus ist keine Schwarz-Weiß-Geschichte, in: *Neue Zürcher Zeitung*, 3.02.2018.

33 Vgl. van der Heyden, Ulrich: Eine vertane Chance. Bemerkungen zu Ausstellung und Katalog des Deutschen Historischen Museums zur deutschen Kolonialgeschichte, in: *Jahrbuch für Europäische Überseegeschichte*, Bd. 17, Wiesbaden 2017, S. 245–249, hier S. 248. Vgl. auch weitere kritische Einschätzungen der Exposition ebendort.

34 Reinhardt, Thomas: Geschichte des Afrozentrismus. Imaginiertes Afrika und afroamerikanische Identität. Stuttgart 2007, S. 217. Zur Kritik am Afrozentrismus in wissenschaftlichen Publikationen vgl. ausführlicher die Arbeit des afroamerikanischen marxistischen Forschers Ferguson, Stephen C.: Philosophy of African American Studies. Nothing left of Blackness, New York 2015 sowie McWhorter, John: Woke Racism. How a New Religion Has Betrayed Black America, New York 2021.

35 Vgl. Knobloch, Clemens: Die Figur des Opfers und ihre Transformation im politischen Diskurs der Gegenwart, in: *Zeitschrift für Politik*, Nr. 4, Baden-Baden 2020, S. 455–472.

36 Vgl. hierzu insbesondere Kruger, Justin/Dunning, David: Unskilled and unaware of it. How difficulties in recognizing one's own incompetence lead to inflated self-assessments, in: *Journal of Personality and Social Psychology*, vol. 77, no. 6, Washington 1999, S. 1121–1134; Dunning, David/Johnson, Kerri/Ehrlinger, Joyce/Kruger, Justin: Why people fail to recognize their own incompetence, in: *Current Directions in Psychological Science*, vol. 12, no. 3, Newbury Park 2003, S. 83–87.

37 Damit auseinandersetzend vgl. van der Heyden, Ulrich: Koloniale Verstrickungen. Wurde die Vergangenheit Brandenburgs in Afrika nicht aufgearbeitet?, in: *Berliner Zeitung*, 6.01.2023.

38 Kopp, Christian: »Mission Moriaen«. Otto Friedrich von der Gröben und Brandenburg-Preußens Handel mit Versklavten, in: URL: *www.afrika-hamburg.de/PDF/kopp_groeben.pdf, S. 5.* (letzter Zugriff: 2.12.2020). Schon an anderen Stellen war es geboten, den Halbwahrheiten dieses »Historikers« entgegenzutreten – der einmal in einem Zeitungsinterview (*Berliner Zeitung*, 10.09.2019) zu seiner ihm nachgewiesenen Unkenntnis daraufhin behauptete, keine Möglichkeit im Studium gesehen zu haben, sich mit der deutschen Kolonialgeschichte befassen zu können. So ebenfalls in einem Online-Beitrag mit dem Namen »Lernen aus der Geschichte«, der noch heute unter dem Link *lernen-aus-der-geschichte.de/LernenundLeben/content/12338* nachzulesen ist. (letzter Zugriff: 6.10.2021). Der Titel trägt die bezeichnende Überschrift »White Myths – Black History. Der Fall der Berliner ›Mohrenstraße‹«. Siehe dort auch meine Richtigstellungen zu den eher ideologisch-dogmatisch als wissenschaftlich überzeugenden Auffassungen des so vorgestellten »weißen Historikers bei Berlin Postkolonial e.V.«

39 Vgl. van der Heyden, Ulrich (Hrsg.): Otto Friedrich von der Groeben: Orientalische Reise-Beschreibung des Brandenburgischen Adelichen Pilgers Otto Friedrich von der Gröben: Nebst der Brandenburgischen Schifffahrt nach Guinea, und der Verrichtung zu Morea, Marienwerder 1694, Neue Ausgabe, Georg Olms Verlag, Hildesheim/Zürich/New York 2013. Vgl. zur Editionsgeschichte ders./Kundler, Joachim: Otto Friedrich von der Gröben – abenteuerlustiger Reisender, Schriftsteller und umstrittener Namenspatron des Gröbenufers an der Spree, in: *Berlin in Geschichte und Gegenwart*. Jahrbuch des Landesarchivs Berlin, Berlin 2010, S. 7-32; ders.: Die erste deutschsprachige Beschreibung der Festung Großfriedrichsburg durch Otto Friedrich von der Groeben und die Rezeption seiner Reisebeschreibung bis in die Gegenwart, in: *Leipziger Jahrbuch zur Buchgeschichte*, Bd. 24, Wiesbaden 2016, S. 11-38; ders.: Neue Funde zur Ergänzung der Editionsgeschichte von Otto Friedrich von der Gröbens »Orientalische Reisebeschreibung«, in: ebenda, Bd. 25, Wiesbaden 2018, S. 269-272; Leschke, Gabriele: Otto Friedrich von der Gröben und der koloniale Duiskurs, unveröffentlichte Dissertation, Freie Universität, Berlin 2021.

40 Osterhammel, Jürgen: Entdeckung und Eroberung, Neugier und Gewalt, in: ders.: Geschichtswissenschaft jenseits des Nationalstaates. Studien zur Beziehungsgeschichte und Zivilisationsvergleich, 2. Aufl., Göttingen 2003, S. 183–202.

41 Trakulhun, Sven: Sklaven für den Kurfürsten. Otto Friedrich von der Groeben und die »Brandenburgische Afrikanische Kompanie«, in: Charlier, Robert/Trakulhun, Sven (Hrsg.): Europa und die Welt. Studien zur Frühen Neuzeit, Hannover 2019, S. 241–253.

42 Zollmann, Jakob: »Kaufmännische« und andere Souveränitäten in Afrika? Zur (Vor-)Geschichte von Kolonialismus, Territorium und Souveränität im deutschen Kaiserreich, in: Maissen, Thomas/May, Niels F./Kiesow, Rainer Maria (Hrsg.): Souveränität im Wandel. Frankreich und Deutschland, 14.-21. Jahrhundert, Göttingen 2023, S. 237-261.

43 Vgl. Brauner, Christina: Kompanien, Könige und caboceers. Intellektuelle Diplomatie an Gold- und Sklavenküste im 17. und 18. Jahrhundert, Köln/Weimar/Wien 2015.

44 So Kopp, Christian: White Myths – Black History. Der Fall der Berliner »Mohrenstraße« ..., a.a.O.

45 Vgl. van der Heyden, Ulrich: Berliner Kolonialismus und jede Menge alternative Fakten, in: *Berliner Zeitung*, 28.10.2019.

46 Brauner, Christina: Kompanien ..., a.a.O.

47 Vgl. Duchardt, Heinz: Europäisch-afrikanische Rechtsbeziehungen in der Epoche des »Vorkolonialismus«, in: *Saeculum. Jahrbuch für Universalgeschichte*, Nr. 4, München 1985, S. 374.

48 Panoff, Peter: Militärmusik in Geschichte und Gegenwart, Berlin 1938, S 74. Vgl. auch Rischmann, M.: Mohren als Spielleute und Musiker in der preußischen Armee, in: *Zeitschrift für Heeres- und Uniformkunde*, Nr. 91/93, München 1936, S. 82–84.

48a Alff, Carolin: Das Silberhalsband – Zeichen der Macht und Unterdrückung, in: Schlösser Preussen Kolonial – Orte, Biografien und Sammlungen, hrsg. von der Preußischer Schlösser und Gärten Berlin-Brandenburg, Dresden 2023, S. 80f.

49 Martin, Peter: Schwarze Teufel, edle Mohren. Afrikaner im Bewusstsein und Geschichte der Deutschen, Hamburg 1993, S. 125.

50 van der Heyden, Ulrich: Der Mohr hat seine Schuldigkeit getan ..., a.a.O., S. 259f.

51 Vgl. Karakayali, Jule/Tsianos, Vassilis S./Karakayali, Serhat/Ibrahim, Aida: Decolorise it! Die Rezeption von Critical Whiteness hat eine Richtung eingeschlagen, die die antirassistischen Politiken sabotiert, in: *ak – analyse & kritik. Zeitung für linke Debatte und Praxis*, Nr. 575, Hamburg 2013, S. 31–35. Vgl auch den Sammelband von Stahl, Andreas u.a. (Hrsg.): Probleme des Antirassismus. Postkoloniale Studien, Critical Whiteness und

Intersektionalitätsforschung in der Kritik, Berlin 2022. Siehe hierzu die kritische Rezension von Zwarg, Robert: Theorie statt Bekenntnis, in: *Tageszeitung* (taz), 8.02.2023.

52 Infrastruktur für Kunst und Kultur ausbauen, Neues ermöglichen. Senatsbeschluss zum Doppelhaushalt 2020/21: Berlin ist Kulturhauptstadt. URL: *https://www.berlin.de/sen/kulteu/aktuelles/pressemitteilungen/2019/pressemitteilung.875410.php*. (letzter Zugriff: 6.10.2021).

53 van der Heyden, Ulrich/Zeller, Joachim (Hrsg.): Kolonialmetropole Berlin. Eine Spurensuche, Berlin 2002; dies. (Hrsg.): »... Macht und Anteil an der Weltherrschaft«. Berlin und der deutsche Kolonialismus, Münster 2005; dies. (Hrsg.): Kolonialismus hierzulande. Eine Spurensuche in Deutschland, Erfurt 2007.

54 van der Heyden, Ulrich: Auf Afrikas Spuren in Berlin ..., a.a.O.

55 Vgl. Diallo, Oumar/Zeller, Joachim: Black Berlin. Die deutsche Metropole und ihre afrikanische Diaspora in Geschichte und Gegenwart, Berlin 2013. Vgl. auch das aktuellste Buch von dens.: Berlin. Eine postkoloniale Metropole. Ein historisch-kritischer Stadtrundgang im Bezirk Mitte, Berlin 2021.

56 Heine, Claudia: Die Debatte steckt noch in den Kinderschuhen, in: *Das Parlament*, Nr. 2/3, Bonn 2020, S. 7.

57 Donges, Sofie, *ARD*-Studio Stockholm: Start in die Nobelpreis-Woche, in: *Tagesschau*, 4.10.2021. URL: *https://www.tagesschau.de/ausland/europa/nobelpreis-woche-101.html*. (letzter Zugriff: 2.12.2021).

58 Schmalenbach, Cornelia/Bobileleva, Olga: Mohrenstraße zu rassistisch?, in: *Berliner Kurier*, 18.02.2014.

59 Sauer, Walter: Das afrikanische Wien. Ein Führer zu Bieber, Malangatna, Soliman, Wien 1996, S. 19.

60 So jedenfalls Flakin, Wladek: Straße für Madiba, in: *junge Welt*, 24.02.2014.

61 von Münch, Ingo: Die Krise der Medien, Berlin 2020, S. 65ff.

62 Vgl. Bechhaus-Gerst, Marianne: Koloniale Straßennamen und Erinnerungskultur, in: dies./Horstmann, Anne-Kathrin (Hrsg.): Köln und der deutsche Kolonialismus. Eine Spurensuche, Köln/Weimar/Wien 2013, S. 240.

63 Vgl hierzu, jedoch auch andere ähnliche «Fälle" in dem Buch von Ebert, Verena: Koloniale Straßennamen. Benennungspraktiken im Kontext kolonialer Raumaneignung in der deutschen Metropole von 1884 bis 1945, Berlin/Boston 2021, hier S. 74.

64 Kuhlmann-Smirnow, Anne: Schwarze Europäer im Alten Reich, Göttingen 2013, S. 124. Vgl. auch Firla, Monika: Afrikanische Pauker und Trompeter am württembergischen Herzogshof im 17. und 18. Jahrhundert, in: Günther, Georg/Völkl, Helmut (Hrsg.): Musik in Baden-Württemberg, Stuttgart 1996, S. 11-42.

65 Kuhlmann-Smirnov, Anne: Schwarze Europäer ..., a.a.O., S. 126.

66 Ebenda, S. 126f.; Martin, Peter: Schwarze Teufel ..., a.a.O., S. 148.

67 Vgl. van der Heyden, Ulrich: Eine vergessen geglaubte Festung in Afrika kehrt ins Bewusstsein der Deutschen zurück. Die Festung Großfriedrichsburg an der westafrikanischen Küste, in: *Burgen und Schlösser. Zeitschrift der Deutschen Burgenvereinigung für Burgenkunde und Denkmalpflege*, Nr. 2, Braubach 2000, S. 88-100.

68 Vgl. hierzu und zu einigen weiteren erdachten Ereignissen und Vorgängen zur deutschen Kolonialgeschichte, die sich dann auch noch in der deutschen Hauptstadt in Erinnerungsorten widerspiegeln würden, bei van der Heyden, Ulrich: Koloniale Erinnerungsorte in Berlin in der Zeitkritik. Was uns Straßennamen über ein verdrängtes Kapitel deutscher Geschichte sagen können, in: *Der Bär von Berlin. Jahrbuch 2011 des Vereins für die Geschichte Berlins*, Berlin/Bonn 2011, S. 73-88.

69 Patalong, Frank: Gekauft und geschändet, in: *Der Spiegel* [= Geschichte, Nr. 5], Hamburg 2022, S. 108. Vgl. ebenso an den historischen Fakten vorbeigehend den Artikel von Becker, Claudia: Die Kinder-Mätresse des fürstlichen Playboys, in: *Die Welt*, 21.12.2015.

70 Vgl. die auf gründlicher Recherche basierende Arbeit von Volker-Saad, Kerstin: Unterwegs im Gelobten Land. Hermann Fürst von Pückler-Muskaus Spurensuche biblischer Geschichte im Jahr 1838 in Palästina, hrsg. von der Stiftung »Fürst-Pückler-Park«, Bad Muskau 2022.

71 Vgl. Schnurr, Eva-Maria/Patalong, Frank (Hrsg.): »Deutschland, deine Kolonien«. Geschichte und Gegenwart einer verdrängten Zeit, München 2022.

72 Vgl. van der Heyden, Ulrich: Blutige Geburt der Moderne, in: *neues deutschland*, 6./7.04. 2023.

73 Patalong, Frank: Geliebt, geschätzt und ausgestopft, in: *Der Spiegel* [= Geschichte, Nr. 5], Hamburg 2022, S. 109.

74 So König, Katharina/Trzeciak, Miriam Fritz: 1874 – Eine Straße ehrt Hermann von Pückler-Muskau, in: Bayer, Natalie/Terkessidis, Mark (Hrsg.): Die postkoloniale Stadt lesen. Historische Erkundungen in Friedrichhain-Kreuzberg, Berlin 2022, S. 64. (Beide Verfasser haben sich nach ihren eigenen Vorstellungen im Autorenverzeichnis vormals noch nie mit dieser Thematik als Erzieherin und Studentin bzw. Postdoktorandin beschäftigt.)

75 Vgl. eine Ausnahme von Lentz, Sahra: »Wer helfen kann, der helfe!« Deutsche SklavereigegnerInnen und die atlantische Abolitionsbewegung, 1780–1860, Göttingen 2020.

76 Vgl. einen solchen eruierten Einzelfall bei van der Heyden, Ulrich/Gnettner, Horst (Hrsg.): Allagabo Tim. Der Schicksalsweg eines Afrikaners in Deutschland. Dargestellt in Briefen zweier deutscher Afrikaforscher, Berlin 2008.

77 Preuß, J.D.E.: Urkundenbuch zu der Lebensgeschichte Friedrichs des Großen, Vierter Theil, Berlin 1834, S. 296.

78 Tkalec, Maritta: Was tun mit dem »Mohren«?, in: *Berliner Zeitung*, 22.05.2023.

79 Vgl. von Mallinckrodt, Rebekka: Verhandelte (Un-)Freiheit. Sklaverei, Leibeigenschaft und innereuropäischer Wissenstransfer am Ausgang des 18. Jahrhunderts, in: *Geschichte und Gesellschaft*, Nr. 3, Göttingen 2017, S. 347–380.

80 Vgl. Luh, Jürgen: Friedrich der Große und Said Ali Aga oder des Königs Verhältnis zur Sklaverei, in: *Texte des RECS #55*, 06/03/2023, URL: *https://recs.hypotheses.org/10110.*

81 Die Werke Friedrichs des Großen in deutscher Übersetzung, hrsg. von Gustav Berthold Volz, 10 Bde., Berlin 1913-1914; Bd. 7: Antimachiavell und Testamente, S. 233.

82 Allgemeine Landrecht für die Preußischen Staaten von 1794, mit einer Einführung von Hans Hattenhauer und einer Bibliographie von Günther Bernert, 2. Aufl., Berlin 1994, S. 421.

83 Lauré al-Samarai, Nicola: Grenzgänger*innen: Schwarze und Osmanische Präsenzen in der Metropole Berlin um 1700, 2 Bde., Berlin 2019.

84 Theilig, Stephan: Türken, Mohren und Tataren. Muslimische (Lebens-)Welten in Brandenburg-Preußen im 18. Jahrhundert, Berlin 2013.

85 Vgl. Aly, Götz: Osmanische Reichsbürger in Berlin. Teil I bis Teil IV, in: *Berliner Zeitung*, 8.09.2020, 14.09.2020, 21.09.2020, 29.09.2020.

86 Aly, Götz: »Es gibt nichts, das deckungsgleich mit dem Holocaust wäre«, in: *Deutschlandfunk Kultur*, 13.07.2021. URL: *https://www.deutschlandfunkkultur.de/goetz-aly-es-gibt-nichts-das-deckungsgleich-mit-dem.1013.de.html?dram:article_id = 500220.* (letzter Zugriff: 12.12.2022).

87 Vgl. Tkalec, Maritta: Ehrenplatz für einen geadelten Kammertürken, in: *Berliner Zeitung*, 13.03.2023.

88 Vgl. Stamm, Malte: Das koloniale Experiment. Der Sklavenhandel Brandenburg-Preußens im transatlantischen Raum 1680-1718, unveröffentlichte Dissertation, Düsseldorf 2011.

89 Weindl, Andrea: Die Kurbrandenburger im »atlantischen System«, 1650-1720 [= Arbeitspapiere zur Lateinamerikaforschung, II-03], Köln 2001, S. 81.

90 So behauptet in KO: Was macht eigentlich Otto Friedrich von der Gröben?, in: *Tageszeitung* (*taz*), 22.04.2009; Nowak, Peter: Weg frei für Kämpferin gegen Rassismus, in: ebenda, 25.05.2009.

91 Zeuske, Michael: Handbuch Geschichte der Sklaverei. Eine Globalgeschichte von den Anfängen bis zur Gegenwart, Berlin 2013, S. 451f.

92 Vgl. Atlas der Versklavung. Daten und Fakten über Zwangsarbeit und Ausbeutung, hrsg. von der Rosa-Luxemburg-Stiftung, 3. Aufl., Berlin 2023. Vgl. auch die Übersichten in etwas älterer Literatur, wie Hoering, Uwe: Zum Beispiel Sklaverei, Göttingen 1995; Deutsch, Jan-Georg: Sklaverei als historischer Prozess, in: ders./Wirz, Albert (Hrsg.): Geschichte in Afrika. Einführung in Probleme und Daten, Berlin 1997, S. 53-74; Wirz, Albert: Sklaverei und kapitalistisches Weltsystem, Frankfurt am Main 1984 sowie die verschiedenen Studien von Michael Zeuske.

93 Davidson, Basil: Alt-Afrika wiederentdeckt, Berlin (Ost) 1962, S. 128.

94 Am aktuellsten siehe Zeuske, Michael: Sklaverei und Sklavenhandel in Afrika, auf dem Atlantik und in den Amerikas sowie in Europa, Berlin/Boston 2022.

95 Vgl. ebenda, S. 56f.; Klein, Herbert S.: The Atlantic Slave Trade, Cambridge 2010, S. 53, S. 106 und S. 108; Thoornton, John K.: Africa and Africans in the Making of the Atlantic World 1400-1800, Cambridge 1998.

96 Vgl. aus der Vielzahl einschlägiger wissenschftlicher Untersuchungen Strickrodt, Silke: Afro-European Trade in the Atlantic World. The Western Slave Coast, c. 1550 – c. 1885, Woodbrige u.a. 2015.

97 Vgl. van der Heyden, Ulrich: Koloniale Verstrickungen. Wurde die Vergangenheit Brandenburgs in Afrika nicht aufgearbeitet?, in: *Berliner Zeitung*, 6.01.2023.

98 Vgl. Brunner, Horst: Geschichte der deutschen Literatur des Mittelalters und der Frühen Neuzeit im Überblick, 3. Aufl., Stuttgart 2013, S. 169-171.

99 Vgl. Cink, Ondřej Wizovský, Tomáš/Maryška, František/Staňková, Daniela: Relikviář svatého Maura, Sokolov 2010.

100 Vgl. Tkalec, Maritta: Womöglich Berlins ältestes Gotteshaus, in: *Berliner Zeitung*, 21.09. 2020; dies.: Sensationsfund in Spandau, in: ebendort, 7.06.2023; Frey, Thomas: Liegt Spandaus Geburtsstunde vor 1197?, in: *Spandauer Volksblatt*, 24.06.2023.

101 Vgl. Loth, Heinrich: Altafrikanische Heilkunst. Europäische Reiseberichte, Leipzig 1984.

102 von Altenbockum, Jasper: Als der Schwarze wieder weiß wurde, in: *Frankfurter Allgemeine Zeitung*, 13.11.2020.

103 Vgl. hierzu Gloßmann, Erik: Beschreibung der barbarischen Sklaverei im Kaiserreich Fez und Marokko. In Kürze verfasst von Marcus Berg, Hamburg 2022; Klarer, Mario (Hrsg.): Verschleppt, verkauft, versklavt. Deutschsprachige Sklavenberichte aus Nordafrika (1550-1800). Edition und Kommentar, Wien/Köln/Weimar 2019; Milton, Giles: Weißes Gold. Die außergewöhnliche Geschichte von Thomas Pellow und das Schicksal weißer Sklaven in Afrika, Stuttgart 2010; N'Diaye, Tidiane: Der verschleierte Völkermord. Die Geschichte des muslimischen Sklavenhandels in Afrika, Reinbek bei Hamburg 2010; Haag, Sabine/Sandbichler, Veronika/Klarer, Mario (Hrsg.): Piraten und Sklaven im Mittelmeer, Innsbruck 2019; Davis, Robert C.: Christian Slaves, Muslim Masters. White Slavery in the Mediterranean, the Barbary Coast, and Italy, 1500-1800, New York 2003. Wie ausgeklügelt der nordafrikanische Sklavenhandel war, zeigt ein in seiner Bedeutung nicht nachgelassenes, jedoch vermutlich inzwischen vervollkommnete Überblick von Müller, Hans: Die Kunst des Sklavenkaufs nach arabischen, persischen und türkischen Ratgebern vom 10. Bis 18. Jahrhundert, Freiburg i.Br. 1980.

104 Betschka, Julius: »Der Mohr war Eroberer, nicht Sklave. Warum die Mohrenstraße weiter Mohrenstraße heißen soll«. Interview mit Wolfgang Kaschuba, in: *Der Tagesspiegel*, 8.07.2020.

105 Kaschuba, Wolfgang: »Rassismus hat ein doppeltes Gesicht«, in: *Deutschlandfunk Kultur*, 13.06.2020. URL: *https://www.deutschlandfunkkultur.de/ethnologe-wolfgang-kaschuba-rassismus-hat-ein-doppelten.1008.de.html?dram:article_id=478569.* (letzter Zugriff: 20.02.2023).

106 Diskussion um Mohrenstraße. Kulturwissenschaftler warnt vor Umbenennung, in: *Stuttgarter Zeitung*, 8.07.2020.

107 Schleiermacher, Uta: »Die ganze Stadt als Stolperstein«. Interview mit Wolfgang Kaschuba, in: *Tageszeitung* (*taz*), 25.08.2017.

108 Mädlow, Joachim: Ganz allgemein gegen Straßenumbenennungen, in: *Berliner Zeitung*, 12.11.2020.

109 Krause-Richter, Adelheid: Großes Unverständnis über Straßenumbenennungen, in: *Berliner Zeitung*, 25.05.2021.

110 Teuteberg, Linda: Preußen-Debatte. Demokratie braucht Bewusstsein für Geschichte, in: *Der Tagesspiegel*, 4.02.2023.

111 Hochmuth, Hanno: Was Kreuzberg im Schilde führt, in: *Tageszeitung* (*taz*), 19.03.2019.

112 Vgl. Dell, Matthias: Erfurt zum Beipiel. Zur Frage der Straßennamen, in: *Merkur. Deutsche Zeitschrift für europäisches Denken*, Nr. 880, Berlin 2022, S. 42-53.

113 Kulpok, Alexander: Ran wie Blücher. Welche Berliner Straßennamen wären eigentlich untadelig?, in: *Berliner Zeitung*, 9.12.2020.

114 Nun diskutiert auch Köln über seine Mohrenstraße, in: *Die Welt*, 09.07.2020.

115 Vgl. Bechhaus-Gerst, Marianne/Horstmann, Anne-Kathrin (Hrsg.): Köln und der deutsche Kolonialismus ..., a.a.O.

116 Dell, Matthias: Erfurt zum Beispiel..., a.a.O., S. 44.

117 Vgl. Maxwill, Peter: Debatte um Namen spaltet eine Stadt. Soll die »Mohrenstraße« weg – oder sogar noch verlängert werden?, in: *Spiegel Online*, 17.03.2021; Becker, Claudia: Mohrenstraße und Mohrenhaus. Erinnerungskultur oder Rassismus?, in: *Die Welt*, 18.03.2021.

118 Vgl. beispielsweise Bühler, Urs: Wer Hausfassaden von der uralten Inschrift »Mohr« befreit, tilgt nicht den heutigen Rassismus in den Köpfen, in: *Neue Zürcher Zeitung*, 27.05.2021.

119 Mai, Olaf: Als Bezirksstadtrat habe ich die Umbenennungsorgie erlebt, in: *Berliner Zeitung*, 22.04.2021.

120 Brehmer, Marten: Last der Vergangenheit, in: *neues deutschland*, 30.03.2023.

121 Vgl. van der Heyden, Ulrich: Mit dem Geld sollte man eine Fachbibliothek einrichten, in: *Berliner Zeitung*, 13.02.2020.

122 Rautenberg, Hanno: Ab ins Museum! Noch immer verdrängen die Deutschen ihre blutige Kolonialgeschichte und die Urgründe des Rassismus. Wie sich das ändern lässt? Ein Vorschlag, in: *Die Zeit*, Nr. 35, Hamburg 2020.

123 Vgl. de Graaf, Peter/de Zwaan: Een Piet die wit is? Voor kinderen geen problem, in: *De Volkskant*, 16.11.2018; Müller, Tobias: »Zworte Piet« in den Niederlanden. Zwischen Brauch und Blackfaceing, in: *Tageszeitung* (*taz*), 5.12.2022; Steinvorth, Daniel: Immer Ärger mit dem Schwarzen Peter, in: *Neue Zürcher Zeitung*, 23.11.2019; Niederlande – Ausschreitungen wegen »Zwarte Piet«-Tradition, in: *Neue Rhein/Neue Ruhr Zeitung*, 25.11.2022.

124 Helfrich, Jürgen: Namens-Ärger um Kalten Hund, in: *B.Z.*, 24.02.2023.

125 Vgl. beispielsweise van der Heyden, Ulrich: »Besoffen wie ein Deutscher«. Das Deutschlandbild von Afrikanern zur Zeit der direkten Kolonialherrschaft, in: *Zeitschrift für Religions- und Geistesgeschichte*, Nr. 4, Leiden 2013, S. 357–393.

126 Hart aber fair: Streit um die Sprache, in: *ARD*, 5.10.2020.
127 *Bild*, 20.08.2020.
128 Debionne, Philippe: Zum Mohrenkopf. Schwarzer Chef verteidigt Namen seines Restaurants, in: *Berliner Zeitung*, 6.10.2020.
129 Onuegbu, Andrew: »Der Hass der Deutschen auf sich selbst«, in: *Junge Freiheit*, 21.05.2021.
130 Lenz, Susanne: Interview mit Ibou Diop, in: *Berliner Zeitung*, 24.12.2022.
131 Zippel, Christian: Leserbrief, in: ebenda, 12.01.2023.
132 Mouraum, Marvin: »Berlin hat ein Problem mit Rassismus«, in: *Berliner Zeitung*, 11./12.07.2020.
133 Vgl. Wehner, Markus: Kein Halt mehr an der Mohrenstraße, in: *Frankfurter Allgemeine Zeitung*, 4.07.2020.
134 Ehrlich, Axel: Möhren umbenennen, sofort! Trotz Vitaminen: Gemüse unter Rassismus-Verdacht, *Volksstimme* 14.07.2020.
135 van der Heyden, Ulrich: Recht für den Mohren Anton Wilhelm Amo, in: *Berliner Zeitung*, 6.09.2021.
136 Mail von J. Z. an mich, 6.09.2021.
137 Zu Amo vgl. die aus einer relativ großen Anzahl vorliegenden jüngeren Fachliteratur van der Heyden, Ulrich: Anton Wilhelm Amo, der afrikanische Philosoph, in: ders. (Hrsg.): Unbekannte Biographien in Deutschland. Afrikaner im deutschsprachigen Raum vom 18. Jahrhundert bis zum Ende des Zweiten Weltkrieges, Berlin 2008, S. 65-75; Firla, Monika: Anton Wilhelm Amo (Nzema, heute Republik Ghana). Kammermohr-Privatdozent für Philosophie-Wahrsager, in: *Tribus. Jahrbuch des Linden-Museums Stuttgart*, Bd. 51, Stuttgart 2002, S. 56-89; dies.: Ein Jenaer Stammbucheintrag des schwarzen Philosophen Anton Wilhelm Amo aus dem Jahr 1746, Stuttgart 2012; dies.: Drei Texte aus A. W. Amos Feder in deutscher Sprache, Stuttgart 2020; Edeh, Yawovi Emmanuel: Die Grundlagen der philosophischen Schriften von Amo. In welchem Verhältnis steht Amo zu Christian Wulff, dass man ihn als »einen führnehmlichen Wolffianer« bezeichnen kann?, Essen 2003; Glötzner, Johannes: Der Mohr. Leben, Lieben und Lehren des ersten afrikanischen Doctors der Weltweisheit Anton Wilhelm Amo, Dößel 2003; Ette, Ottmar: Anton Wilhelm Amo – Philosophieren ohne festen Wohnsitz. Eine Philosophie der Aufklärung zwischen Europa und Afrika, Berlin 2014.
138 Beppler-Spahl, Sabine: Einleitung, in: dies. (Hrsg.): Schwarzes Leben, weiße Privilegien? Zur Kritik an Black Lives Matter, Frankfurt am Main 2020, S. 10.
139 Simo, David: Formen und Funktionen des Gedächtnisses der Kolonisation. Das Humboldt Forum und das postkoloniale Deutschland, in: Sandkühler, Thomas/Epple, Angelika/Zimmerer, Jürgen (Hrsg.): Geschichtskultur…, a.a.O., S. 296.
140 Tkalec, Maritta: Wie Kreuzberg zu seinem Namen kam, in: *Berliner Zeitung*, 25.07.2018.
141 Müller, Lothar: Weißer Mann auf heißen Pfaden. Ein Kindheitsbuch über Afrika, wiedergegeben und zitiert in: Domainko, Annika u. a. (Hrsg.): Canzeln. Ein notwendiger Streit, München 2023, S. 173–192.
142 Nutt, Harry: Gut gemeint – oder schon rassistisch?, in: *Berliner Zeitung*, 6.04.2023.
143 Engelkraut, Ortrun: »Es geht auch um das Verlernen von eingespielten Denkweisen«. Interview mit Carolin Alff, in: *Sans Souci*: Ferne Welten, hrsg. von der Stiftung Preußischer Schlösser und Gärten Berlin-Brandenburg in Kooperation mit Tagesspiegel, April–Juni 2023 (vgl. *https://www.spsg.de/blog/article/2023/05/12/es-geht-auch-um-das-verlernen-von-eingespielten-denkweisen/*)
143a Vgl. zu den verschiedenen politischen Organisationen Aitken, Robbie: Berlins Schwarzer Kommunist. Joseph Bilé, die Komintern und der Kampf für die Rechte der Schwarzen, in:

URL: *https://www.rosalux.de/publikation/id/40552/berlins-schwarzer-kommunist;* Martin, Peter: »Der Kuss des Judas.« Die befreiungsbewegung schwarzer Arbeiter und die »Afrikanisierung« der sowjetischen Außenpolitik (1919-1933), Leipzig 2024.

144 Zitiert in Sauer, Walter: Jenseits von Soliman. Afrikanische Migration und Communitybuilding in Österreich. Eine Geschichte, Wien 2022, S. 21.

145 Siehe die Angaben der SPD-Politikerin Franziska Giffey im Artikel »Kein Wort, das den Schmerz beschreibt«, in: *Berliner Zeitung*, 26.06.2020.

146 Mielke, André: Darf Weiß noch beginnen?, in: *Berliner Zeitung*, 1.07.2020.

147 Wagenknecht, Sahra: Die Selbstgerechten ..., a.a.O., S. 22.

148 Knobloch, Clemens: Die Figur des Opfers..., a.a.O., S. 470.

149 Hobsbawm, Eric: Wider den postmodernen Relativismus. Ein marxistischer Historiker zieht Bilanz, in: *Le Monde Diplomatique*, Nr. 12, Berlin: *Tageszeitung* (*taz*), 2004, S. 14.

150 Berliner Straßengesetz Nr. 2, Absatz 2, Buchstabe c der Ausführungsschriften zu § 5 des Berliner Straßengesetzes (AV Benennung), Bekanntmachung vom 1. Februar 2017.

151 Berwald, Bodo: Mail an mich vom 20.11.2020. Eine aktualisierte Fassung des Vorgangs bietet kurz vor dem Gererichsentscheid zur Umbenannung der Mohrenstraße Tkalec, Maritta: Götz Aly gegen das Bezirksamt Mitte, in: *Berliner Zeitung* 3.07.2023.

152 Vgl. u.a. Reich, Anja: Ende der Geschichte, in: *Berliner Zeitung*, 7.07.2023 und Harbach, Madlen: Gericht weist Klagen ab. Mohrenstraße darf umbenannt werden, in: *Der Tagesspiegel*, 7.07.2023.

153 Mohrenstraße darf umbenannt werden (Nr. 28/2023), Pressemitteilung vom 6.07.2023.

154 Onunegbu, Andrew: »Der Hass der Deutschen ...«, a.a.O. Vgl. auch den *dpa*-Beitrag im *Hamburger Abendblatt*, 19.10.2020.

155 Vgl. Hein, Rainer L./Pletl, Steffen: Kulturausschuss will Forum zur Umbenennung der Mohrenstraße, in: *Die Welt*, 11.02.2005.

156 Umbenennung von öffentlichem Straßenland, in: *Amtsblatt für Berlin*, 14.05.2021, S. 1773.

157 Siehe *https://www.rbb24.de/politik/beitrag/2023/09/berlin-mohrenstrasse-umbenennung-bezirk-mitte.html* (letzter Aufruf: 24.12.2023)

158 Vgl. Hönicke, Christian: Berühmte Pankower im Zwielicht, in: *Der Tagesspiegel*, 25.09.2021.

159 Reich, Anja: Eine Frage der Hausnummer?, in: *Berliner Zeitung*, 21.12.2022.

159a Vgl. Schubert, Thomas: Einigung in Pankow. Die Robert-Rössle-Straße verschwindet, in: *Berliner Morgenpost*, 15.06.2022.

160 General-Angriff auf die Kreuzberg-Generäle, in: *B.Z.*, 18.09.2021.

161 Ritter-Pichl, Karin: Leserbrief, in: *Berliner Zeitung*, 20.07.2023.

161a Hönicke, Christian: Streitfall Herta Hammbacher. Falscher Nazi-Vorwurf aus Pankow?, in: *Der Tagesspiegel*, 23.12.2023.

162 Tkalec, Maritta: Widerspruch, jetzt erst recht!, in: *Berliner Zeitung*, 5.07.2021. Siehe auch Schmoll, Thomas: Wer widerspricht soll zahlen, in: *Die Welt*, 22.07.2021.

163 Die Gewalt der Sprache, in: *Sprachnachrichten*, hrsg. vom Verein Deutsche Sprache, Nr. 3, Dortmund 2020, hier S. 1.

164 Vgl. Andrick, Michael: Einschüchtern der Intelligenz, in: *Berliner Zeitung*, 24.08.2021.

165 Kröger, Martin: Umfrage. Mahnmal für Opfer des Kolonialismus gefordert, in: *neues deutschland*, 24.08.2021.

166 Bruckner, Pascal: Ein nahezu perfekter Täter. Die Konstruktion des weißen Sündenbocks, Berlin 2021.

167 Zitiert nach Nutt, Harry: Aufräumen im Aktivistenkarneval, in: *Berliner Zeitung*, 12.10.2021. Ebenso veröffentlicht unter der Überschrift »Ein nahezu perfekter Tätiger« und »Identitäten« – Bewegung zwischen den Kampflinien, in: *Frankfurter Rundschau*, 12.10.2021.

168 Schulz, Bernhard: Streit um Mohammed, in: *Der Tagesspiegel*, 14.04.2023.

169 Stegemann, Bernd: Anerkennung kostet nichts, in: *Der Spiegel*, Nr. 2, Hamburg 2021, S. 111.

170 Diese Warnung habe ich im Zusammenhang mit den politikaktivistischen Forderungen nach der letztlich weitgehend folgenlosen, jedoch den Cultural Change befeuernden Übernahme von Verantwortung einzelner Städte, so auch Berlin, für die nationale Kolonialpolitik Deutschlands wiederholt formuliert. Vgl. van der Heyden, Ulrich: Koloniale Vergangenheit – kann eine Stadt Verantwortung übernehmen?, in: *Namibia Magazin*. Politik, Tourismus, Wirtschaft und deutsch-namibische Beziehungen, Nr. 1, Göttingen 2021, S. 10-12; ders.: Das Gerede von kolonialer Verdrängung ist ein Märchen, in: *Berliner Zeitung*, 1.02.2021.

171 *dpa*-Meldung: Salaman Rushdie warnt vor Gefahr für Meinungsfreiheit, in: *Berliner Zeitung*, 17.05.2023.

172 Reinhard, Wolfgang: Vergiss nicht zu vergessen! Konstruktion und Dekonstruktion von Erinnerungskulturen, Freiburg 2023, S. 177.

7. Was man anhand eines Steins vom Kilimandscharo alles falsch deuten kann

In der DDR setzte man sich seit Ende der 1950er Jahre und in der alten Bundesrepublik seit Mitte der 1960er Jahre kritisch mit der kolonialen Vergangenheit des Deutschen Reiches auseinander.[1] Oder um es mit den Worten des Berliner Afrikahistorikers Andreas Eckert auszudrücken: »Der zuweilen suggerierte Eindruck, man müsse quasi bei Null anfangen, ist schlicht und einfach falsch.«[2]

Allerdings gibt es, wie in jedem Bereich der wissenschaftlichen Forschungen, immer wieder neue Fragestellungen, veränderte Sichten, neue Erkenntnisse und dergleichen mehr, was eine Neubefragung der Fakten und deren Bewertung erfordert.

Zu Beginn der 2020er Jahre erregte ein Stein die deutschen Gemüter, welcher bis dato für ein recht unbedeutendes Kuriosum aus der Zeit der deutschen Kolonialherrschaft in Afrika gehalten worden war. Die Erregung verursachten die Medien, die einen banalen Vorgang öffentlich gemacht hatten und dem Stein eine Bedeutung verliehen. Die Rede ist von der vorgeblichen »Spitze des Kilimandscharos«, also jenes erloschenen Riesenvulkans, der zur Zeit der direkten deutschen Kolonialherrschaft als höchste Erhebung Deutschlands bezeichnet wurde. Auch noch zur Zeit des Kolonialrevisionismus in der Weimarer Republik bis in die Jahre der nationalsozialistischen Diktatur war er das.[3]

Diese sogenannte Spitze war Teil des Wand- und Deckenschmucks im Grottensaal des Neuen Palais' in Potsdam, welches heute zur Stiftung Preußische Schlösser und Gärten Berlin-Brandenburg (SPSG) gehört

Und diese Umstand sowie die Geschichte des Steins bekam im »kolonialen Diskurs« einen mystifizierten Platz.

Das Bergmassiv im heutigen Tansania, welches als Kilimandscharo bezeichnet wird, liegt im Siedlungsgebiet des Volkes der Chagga, die den Berg vor ihrer Christianisierung in der zweiten Hälfte des 19. Jahrhunderts als Sitz der Götter verehrten.

Das Kilimandscharo-Massiv gilt mit 5.892 Metern Höhe über dem Meeresspiegel als höchste Erhebung Afrikas. Es befindet sich etwa 350 km südlich des Äquators im Nordosten von Tansania, nahe der Grenze zu Kenia. Der höchste Gipfel des Massivs wird als Kibo bezeichnet.[4] Schon früh wurde erkannt, dass es sich um den »für die Forschung interessanteste Berg oder besser Gebirgsstock« handelt.[5] Seit 1987 ist die Landschaft am Kilimandscharo UNESCO-Weltnaturerbe. Es breitet sich über eine Fläche von etwa 480 Quadratkilometer aus und lockt Bergsteiger, Forschungsreisende, Touristen und Wissenschaftler an.[6]

Nicht erst Mitte des 19. Jahrhunderts – wie man oft fälschlich annimmt – wurde die Existenz des Kilimandscharos in Europa bekannt. Schon früher war er Ziel teils wissenschaftlich, teils abenteuerlich geprägter Unternehmungen, erst später wurde er auch Objekt kolonialer Begierden. Die ersten Nachrichten stammten von portugiesischen Seefahrern von 1507. Etwas später berichtete ein Spanier, der sich auf einer Entdeckungsreise an der ostafrikanischen Küste befand: »Westlich von Mombasa liegt der äthiopische Olympos, der sehr hoch ist.«[7]

Richtig bekannt wurde der Kilimandscharo durch zwei deutsche Missionare; einer davon war Johannes Rebmann, der ihn 1848 auf einer Rekognoszierungsreise durch Ostafrika aus der Ferne gesehen hatte und von dem überwältigenden Anblick des schneebedeckten Berges beeindruckt war. So wurde er in Europa einer größeren Öffentlichkeit bekannt.

Rebmann weilte dreimal am Fuß des Kilimandscharo. Die von ihm stammende Bezeichnung des Massivs und seines Gipfels beruhte auf Benennungen, die die dortige Bevölkerung für den Berg verwandte.[8] Ein Gletscher auf dem Kilimandscharo ist nach Rebmann benannt.

Während der deutschen Kolonialherrschaft 1884/85 bis 1918/19 besaß das ostafrikanische Bergmassiv als das höchste Gebirge des Deutschen Reiches nicht nur kolonialpropagandistische Bedeutung, sondern auch in der europäischen Machtpolitik – man verstand ihn in Berlin als ein koloniales Faustpfand. Der Berg lockte Europäer an, die diesen »entdecken«, also bezwingen wollten und damit oft die Idee verbanden, ihn in ihre kolonialen Herrschaftsfantasien zu integrieren.

Der als Erstbesteiger des Kilimandscharo gefeierte Hans Meyer (1858-1929) war nicht der erste Europäer, der den Kino erklomm. (Er war 1887 bis zur Eisgrenze in 5.500 Meter Höhe gekommen.) Der Afrika-Reisende Carl Claus von der Decken hatte bereits im Jahre 1861 gemeinsam mit dem englischer Millionär Richard Thornton und 1862 mit dem Afrikaforscher, Geographen und Chemiker Otto Kersten Aufstiege unternommen und sie gelangten dabei bis in eine Höhe von 4.600 Metern. Sie sammelten dabei umfangreiche wissenschaftliche Erkenntnisse. Unter anderem war nun bewiesen, dass die Berichte des Missionars Johannes Rebmann, aber auch die des deutschen Missionars Johann Ludwig Krapf[9] von einem »Schneeberg« am Äquator keine Hirngespinste waren.[10]

Einen weiteren Versuch unternahm 1871 der englische Missionar Charles New.[11] Auch er erreichte den Gipfel nicht. Nach ihm versuchte es der Afrikaforscher Sir Henry Hamilton Johnston[12], der jedoch ebenfalls sein Ziel verfehlte.

Einige Jahre später war ein Wettlauf nicht nur um die koloniale Aufteilung unter den westeuropäischen Kolonialmächten insgesamt entbrannt,[13] sondern es setzte auch der Run auf die Erstbesteigung des Kilimandscharo ein, denn in enger Verbundenheit mit geostrategischen bzw. kolonialpolitischen Ambitionen waren die geographischen Erkundungen zu einer Domäne positivistischen Denkens und der puren Faktengläubigkeit geworden. Damit setzte eine Jagd auf Rekorde und Höchstleistungen ein. »Nicht mehr die Vorstellung einer mythischen terra incognita beflügelte den explorativen Tatendrang, sondern die quantifizierbare Leistung.«[14]

Hans Meyer, der 1858 in Hildburghausen geborene Geograf und Forschungsreisende, Sohn des vermögenden Leipziger Lexikonverlegers gleichen Namens, und der österreichische Alpinist Ludwig Purtscheller (1849-1900) bestiegen nach zwei fehlgeschlagenen Versuchen Meyers in den Jahren 1887 und 1888 den Berg. Am 6. Oktober 1889 erreichten beide in Begleitung des einheimischen Trägers Muini Amani die höchste

Spitze des Kibo-Kraterrandes, der schon damals mit sechstausend Metern[15] als die höchste Erhebung Afrikas galt. Voller Stolz konstatierte Hans Meyer zufrieden im Rückblick: »Der Kilimandscharo war unser.«[16]

Dieser Ausspruch wurde mehrfach künstlerisch verarbeitet[17] und zu seiner Zeit als besondere Leistung deutschen Pioniergeistes gedeutet.[18] Meyer lehnte den einheimischen Namen »des höchsten Punkt(s) afrikanischer und deutscher Erde« zu Ehren seines Staatsoberhauptes ab und nannte den Gipfel »Kaiser-Wilhelm-Spitze«.

Nach Erlangung der Unabhängigkeit Tansanias wurde die Bergspitze 1962 in *Uhuru-Peak* (Kiswahili: Gipfel der Freiheit) umbenannt.[19]

Koloniales Gezerre und Gehabe

Einige Jahre vor Meyer hatte der Kilimandscharo aus europäischer Sicht bereits eine geostrategische Bedeutung erlangt. Auf der sogenannten Berliner Kongo-Konferenz von 1884/85, auf der die europäischen Interessen auf dem afrikanischen Kontinent abgestimmt worden waren, forderte die deutsche Delegation, dass der Kilimandscharo zum deutschen Einflussgebiet in Ostafrika gehören müsse, denn es wären ja deutsche Missionare gewesen, die das Gebirgsmassiv »entdeckt« hätten. Die Regularien für die Gebietsaufteilung Afrikas wurden dann am grünen Kartentisch im Berliner Reichskanzlerpalais vereinbart.[20] Die Region um das Bergmassiv wurde daraufhin dem Territorium der Kolonie Deutsch-Ostafrika zugeschrieben.

Aus heute nicht mehr rekonstruierbaren Gründen existiert eine unausrottbare Legende, die besagt, dass die englische Königin Victoria den Anspruch auf den »Schneeberg« im Jahre 1886 ihrem kaiserlichen Enkel, Wilhelm II., in Berlin zum Geburtstag »geschenkt« haben solle. Der Kilimandscharo-Kenner P. Werner Lange schreibt dazu: »In keinem deutschen oder britischen Archiv fand sich ein Hinweis darauf, kein Historiker vertritt diese Ansicht. Aber die Legende ist offenbar so hübsch, dass Autoren sich immer wieder gern in ihrer Gesellschaft zeigen.«[21]

Der in Chile geborene Literaturwissenschaftler Alexander Honold, Professor für Germanistik an der Universität Basel, nannte die Inszenierung der Gipfeleroberung ein Spektakel von unfreiwilliger Komik. »Das kräftige dreifache Hurra, die abermalige Bewimpelung afrikanischen Berggerölls, schließlich der Taufakt, mit dem die unscheinbare Felsspitze dem deutschen Kaiser persönlich zugeeignet wird – all das trägt in seiner stumpfen, einfallslosen Theatralik die Züge des neuen Zeitalters der Rekorde. Der protokollarische Salto, mit dem ein kümmerlicher Steinhaufen als Kaiser-Wilhelm-Spitze der deutschen Sprach- und Symbolordnung einverleibt wird, gibt sich als entschiedene Travestie zu erkennen. Bemerkenswert, wie in diesem Fall zwei Größen durch wechselweise Auszeichnung aneinander wachsen: der höchste Berg Afrikas erhält das Prädikat ›deutsch‹, und Deutschland bekommt im Gegenzug einen Sechstausender zugesprochen.«[22]

Bergsteiger, die den Kilimandscharo im Unterschied zu Honold bestiegen haben, nahmen diese Beschreibung mit einigem Unverständnis auf. Zum Beispiel stellt P. Werner Lange richtig: Wer von einem »kümmerlichen Steinhaufen« spricht, hat »natürlich keine Ahnung und verhöhnt hier eine außergewöhnliche Leistung sowie einen Menschen, von dessen Maß er ebenfalls nicht einmal eine Vorstellung besitzt. Dort oben torkelt man – auch wenn man nicht wie Meyer und Purtscheller stundenlang Stufen in den glasharten, heute verschwundenen, Ratzelgletscher hauen muss – im übertragenen Sinne mit nur einem Lungenflügel umher, denn der Sauerstoff wird knapp. Selbst das Hirn eines spottlustigen Literaturwissenschaftlers wäre da mangelhaft durchblutet.«[23]

Schon zu der Zeit, als die Erforschung des Gebirgsmassivs am Anfang stand, wussten die Gipfelstürmer um die Schwierigkeiten. So heißt es in einem zeitgenössischen Bericht: »Hochtouren, ob sie in der europäischen Heimat oder in einem anderen Erdteil der alten oder neuen Welt unternommen werden, haben doch unendlich viel Ähnlichkeit miteinander, nur dass die Ersteigungen afrikanischer Bergriesen nahe dem Äquator bedeutendere Schwierigkeiten machen als in gemäßigteren Zonen, indem die Temperaturunterschiede in den Tropen doch ganz bedeutend höhere sind als im gemäßigten Klima. Dazu kommt, dass hier der Bergsteiger nur auf sich allein angewiesen ist. Führer gibt es nicht, da sich die Eingeborenen vor den Geistern der Bergriesen fürchten und nicht zu bewegen sind, den Berg bis zum Gipfel mit zu besteigen.«[24]

Die Leistungen der europäischen Bergsteiger fanden in der Öffentlichkeit des Deutschen Reiches sowie in der späteren Literatur vielfach Hochachtung. Unzweifelhaft ist die Tatsache, dass Kaiser Wilhelm II. auch davon erfuhr und den Forscher nach dessen Rückkehr persönlich empfing. Meyer überreichte seinem Herrscher in der Privataudienz einen sorgfältig verpackten kleinen Lavastein, den er als vom »Gipfel des Kilimandscharos« stammend bezeichnete.

Die Bewertung der Entdeckungen und Besteigung des Kilimandscharo

Damals wurden die als typisch geltenden Vertreter der Forschungsreisenden zumeist mit Geldern von geographischen Gesellschaften oder – allerdings weniger – von Missionsgesellschaften finanziert.

Hans Meyer gehörte indes zur kleinen Gruppe der wohlhabenden Forscher, die sich privat finanzierte Reisen in entlegene Regionen der Erde leisten konnten. Auf seinen Reisen durch Ostafrika erbrachte er seine bis heute bekannteste Forscherleistung: Aus der von ihm mitgeprägten Systematik der Natur entstanden bekanntlich die Ursprünge der Ökologie. Die verkürzte Darstellung von Alexander Honold, der die Entdeckerleistung dadurch zu charakterisieren versuchte, dass diese lediglich aus europäischer Sicht eine Entdeckung gewesen sei,[25] ist freilich wissenschaftlich kaum verwertbar. Aus wessen Sicht hätte er den Berg denn sonst erkunden können? Die Entdeckung und Besteigung des Kilimandscharo wird jedenfalls oftmals als koloniales Ereignis angesehen und beurteilt. Das ist jedoch zu kurz gegriffen.

Der Journalist Steffen Richter kommt der Realität näher, wenn er 2012 schreibt: »Die Anziehungskraft dieses Berges geht im kolonialen Begehren nicht auf. Vielmehr wird es flankiert und überlappt von anderen Motiven, die man wissenschaftliches, abenteuerliches oder auch sportliches Berg-Begehren nennen könnte.«[26] In einer anderen Tageszeitung konnte man lesen, dass schon zu Beginn des 19. Jahrhunderts, nachdem Alexander von Humboldt von seiner Expeditionsreise nach Lateinamerika nach Berlin zurückgekehrt war, die »Bergsteigerei [...] sich zum Trendsport des 19. Jahrhunderts« entwickelt habe.[27]

Oftmals werden heutzutage – losgelöst von den historischen Kontexten – Forschungsreisende als Vorläufer oder gar Vorkämpfer des Kolonialismus diskreditiert. Die seriöse Wissenschaft urteilt da differenzierter.[28]

Natürlich versuchten die Forschungsreisenden in einer Zeit, in der die koloniale Expansion zu den wichtigsten außenpolitischen Aktivitäten gehörte und im Innern des Deutschen Reiches vielfältige ideologische Unterstützungen erfuhr, ihre der Wissenschaft geltenden Leistungen auch damit zu begründen. Meyer sah seine alpine Großtat durchaus als Teil des kolonialen Anspruches Deutschlands in jener Region. So schrieb er in seiner Reisebeschreibung über die Kilimandscharo-Expedition, allerdings Jahre später, als in Deutschland schon der Kolonialrevisionismus blühte, dass er seinerzeit – »erfüllt von dem Gedanken, dass dieser höchste Berg Deutschlands auch zuerst von einem Deutschen erstiegen werden müsse« – sehr stolz gewesen sei.[29] Für Meyer war es auch ein Triumph über die Bewohner des Landes. Für ihn waren, wie für andere europäische Reisende und Forscher ebenfalls, die Afrikaner desinteressiert an der Besteigung des Berges. Er traute es ihnen einfach nicht zu. Wobei wir nicht wissen, ob es nicht doch indigene Bergbezwinger gegeben hat; es existieren keine schriftlichen Zeugnisse. Und ganz praktisch gefragt: Warum sollten die am Fuße des Bergmassivs Lebenden dort hinaufsteigen? Sie waren mit der Sicherung ihrer und der Existenz ihrer Familie hinlänglich beschäftigt. Dort oben in Eis und Schnee gab's nichts zu jagen, und nur um von dort oben auf die Welt zu schauen, lohnte der Kraftakt nicht, ganz abgesehen davon, dass dies vermutlich ihre religiösen Vorstellungen verletzt hätte.

Kritisiert wird in der postkolonialen Literatur, dass Meyer sich über seine in der Kälte zitternden einheimischen Träger lustig gemacht habe. Meyer und Purtscheller wurden bis ins Basislager weit unter dem Gipfelvon Mwinyi Amani – bei Meyer Munifasi oder Muini genannt – begleitet. Er trug alte europäische und Swahili-Kleidungsstücke. »Muini sah höchst verwegen aus. Er hatte über seine dürren Beine zwei Paar wollene Unterhosen gezogen, aus deren mannigfachen Öffnungen die Zipfel eines wollenen Hemdes hervorquollen. Über dem Hemd trug er eine fürchterlich zerrissene rote Uniformjacke irgendeines schottischen Infanterieregiments, an den Füßen viel löcherige wollene Strümpfe und ein Paar alte gelbe Halbschuhe, und den Kopf und Hals hatte er bis auf die Nase und die Augen in einen riesigen Sansibarturban eingewickelt, der im aufgerollten Zustand auf den heißen Steppen des Unterlandes fast seine einzige Bekleidung auszumachen pflegte.«[30] Das sei rassistisch, hieß es.

An anderer Stelle kam der Forscher noch einmal auf die sonderliche Bekleidung seines Bergführers zu sprechen: »Zum Schutz gegen Eis, Wind und Frost hatte sich mein schwarzer Kamerad mit Tüchern und anderen Dingen sorglich eingepackt. Wie ein Bergsteiger sah er allerdings nicht gerade aus. An den Füßen trug er über den Wollstrümpfen ein Paar alte gelblederne Schnürschuhe, die Beine staken in Galahosen der preußischen Gardeartillerie, die ich aus meinem abgelegten Landwehroffiziersbestand mitgebracht hatte, den Oberkörper schützte eine karierte englische Wolljacke und den Kopf ein altes türkisches Fes, das von einem um die Ohren gebundenen Halstuch festgehalten war. Doch ich gewöhnte mich schnell an diesen unfreiwilligen Theatereffekt«, heißt es zum versöhnlichen Beschluss der Szene, »denn Munifasi fand sich mit einer Ruhe und Gewandtheit in das vorher nie geübte Felsklettern, wie ich es bei einem Neger nicht für möglich gehalten hätte.«[31]

In einigen neueren Artikeln scheint man sich geradezu genüsslich auf diese Beschreibung der Kleidung des afrikanischen Helfers durch Meyer zu kaprizieren[32] oder kolportiert, dass sich dieser »über die kurios zusammengestellte Kleidung von Muini amüsiert« habe[32a] –was der an vielen Stellen seines Buches sichtbaren Wertschätzung widerspricht. Eine aktivistische Initiative, die sich *Potsdam postkolonial* nennt, äußerte sich so: »Wir werden ihn jedoch nicht vergessen: Muini Amani, der Meyers Sachen umhertrug, Wasser für ihn und Purtscheller holte, das Lager aufbaute und Feuer anzündete. Muini Amani, der jedoch zu Schwarz gewesen wäre, um Berge in seinem Namen zu verdienen.«[33]

Welches Argument brächten sie in Stellung, wenn die Autoren dieser Schriften wüssten, dass Jahre nach der Unabhängigkeit Tansanias an der Marangu Route eine Gedenktafel für die beiden deutschen heute des Rassismus beschuldigten Bergsteiger angebracht wurde, ohne den Namen des afrikanischen Sherpa, »who assisted the first climbers to reach the summit«, zu erwähnen?

Zu den oft zitierten Beschreibungen der Kleidung Muini Amanis schrieb ein deutscher Kenner des Kilimandscharo und seiner »Entdekkungsgeschichte«: »Natürlich wird die Beschreibung von einem leicht durchschaubaren Zweck bestimmt«, so P. Werner Lange. »Man muss sie nicht unbedingt als Versuch des weißen Mannes werten, den fast zur Ebenbürtigkeit aufsteigenden schwarzen Bruder auf den ihm gemäßen Platz zu verweisen. Viel verdrießlicher ist es, wenn die Szene heute zur Schaustellung einer angeblich längst dahingegangenen Geringschätzung bemüht und darüber vergessen wird, woher die Kleidung sehr vieler Afrikaner noch immer stammt: aus europäischen Sammelcontainern. Geändert hat sich nur, dass die Altkleiderballen, die man auf den Märkten von Moshi oder Arusha aufschneidet, zuvor bezahlt werden mussten und nunmehr statt der Landwehruniformen Jogginganzüge, seidene Dessous, Kaschmirjacketts oder isländische Schafwollpullover daraus hervorquellen.«[34]

Trotz der von einigen als despektierlich angesehenen Beschreibung der Kleidung seines Trägers sollte die wissenschaftliche Entdeckerleistung Hans Meyers nicht wegen einer solchen sicherlich der Realität entsprechenden Schilderung herabgewürdigt werden. Denn neben den sportlichen und organisatorischen Leistungen bereicherte er mit seinen auf diesem Wege gewonnenen naturwissenschaftlichen Erkenntnissen das Wissen über die Beschaffenheit der Welt. So etwa, dass sich die Klimate der Erde nicht nur entsprechend der geographischen Breiten, sondern auch nach der regionalen Höhenlage abstufen.

Dieser am Berg recht deutlich gewordenen abwechslungsreichen Gliederung entsprach ein rascher Wechsel der Vegetationszonen, die wegen der Nähe zum Äquator und der großen Höhe des Kilimandscharo ein großes Spektrum pflanzlichen Lebens aufwiesen. Die bedeutendste wissenschaftliche Erkenntnis Meyers bestand hingegen in der ersten Schilderung der Eisverhältnisse und in seinen Betrachtungen über die vulkanische Natur des Berges – der Anstoß für Meyers spätere vulkanologischen Studien. So ist die würdigende Bezeichnung der Entdeckungstat als »sportliche Leistung mit hoher nationaler Symbolik«[35] durchaus berechtigt. Sie machte seinen Namen über die deutschen Grenzen hinaus bekannt, wenngleich Meyers Verdienste für die geographische Erforschung der Welt auf anderen Gebieten wesentlich bedeutender gewesen sind, denn seine späteren Forschungsergebnisse und seine Untersuchungen der tropischen Schneeberge und Vulkane auch außerhalb des östlichen Afrikas werden als von weitreichenderer Bedeutung bewertet.[36]

Zudem machte er sich auf dem Gebiet der musealen Sammlungstätigkeit verdient, indem er viele naturkundliche und ethnographische Objekte, die er auf seinen Reisen kaufte, an Museen übergab.[37]

Diese stehen nunmehr allerdings im Mittelpunkt der Restitutionsaktivitäten. Denn einige – auch in diesem Falle wieder – unkundige Journalisten können sich nichts anderes vorstellen, als dass diese aufgekauften Gegenstände Raubgut waren und sind.[38]

Das Corpus Delicti

Meyer sammelte auf dem Gipfel des Kilimandscharo Gesteinsproben, schwarzer Lava, die er mit nach Deutschland nahm. Davon überreichte er dem Kaiser einen Brocken als Beleg für die Besteigung. Ob er dies wirklich in dem Bewusstsein tat, damit ein Symbol für den »höchsten deutschen Berg« geschaffen zu haben und damit einverstanden war, dass sein Heimatland, darauf aufbauend, koloniale Ansprüche geltend machen konnte, kann gemäß Quellenlage nicht zweifelsfrei behauptet werden. Vielmehr interpretierten wohl einige Journalisten und andere Publizisten die damals durchaus schwülstige Beschreibung der Privataudienz beim Kaiser als Bekenntnis Meyers zur kolonialen Expansion. »Wie auf dem höchsten Gipfel afrikanischer Erde die deutsche Flagge triumphierend weht, so wehe von ihrem kaiserlichen Schutzherrn aus deutscher Gesinnung und deutsche Gesittung Licht bringend über den deutschen Erdteil, der Kolonie zum Segen, den Kolonisatoren zum Nutzen, dem Vaterland zur Ehre.«[39]

Dass dieses Zitat tatsächlich seine Meinung wiedergibt, kann unter Beachtung der damaligen weit verbreiteten kolonialenthusiastischen Stimmung in der deutschen Bevölkerung durchaus als denkbar angesehen werden. Andererseits wäre auch möglich, dass ihm späterhin ein solch überbordender Kolonialenthusiasmus zugeschrieben worden ist –

entweder durch wirkliche Kolonialenthusiasten und -revisionisten oder noch später durch Kolonialkritiker, die in Meyer einen »kolonialen Feind« ausgemacht zu haben glaubten. Einige Hinweise in der Forschungsliteratur lassen dies vermuten.

Ein weiteres von Meyer mitgebrachtes Gesteinsstück soll jedenfalls in kaiserlichem Besitz verblieben sein. Eine kritikfreie Bestätigung dafür gibt es jedoch nicht.

Wilhelm II. ließ das ihm übergebene Lavagestein jedenfalls in dem Wandschmuck des Grottensaales im Neuen Palais einarbeiten. Dieses Palais bildet den Abschluss des westlichen Endes vom Park Sanssouci.

Die gesamte Anlage diente in erster Linie der Repräsentation, ganz im Gegensatz zu dem intimen und eher auf die privaten Bedürfnisse des preußischen Königs Friedrich II. zugeschnittene Schloss Sanssouci. Dieser hatte das Neue Palais zwischen 1763 und 1769 errichten lassen. Es war eine Demonstration der neu errungenen Bedeutung Preußens unter den europäischen Mächten im Ergebnis des Siebenjährigen Krieges 1756 bis 1763. Prächtige Festsäle, großartige Galerien und fürstlich ausgestattete Appartements sowie im Südflügel das barocke Schlosstheater von Sanssouci unterstreichen diese Intentionen.

Der Grottensaal im östlichen Teil des Erdgeschosses war der offizielle Zugang zur Wohnung Friedrich II. und dem unteren Fürstenquartier. »Entworfen durch Carl von Gontard bildet er, durch vier freistehende und vier vorgezogene Wandpfeiler in drei Abteilungen gegliedert, den Unterbau für den Hauptfestsaal des Schlosses im ersten Stockwerk. Als Gartensaal öffnet er seine fünf großen Fenstertüren zum Parterre vor dem Schloss. Die ursprüngliche Gestaltung mit Bändern aus Marmor, Glasschlacken, einfachen einheimischem Mineralien und Tropfsteinnachahmungen sowie ornamentalen Muschelfeldern an den Wänden und in der Voute der Decke wurde im 19. Jahrhundert, vor allem jedoch zwischen 1886 und 1897, durch Halbedelsteine, seltene Mineralien, Fossilien, Muschel- und Schneckengehäuse aus aller Welt bereichert«, heißt es im amtlichen Führer der Stiftung Preußischer Schlösser und Gärten durch das Palais aus dem Jahr 2005.[40]

Friedrich Wilhelm III., seit 1797 König von Preußen und Kurfürst von Brandenburg, aber auch Kaiser Wilhelm I., ergänzten den Grottensaal durch

Mineralien sowie Edel- und Schmucksteine. Diese Bemühungen wurden ab 1888 unter Kaiser Friedrich III. und danach von Wilhelm II. systematisch fortgesetzt. Die umfangreichen Restaurierungs- und Modernisierungsmaßnahmen wurden erst 1897 abgeschlossen. »Es waren in erster Linie Mineralien von natürlichen Ressourcen heimatlicher Schätze, die man im Zeitalter der ›Entdeckungen‹ und der Kolonialzeit mit seltenen Funden von weit außerhalb der Grenzen des Deutschen Reiches von fast allen Kontinenten ergänzte und besonders in den Jahren 1889 bis 1897 bei der Neugestaltung präsentierte«, wird in einer weiteren Museumspublikation erläutert.[41]

In diesem Zusammenhang gelangte auch die »Spitze des Kilimandscharo« in den Grottensaal. Wilhelm II. ließ das Gesteinsfragment 1890 mit anderen Mineralien zu einem Dekorationsstück verarbeiten, um es auf einem dafür bestimmten Platz besser platzieren und integrieren zu können. Die Geologen Rudolf Sachse und Georg Rohde, von der Generaldirektion der Staatlichen Schlösser und Gärten Potsdam-Sanssouci Ende der 1970er/zu Beginn der 1980er Jahre beauftragt, Gesteine und Mineralien im Grottensaal systematisch zu untersuchen, schrieben dazu: »Inmitten des Streifens N6m steckt – von Quarzkristallen umrahmt – die ›Spitze des Kilimandscharo 1890‹ – wahrscheinlich nicht nur aus Anerkennung für die Forschungsreisenden, mit Sicherheit auch aus Sympathie für die damaligen deutschen Kolonialgebiete in Afrika«.[42]

In ihrem Buch wurde 1984 erstmals die vorläufig in Potsdam endende Geschichte von der »Spitze des Kilimandscharos« nachvollziehbar erzählt. Dabei interpretierten sie die Verwendung exotischen Gesteins aus Afrika, welches im Grottensaal zu sehen ist, durchaus korrekt, wenn sie schreiben: »Mit der Beschaffung von […] weiteren attraktiven Stücken aus Australien, Südamerika und vor allem Afrika zeigt sich das damalige Deutsche Reich als Welt- und Seemacht. Es strebte mit der Ausdehnung seiner Kolonialgebiete die führende Stellung in der Welt an.«[43]

Schon beim Erscheinen ihres Buches war allerdings bekannt, dass es sich nicht um die wirkliche »Spitze« des Kilimandscharo handelte, die als solche ausgewiesen war, sondern lediglich um ein Stück Lavagestein aus der Gipfelregion des Kibos, der höchsten Erhebung des Massivs. Aber eine »Spitze«, also einen höchst gelegenen einzigen Stein gab und gibt es nicht. Denn es handelt sich ja nicht um eine geometrische Pyramide oder einen Kegel. Meyer schrieb zwar von »drei Spitzen«, die es im Gipfelbereich gäbe und die heute die Namen Kibo, Mawenzi und Shira tragen, aber nach Augenzeugenberichten gibt es dort nur drei flache Erhebungen in einer Schotterfläche, die mit Felsbrocken übersät ist.

Das sollte all denjenigen, die sich mit dem Thema der »Spitze des Kilimandscharo« beschäftigen, um damit Aufmerksamkeit zu erregen, eigentlich bekannt sein. Denn schon als die ersten Berichte über dieses Bergmassiv europäische Reisende, Siedler und Missionare anlockte, ist an verschiedenen Stellen nachzulesen, was auch der Antikolonialist, Pazifist und Schriftsteller Hans Paasche (1881-1920) zu berichten wusste: »Einen wunderbaren Blick hatte ich aus der Gegend der Panganibrücke auf die langsam ansteigende und mit unzähligen Kuppen gezierte Bergmasse des Kilimandscharo, die dem Kibo und Mawenzi krönen.«[44]

Im Zuge der von 1978 bis 1983 in mühsamer Kleinarbeit durchgeführten wissenschaftlichen Untersuchungen und Kartierungen sämtlicher Mineralien und Gesteine des Grottensaales in Potsdam stellte sich heraus, dass es sich bei dem vermeintlichen Gipfelgestein des Kilimandscharos gar nicht um Lava handelte, wie sie am Hauptgipfel des Massivs, dem Kibo, anzutreffen ist. Vielmehr handelte es sich um schwarzen Biotitschiefer, ein Gestein, welches häufig in deutschen Mittelgebirgen vorkommt, aber nicht an dem angegebenen Bergmassiv in Ostafrika. Die Herkunft der »Spitze« hatte also schon damals nichts mehr mit dem Kilimandscharo zu tun. Daraufhin durchgeführte Befragungen von langjährigen Mitarbeitern ergaben, dass bei ersten Restaurierungsarbeiten nach dem Zweiten Weltkrieg ein Bauarbeiter versehentlich das bewusste Gestein mit einer Leiter abgebrochen hatte, was dazu führte, dass das kristalline Felsgestein in unzählige Stücke zerbrach. Das fehlende Teil wurde durch ein Stück Schotter vom Platz vor dem Gebäude ersetzt, welches dem zerbrochenen ziemlich ähnlich gesehen haben soll.[45]

Im Jahre 1985 wurde dann dieser Stein gegen ein Stück Basaltlava ausgetauscht, welches aus der Gesteinssammlung stammte, die Hans Meyer von seiner ersten Kilimandscharo-Besteigung 1887 mitgebracht hatte und welches bis dahin im Bernauer Probenarchiv des Zentralen Geologischen Instituts der DDR aufbewahrt und nunmehr der Schlösserverwaltung zur Verfügung gestellt worden war.

Damit endet die eigentlich übersichtliche Geschichte um die »Spitze des Kilimandscharo« jedoch noch nicht. Denn 1997 wurde auf dieses Gesteinsstück, welches eben nicht vom Gipfel des Kilimandscharo stammte, sondern einige hundert Meter tiefer aufgefunden und mit nach Europa genommen wurde, ein Stück Gestein gesetzt, welches tatsächlich aus dem gleichen Gipfelbereich stammte wie der ursprünglich von Meyer mitgebrachte Gipfelstein.[46] Somit befindet sich heute wieder ein Lavastein vom Kilimandscharo an der ursprünglichen Stelle – er stammt zwar nicht vom Gipfel, aber immerhin vom Kilimandscharo-Gebirgsmassiv. Nach 2015 ist der Grottensaal noch einmal gründlich restauriert worden, was die Restauratoren nach einem zeitgenössischen Medienbericht vor große Herausforderungen gestellt haben soll.[47]

In musealen Führern für das Neue Palais, so heißt es auf der Internetseite der Stiftung Preußische Schlösser und Gärten Berlin-Brandenburg, wurde die Spitze des Kilimandscharos lange Zeit nicht angesprochen, die Geschichte dieses Objektes blieb auch bei Führungen im Neuen Palais in der Regel unerwähnt. Meist wurde von den Schlossführern lediglich auf die Spitze und auf das darunter befindliche Messingschild hingewiesen, welches ohne das genaue Wissen über seine Existenz gar nicht richtig zu erkennen gewesen sein soll.

Seit Mai 2021 wird im Ergebnis der Arbeit einer internen Steuerungsgruppe zur Beschäftigung mit kolonialen Kontexten in den Sammlungen der Stiftung auch die »Spitze des Kilimandscharo« und ihre wechselvolle Geschichte in den Führungstexten und auf der Webseite der SPSG thematisiert und erwähnt.[48]

Geheimnisse um den Stein oder nur Unkenntnis?

Leider wird diese relativ wenig spektakuläre Geschichte eines sehr überschaubaren Kapitels musealer Sammlungsgeschichte aus der Zeit des deutschen Kolonialismus benutzt, um mit Aktivismus und Ignoranz auf bestimmte Aspekte einer postkolonialen Bewertung, die auch in diesem Falle nicht mit wissenschaftlichen Erkenntnissen übereinstimmt, aufmerksam zu machen. Es wird also in einen Vorgang etwas hineininterpretiert, obgleich solche Überlegungen dort gar nicht hingehören. Dabei wird selbst von Wissenschaftlern die eigene Unkenntnis als Stand der Forschungen, etwa zur Geschichte des hier im Mittelpunkt stehenden Gipfelsteines eines afrikanischen Berges, als Maßstab für den fiktiven allgemeinen Wissensstand genommen. Dazu wird das »Verschwinden« der angeblichen Spitze des Kilimandscharo aus dem Grottensaal in Potsdam mystifiziert, wenngleich die Hintergründe seiner Geschichte schon lange hinlänglich bekannt sind.[49]

Unter solchen in der Öffentlichkeit immer wieder verbreiteten, in der Fachwelt meist mit Unverständnis aufgenommenen oder mit wenig Sachverstand verbreiteten fragwürdigen Fakten werden Narrative aus dem Spektrum der kolonialen Vergangenheit Deutschlands verstärkt, an denen letztlich die wissenschaftliche kritische Kolonialhistoriographie leidet. Und das beeinträchtigt wiederum die Unterstützung verdienenden Anstrengungen von Afrikanern, sich in ideeller und politischer Hinsicht ihrer eigenen Kultur und Geschichte zu bemächtigen sowie in ökonomischer und politischer Hinsicht, den Anschluss an die Moderne zu finden.

Dass diese Faktoren alle ineinander greifen, machte der 2012 verstorbene bedeutende Bremer Historiker Imanuel Geiss deutlich.[50]

In den Fokus der nach Aufmerksamkeit strebenden aktivistischen Akteure und Publizisten gelangen immer wieder Forschungsreisende, vornehmlich des 19. Jahrhunderts, die Afrika bereisten und den Europäern durch ihre Berichte den Nachbarkontinent nahebrachten. Sie werden jedoch oftmals auf die Rolle als Förderer, Nutznießer, Unterstützer oder Bahnbrecher des kolonialen Projektes reduziert.

Diesen Persönlichkeiten kann man indes selten zum Vorwurf machen, dass ihr unter großen Entbehrungen und Lebensgefahr erworbenes Wissen später oder zeitgleich mit dem Kolonialismus Verbreitung fand und objektiv dessen Errichtung und Aufrechterhaltung diente.

Der Unterschied zwischen kolonialer Betätigung und geographischer Erforschung der Welt wird leider bis heute miteinander vermischt. Treffend wurde bereits 1988 klargestellt: »Dabei ist die Kolonialgeschichte weder im Ablauf noch im Inhalt mit der Entdeckungsgeschichte gleichzusetzen. Und doch hat gerade die stürmische Entwicklung auf beiden Gebieten im Afrika des 19. Jahrhunderts zu intensiver wechselseitiger Beeinflussung geführt. Nach den Ergebnissen der großen Forschungsreisen von Mungo Park bis Stanley blieb die Detailerkundung dann häufig der direkt interessierten und engagierten imperialistischen Macht vorbehalten«[51].

Auf Hans Meyer trifft unverkennbar die Einschätzung des Leipziger Ethnografen Reinhard Escher aus dem Jahr 1989 zu, der die Bedeutung des Forschungsreisenden für die koloniale Expansion wie folgt charakterisierte: »Hans Meyers Persönlichkeit ist umstritten. Wiewohl sein zumindest theoretisches Engagement bei der kolonialen Unterwerfung der Völker Ostafrikas und sein Einsatz für die wirtschaftliche Ausbeutung des späteren deutschen ›Schutzgebietes‹ aus der damaligen historischen Situation erwachsen sind, so erscheinen sie uns heute als zweifelhaft und des Verurteilens würdig. Dem stehen Meyers bahnbrechende Forschungsleistung gegenüber und das Verdienst, wissenschaftliche Erkenntnisse über Afrika und seine Völker mit schriftstellerischer Gewandtheit einer breiten Öffentlichkeit zugänglich gemacht zu haben. Beide Seiten waren in seinem Leben untrennbar miteinander verbunden.«[52]

Solche und ähnliche mit wissenschaftlicher Kenntnis und ethischen Verantwortungsbewusstsein formulierte Einschätzung dringt selten zu Menschen vor, die die Geschichte mit Tunnelblick betrachten. So verwunderte es denn nicht, dass in der *taz* Hans Meyer als »Kilimandscharo-Dieb«[53] bezeichnet wurde. »Er konnte auch viel Raubkunst aus Afrika kaufen. Von den 263 Objekten aus Benin in Leipzig und Dresden stammen 62 von Hans Meyer.«[53a] Quod erat demonstrandum.

Der Stein vom Kilimandscharo als angeblicher Skandal

In einem Artikel der deutsch-französischen Kunsthistorikerin Bénédicte Savoy vom 3. Januar 2022 ging diese auf die »Spitze des Kilimandscharo« ein. Sie mystifizierte dessen Geschichte in einer nicht nachvollziehbaren Weise und stellt die polemische Frage, »was sich wohl für eine Geschichte dahinter verbirgt?« und »Wer hat ihn (*den Stein – UvdH*) eigentlich hergebracht?«[54]. Sie mutmaßte, dass wohl »der ausgestellte Stein nicht von der Spitze des Kilimandscharo stammt«. Offensichtlich uninformiert über den Stand der Forschung und des (kolonial)historischen Kontextes behauptete sie: »Ob der ursprüngliche Stein verloren ging oder gestohlen wurde oder ob das Geschenk Meyers nicht das war, was Meyer behauptete, lässt sich nicht klären.« Bei Berücksichtigung der Geschichte der geografischen Entdeckungen Afrikas, der SPSG-Geschichte oder der afrikanistischen Wissenschaftsgeschichte hätte Frau Savoy feststellen können, dass ihre diesbezügliche Frage schon längst beantwortet war und die Antwort – wie hier dargelegt – ganz profan ist.

In einem Vortrag vor Freunden der Preußischen Schlösser und Gärten e.V. in Potsdam fragte ein halbes Jahr zuvor die Professorin für Kunstgeschichte der Moderne an der Technischen Universität Berlin und Professorin für die Kulturgeschichte des europäischen Kunsterbes des 18. bis 20. Jahrhunderts am Collège de France, allen Ernstes: »Hat dieser Stein mit der deutschen Kolonialzeit in Afrika zu tun?«[55]

Und kam dann zu der schier unglaublichen Erkenntnis: »Wenn man weiter forscht, stellt man allerdings bald fest, dass der ausgestellte Stein nicht von der Spitze des Kilimandscharo stammt.«[56]

Savoys in den Medien große Aufmerksamkeit gefundenes Buch über den angeblichen »Kampf Afrikas« um die Rückgabe des Raub- und Beutegutes[57] hatte bereits ihre Unkenntnis über die Situation und Geschichte des Kontinents offenbart; ich schrieb darüber schon im vierten Kapitel.[58]

Für noch viel größere Aufmerksamkeit als der »Skandal« um die Herkunft des Kilimandscharo-Steins sorgte in musealen Fachkreisen etwas anderes.

Jener Teil des Gesteins vom Kilimandscharo, den Meyer selbst behalten haben soll (wofür es keine eindeutigen Belege gibt), sei in seiner Familie als Briefbeschwerer vererbt worden. Einer seiner Nachfahren verkaufte angeblich den Stein für 40.000 Euro an einen österreichischen Antiquitätenhändler. Der bot ihn für eine Viertelmillion Euro an.[59] Zunächst der Stiftung Preußischer Schlösser und Gärten, die zwar gewisses Interesse gehabt haben dürfte, den zerstörten Stein damit zu ersetzen, doch die dafür geforderte Summe nicht aufbringen wollte oder konnte.[60] Eine sich selbst als »Künstlerkollektiv« namens »Para« bezeichnende Gruppe von Aktivisten überredete den Händler, ihnen den Stein für den Einkaufspreis, also für 40.000 Euro, zu überlassen. Um diese Summe aufzubringen, fertigten sie Repliken des Kilimandscharo-Steins an, angeblich bestehend aus zermahlenem Gestein vom Gipfel der Zugspitze (wofür es vermutlich keine Zeugnisse gibt). Die 2.000 Repliken sollten für 20 € je Stück verkauft werden (online 25 €). Fast heldenmütig feierten einige Journalisten dies unter der Schlagzeile »Gipfelstein der Zugspitze als Geisel genommen«[61], wenngleich dieses Gebirgsmassiv ebenso wie jenes des Kilimandscharo keineswegs die Gestalt einer gleichförmigen geometrischen Figur besitzt.

Damit nicht genug: Im Rahmen der Wiedereröffnung der völkerkundlichen Sammlung des Grassimuseums in Leipzig wurde ein Sockel, auf dem einst die Büste des Geografen und Ethnologen sowie früheren Museumsdirektors Karl Weule (1824–1926) stand, mit Presslufthämmern zerstört und dann zerkleinert.[62] Der Schutt sollte in eine Form gepresst werden, in die das zerkleinerte Gestein von der Zugspitze eingepasst und verkauft werden soll. Die vermutlich hinter dieser Aktion stehende Intention, laut *Süddeutscher Zeitung*, mit der Aktion in Leipzig das »Museum zu zerstören«, wurde allerdings nicht umgesetzt.[63]

War es das, was im Vorfeld dieser Aktion als »Experimentierfreudigkeit«[64] durch Einladung der Para-Aktivisten angepriesen worden war? Die zumeist jungen Leute sind sogar »einen Schritt weiter gegangen, indem sie die Besucher dazu aufforderten, mit den von ihnen erworbenen Bruchstücken der Weule-Stele die Vitrinen ethnologischer Museen einzuwerfen«.[65]

Anscheinend wurde ausgerechnet Karl Weule von einigen sich mit dem komplizierten Verhältnis von Kolonialismus und Entdeckungsgeschichte nicht auskennenden Überaktivisten als Hassperson ausgemacht. Wenn seine Kritiker befragt werden, konzentriert man sich, wie es die TV-Journalistin Ulrike Thielmann formulierte, an »Karl Weules Schattenseiten, kritisieren seine Sprache sowie die Umstände des Erwerbs von Ausstellungsstücken, und schrecken dabei auch vor verfälschenden Verkürzungen von Zitaten nicht zurück. Das erschwert einen ausgewogenen Gesamtblick auf Weules Schaffen im Kontext seiner Zeit.«[66]

In Fachkreisen wurde die Aktion im Leipziger Grassimuseum im Frühjahr 2022 weitgehend skeptisch bis ablehnend bewertet. Vor allem, was die Rolle der neuen Museumsdirektorin dabei anging, die sich von dem bekannten Ethnologen Karl-Heinz Kohl fragen lassen musste, »wie lächerlich sie damit die zum Teil durchaus berechtigten Rückgabeforderungen« machte, die seit einigen Jahren in den Museen und in der Politik diskutiert würden. Er fragte in diesem Zusammenhang sie selbst: »Was treibt Museen dazu, sich selbst abzuschaffen?«[67] Auch die Mitglieder der deutschen Sektion des Internationalen Museumsverbandes ICOM wiesen in einer kritischen Stellungnahme darauf hin, dass die fragwürdige Aktion gegen ethische Richtlinien verstoße, da doch die Bewahrung der ihnen anvertrauten Gegenstände ihre wichtigste Aufgabe sei, nicht deren Zerstörung. Ebenso distanzierte sich der Verband der Restauratoren der Landesgruppe Sachsen von diesem Vandalen-Akt.[68]

Etwas schockiert und wohl auch resignierend fragte Professor Kohl: »Wie lange, so muss man fragen, werden sich auf die Bewahrung des universalen Kulturerbes der Menschheit verpflichtete und aus Steuermitteln geförderte öffentliche Institutionen auf diese Weise zerstören?«[69] Es könnte die Frage angeschlossen werden, ob sich hier die richtigen Personen am richtigen Platz befinden, an einem Ort und zu einer Zeit, in der es um Entscheidungen in der Restitutionsfrage geht.

»›Diese Neuerfindung ist ein Versuch, das ethnologische Museum in die Zukunft zu führen‹, sagt Direktorin Léontine Meijer-van Mensch, die aus den Niederlanden kommt und 2019 vom Jüdischen Museum Berlin nach Leipzig wechselte«, hieß es am 4. März 2022 in der *taz*.

Die Regierung Tansanias zeigte an der Aktion im Leipziger Museum für Völkerkunde bislang kein Interesse. Jedoch sollten sich vermutlich auf Drängen des zehnköpfigen Kollektivs Para – »Künstler*innen« aus Berlin, Frankfurt am Main, Leipzig und Hamburg – lokale Stellen in der Kilimandscharo-Region für die Rückführung des Steins ausgesprochen haben.[70] Kenner bezeichnen das »vorgebliche Interesse an einer ›Rückgabe‹« als »eine Erfindung«.[71] Auch wenn angeblich das *Kilimanjaro Regional Council* sich diesem Anliegen angeschlossen habe.[72]

Die Reaktionen auf diesen »Akt unsinniger Zerstörung« waren nach Beobachtung einer Teilnehmerin schon zum Zeitpunkt der Zerstörung »überwiegend negativ«. Es herrschte »große Betretenheit« und »die künstlerische Intervention wurde allgemein als Bildersturm empfunden«.[73]

Der zurückzuführende Stein soll übrigens nach Ansicht der Akteure des Kulturvandalismus in ein Museum in Moshi in der Region des Kilimandscharo-Massivs gelangen. Das existiert aber gar nicht.

Was bleibt bei kritischer Betrachtung von dem realen historischen Hintergrund, der so viel »Aufruhr« bei den Aktivisten verursacht hat? Oder gefragt in den Worten von Bénédicte Savoy »Was sich wohl für eine Geschichte dahinter verbirgt?«

Als Fazit kann dasjenige übernommen werden, welches bereits in dem Fachjournal *Museum aktuell* zu lesen war: »Weder das Geschenk an Kaiser Wilhelm II. noch der heute als vierter vor Ort eingelassener Stein ist somit die ›Spitze des Kilimanjaro‹. Sondern irgendein x-beliebiger Stein aus dem riesigen Berggebiet, der ohne jegliche Symbolkraft ist.«[74]

Inzwischen spricht auch der Generaldirektor der SPSG, Christoph Martin Vogtherr, von einem Kuriosum – die »falsche Spitze« sei »seit zwei Generationen verschollen«.[75]

Ich nenne das Ganze gefährliche Idiotie. »Klar, das ist Raubgut, aber auf eines mehr kommt es hier im Museum auch nicht an«, erklärte Sebastian Sistig, Mitglied der Künstlergruppe »Para«, gegenüber der *Frankfurter Allgemeinen Zeitung* – einer von dreien, die auf der Zugspitze »mit Hammer und Meißel ein Sechs-Zentimeter-Stück herausgeschlagen« haben. »Klar, das ist Raubgut.«

Im Dienste der »höheren Sache« und »der Kunst« ist alles erlaubt. Auch zu rauben, zu zerstören und zu lügen.

Anmerkungen

1 Vgl. hierzu van der Heyden, Ulrich: Kolonialgeschichtsschreibung in Deutschland. Eine Bilanz ost- und westdeutscher Kolonialhistoriographie, in: *Neue Politische Literatur. Berichte über das internationale Schrifttum*, Nr. 3, Frankfurt am Main 2003, S. 401-429; ders.: Die Kolonialgeschichtsschreibung in der DDR, in: *Politisches Lernen*, Nr. 1-2, Göttingen 2021, S. 11-18.

2 Eckert, Andreas: Kein Anfang bei null, in: *Rotary Magazin*, Nr. 9, Hamburg 2021, S. 58

3 Vgl. Zeller, Joachim: Der höchste Berg des Deutschen Reiches, in: van der Heyden, Ulrich/Zeller, Joachim (Hrsg.): Kolonialmetropole Berlin. Eine Spurensuche, Berlin 2002, S. 278-280.

4 Die beste Erklärung der Namensentstehung und -deutung gibt Lange, P. Werner: Kilimandscharo. Der weiße Berg Afrikas, Zürich 2005, S. 30-31.

5 Bethe, Heinz: Landeskunde. Deutsch-Ostafrika, in: Schwabe, Kurd: Die deutschen Kolonien, Bd. II, Berlin o.J., S. 27-43, hier S. 28.

6 Vgl. ebenda und Lange, P. Werner: Traumberg Kilimandscharo. Vom Regenwald zum tropischen Eis. Ein Reisebericht, Zürich 2008; Rübesamen, Hans Eckart: Kilimandscharo. Der Berg und seine Landschaft, München 1985.

7 Zitiert nach Bethe, Heinz: Landeskunde…, a.a.O.

8 Vgl. Paas, Steven: Johannes Rebmann. A Servant of God in Africa before the Rise of Western Colonialism, Nürnberg 2011. Deutsche Übersetzung: Ein Diener Gottes vor dem Aufkommen des westlichen Kolonialismus, Bonn 2018.

9 Krapf, Johann Ludwig: Reisen in Ostafrika, ausgeführt in den Jahren 1837–1855. Unveränderter Nachdruck der Ausgabe Stuttgart 1858, hrsg. von Werner Raupp, Münster/Hamburg 1994. Vgl. auch Eber, Jochen: Johann Ludwig Krapf. Ein schwäbischer Pionier in Ostafrika, Riehen/Basel 2006; ders.: Neue Forschungen zu Johann Ludwig Krapf, in: *Jahrbuch für evangelikale Theologie*, Bd. 24, Witten 2010, S. 79-88; Gütl, Clemens: Johannes Ludwig Krapf. »Do' Missionar vo' Deradenga« zwischen politischem Ideal und afrikanischer Realität, Münster/Hamburg/Berlin/London 2001.

10 Vgl. Carl Claus von der Decken's Reisen in Ost-Afrika in den Jahren 1859 bis 1865, 2 Bde., Leipzig/Heidelberg 1869 und 1871.

11 Vgl. New, Charles: Life, Wanderings, and Labours in Eastern Africa. With an Account of the First Successful Ascent of the Equatorial Snow Mountain, Kilima Njaro, 3. Aufl., London 1971.

12 Vgl. Johnston, Henry Hamilton: Der Kilima-Ndjaro. Forschungsreise im östlichen Aequatorial-Afrika. Nebst einer Schilderung der naturgeschichtlichen und commerziellen Verhältnisse sowie der Sprachen des Kilima-Njaro-Gebietes, Leipzig 1886.

13 Vgl. das immer noch als Pionierstudie geltende, danach noch mehrmals aktualisierte und in verschiedenen Sprachen übersetzte Buch von Stoecker, Helmuth (Hrsg.): Drang nach Afrika. Die deutsche koloniale Expansionspolitik und Herrschaft in Afrika von den Anfängen bis zum Verlust der Kolonien, 2. Aufl., Berlin 1991.

14 Honold, Alexander: Kaiser-Wilhelm-Spitze. 6. Oktober 1889: Hans Meyer erobert den Kilimandscharo, in: ders./Scherpe, Klaus R. (Hrsg.): Mit Deutschland um die Welt. Eine Kulturgeschichte des Fremden in der Kolonialzeit, Stuttgart/Weimar 2004, S. 136.

15 Hans Meyer ging allerdings davon aus, dass der Kilimandscharo 6.010 Meter hoch sei, eine in der zeitgenössischen Literatur übernommene, später korrigierte Angabe. Inzwischen ist die Höhe (2008) auf 5.892 Meter festgelegt.

16 Meyer, Hans: Auf dem Gipfel des Kilimandjaro, in: Zache, Hans: Die deutschen Kolonien in Wort und Bild (Nachdruck von »Das deutsche Kolonialbuch«, Berlin/Leipzig 1926), Wiesbaden 2004, S. 364.

17 Vgl. Zeller, Joachim: Der höchste Berg ..., a.a.O.; Hamann, Christof/Honold, Alexander: Kilimandscharo. Die deutsche Geschichte eines afrikanischen Berges, Berlin 2011.

18 Vgl. Escher, Reinhard: Die Verdienste von Hans Meyer um die Erforschung des Kilimandscharo, in: *Geographische Berichte*, 34. Jg., Gotha 1989, S. 247-257, hier S. 247.

19 Zur mythischen Bedeutung des Berges für die in der Region lebenden afrikanischen Bevölkerungen sowie der indigenen Bezeichnungen des Massivs vgl, Simo, David: Anschauungen eines Berges. Der Kilimandjaro und seine Bedeutungen, in: *Polylogzentrum für Kunst, Kultur, Wissenschaft und Gesellschaft*. URL: *https://www.polylogzentrum.at/kontakt-impressum*. (letzter Zugriff: 1.12.2022).

20 Vgl hierzu von Strandmann, Hartmut Pogge: Imperialismus vom Grünen Tisch. Deutsche Kolonialpolitik zwischen wirtschaftlicher Ausbeutung und »zivilisatorischen« Bemühungen, Berlin 2009.

21 Lange, P. Werner: Kilimandscharo..., a.a.O., S. 127.

22 Honold, Alexander: Kaiser-Wilhelm-Spitze. 6. Oktober 1889..., a.a.O., S. 137.

23 Lange, P. Werner: Email vom 24.05.2022.

24 Bethe, Heinz: Landeskunde..., a.a.O., S. 30.

25 Honold, Alexander: Kaiser-Wilhelm-Spitze. 6. Oktober 1889 ..., a.a.O. Ausführlicher zu diesen und ähnlichen Themenstellungen Schröder, Iris: Der deutsche Berg in Afrika.

Zur Geographie und Politik des Kilimandscharo im deutschen Kaiserreich, in: *Historische Anthropologie*, Nr. 1, Köln 2005, S. 19-44.

26 Richter, Steffen: Auf der Kaiser-Wilhelm-Spitze, in: *Die Welt*, 28.01.2012.

27 Tkalec, Maritta: Zweimal Chimborazo für Anfänger, in: *Berliner Zeitung*, 15.08.2022.

28 Vgl. van der Heyden, Ulrich: Deutsche Entdeckungsreisende in Afrika und der Kolonialismus. Das Beispiel Hans Meyer, in: Brogiato, Heinz Peter (Hrsg.): Meyers Universum. Zum 150. Geburtstag des Leipziger Verlegers und Geographen Hans Meyer, 1858-1929, Leipzig 2008, S. 117-140; ders.: Deutsche Entdeckungsreisende in Afrika und der deutsche Kolonialismus, in: Pala, Mauro/Serra, Valentina (Hrsg.): Odeporica e colonizzazione tedesca in Africa [= Istituto Italiano di Studi Germanici], Rom 2021, S. 27-57

29 Meyer, Hans: Hochtouren im tropischen Afrika, Leipzig 1928, S. 13.

30 Ebenda, S. 43.

31 Ebenda, S. 84.

32 Vgl. beispielsweise URL: *https://blackandwhitebotschafter.wordpress.com/category/botschafterwissen-geschichte.* (letzter Zugriff: 9.07.2022).

32a Kuhn, Nicola: Der chinesische Paravent. Wie der Kolonialismus in deutsche Wohnzimmer kam, München 2024, S. 126.

33 LeGall, Yann/Urbanski, Paul: Das koloniale Gerüst mit dem Presslufthammer einreißen. URL: *https://postcolonialpotsdam.org/2022/03/18/leipzig-presslufthammer.* (letzter Zugriff: 10.06.2023).

34 Lange, P. Werner: Kilimandscharo ..., a.a.O., S. 213.

35 Brogiato, Heinz Peter: Hans Meyers Grab, in: van der Heyden, Ulrich/Zeller, Joachim (Hrsg.): Kolonialismus hierzulande. Eine Spurensuche in Deutschland, Erfurt 2008, S. 114.

36 Vgl. Pleticha, Heinrich/Schreiber, Hermann: Die Entdeckung der Welt. Ein Lexikon, Wien 1993, S. 285f.

37 Vgl. beispielsweise Göbel, Peter: Kunst aus Benin. Afrikanische Meisterwerke aus der Sammlung Hans Meyer, hrsg. vom Grassimuseum für Völkerkunde, Leipzig 2012.

38 Messmer, Susanne: Das ist doch die Höhe, in: *Die Tageszeitung* (*taz*), 4.03.2022.

39 Meyer, Hans: Ostafrikanische Gletscherfahrten. Forschungsreisen im Kilimandscharo-Gebiet, Leipzig 1890, S. 256.

40 Göres, Burkhard: Amtlicher Führer Neues Palais, hrsg. von der Stiftung Preußische Schlösser und Gärten Berlin-Brandenburg, 2. Aufl., Potsdam 2005, S. 10.

41 Sachse, Rudolf/Rohde, Georg: Der Grottensaal im Neuen Palais, Potsdam 1984, S. 56.

42 Ebenda, S. 20.

43 Ebenda, S. 56.

44 Paasche, Hans: Bericht einer Reise von Hans Paasche nach Ostafrika 1906, ediert in: van der Heyden, Ulrich (Hrsg.): Kolonialer Alltag in Deutsch-Ostafrika in Dokumenten, Berlin 2009, S. 211.

45 Vgl. Rohde, Georg/Sachse, Rudolf: Von der Höhle zum Grottensaal. Der Grottensaal im Neuen Palais zu Potsdam, Großenhain 2000, S. 66.

46 Vgl. SPSG-DIZ: Restaurierungsdokumentation Nr. 418. Ausführlicher siehe van der Heyden, Ulrich/Becher, Jürgen: Erfundene Geschichten: Wie die »Spitze des Kilimanjaros« ins Neue Palais in Potsdam gelangte, in: *Museum aktuell. Die aktuelle Fachzeitschrift für die deutschsprachige Museumswelt*, Nr. 283 + 284, München 2022, S. 16–21.

47 Vgl. *dpa*-Meldung, in: Blick ins Neue Palais, in: *Märkische Allgemeine Zeitung*, 27.06.2014.

48 Vgl. Becher, Jürgen: Die »Spitze des Kilimanjaro« im Neuen Palais von Potsdam, in: URL: *https://www.spsg.de/fileadmin/user_upload/SPSG-KOL-KONTXT-KILIMANJUARO.pdf.* (letzter Zugriff: 20.02.2023).

49 Siehe die *dpa*-Meldung, abgedruckt in: *neues deutschland*, 4./5. Oktober 2008 sowie einige hier ausgewählte Zeitungsartikel, wie Schumacher, Juliane: Durch Sanssouci zum Kilimandscharo, in: *Potsdamer Neueste Nachrichten*, 6.10.2008; Schaefer, Barbara: Wo geht's denn hier zum Gipfel, in: *Frankfurter Allgemeine Zeitung*, 10.03.2015.

50 Vgl. Geiss, Imanuel: Die welthistorische Stellung der europäischen Kolonialherrschaft, in: Wagner, Wilfried in Verbindung mit van der Heyden, Ulrich/Kubitscheck, Hans-Dietrich/Rüger, Adolf/Scharf, Kurt/Stoecker, Helmuth (Hrsg.): Rassendiskriminierung – Kolonialpolitik und ethnisch-nationale Identität. Referate des 2. Internationalen Kolonialgeschichtlichen Symposiums 1991 in Berlin, Münster/Hamburg 1992, S. 21-42.

51 Emersleben, Otto: Entschleierte Erde, Leipzig/Jena/Berlin (Ost) 1988, S. 124.

52 Escher, Reinhard: Vorwort, in: Meyer, Hans: Zum Gipfel des Kilimandscharo. Ostafrikanische Gletscherfahrten, Leipzig 1989, S. 23.

53 Messmer, Susanne: Das ist doch die Höhe, in: *Die Tageszeitung (taz)*, 4.03.2022.

53a Ebenda, s. *https://taz.de/Grassi-Museum-in-Leipzig-im-Umbau/!5836904/* (letzter Zugriff: 12.03.2024).

54 Savoy, Bénédicte: Erzählt uns alles, was ihr über die Kunstwerke wisst!, in: *Der Tagesspiegel*, 3.01.2022.

55 Savoy, Bénédicte: Modisch altmodisch. Über »alte neue Formen des Wissens« in und über Museen und den Spaß daran. Jahresvortrag am 13. Juni 2021, hrsg. von den Freunden der Preußischen Schlösser und Gärten e.V., Berlin 2021, S. 37. Diese Aufforderung wiederholte sie dann in ihrem *Tagesspiegel*-Artikel.

56 Ebenda, S. 39.

57 Savoy, Bénédicte: Afrikas Kampf um die Kunst. Geschichte einer postkolonialen Niederlage, München 2021. Auf dieses Buch wir im Folgenden noch zurückzukommen sein.

58 Vgl. hierzu zudem van der Heyden, Ulrich: Restitution afrikanischer Kulturgüter. Macrons kulturpolitisches Verwirrspiel, in: *Welttrends. Das außenpolitische Journal*, Nr. 148, Potsdam 2019, S. 58-63.

59 Der Stein ist abgebildet im Katalog von Brogiato, Heinz Peter (Hrsg.): Meyers Universum ..., a.a.O., S. 222.

60 Schaefer, Barbara: Der Stein des Anstoßes, in: *Frankfurter Allgemeine Sonntagszeitung*, 13.03.2022.
(*https://recherche.faz.net/fazPlus/document/FAS__SD1202203135000136651766 5?p._scr = search&p.id = Schaefer + Stein + des + Anstoßes&p.pos = 0.(* Letzter Zugriff 24.12.2023)

61 So beispielsweise Messmer, Susanne: Das ist doch die Höhe, ... a.a.O.

62 Vgl. ausführlich hierzu Rein, Anette: Vom Gegenstand des Respekts zur Ruine. Die beauftragte Zerstörung eines museumsrelevanten Denkmals, in: *Museum aktuell. Die aktuelle Fachzeitschrift für die deutschsprachige Museumswelt*, Nr. 279 + 290, München 2022, S. 9-12.

63 Vgl. hierzu Richter, Peter: Zugespitzt. Postkoloniale Guerilla-Kunstaktion, in: *Süddeutsche Zeitung*, 02.03.2022; Kilb, Andreas: Ein Museum schämt sich, in: *Frankfurter Allgemeine Zeitung*, 14.03.2022.

64 Kuhn, Nicola: Mut zum Experiment, in: *Der Tagesspiegel*, 13.03.2022.

65 Kohl, Karl-Heinz: Die Spitze des Kilimandscharo, in: *Rotary. Magazin für Deutschland und Österreich*, April 2022, S. 68–69.

66 Thielmann, Ulrike: »Bilderstürmer«. Attacken auf Kunstwerke sind in der Geschichte nichts Neues, in: *MDR-Kultur*, 5.12.2022. URL: *https://www.mdr.de/kultur/attacken-letzte-generation-geschichte-sachsen-anhalt-thueringen-100.html* (letzter Zugriff: 8.12.2022).

67 Kohl, Karl-Heinz: Die Spitze des Kilimandscharo..., a.a.O., S. 69.

68 URL: *https://www.restauratoren.de/zerstoerung-kann-die-antwort-nicht-sein/?utm_source=mailpoet&utm_medium=email&utm_campaign=vdr-aktuell-januar-2021.* (letzter Zugriff: 10.05.2022). Vgl. auch Müller-Straten, Christian: Heroes and Jacobines. How correctly distance yourself from male predecessors? The ordered destruction of the Leipzig monument for Karl Weule violates German laws and global preservation norms, in: *Expotime!*, München, April 2022, S. 12-21. URL: *https://www.bundesverband-ethnologie.de/kunde/upload/all_files/Archiv/Rein_en_22_GRASSI.pdf.* (letzter Zugriff: 2.01.2023).

69 Kohl, Karl-Heinz: Die Spitze des Kilimandscharo …, a.a.O., S. 69.

70 Richter, Peter: Zugespitzt …, a.a.O.

71 Schriftliche Information von P. Werner Lange, zweimaliger Besteiger des Gipfels und zeitweise mehrmonatiger Besucher der Region, per Mail am 24.05.2022. Ihm gilt mein Dank für seine nützlichen Hinweise über die Situation vor Ort und für seine mit uns geteilten Kenntnisse zur Geschichte des Kilimandscharo.

72 Schaefer, Barbara: Der Stein des Anstoßes …, a.a.O.

73 Rein, Anette: Vom Gegenstand des Respekts zur Ruine. Die beauftragte Zerstörung eines museumshistorischen Erinnerungsmals, in: *Museum aktuell. Die aktuelle Fachzeitschrift für die deutschsprachige Museumswelt*, Nr. 279 + 280, München 2022, S. 9–12, hier S. 10.

74 van der Heyden, Ulrich/Becher, Jürgen: Erfundene Geschichten …, a.a.O., S. 20.

75 Lenz, Susanne: »Wir müssen die Betroffenen hören«. Interview mit Christoph Martin Vogtherr, in: *Berliner Zeitung*, 6.02.2023.

8. Man schlägt den Esel und meint den Sack zu treffen. Der Streit um das von Kolonialisten geprägte Bild des Afrikaforschers Gustav Nachtigal

Seit Jahren wird in einigen deutschen Orten um die Umbenennung von Straßennamen gestritten, die Bezüge zu Personen und Handlungen aus der Zeit des deutschen Kolonialismus aufweisen. Auch Denkmäler stehen unter Verdacht. Weltweit. Eine sachliche Prüfung wird insbesondere von jenen Zeitgenossen begrüßt, die sich beruflich oder aus persönlichem Interesse mit der kolonialen Vergangenheit kritisch auseinandersetzen. Aber man sollte die Kirche im Dorf lassen und sehr genau hinschauen, wer da vom Sockel gestoßen werden soll.

In Stendal entbrannte vor einigen Jahren der Streit um das 1891 vor dem Tangermünder Tor errichtete Denkmal für den in Eichstedt geborenen Afrikaforschers Gustav Nachtigal (1834–1885). Nach der deutschen Vereinigung und dem Wiederaufstellen des Denkmals im Jahre 1991 schlugen die Wellen hoch, bis hinein in die Wissenschaft, in diesem Falle in die Vereinigung der Afrikanisten Deutschlands. Dann verebbte anscheinend das Interesse in der Heimat des Afrikaforschers, nach dem in Stendal auch eine Straße benannt ist. Im Sommer 2020 wurde das Nachtigal-Denkmal mit Farbe beschmiert,[1] woraufhin die Polizei Ermittlungen einleitete. Völlig aufgehört hatte zuvor allerdings der Disput um den Afrikaforscher nicht. Schon Jahre vorher wurde von einigen sich vorgeblich antikolonial engagierenden Bürgern die Beseitigung der ehrenden Andenken an den berühmten Sohn der Stadt gefordert, sowohl in Eichstedt, wo es einen Erinnerungsstein gibt, als auch in Stendal.

Der Bürgermeister von Eichstedt hoffe mit seinem Appell im März 2018 die Diskussion zu beenden: »Gustav Nachtigal war kein kolonialistischer Einpeitscher. Man sollte mit der Verteufelung endlich aufhören.«[2]

In Berlin ließ man sich von solchen provinziellen Aufforderungen nicht beeindrucken. Im Afrikanischen Viertel im Stadtbezirk Wedding existierte ein Nachtigal-Platz, der am 2. Dezember 2022 in Manga-Bell-Platz umbenannt wurde.[3] Die CDU-Fraktion hatte durch einen Taschenspielertrick zunächst die Umbenennung verhindert wollen: das Areal sei ja nicht nach Gustav Nachtigal, sondern nach dem Theologen Johann Karl Christoph Nachtigal benannt, brachte dann aber schließlich selbst 2016 einen Antrag auf Namensänderung in die BVV ein. Auf Anregung der Anwohnerinitiative *Pro Afrikanisches Viertel*.

Im Unterschied zur Bundesrepublik hatte sich die DDR seit Beginn ihrer Existenz kritisch mit der deutschen Kolonialgeschichte auseinandergesetzt, weshalb 1970 – im Zuge der antikolonialen Ausrichtung der DDR-Geschichtswissenschaft und -Außenpolitik – auch eine Bronzebüste Gustav Nachtigals aus dem öffentlichen Raum entfernt und in Stendal eingelagert worden war. Weil aus Prinzip jede Entscheidung in der DDR nach 1990 revidiert wurde, kam im Dezember 1991 Nachtigal wieder auf den Sockel, von dem er einst entfernt worden war – begleitet von einer Ausstellung zum Thema »Gustav Nachtigal – Arzt, Afrikaforscher, Diplomat« im Stendaler Museum.[4]

Die Entscheidung 1970, das Nachtigal-Denkmal zu entfernen, fußte maßgeblich auf der Tatsache, dass in Kolonialenthusiasten und Nazis über den grünen Klee gelobt hatten. Und die Afrikaforschung der DDR war noch nicht soweit, um ein realistisches Bild von Nachtigal zeichnen zu können. So überraschte es denn nicht, dass sich jene, die die DDR im Orkus und Nachtigal an seinem früheren Platz sehen wollten, auf Publikationen aus eben jener DDR beriefen. So hatte die Magdeburger Historikerin Dagmar Krone in einer heimatgeschichtlichen Publikation geschrieben, dass Nachtigal eine »Entwicklung vom Forschungsreisenden zum Apologeten des Kolonialismus« durchgemacht habe.[5] Überzeugende Belege konnte sie nicht erbringen, sie war vermutlich auf Stimmen und Stimmungen der zeitgenössischen Kolonialisten und den ihnen folgenden Propagandisten des Nazireiches hereingefallen. Das erging nachfolgenden Wissenschaftlern nicht viel anders. So festigte sich Nachtigals Ruf als »eiserner Verfechter deutscher Kolonialpolitik«[6] und als Kolonialheld.

Aber war er das wirklich?

In wissenschaftlichen Diskussionsrunden, an denen ich beteiligt war, wurde darüber ausdauernd und emotional gestritten, wobei ich oft zwischen den Kennern Nachtigals und des deutschen Kolonialismus vermittelnd tätig wurde, insbesondere zwischen Jürgen Germer und Peter Sebald.[7] Wir beteiligten uns auch an der Diskussion, als es Überlegungen zur Gründung einer Nachtigal-Gesellschaft in Stendal gab. Dass man nicht über die Köpfe der von Nachtigals Handeln direkt Betroffenen, die Afrikaner, hinweg diskutieren sollte und wenn man den Dialog sucht zu ganz erstaunlichen Ergebnissen kommt, wurde bestätigt, als afrikanische Kollegen von der Universität in Lomé im Jahr 2004 unter dem Titel »1884-2004: Gustav Nachtigal in Togo: Rück-, Ein- und Ausblicke« eine Konferenz veranstalteten, wo der deutsche Afrikaforscher nicht als brutaler Kolonialist gesehen wurde, sondern als eine Persönlichkeit, die am Beginn der deutsch-togoischen Beziehungen steht.

Nicht erst dann wurde bewusst, dass etwa die Entfernung der Nachtigal-Büste 1970 kein antikolonialistischer Reflex, sondern eine ganz pragmatische Entscheidung der lokalen Behörden gewesen sein konnte. In Stendal unterhielt die Sowjetarmee eine Garnison. Und diese schenkte anlässlich des 100. Geburtstag von W. I. Lenin, dem Begründer des Sowjetstaates, der Stadt Stendal 1970 ein überlebensgroßes Standbild dieses Mannes. Damit stand die Frage vor der überraschten Stadtverwaltung: Wohin damit? Der Platz mit dem Nachtigal-Denkmal schien dafür angemessen … Es ist, wenngleich auch nicht belegt, der wahrscheinliche Grund für die etwas übereilte Entscheidung, Nachtigal ins Depot zu verbannen.

In Berlin hingegen war nach der Jahrtausendwende keine solche Eile geboten. Man konnte sich intensiv mit der Vita des Mannes beschäftigen, der im Ausland wegen seiner »wissenschaftlichen Gründlichkeit und Tiefe der Forschungen« geschätzt wurde.[8]

Das schien – wie auch bei anderen Personalien – bei etlichen Unkundigen keine Rolle zu spielen. Wie auch in anderen Fällen war entscheidend die Stigmatisierung als Kolonialist und Rassist. Schließlich war in der »Kolonialmetropole« Berlin 1910 ein Platz nach ihm benannt worden – und in ganz Deutschland rund dreißig Straßen und Plätzen. Das war Beweis genug. Immerhin hatte ihn Bismarck 1884 zum Reichskommissar für Deutsch-Westafrika ernannt und beauftragt, die von hanseatischen Kaufleute erworbenen Territorien und Handelsstützpunkte in Togo und Kamerun in deutsche Kolonien zu überführen. Allerdings: Nachtigal starb bereits im April 1885. Davor jedoch hatte der studierte Mediziner seit den sechziger Jahren ausgedehnte Forschungsreisen in Afrika unternommen. Und eben diese begründeten seinen wissenschaftlichen Ruf.

Nebenbei: Die ihm vom Reichskanzler übertragene Aufgabe als Reichskommissar für Deutsch-Westafrika war allenfalls ein symbolisch-diplomatischer Akt, die deutschen Besitzansprüche in Togo und Kamerun deutlich zu machen. Insofern enttäuschte Nachtigal einige tatsächliche Kolonialenthusiasten, weil er nicht gewaltsam oder durch Androhung von Gewalt Ländereien besetzen ließ. Zumal er nur kurze Zeit in dieser Funktion tätig war: Er verstarb an Bord eines Kanonenbootes an Tuberkulose.

In den 1980er Jahren fragte der DDR-Kolonialhistoriker Peter Sebald: »Was veranlasste die Häuptlinge der Togodörfer, den Deutschen einen Protektionsvertrag anzubieten, und zwar ohne die bei Vertragsabschlüssen sonst übliche gewaltsame Nötigung und Bestechung durch die Kolonialmächte?«[9] Die Antwort: Durch den Abschluss des Protektionsvertrages strebten die Häuptlinge von Togo an, die von den dort ansässigen europäischen Faktoreien Ausfuhrzölle einzunehmen.[10]

Nachtigal beglaubigte allerdings auch die betrügerisch erworbenen Rechte für den Landkauf der Firma Lüderitz im heutigen Namibia, mit der die Unterwerfung der dortigen einheimischen Bevölkerung begann. Ob ihm damals die Hintergründe der fragwürdigen Vertragsgrundlagen für die Landerwerbungen, gemeinhin auch »Meilenschwindel« genannt, im vollen Ausmaß bekannt waren, dürfte bezweifelt werden. Nachtigal soll den Protestbrief des afrikanischen Häuptlings Joseph Friedericks nach Deutschland weitergeleitet haben.[11]

Das, was die Kolonialherren in ihren »Schutzgebieten« nach dem von Gustav Nachtigal veranlassten Hissen der deutschen Flagge anrichteten, kann man ihm nicht anlasten. Der symbolische Akt erfolgte vornehmlich, um die koloniale Konkurrenz aus Frankreich und Großbritannien auf Distanz zu halten. Die Folgen seines Handelns konnte er gar nicht wahrnehmen, denn er verstarb, wie schon erwähnt, am 20. April

1885, also lange, bevor die deutsche Kolonialherrschaft errichtet und gefestigt worden war.

Wie konnte er da die Kolonien Togo, Kamerun und Deutsch-Südwestafrika unterworfen haben, wie in einem *Tagesspiegel*-Artikel behauptet wurde, wie »eine Schlüsselrolle [...] bei der Errichtung der deutschen Herrschaft über die drei westafrikanischen Kolonien«[12] eingenommen haben? Auch in einem wissenschaftlichen Anspruch erhebenden Sammelband im Jahr 2013 hieß es anklagend, dass Nachtigal »auch aktiv am deutschen Kolonialismus teilnahm« und »sich an einer Politik, die für die einheimische Bevölkerung folgenschwer war«, beteiligte.[13]

Der Übernahme der ihm vom Reichskanzler übertragenen Aufgabe, darauf verwies schon die Ethnologin Angelika Tunis im Jahre 1996 in einem Aufsatz, »verdankte Nachtigal eine Rezeptionsgeschichte, die ihn zu Unrecht in erster Linie als deutschen Kolonialpionier verherrlichte. Eine solche Blickrichtung verstellt die Möglichkeit zu einer gerechten Beurteilung seines Lebenswerkes. Er selbst hatte sich Zeit seines Lebens um eine faire Bewertung der fremden Menschen und Lebensumstände bemüht und vorurteilsfrei berichtet.«[14]

Die Kritik in der Gegenwart richtet sich vornehmlich auf das Scheinbild, welches die Nationalsozialisten von ihm zeichneten. Nachtigal wurde von den Nazis zu einer Schlüsselfigur der deutschen Kolonialpropaganda gemacht, indem die nationalistischen Darstellungen aus der Zeit vor 1933 aufgegriffen und noch verstärkt worden waren. In der Zeitung der deutschen Kolonialgesellschaft gab man 1913 die Richtung vor: »Nun ist bekannt, wie schwierig es für die Verwaltungen unserer stetig sich ausdehnenden Großstädte ist, die neu entstehenden Straßenzüge zu benennen. Warum werden nicht koloniale Bezeichnungen verwendet? Für die koloniale Sache wäre es doch ein Gewinn, wenn unsere Jugend zwischen einer Togo-, Duala-, Windhuk-, Lüderitz-, Wissmannstraße sich bewegte und so von früh auf lernte, dass diese Namen [...] Plätze des überseeischen Deutschlands und der Helden (sind), die an seinem Aufbau mitgewirkt haben.«[15]

Der US-amerikanische Historiker Matthew Unangst hat in einer sehr scharfsinnigen Studie mit komparatistischen Ansatz darauf aufmerksam gemacht, dass um die Mitte der 1880er Jahre die deutsche Afrikaforschung »durch Kosmopolitismus definiert war«. Erst danach, oftmals erst nach deren Tod, wurden diese Pioniere »als Verkörperung einer chauvinistischeren Nationalidentität betrachtet«. Dort ordnete er ausdrücklich Gustav Nachtigal ein.[16]

Auf Grund der von den Kolonialisten initiierten und von den Nazis verstärkten Propaganda wurde Nachtigal Namensgeber für Straßen und Plätze in Bremen (1919), Dresden (vor 1923), Neustadt an der Weinstraße (vor 1938), Plettenberg (Ende der 1930er Jahre) und in weiteren deutschen Städten.[17]

Weil er »schon vor der Nazizeit verewigt« worden[18] und ein »Abwickler deutscher Kolonialität« gewesen sei, wurde er beispielsweise im Februar 2017 an den publizistischen Pranger der *taz* gestellt[19]. Und der Namenswechsel in der Afrikanischen Siedlung von der Berliner Presse bejubelt. Endlich war Nachtigal der »Kolonialverbrecher« (*taz*), der »Kolonialherr« (*Morgenpost* und *Tagesspiegel*), auf den Müllhaufen der Geschichte gelandet.[20]

Das war auch möglich, weil bislang nicht alle von Nachtigal stammenden Aufzeichnungen nach wissenschaftlichen Gesichtspunkten erfasst und ausgewertet wurden. Oft ist deren Existenz nicht einmal bekannt. Es existiert keine seriöse Biographie über ihn. Das wurde in der Fachliteratur schon wiederholt beklagt.[21]

Dabei sind die Standorte der bis heute nicht ausgewerteten handschriftlichen Zeugnisse durchaus bekannt. Gemeint sind nicht seine zwischen 1879 und 1889 herausgegebenen Tagebücher über seine Reise durch die »Sahara und Sudan« (so der Titel), die international in der Wissenschaft bis heute gerühmt werden. Sondern die schriftlichen Quellen über vollkommen unbekannte Details aus seinem Leben, seine Ansichten zur damaligen Politik, zur afrikanischen und zuvor schon zur arabischen Kultur, die der Arabisch sprechende und lesende Nachtigal besonders intensiv erforscht hatte. In fast einem Dutzend Archiven schlummern die – wohl nicht zuletzt wegen seiner schwer zu lesenden Handschrift[22] – noch nicht ausgewerteten Schriftstücke.

Nachtigal war nicht der einzige europäische Entdeckungsreisende, der als Geograf und reisender Dokumentarist unter Lebensgefahr die wissenschaftlichen Grundlagen schaffen half, auf denen wir unser heutiges Leben gestalten. Er und andere geographische Forscher trugen durch ihr Lebenswerk dazu bei, Verständnis für Sprachen und Kulturen der Völker Afrikas zu entwickeln. Sie verdienen es, nach ihren Leistungen bewertet zu werden und nicht danach, was Kolonialisten und Faschisten daraus propagandistisch gemacht haben.[23] Nicht deren Urteil ist für uns maßgebend, sondern einzig das, was diese Persönlichkeiten als Pioniere des Fortschritts für die gesamte Menschheit geleistet haben. Wir müssen sie gegen Missbrauch in Vergangenheit und Gegenwart schützen und ihr Lebenswerk verteidigen. Angelika Tunis, die sich mit dem Leben und den Leistungen Nachtigals befasst hat, weiß, dass er »keine Kanonenboot-Politik betrieben und Verträge durch Waffengewalt erzwungen (hat); auch hat in seiner Anwesenheit oder auf seinen Befehl kein Marinesoldat auf einen Afrikaner geschossen«.[24]

Am Ende seines Lebens wurde der Forscher Regierungsbeamter. Er wusste nicht, was wir heute wissen. Über den Kolonialismus, über die Politik, über globale Zusammenhänge. Aus gesicherten Quellen wissen wir, dass Nachtigal nicht von dieser Aufgabe begeistert war, die ihn »unverhofft« nach Westafrika beorderte, wo er sich kritisch gegenüber privatgeschäftlichen Motiven der deutschen Kolonialplanungen positionierte. Er hatte letztlich aus Pflichtgefühl diesen Auftrag angenommen. Gustav Nachtigal, der sich unter Einsatz des Lebens bedeutende wissenschaftliche Meriten erworben hat, der entdeckungsgeschichtliche »Pionierleistungen« unter Einsatz seines Lebens erbrachte, dem »alle menschlichen Widerwärtigkeiten« fernlagen, der seinen Lebensinhalt in einem Beitrag zum »Fortschritt von Erd- und Völkerkunde« sah,[24a] übernahm als deutscher Beamter eine ihm übertragene letztlich kurzzeitige Funktion seines höchstens Dienstherrn, des Reichskanzlers.

Insofern ist es müßig, über Verunglimpfungen, er sei ein Kolonialherr »der übelsten Sorte« gewesen[25], auch nur nachzudenken. Er war auch kein »schräger Vogel«, kein »Betrüger«[26], zu dem ihn die *taz* machte.

Auch »kein Geiselnehmer«, zu dem er auf der Homepage des Berliner Entwicklungspolitischem Ratschlag (BER) – Mitglied im Bündnis »Decolonize Berlin«, einem Netzwerk zivilgesellschaftlicher Akteure – erklärt wurde. Wahr hingegen ist, dass Nachtigal drei nach Deutschland verschleppte Geiseln nach Togo zurückbrachte.

Der Afrikaforscher vertrat in seinen Schriften philanthropische Ansichten und war ein scharfer Kritiker des Sklavenhandels. Er nahm Bismarcks Ruf an, weil er hoffte, den Transsahara-Sklavenhandel der Araber besser bekämpfen zu können. In den moralisch anklagenden Diskussionen bleibt das unerwähnt. Ignoriert wird, dass er seine vom Kanzler übertragene »Dienstanweisung« kritisch sah, anfangs davor – wie ein zeitgenössischer Vertrauter berichtete – zurückscheute.[27] Zudem wurde Nachtigal in über ihn angefertigten Berichten gerügt, weil er sich als Konsul zu sehr der Erforschung der indigenen Kulturen widmete statt der Politik, denn er hatte, wie ebenfalls ein Zeitgenosse berichtete, ein »inneres Widerstreben gegen diese Bestimmung«.[28] So war beispielsweise seine Kritik an der Beteiligung deutscher Unternehmen am Schnapsexport nach Afrika so scharf, dass sie nicht an die Öffentlichkeit gelangen durfte.

Alle diese Tatsachen, die eigentlich gewürdigt werden sollten, werden von seinen Kritikern nicht zur Kenntnis genommen. Kaum erforscht ist seine Vertrauensstellung, die er als Arzt im Dienste des Beys von Tunis jahrelang genoss, und wie er seine Stellung für Hilfeleistungen für »einfache Menschen« nutzte.[29]

Als bester Kenner der Lebensgeschichte von Gustav Nachtigal, der auch die meisten seiner bislang nicht veröffentlichten Tagebücher und Briefe gelesen hat, war der inzwischen verstorbene Jürgen Germer. Er schrieb in seinem bisher unveröffentlichten Manuskript seine Erkenntnisse über den Afrikaforscher nieder: »Eine kritische Analyse seiner Briefe und Tagebücher nach unseren damals wie heute gültigen moralischen Grundsätzen zeigt, dass Nachtigal keine Schuld auf sich geladen hat. Sein Verhalten gegenüber den Afrikanern war stets ohne Falsch, ob während seiner sechsjährigen Reise in Sahara und Sudan oder während seines letzten Lebensjahres an der Westküste Afrikas. Da er beide Reisen zur vollen Zufriedenheit des preußischen Königs und späteren Kaisers durchgeführt hatte, blieben nach seinem Tode am 20. April 1885 öffentliche Ehrungen in Form von Denkmälern und Straßennamen natürlich nicht aus. Nur sein handschriftlicher Nachlass von der letzten Reise wurde bisher nicht veröffentlicht; wahrscheinlich hatte man schon frühzeitig festgestellt, dass eine Publikation dem Heldenmythos abträglich sei. [...] Nachtigals Schwester und (ein) Ehepaar [...] hatten aber fast regelmäßig, in monatlichen Abständen, Briefe erhalten, vermieden aber wegen des unerfreulichen Inhalts, diese vollständig zu veröffentlichen. Auch das Auswärtige Amt wollte nicht, dass die in seinen Tagebüchern stehenden Dienstgeheimnisse bekannt werden. So ist Nachtigal in die Kolonialgeschichte als der erste große Märtyrer eingegangen und wurde bei den Trauerfeiern und Denkmalsenthüllungen wie ein Krieger und Held gefeiert.«[30]

Seine privat verschickten Briefe an seine Freunde wurden, so formulierte es auch Angelika Tunis, nicht veröffentlicht, weil sie »unerfreuliche Inhalte« enthielten.[31]

In der afrika- und globalhistorischen Wissenschaft wird Nachtigal, der auf seinen Reisen der afrikanischen Bevölkerung nicht mit rassistischer oder paternalistischer Überheblichkeit begegnete und dies auch in seinen Schriften zum Ausdruck brachte, gewürdigt als einer »der menschlichsten Gestalten der Afrikaforschung – trotz seiner kolonialen Tätigkeit«.[32]

Wenngleich es auch nachvollziehbar ist, dass diese Erkenntnisse den Umbenennungsbefürwortern unbekannt waren und sind und vielleicht auch unverständlich bleiben werden, sollten wir die Hoffnung nicht vorzeitig begraben, dass sie sich eines Tages von der Anmaßung verabschieden, den Afrikanern vorzuschreiben, wie sie die Geschichte und deren weiße Protagonisten zu beurteilen haben.

Nein, am deutschen Wesen darf und wird die Welt nicht genesen. Und der Drohung, an den in Togo und Kamerun existierenden Hospitälern an den Namen zu gehen, sollten wir massiv in die Parade fahren. Es wurde bereits in kolonialer Überheblichkeit bedeutet, dass »wir diese Benennungen vielleicht irgendwann in Frage stellen. Möglicherweise finden dann Umbenennungen statt.«[33] Einige Krankenhäuser tragen den Namen »Gustav Nachtigal«.

Ihn abschließend einzuordnen ist zwar schwierig, doch nicht unmöglich. Man muss sich nur mit den wirklichen Taten und dem jeweiligen konkreten historischen Kontext beschäftigen. Wer dies tut, wird, wie der Journalist Thilo Tielke im *Spiegel* erklärte, die Umbenennungsforderungen der Nachtigals Namen tragenden Orte aus angeblicher politischer Korrektheit zumindest als »ein wenig albern« empfinden.[34]

1 Vgl. Wollmann, Antonius: Nach Farbattacke auf Nachtigal-Denkmal, in: *Volksstimme*, 5.08.2020.
2 Vgl. Kaufholz, Bernd: Verteufelt und verehrt, in: *Volksstimme*, 23.03.2018.
3 Vgl. Kiefert, Ulrike: Nachtigalplatz wird Manga-Bell-Platz, in: *Berliner Woche*, 21.11.2022; Merz, Kathrin: Nachtigalplatz und Lüderitzstraße in Wedding werden umbenannt, in: *Berliner Zeitung*, 16.11.2022; Lotze, Birgit: Afrikanisches Viertel. Freiheitskämpfer statt Kolonialherren, in: *Berliner Morgenpost*, 2.12.2022.
4 Vgl. Block, Ernst: Dr. Gustav Nachtigal (1834-1885). Ein Altmärker half, Afrika zu erforschen, Teil I, in: *Altmark-Blätter. Heimatbeilage der Altmark-Zeitung*, 19.06.1993.
5 Krone, Dagmar: Gustav Nachtigal. Foschungsreisender und Kolonialeroberer, in: *Magdeburger Blätter. Jahresschrift für Heimat- und Kulturgeschichte im Bezirk Magdeburg*, Magdeburg 1989, S. 52-59, hier S. 58.
6 Sippel, Harald: Im Interesse des Deutschtums und der weißen Rasse. Behandlung und Rechtswirkungen von »Rassenmischehen« in den Kolonien Deutsch-Ostafrika und Deutsch-Südwestafrika, in: *Jahrbuch für afrikanisches Recht*, Bd. 9, 1995, S. 123-159, hier S. 154.
7 Vgl. van der Heyden, Ulrich: Der Fall Nachtigal, in: *CORPS. Deutsche Corps Zeitung*, Nr. 4, Bad Kösen 2022, S. 38-42; ders.: Gustav Nachtigal (1834-1885). Das von Kolonialisten und Faschisten geprägte Bild des Afrikaforschers erregt die Gemüter und wird als wahr angenommen, in: *Altmark-Blätter. Heimatbeilage der Altmark-Zeitung*, Nr. 18, Uelzen, 6.05.2023, S. 69-72.
8 Vgl. Pritze, Rudolf: Ein Vermächnis Barths und Nachtigals, in: *Zeitschrift der Gesellschaft für Erdkunde zu Berlin*, Bd. 53, Heft 5/6, Berlin 1918, S. 216.
9 Sebald, Peter: Togo 1884-1914. Eine Geschichte der deutschen »Musterkolonie« auf der Grundlage amtlicher Quellen, Berlin (Ost) 1988, S. 41.
10 Vgl. Sebald, Peter: Togo 1884-1900, in: Drang nach Afrika. Die deutsche koloniale Expansionspolitik und Herrschaft in Afrika von den Anfängen bis zum Verlust der Kolonien, 2. Aufl., Berlin 1991, S. 76.
11 Vgl. Tunis, Angelika: Ein Philanthrop im Staatsdienst, in: *Baessler-Archiv. Beiträge zur Völkerkunde*, Nr. 2, Berlin 1996, S. 415f.
12 Dörr, Julian: Benannt nach Kolonialverbrechern: Petersallee, Nachtigalplatz – wenn Straßennamen zum Problem werden, in: *Der Tagesspiegel*, 23.08.2020.
13 Horstmann, Anne-Kathrin: Gustav Nachtigal. »... ein Held für Deutschlands Ruhm und Größe!«, in: Bechhaus-Gerst, Marianne/dies. (Hrsg.): Köln und der deutsche Kolonialismus. Eine Spurensuche, Köln/Weimar/Wien 2013, S. 94.
14 Tunis, Angelika: Ein Philanthrop im Staatsdienst ..., a.a.O., S. 411. Vgl. auch van der Heyden, Ulrich: Wer war Gustav Nachtigal?, in: *Berliner Zeitung*, 21.06.2022.
15 Koloniale Straßenbezeichnungen, in: *Deutsche Kolonialzeitung*, Nr. 5, 18.01.1913.
16 Unangst, Matthew: Men of Science and Action. The Celebrity of Explorers and German National Identity, 1870-1895, in: *Central European History*, no. 3, Cambridge 2017, S. 305-327.
17 Vgl. Ebert, Verena: Koloniale Straßennamen. Benennungspraktiken im Kontext kolonialer Raumaneignung in der deutschen Metropole von 1884 bis 1945, Berlin/Boston 2021.
18 Namentlich nicht gezeichneter Beitrag: »Nachtigal« bleibt ein schräger Vogel, in: *Die Tageszeitung (taz)*, 19.02.2016. Leserreaktion von Peter Herrmann aus Lomé, Togo: »Woher nur kommt dieser masochistisch undifferenzierte Selbstgeißelungstrieb einiger Deutscher und Deutschinnen? Gustav Nachtigal ist in Kamerun und Togo eine hoch geachtete Persönlichkeit. Erst jüngst entdeckte ich ein Cyber-Café, dem man seinen Namen gab. Täglich werde ich in Baguida, nahe Togoville, dem Ort der Abschlüsse der

Protektionsverträge, durch die große Skulptur des bekannten Künstlers Paul Ahyi an die togoisch-deutsche Freundschaft erinnert. Im kollektiven Gedächtnis sind in beiden Ländern ›die‹ Deutschen hoch angesehen. Kann sich einer der Kritiker vorstellen, was es für das Gebiet des heutigen Kamerun bedeutete, dass erstmals in seiner Geschichte ein Minderheitenschutz gesetzlich verankert wurde? ›Die Deutschen haben uns das Recht gebracht‹, hören sie in Kamerun ständig. Untrennbar verbunden damit der Name Nachtigal. ›Wären die Deutschen geblieben, ginge es uns heute besser‹, hören Sie hier fast täglich in Togo. Gerne kann man sich dabei über Sinn und Unsinn unterhalten, dem Ansehen Nachtigals schadet es jedenfalls nicht. Die Vergangenheit Deutschlands in Verbindung mit einigen afrikanischen Ländern besteht doch bitte nicht nur aus kolonialen Verbrechen. Für Afrikaner, die sich mit Geschichte beschäftigen, sind Gustav Nachtigal und Heinrich Barth zwei der herausragenden deutschen Persönlichkeiten. Und ganz sicher keine schrägen Vögel.« URL: *https://taz.de/Koloniale-Strassennamen-in-Berlin/!5276643/* (letzter Zugriff 25.12.2023)

19 Schröder, Liesbeth: Aus für Kolonialisten, in: *Tageszeitung* (*taz*), 3.02.2017.

20 Vgl. etwa Kiefert, Ulrike: Nachtigalplatz ..., a.a.O.; Memarina, Susanne: Ein Anfang ist gemacht, in: *Tageszeitung* (*taz*), 1.12.2022; Lotze, Birgit: Afrikanisches Viertel..., a.a.O.; Weiss, Juliane: Keine Ehre für Kolonialherren in Berlin, in: *Der Tagesspiegel*, 1.12.2022.

21 Etwa bei Horstmann, Anne-Kathrin: Gustav Nachtigal ..., a.a.O., S. 89-100, hier insbesondere Fn 1.

22 Einer der wenigen Personen, die sich mit dem Nachlass von Nachtigal beschäftigt haben, gelangte zu der Schlussfolgerung, dass »ohne Einübung und eine gewisse Sachkenntnis ... seine extrem kleine Handschrift fast nicht zu lesen« sei. Germer, Jürgen: Exposé. Dr. Gustav Nachtigals Westafrikafahrt (unveröffentlichtes Manuskript), Berlin (West) 1984, zitiert in: Tunis, Angelika: Ein Philanthrop im Staatsdienst ..., a.a.O., S. 412, Fn 4. Auch ich scheiterte an Nachtigals Handschrift, ebenso mehrere von mir beauftragte Studenten, Doktoranden und ausgebildete Archivare.

23 Vgl. Ebert, Verena: Koloniale Straßennamen ..., a.a.O.

24 Vgl. Tunis, Angelika: Ein Philantrop im Staatsdienst ..., a.a.O., S. 414.

24aSo der bedeutendste Forscher auf diesem Gebiet, Dietmar Henze, der ein methodisch einheitliches Groß- und Grundwerk zur außereuropäischen Entdeckungsgeschichte der Europäer erarbeite. Vgl. ders.: Enzyklopädie der Entdecker und Erforscher der Erde, 6 Bde., Neuausgabe, Darmstadt 2011, Bd. 3: K – Pallas, S. 556-569.

25 »Nachtigal« bleibt ein schräger Vogel ..., a.a.O.

26 Joram, David: »Wollen wir einen Betrüger ehren?«, in: *Tageszeitung* (*taz*), 9.03.2016.

27 Vgl. Buchner, Max: Aurora Colonialis, München 1914, S. 8.

28 Fränkel, Albert: Gustav Nachtigals Reich in der Sahara und im Sudan, Leipzig 1887, S. 390.

29 Salentiny, Ferdinand: DuMonts Enzyklopädie der Seefahrer und Entdecker. Von Amundsen bis Zeppelin, Köln 2002, S. 258.

30 Germer, Jürgen: Exposé ..., a.a.O., S. 412f.

31 Tunis, Angelika: Gustav Nachtigal – Gefeierter Afrikaforscher und umstrittener Kolonialpionier, in: van der Heyden, Ulrich/Zeller, Joachim (Hrsg.): Kolonialmetropole Berlin. Eine Spurensuche, Berlin 2002, S. 96-102, hier S. 101.

32 Marx, Christoph: Völker ohne Schrift und Geschichte. Zur historischen Erfassung des vorkolonialen Schwarzafrika in der deutschen Forschung des 19. und 20. Jahrhunderts, Stuttgart 1988, S. 61.

33 Lenz, Susanne: »Deutschland ist nicht weiß, war nie weiß und wird auch nie weiß sein.« Interview mit Ibou Diop, in: *Berliner Zeitung*, 24.12.2022.

34 Thielke, Thilo: »Im Nu war der Leichnam zerhackt«, in: *Der Spiegel*, 3.04.2016.

9. Wie die kritische Kolonialgeschichtsschreibung durch »alternative Fakten« desavouiert und der DDR Rassismus angedichtet wird

Nicht nur in Bezug auf den Kolonialismus werden »alternative Fakten« verbreitet

Nach mehr als drei Jahrzehnten sogenannter deutscher Einheit wurden in den 2020er Jahren hin und wieder Ansichten in der hiesigen Mainstream-Presse sowie von einigen Politikern verbreitet, die es bislang höchst selten zu lesen oder zu hören gab. Es soll eine Anzahl Ostdeutscher geben, die mit dem Verlauf der »Einheit« nicht einverstanden und nun enttäuscht sind. Man mag es kaum glauben. Selbst die ehemalige Kanzlerin Angela Merkel outete sich, nunmehr, wo keiner mehr ihr den Stuhl vor die Tür stellen kann, als Ostdeutsche, die in ihrem hohen Amt westdeutsche Arroganz erleben musste und davon betroffen war.[1]

Aber die Anfeindungen gegen die ostdeutsch sozialisierte Kanzlerin scheinen bei realer Betrachtung nur Reaktionen auf ein machtbesessenes Streben einer Frau gewesen zu sein, die in die männerdominierte westdeutsche Gesellschaft eingebrochen war. Denn in der Zeit ihrer Kanzlerschaft wusste Angela Merkel die DDR genug zu kritisieren und den Mauerfall zu feiern. Als »Ossi« ist sie kaum in Erscheinung getreten. Auch sie vertrat und prägte das Narrativ von einem eingemauerten, drangsalierten Staatsvolk. Das passte ja auch in das antikommunistische Bild der westdeutschen Öffentlichkeit. Daran gab es keinen Zweifel.

Im Sommer 2021 tauchte ein Historiker auf, der auf der Basis interner Polizei-, SED- und Staatsicherheitsberichte, Zeitzeugeninterviews und der Ergebnisse einer aktuellen Umfrage ein Buch vorlegte,[2] in dem er belegt, dass es nicht ganz so war. In einem Interview sagte der Autor

Robert Rauh, dass »die Mehrheit der Menschen in der DDR gar nicht gegen die Mauer« war. Viele hätten »den Mauerbau akzeptiert, einige sogar begrüßt«.[3]

Auf einen hysterischen Aufschrei, vornehmlich von Westberlinern, musste man nicht lange warten. In Leserbriefen, etwa im *Tagesspiegel*, wurde dem Wissenschaftler Rauh jede Kompetenz abgesprochen: »Mehr an Verfälschung der Wirklichkeit zum Mauerbau geht nicht.«[4] Die Mauer hätte »natürlich« nur »jene Minderheit der DDR-Bürger akzeptiert«, die in diesem »System der Unterdrückung persönliche Vorteile genossen«. So und ähnlich lauten die Denkmuster, deren Unbeirrbarkeit selbst die der dogmatischsten SED-Ideologen übertreffen.

Längst ist es an der Zeit, die aktuelle deutsche Zeitgeschichtsschreibung zu revidieren. Ein (Ostberliner) Leserbriefschreiber hoffte, dass die »30-jährige Monotonie von Stasi, Ausreiseanträgen und Fluchtversuchen« ein Ende haben sollte. Und damit wären wir bei Gründen für den tiefsitzenden Missmut vieler Ostdeutscher, der sich nicht zuletzt in den politischen Entwicklungen und jüngsten Wahlen widerspiegelt.

Aber nicht nur die Leserbriefschreiber, die den Befund von Robert Rauh anzweifelten, erbosten sich. Oft hörte man auch die Meinung, man habe doch so viel vom Westen in den Osten gepumpt, um »blühende Landschaften« entstehen zu lassen. Hat man nicht eine Entlastung der westdeutschen Arbeitsämter erreicht und damit Arbeitslosigkeit bei den dort angestellten Mitarbeitern in Kauf genommen? Was sind da schon, im Jahre 1991 gemessen, fast drei Millionen Arbeitslose im Osten Deutschlands, wohin sogar heute noch viele Alt-Bundesbürger nach neuesten Untersuchungen nie privat gereist waren.

Wer kann, der in kapitalistischen Verhältnissen sozialisiert worden ist, solche Undankbarkeit verstehen? Dazu müsste man schon Hochschullehrer sein. Ach ja, auch diese sind ja nach dem Mauerfall ostwärts geschwappt, um dort die neu zu besetzenden oder neu geschaffenen Lehrstühle zu bestücken. Dieter Simon, seinerzeit Präsident des Wissenschaftsrates und Oberabwickler der akademischen Landschaft im Osten, visitierte die von ihm umgekrempelte Wissenschaftslandschaft und kam zum erstaunlichen Befund, dass sich »unhabilitierte Sitzenbleiber«, »frischgebackene Anfänger« und Wissenschaftler mit »drittklassiger Begabung«[5] dort breitgemacht hatten und den Ton angaben. Die ostdeutsche Forschungslandschaft war »mehr oder weniger in westdeutsche Formen gegossen«[6].

So ist erklärlich, dass die DDR-Geschichtsschreibung, die größtenteils von westdeutsch sozialisierten Historikern stammt, von vielen Ostdeutschen abgelehnt oder nur in gewissen Segmenten akzeptiert wird. Denn Fiktion und Realität liegen bei der »Aufarbeitung« der DDR-Geschichte so dicht beieinander – insbesondere in dem hier interessierenden Bezug auf die Darstellung und Wertung von Rassismus und angeblicher Ausländerfeindlichkeit in der DDR[7] –, dass sich einer der ersten »DDR-Geschichtsaufarbeiter«, Ilko-Sascha Kowalczuk, veranlasst sah, eine »Aufarbeitung« der bisherigen »Aufarbeitung« der DDR-Geschichte sowie einen Generationswechsel bei den »Aufarbeitern« einzufordern.[8]

Die Forderung nach einer Revision des bisherigen DDR-Geschichtsbildes wird von immer mehr Wissenschaftlern erhoben, selbst wenn diese Stimmen im Chor derjenigen, die eine Verschärfung der Beurteilung der »zweiten deutschen Diktatur« einfordern und nicht auf ihre staatlich finanzierten Forschungsthemen verzichten wollen, es schwer haben, Gehör zu finden.

»Die heute dominierende Geschichtsschreibung über die DDR«, so Daniela Dahn, »ist voll von Verzerrungen, Verkürzungen und Verleumdungen. [...] Zuerst regt man sich noch auf, dann schüttelt man nur noch den Kopf, schließlich langweilt es einen, und man sagt: Lass sie, sie reden über ein Land, in dem ich nicht gelebt habe.«[9]

Allerdings ist auffällig, dass bei der Kritik an der verzerrten und wahrheitswidrigen Darstellung der DDR-Geschichte immer weniger Zurückhaltung geübt wird. Bei öffentlichen Veranstaltungen, in den sozialen Medien, in Leserbriefen.

Nicht zuletzt am Beispiel der »Aufarbeitung« des Einsatzes von Zehntausenden sogenannter Vertragsarbeiter aus Asien, Afrika und Kuba in der DDR-Wirtschaft wird deutlich, wie unzutreffend, verkürzt, verlogen, politisch konnotiert oder unwissend dieses Kapitel DDR-Geschichte behandelt wird. Insbesondere fällt auf, dass die meisten Publizisten und zunehmend auch Wissenschaftler keine quellenkritischen Überprüfung der Thesen vornehmen, die sie aus bereits veröffentlichten Schriften übernehmen. Dadurch pflanzen sich Klischees und ganz offensichtliche Fehler fort und verfestigen sich zum Narrativ.

Das begann bereits mit dem Begriff »Vertragsarbeiter«. Er wurde erst nach 1990 kreiert. Auch wenn er zur Diskreditierung konkreter Solidarität eingesetzt wurde, wird er heute, auch an dieser Stelle, als sich im allgemeinen Sprachgebrauch durchgesetzter Begriff verwendet.

Eine umfangreiche Studie zur Vertragsarbeit und deren Darstellung liegt inzwischen vor.[10] Es wird darin nachgewiesen, dass historische Hintergründe und Zusammenhänge des Einsatzes von jungen Menschen aus Ländern der Dritten Welt in DDR-Betrieben für das heutige Narrativ keine Beachtung fanden. Ignoriert wurden auch persönliche Dokumente von Beteiligten. Vielmehr wurde – im Stile der westlichen Propaganda des Kalten Krieges – von ausgebeuteten, unterdrückten, kaserniert untergebrachten, rassistisch drangsalierten Menschen berichtet, denen die Integration in die DDR-Mehrheitsgesellschaft verweigert wurde.[11] Einer der größten transkontinentalen Arbeitsmigrationsprozesse des 20. Jahrhunderts wird absichtsvoll abgewertet.[12]

Schaut man sich die seit etwa 1990 entstandenen wissenschaftlichen Studien sowie die öffentlich vorgetragenen Meinungen von Journalisten in den Print- und den elektronischen Medien zum Thema Vertragsarbeit einmal genauer an, wird die offenkundige Notwendigkeit einer Revision der aktuellen Geschichtsschreibung deutlich. Welche konkreten politischen Folgen die Meinungsmanipulation haben kann, sprachen insbesondere zwei Politikerinnen bzw. Wissenschaftlerinnen an.[13] Ebenso wurde in der online-Zeitschrift *Deutschland Archiv* der Bundeszentrale für politische Bildung auf die Gefahr hingewiesen, dass Unsachlichkeiten und Halbwahrheiten über die DDR-Vergangenheit nicht nur das Leben Ostdeutschen abwertet und kriminalisiert, sondern dass diese »staatlich hochsubventionierte, oft tendenziöse DDR-Geschichtsschreibung [...] mit ihren Pauschalbewertungen«, den Rechten in die Karten spielt.[14]

Das wird besonders bei genauer Analyse des Narrativs von einer DDR deutlich, wo es Rassismus gegeben haben soll. Mit Einzelfällen wird ein Rassismus herbeigeredet, den es nicht gab. Singuläre Ereignisse werden als repräsentativ für die gesamte Gesellschaft ausgegeben, als systemimmanent zu begründen versucht.

Natürlich gab es auch in der DDR rassistische Ressentiments, aber keinen Rassismus, schon gar nicht einen von Staats wegen. In der Bundesrepublik gab es einige Fälle von Kannibalismus. Doch niemand käme darum auf die Idee, die BRD als Staat der Kannibalen zu bezeichnen …

Im Folgenden soll der Fall eines jungen Mannes aus Mosambik, der 1986 unter tragischen, wenngleich selbst verschuldeten Umständen in der DDR zu Tode kam, dargestellt werden. Auf das, was real geschah und wie das Schicksal dieses Mannes zweckdienlich zu einer Mordstory verwurstet und zu einem Präzedenzfall stilisiert wurde, um das Land, in dem solches geschah, des Rassismus bezichtigen zu können, wird in gebotener Kürze eingegangen.

Es geht um einen Mord, der keiner war. Es geht um Manuel Diogo. Es geht um den Rufmord an der DDR.

Rassismus in der DDR?

Zur Delegitimierung der DDR wird deren internationalistische Politik gegenüber den Befreiungsbewegungen und den Menschen in der Dritten Welt, die von den Bürgern der DDR Hilfe erhalten haben, ver- und geleugnet. Dazu wird die in vielen Ländern des globalen Südens bis heute geschätzte und in der Fachliteratur in der Regel anerkannte solidarische Haltung[15] in Misskredit gebracht.

Andrea Johlige, Abgeordnete swe Linken im Brandenburger Landtag, brachte den Stein neuerlich ins Rollen. Sie richtete 2020 eine Kleine Anfrage an ihre Landesregierung,[16] mit der sie – im Widerspruch zur grundsätzlich positiven Haltung der Ex-DDR-Bürger zur Solidarität[17] – das inzwischen gängige Bild einer rassistischen, unsolidarischen DDR-Gesellschaft aufnahm. Ohne Kenntnis der tatsächlichen Umstände erklärte Johlige, dass Diogo »von Neonazis bestialisch ermordet« worden sei. Und: »Die DDR-Behörden vertuschten.«[18]

Ihre detaillierte Darstellung wurde mit »alternativen Fakten« gestützt, so dass man hätte annehmen können, sie wäre vor Ort gewesen.

Mit ihrer Kleinen Anfrage in Potsdam trat die Nachrichtenagentur *dpa* auf den Plan. Ein rassistischer Mord war immer eine Meldung wert, insbesondere dann, wenn er in der DDR geschehen war. Die Nachricht zog ihre Kreise. Das überraschte die bis dato außerhalb Potsdams kaum bekannte Landtagsabgeordnete sehr, wie sie mir persönlich mitteilte. Und mich überraschte wiederum die Naivität, die darin zum Ausdruck kam.

In Magdeburg folgte ihr die Kollegin Henriette Quade, die eine ähnliche Kleine Anfrage in gleicher Angelegenheit an die Landesregierung von Sachsen-Anhalt stellte. Sie blieb mit dem Hinweis auf die eingeleiteten staatsanwaltlichen Untersuchungen in Brandenburg unbeantwortet.[19]

Ihr Wissen hatten die beiden Politikerinnen im Wesentlichen aus einer Dokumentation, die etwa drei Jahre zuvor der *Mitteldeutsche Rundfunk* (MDR) gesendet hatte. Unter dem Haupttitel »Schuld ohne Sühne« und »Schatten auf der Völkerfreundschaft« war sie inzwischen von fast allen Anstalten des öffentlich-rechtlichen Rundfunks ausgestrahlt worden. Sequenzen daraus wurden für einige andere Beiträge über die Vertragsarbeiterthematik verwertet.

Die *dpa*-Meldung befeuerte das öffentliche Interesse an dem Fall und an dem Film, bei dem eine dramatische Handlung von Schauspielern dargestellt worden war. Das wirkte emotional und sehr überzeugend, wie ein junger Mosambikaner von rechten Schlägern drangsaliert und an den Beinen gefesselt aus einem Zug geworfen wurde, der ihn zu Tode schleifte …

Diese Methode war weder ungewöhnlich noch neu. Der *Norddeutsche Rundfunk* (NDR) produzierte den Kino-Dokumentarfilm »Lovemobil« . Der Film schilderte das Leben von Prostituierten, die unter entwürdigenden Umständen in Wohnmobilen am Rande von Bundesstraßen in Niedersachsen arbeiteten. Zahlreiche Situationen waren nachgestellt oder inszeniert, also keineswegs »authentisch«, wie behauptet. Der Film gaukelte dem Publikum eine Authentizität vor, die er nicht besaß. Trotzdem lief er weltweit auf Festivals, wurde im Juli 2020 mit dem Deutschen Dokumentarfilmpreis ausgezeichnet und für den Grimme-Preis nominiert. Später flog alles auf, der *NDR* distanzierte sich von dem Film und entschuldigte sich wegen der Zuschauermanipulation.[20]

Allerdings blieb der öffentliche Aufschrei bei dem vergleichbar manipulierten Film des *MDR* aus. Allerdings gab es doch einige Zuschauer, die sich beim Sender beschwerten, was dazu führte, dass sich der Programmausschuss des Rundfunkrates damit befasste und feststellte, dass die Filmemacher die journalistische Sorgfaltspflicht verletzt hätten. Insbesondere gerügt wurde die harte Konfrontation Manuel Diogos Mutter mit dem vermeintlichen Fakt, dass ihr Sohn ermordet worden sei.[21]

Die Bezeichnung *Fake News* ist in diesem Falle berechtigt, weil die Filmemacher keinen einzigen Beleg für ein Tötungsdelikt vorlegen konnten. Es gab keine Augenzeugen, kein Dokument, keine forensischen Hinweise. Alles fußte allein auf den Aussagen eines in Deutschland verbliebenen einstigen Vertragsarbeiter aus Mosambik, der sich als »bester Freund« des Opfers ausgab. (Wie sich im Nachgang herausstellte, kannte er das vermeintliche Opfer Manuel Diogo nicht einmal.) Dieser »Kronzeuge« für den »DDR-Rassismus« wurde von etlichen hochrangigen deutschen Politikern hofiert, er durfte sogar den Bundespräsidenten auf einer Afrikareise begleiten. Nachdem aber die Berliner Journalistinnen Anja Reich und Jenny Roth, die zeitgleich mit der Brandenburger Polizei wegen der Kleinen Anfrage der Landtagsabgeordneten Johlige zu recherchieren begannen, Diogos »bestem Freund« auf die Schliche gekommen waren, verweigerte er Interviews, denen er zuvor kaum ausgewichen war.

Betrachtet man sich den gesamten Vorgang, liegt der Verdacht nahe, dass damit ein politischer Zweck verfolgt wurde. Denn wie schon Walter Lippmann im Jahre 1922 in seinem als Gründungswerk der Medien- und Meinungsforschung betrachteten Buch »Public Opinion« herausstellte, ist die öffentliche Meinung die veröffentlichte Meinung. Was Leute aus den Medien erfahren, wird irgendwann zu ihrer eigenen Auffassung. Und so schien es auch im Fall Diogo zu werden: Die Mord-Version begann sich ins öffentliche Bewusstsein zu drängen.[22]

Der Dokumentarfilmregisseur Andres Veiel bestätigte das Wirken dieser Mechanismen. »Der Begriff Dokument, der in dem Wort Dokumentationsfilm enthalten ist, heißt: Ich berufe mich auf die Wirklichkeit. Und dieser Begriff wiederum wird mit Wahrheit assoziiert. Wenn ich eine Geschichte erzähle, die sich auf eine Wirklichkeit beruft und diese durch die Transparenz meiner erzählerischen Mittel wahrhaftig abbildet, kann man ihr glauben«.[23]

Im Auftrag der Staatsanwaltschaft in Potsdam hatte die Polizei – als Reaktion auf die Kleine Anfrage im Landtag – zunächst Vorermittlungen zu einem angeblichen Mord aufgenommen. Die akribischen Untersuchungen zogen sich in die Länge, weil den Ermittlern immer wieder neue Anfragen und Hinweise vorgelegt wurden, die überprüft werden mussten. Im März 2021 lag das Ergebnis vor. Es gab keinen Grund, an den Ermittlungen der DDR-Kriminalisten zu zweifeln – Belege für einen Mord, gar einen rassistisch motivierten, waren nicht gefunden worden.[24]

Alle bisherigen Veröffentlichungen, die die Mordthese kolportiert hatten, waren also einem bewusst lancierten Irrtum aufgesessen. Die Journalisten, die der Vorgabe des *MDR* gefolgt waren, hatten geglaubt, was sie glauben *wollten*. Nun aber, wo sie dies hätten zugegeben müssen, verstummten sie. Die Zeitungsente flog darum weiter.

Historischer Hintergrund

Zum Ende der DDR lernten mehr als 16.000 junge Mosambikaner in der DDR einen Beruf mit anschließender Fortbildung in Form einer mehrjährigen praktischen Berufsausübung in den volkseigenen Betrieben der DDR-Wirtschaft; insgesamt waren es mehr als 21.000 Menschen allein aus diesem südostafrikanischen Land. Als in den letzten Jahren der Existenz der DDR die Arbeitskräfte aus verschiedenen Gründen knapper wurden, war dies für die DDR-Wirtschaft ein willkommener Arbeitskräfteausgleich.

Trotz des Baus der Mauer bestand in der DDR-Wirtschaft aufgrund der spezifischen politischen, wirtschaftlichen und demographischen Situation ein Mangel an Arbeitskräften. Neben der »Westwanderung« von DDR-Bürgern, die 1961 gestoppt wurde, schlug vor allem der geringe natürliche Bevölkerungszuwachs zu Buche. Das hoffte die DDR mit sozialpolitischen Maßnahmen in der Ära Honecker in den Griff zu bekommen. Das Ministerium für Staatssicherheit (MfS) konstatierte in einem internen Papier 1988: »Der Einsatz ausländischer Werktätiger, deren Anzahl in den letzten Jahren ständig angestiegen ist, erlangte für die Volkswirtschaft der DDR auf Grund der demografischen Entwicklung der DDR-Bevölkerung zunehmend an Bedeutung für die Realisierung der wachsenden ökonomischen Zielstellung«.[25]

Dennoch ist es Unsinn zu erklären, dass die Vertragsarbeiter die DDR-Wirtschaft am Leben erhalten hätten. Bis Mitte der 1980er Jahre betrug deren Anzahl im Verhältnis zu den etwa neun Millionen Arbeitern und Angestellten in der DDR weniger als 0,25 Prozent; im Jahre 1989 war es etwa ein Prozent[26], also insgesamt etwa 90.000 Frauen und Männer.[27] Die Botschaft der USA hatte in einem Bericht nach Washington 1988 mitgeteilt, dass trotz eines spürbaren »extremen Arbeitskräftemangels« die DDR nicht auf Arbeitsmigration setze, sondern auf Erhöhung der Arbeitsproduktivität.[28]

Nach wie vor ist dieses Thema recht dürftig von der seriösen deutschen Migrationsgeschichte untersucht worden, ganz abgesehen von den *Fake News*, die vorsätzlich oder aus Unwissen verbreitet werden. Vor allem: »Es ist bis heute kaum ins Bewusstsein der Öffentlichkeit gedrungen, dass die deutsch-deutsche Migration zwischen der Bundesrepublik und der DDR ein Massenphänomen war, das beide Richtungen betraf«, stellte die Migrationsexpertin Andrea Schmelz schon vor Jahren fest.[29]

Selbstverständlich wurden in der ostdeutschen Volkswirtschaft auch ausländische Arbeitskräfte eingesetzt, etwa aus Polen und Ungarn, die nicht als Vertragsarbeiter zu bezeichnen sind. Aber dieser eigentlich auffällige Unterschied zu den Vertragsarbeitern aus den Ländern der Dritten Welt interessiert vielfach nicht. Der große Unterschied bestand darin, dass die aus den sozialistischen Ländern stammenden Arbeitskräfte in der Regel ausgebildete Facharbeiter waren und nicht erst eine Berufsausbildung durchlaufen mussten. Maßgebliche Ursachen für den Einsatz ausländischer Arbeitskräften in Betrieben der DDR waren noch immer die verheerenden Bevölkerungsverluste durch die beiden Weltkriege, der arbeitskräfteintensive Wiederaufbau seit den 1950er Jahren sowie die niedrige Arbeitsproduktivität. Während der gesamten vierzigjährigen Existenz des Staates DDR stellten Arbeitskräfte und Arbeitsproduktivität ein eklatantes Problem dar. Der DDR-Führung vermochte es nie, die Werktätigen für tatsächlich höhere Arbeitsleistungen zu motivieren. Außerdem erforderten fehlende oder nur unzureichend vorhandene moderne Technologien *per se* einen arbeitskräfteintensiven Produktionsprozess. Das war, um der Wahrheit die Ehre zu geben, kein ausschließlich hausgemachtes Problem. Die Embargopolitik des Westen und der politisch motivierte Ausschluss von der globalen wissenschaftlich-technischen Arbeitsteilung machten sich zunehmend negativ bemerkbar.

Die angeführten Gründe für den Arbeitskräftemangel in der Wirtschaft waren also nicht ausschlaggebend für die Aufnahme und Ausbildung junger Afrikaner. Die DDR kam vielmehr Ende der 1970er Jahre einer dringenden Bitte der Regierung in Mosambik nach. Der blutige Bürgerkrieg – er sollte etwa einer Million Menschen das Leben kosten – nahm den Menschen dort Arbeit und Perspektiven. Wohl die meisten Mosambikaner, die sich für einen Ausbildungs- und anschließenden Arbeitseinsatz in der DDR bewarben, wollten dem Bürgerkrieg entgehen. Darum bat die Regierung in Maputo sogar, junge Leute entsenden zu dürfen, die ohne Qualifikation als Hilfsarbeiter in der DDR arbeiten sollten. Denn die arbeitslosen Jugendlichen belasteten den dortigen Arbeitsmarkt, verhießen sogar durch ihre Arbeitsleistungen und -erfahrungen für das sich gerade vom portugiesischen Kolonialjoch befreite Mosambik Geld, wenn sie in den DDR-Betrieben arbeiteten. Hinzu kam, dass das Nachbarland, der Apartheidstaat Südafrika, die Bedingungen für die dort in den Minen arbeitenden mosambikanischen Wanderarbeiter verschärfte, um auch auf diesem Wege mitzuhelfen, den jungen Nationalstaat in die Knie zu zwingen.

Nach der ersten Ablehnung der DDR, Arbeitskräfte aus Mosambik ohne Ausbildungszusicherung aufzunehmen, entstand die Idee einer zweijährigen Ausbildungszeit von Arbeitskräften, die im Anschluss daran noch etwa drei Jahre durch »learning by doing« Erfahrungen im Produktionsprozess erwerben sollten. Das »learning by doing« wird gern als vorgeschobener Grund für die »Ausbeutung« der Vertragsarbeiter bzw. der »ausländischen Werktätigen« angesehen, ohne in Betracht zu ziehen, dass diese wie DDR-Arbeiter entlohnt wurden und diese Ausbildungsform in den meisten afrikanischen Ländern ganz normal war.

Die ursprüngliche Absicht bestand darin, das diese Menschen dann in der heimatlichen Industrie eingesetzt werden würden – doch diese entwickelte sich nicht. Die DDR hielt trotz relativ hoher Mehrkosten an ihren internationalistischen Prinzipien fest und beschäftigte diese Werktätigen weiter, obwohl – wie eine bis 1990 unter Verschluss gehaltene Statistik auswies – ein mosambikanischer Arbeiter lediglich etwa 80

Prozent eines DDR-Arbeiters leistete.[30] Dennoch wurde von deutscher Seite einer Verlängerung der staatlichen Verträge zugestimmt. Das kann man durchaus als solidarischen Beitrag der Mehrheit der DDR-Bevölkerung ansehen.

In einem 1979 geschlossenen Regierungsabkommen, das auf völkerrechtlichen Prinzipien gründete, waren die Regularien der Ausbildung der jungen Afrikaner fixiert. In einem zweiten, der ab 1986/87 galt, wurde die Beschäftigung »ausländische Arbeitskräfte« nach kurzer Anlerntätigkeit zugesichert. Das war ein Entgegenkommen der DDR, um die Existenzen der Familien daheim zu sichern. Die »ausländischen Arbeitskräfte« konnten einen Teils ihres Lohnes und Konsumgüter nach Mosambik schicken.

Einer von ihnen war Manuel Diogo

Der 23-jährige Manuel Diogo wurde in der Nacht vom 29. zum 30. Juni 1986 zwischen dem Haltepunkt Borne (Mark) und dem Bahnhof Belzig (beide kleine Orte liegen im heutigen Bundesland Brandenburg) tot aufgefunden. Trotz intensiver polizeilicher Untersuchungen konnte jedoch kein Tötungsdelikt festgestellt werden. Einen Mordvorwurf hatte seinerzeit niemand erhoben, weder die Kameraden des Toten noch Vertreter der mosambikanischen Botschaft. Die polizeilichen Ermittlungen hatten ergeben, dass der junge Mann am 29. Juni in Dessau eine Diskothek in der Gaststätte »Stadtgarten« besucht hatte.[31] Dort nahm er »umfangreich Alkohol zu sich« und sei dann – so bestätigten einige seiner Kameraden – im Zug eingeschlafen. Er habe deshalb den Ausstieg auf dem Bahnhof – nicht zum ersten Mal – verfehlt und sei entweder schon bei einem Sturz aus dem fahrenden Zug oder später, auf den Schienen zu Fuß unterwegs, von einem Zug aus der Gegenrichtung erfasst, überrollt und mitgeschleift worden.

Im abschließenden Ergebnis der kriminalpolizeilichen Untersuchung lautete: »Hinweise auf (eine) Straftat liegen nicht vor.«[32]

Die Behauptung eines rassistisch motivierten Angriffs von Rechtsextremisten kam erst später auf. Nach dem Ende der DDR. Und dieser vermeintliche Überfall – für den es keinerlei Belege gab – wurde mit

Schauspielern in der *MDR*-Dokumentation überzeugend inszeniert und danach vielfach in verschiedenen Medien kolportiert.

Warum kann eine Zeitungsente so lange fliegen?

Es sei ausdrücklich hervorgehoben, dass jeder gewaltsame Todesfall, denn Mord verjährt nicht, selbst nach drei Jahrzehnten nicht nur juristisch, sondern auch journalistisch untersucht werden kann und soll. Jedoch seriös und nicht auf der Grundlage von Fantasien. Und ein bisschen Verständnis für Geschichte sollte man bei Darstellungen von zurückliegenden Ereignissen bei den Mediengestaltern voraussetzen.

Berücksichtigung sollte zudem die Tatsache finden, dass es nicht allein die »einfache« historische Oberflächlichkeit von aus der alten Bundesrepublik in den Osten Deutschlands seit der deutschen Vereinigung strömenden Journalisten ist, die den dort lebenden Bürgern ein Bild von ihrer Vergangenheit zeichnen wollen, was jene in der Mehrheit wohl nicht als ihr eigenes anerkennen. Zu aufdringlich sind inzwischen die in der Fachwelt sogenannten aufmerksamkeitserregenden Geschichten, mit denen die Journalisten ihren Lebensunterhalt auf Kosten der Erniedrigung der Ostdeutschen verdienen wollen. Daraus entsteht zu einem nicht geringen Teil der Unmut, ja das Gefühl des Ausgegrenztseins, welches der anerkannte Historiker, Antisemitismus- und Vorurteilsforscher Wolfgang Benz in einem Interview ausmachte, als er von den »vielen Unzufriedenen, die zumindest in Sachsen-Anhalt die AfD erneut zur zweitstärksten Partei gemacht haben«, sprach.[33]

Auf den Unmut, die Ablehnung und die Resignation der ostdeutschen Bevölkerung über die Darstellung ihrer eigenen Geschichte in den westdeutsch dominierten Medien machte zu Beginn des Jahres 2023 die in London lebende Historikerin Katja Hoyer in einem vielbeachteten Buch über die DDR aufmerksam. Sie berichtete in einem Gespräch mit einer Journalistin, dass ihre für ihre Forschungen notwendigen Fragen an ostdeutsche Interviewpartner dazu führten, dass man ihr sagte: »Wenn das Wort DDR schon fällt in irgendeiner Dokumentation, dann schalten wir weg.« Die naheliegende Erklärung hierfür sehe sie in dem Kontrast zwischen dem, was die Menschen selbst erlebt haben, und der bundesdeutschen Erzählung über das Leben in der DDR.[34]

Natürlich hat es nicht lange gedauert, bis neben vielen positiven Feedbacks vornehmlich von Ostdeutschen bzw. in von denen gelesenen Medien, auch die das gesamtdeutsche Narrativ über die Geschichte der DDR wesentlich bestimmenden »Leitmedien« sich zu Wort meldeten. Mit einigen von diesen setzt sich der westdeutsch sozialisierte Journalist und Autor Gerd Schumann in einem Zeitungsartikel auseinander. Er hatte sich selbst mit einem retrospektiven Blick »von außen« in einem Buch über seine Erfahrungen mit der DDR geäußert.[35] Hieraus soll im Folgenden etwas ausführlicher zitiert werden, denn der Text spricht für sich.

»Insgesamt überwiegt im Umgang mit dem Buch (*von Hoyer – UvdH*) eine merkwürdig unsouverän wirkende Aufgeregtheit, die bis hin zu zornigen Verrissen reicht. *Der Spiegel* (13.5.2023) befindet, die Darstellung des DDR-Alltags sei ›zu bunt geraten‹, denn ›Hoyer entwirft rückblickend eine DDR, in der so manche gern gelebt hätten‹. *Der Tagesspiegel* (9.5.2023) erklärt ›Diesseits der Mauer‹ gar ›zu einem Dokument, das auf anschauliche Weise unbeabsichtigt erklärt, warum die Verklärung der SED-Diktatur und des mörderischen Kommunismus in Ostdeutschland schon lange zum guten Ton gehört‹. Die *taz* (13.5.2023) wirft der Autorin Etikettenschwindel vor. […]

Der *Spiegel* (20.5.2023) legt schließlich noch einmal nach und verstärkt so den Eindruck, dass es sich bei der Verdammung des Buches um eine geplante Inszenierung handelt. ›Hoyers Fokus auf DDR-Alltagskultur‹ sei ›bedenklich‹, schreibt Anne Rabe. Die 37-jährige Kritikerin wird als Schriftstellerin vorgestellt, die gerade ihren Debütroman veröffentlicht hat, der ›von einer ostdeutschen Familie handelt und deren Verstrickung in das zerfallene System‹. Das scheint Qualifikation genug. Dabei fällt insbesondere auf, dass die meisten Rezensenten ein und derselben Denkrichtung angehören. Diese wird seit dem Ende der DDR staatlich gefördert, medial verbreitet, ist längst politischer Mainstream und fest in den Curricula des Bildungswesens verankert. Der Gedanke, dass es sich bei den aktuellen Kritiken um Auftragsarbeiten handelt, drängt sich auf.«

Gerd Schumann hat die Reaktionen der westdeutsch beherrschten Institutionen recherchiert. Demnach erhielt eine weitere Rezensentin des Hoyer-Buches, Franziska Kuschel, die für die Bundesstiftung zur Aufarbeitung der SED-Diktatur arbeitet, »im *Spiegel* zwei Seiten Platz für ihre Einschätzung von Hoyers Werk«.

Ein weiterer Rezensent, Marko Martin, ist »Jurymitglied der Stiftung und auch Publizist im grünen Osteuropathinktank ›Zentrum Liberale Moderne‹ von Marieluise Beck und Ralf Fücks. Er durfte standesgemäß bei der *taz* (13.5.2023) ran. Kaum sagt jemand ein kluges Wort, schon ist er Kommunist, hieß es früher«, schreibt Schumann. »Heute wird Katja Hoyer zur Dissidentin – obwohl sie nicht grundsätzlich vom herrschenden Blick auf die DDR abweicht. Sie schließt sich der Totalitarismustheorie ebenso an, wie sie die Legende vom Unrechtsstaat pflegt. Von der vorgegebenen Betrachtungsweise unterscheidet sich ihre DDR-Geschichte allerdings in zwei wichtigen Aspekten: Hoyer setzt einerseits die Entwicklung der DDR in Beziehung zu den objektiv gegebenen Abhängigkeiten und Zeitumständen, die von den Siegermächten des Zweiten Weltkriegs bestimmt wurden. Andererseits schaut sie genau auf die Realität des DDR-Lebens und deren verbreitete Akzeptanz. Der Alltag im Sozialismus kommt dadurch nicht so grau daher und wird durchaus differenziert und positiv reflektiert.«[36]

Dennoch versuchte man es mit unlauteren Mitteln – sei es aus Dummheit oder mit ideologische Verbohrtheit – das Buch von Hoyer zu diskreditieren. Auch Historiker machen dabei mit. Die Autorin zu den Angriffen: »Die Kritik hatte oft auch etwas sehr Persönliches. Zitate standen ohne jeden Kontext da, und ich soll mich dann für Thesen verteidigen, die ich nie aufgestellt habe.« In Richtung der sie jenseits der wissenschaftlichen Redlichkeit kritisierenden Fachkollegen sagte sie: »Hier scheint man die ideologische Brille nie abgesetzt zu haben.«[37]

Bezeichnend für das vom Westen gezeichnete oft sehr unrealistische Bild vom Leben in der DDR ist auch der folgende Fakt: Im Jahre 2021 hatte ein ursprünglich aus der DDR stammender Journalist, Steffen Uhlmann, der noch zu Mauerzeiten in den Westen ging und dann als Journalist des *Spiegels* zurückkam, wie er später in einem Artikel in der *Berliner Zeitung* offenbarte, damals seinen Kollegen die einfachsten Begriffe, Namen, Hintergründe, Personen, Abkürzungen und ähnliches im Osten erst erklären müssen. Er berichtete über das Unverständnis der DDR-

Realität von seinen »originär westlichen« Kollegen. Nach seiner Ansicht war die Folge von immer stärker artikuliertem Unmut der Ostdeutschen, dass die »westdeutschen Verlage ihre Emissäre scharenweise in den Osten« geschickt hatten. Uhlmann zu seiner »Exotenrolle«: »Als Sherpa für die neuen Kollegen (West) im Büro, die nach dem Mauerfall mit ›Buschzulage‹ in den für sie so fremden Osten gekommen waren.«[38]

Der verblüffend ehrliche und selbstkritische Insider Uhlmann berichtete als einer der wenigen Mutigen von den Vorgängen in den deutschen Medien, als der »Westblick« begann, den Osten zu definieren. Er erlebte das, was später so große Ähnlichkeit mit dem hier im Mittelpunkt stehenden »Fall Diogo« aufweist: Die Redaktionen im Westen »wollte(n) Geschichte(n), die knallten, versetzt mit starken Gefühlen: Rache, Wut, Trauer, Angst, Verzweiflung, Vergeltung. Zumeist Verlierer- und Opfergeschichten, die zeigten, wie dumpf, dröge, hart und hässlich das Leben im Osten gewesen sein muss. Und immer wieder ging es um Nachrichten, die es bis in die ›Tagesschau‹ schafften. Schlagzeilen halt.« Mit einem »schier unersättlichen Jagdhunger« und einer »regelrechten Blattschussmentalität« gingen die »im Westen sozialisierten Kollegen, die sich bei ihrer Haudrauf-Sicht auf den Osten von keiner erkennbaren Gewissensnot bedrängt fühlten«, vor. So Uhlmann 2021.

Ein solches Verhalten hat nach dreißig Jahren zur Folge, dass nach einer umfangreichen Inhaltsanalyse von west- und ostdeutschen Tageszeitungen die Schlussfolgerung gezogen werden musste, dass »*Frames* und Stereotypen über Ostdeutschland« mit »negativer Bewertungen« in der Berichterstattung überwiegen.[39]

Fiktionen halten sich länger als die Wahrheit

Keine Frage: Die *MDR*-Produktion sollte das Bild vom »Unrechtsstaat« bestätigen. So ein grausiger Fall, den herzlose DDR-Staatsdiener auch noch vertuschten, kam immer gut und wurde folglich auch in den Printmedien aufgegriffen und verbreitet. Im Juni 2018 etwa von der *Leipziger Volkszeitung*,[40] der *Mitteldeutschen Zeitung*[41] und einer Reihe weiterer Blätter. Auch im *neuen deutschland*, dem einstigen Zentralorgan – obwohl dort am 23. Oktober 2019 eine Richtigstellung erschienen war.[42] Ich selbst hatte dort der Darstellung unter der Überschrift »Ein Mord, der keiner war« widersprochen. Aber dies schien einigen jungen Redakteuren, die augenscheinlich der verlogenen Darstellung des Films mehr Glauben schenkten als einem kundigen Ostdeutschen, nicht in das seit Jahren mit großem finanziellen Aufwand gezeichnete Bild vom »Unrechtsstaat DDR« zu passen. Die beiden Autoren, denen wahrlich alles andere denn Nähe zur DDR nachgesagt werden kann, schwadronierten unter der Zeile »In den 80er Jahren kamen DDR-Vertragsarbeiter unter rätselhaften Umständen zu Tode. Nun fordern Initiativen Aufklärung«.[43]

Jetzt schon Plural. Wer war noch »unter rätselhaften Umständen zu Tode« gekommen?

»Speziell im Fall Diogo ist die Rekonstruktion der Geschehnisse schwierig«, orakelten die *nd*-Autoren. »Ibraimo Alberto (*eben jener »beste Freund« – UvdH*) und viele andere sind hingegen davon überzeugt, dass Diogo von Nazis umgebracht wurde. ›Ich war damals Gruppenleiter und wurde zusammen mit anderen in die mosambikanische Botschaft geladen‹, erzählt Alberto dem ›*nd*‹. ›Dort sagte man uns, wir haben wieder einen Mosambikaner verloren. Er sei im Zug verprügelt und aus dem Zug geworfen worden.‹ Der Historiker Harry Waibel stimmt ihm zu. ›Stasi und Volkspolizei haben nie untersucht, wie dieser leblose Mann aus dem fahrenden Zug gekommen war. Dieser Mord wurde dann offiziell als Unfall getarnt.‹ Dass sich Neonazis im selben Zug befanden, wisse man aus Erzählungen von mitreisenden Kollegen, so Waibel. Das *MDR*-Team stützt seine Aussage.« So das Geraune im *neuen deutschland*.

Selbst nach der offiziellen Klarstellung der Staatsanwaltschaft vom Frühjahr 2021 hielt die beiden Autoren trotzig an der unbewiesenen und von ihnen augenscheinlich gestützten Mordtheorie fest.[44]

Andere Medien, die zuvor dazu beigetragen hatten, die *Fake News* über einen vorgeblichen Mord genüsslich kommentierend zu verbreiten, schwiegen weitgehend. Denn es war letztlich nur ein Lügengespinst zur Geschichte der DDR. Dass es sich um einen Medienskandal handelte,[45] der durchaus mit dem sogenannten Relotius-Skandal[45a] beim *Spiegel* mithalten konnte, spielte keine Rolle.

Es ist, wenn man zurückblickt, auffallend, dass sich über Jahre hinweg in Politik und Medien unbekümmert bemüht wurde, trotz Versuche der Klarstellung, die Mordstory am Leben zu erhalten. Das ging so weit, dass mit Manuel Diogo wirklich befreundete Mosambikaner, die etwas zu den Todesumständen hätten aussagen können, von einer 2019 stattfindenden Konferenz mit dem Titel »Respekt und Anerkennung. Die mosambikanischen Vertragsarbeiter und das schwierige Erbe aus der DDR«[46] ausgeladen und die Beiträge anderer Konferenzteilnehmer, die die politische Richtung der Tagung kritisierten, nicht in den dazu herausgegebenen Sammelband aufgenommen wurden.

Vollkommen unter den Tisch fallen gelassen wurde bei dieser Konferenz bezeichnenderweise, wie übrigens auch in fast allen Darstellungen in der wissenschaftlichen Publizistik über die Vertragsarbeiter, die Benennung der individuellen Hintergründe, warum junge Menschen aus Afrika überhaupt in die DDR gekommen waren.

Damit bleibt die Tatsache, dass die Gründe dafür zum guten Teil auf dem deutsch-deutschen Kalten Krieg basieren, gänzlich unberücksichtigt. Denn schon 1979, als das »Abkommen zwischen der Regierung der Deutschen Demokratischen Republik und der Regierung der Volksrepublik Mocambique über die zeitweilige Beschäftigung mocambiquanischer Werktätiger in sozialistischen Betrieben der Deutschen Demokratischen Republik«[47] geschlossen wurde, fanden dazu die ersten Gespräche zwischen Vertretern des Auswärtigen Amtes und des Bundesnachrichtendienstes (BND)[48] in Bonn statt. Es ging darum abzuklären, wie die Bundesrepublik Deutschland die *Resistência Nacional Moçambicana* (Renamo) unterstützen könne. Diese Terrororganisation war Jahre zuvor von westlichen Geheimdiensten als *Movimento Nacional de Resistência* (MNR) gegründet worden, damit diese gegen die sozialistische Mosambikanische Befreiungsfront (*Frente de Libertação de Moçambique*, FRELIMO) kämpfte. Daraus entwickelte sich nach dem Ende der portugiesischen Kolonialherrschaft Mitte der 1970er Jahre eben dieser blutige Bürgerkrieg.

Der Geheimdienstexperte Erich Schmidt-Eenboom enthüllte 2012 in einem Interview: »Durch die Unterstützung der Renamo […] sollte der sozialistische Staat (*gemeint ist Mosambik – UvdH*) destabilisiert werden, um nicht als Modell für die Region Südafrika wirken zu können. Die westdeutsche Hilfe für die Terroristen begann Mitte der 70er Jahre, als Angehörige der Renamo an einer bayerischen Polizeischule in Augsburg ausgebildet wurden. Anschließend, ab 1983 forciert, erfolgte die Lieferung von Waffen und Fernmeldegerät – bezahlt vom BND, geliefert durch Südafrika. In den Jahren 1988 und 1989 steuerte auch die BND-Residentur in Kenias Hauptstadt Nairobi Unterstützungsmaßnahmen bei. Sie vermittelte hochrangige Kontakte zwischen Renamo-Führern und der Leitung des BND.«[49]

Damit engagierte sich die Bundesrepublik, an der Seite des verbrecherischen Apartheidregimes in Südafrika sowie der ehemaligen portugiesische Kolonialmacht in dem viele Opfer kostenden Bürgerkrieg, dem zehntausende Mosambikaner in die DDR zu entkommen versuchten.

Im *MDR*-Film wurde ein Vertreter der Renamo in Maputo kommentarlos interviewt, der die Aufklärung des Mordes an seinem Landsmann forderte. Dabei erfährt der Zuschauer nichts über die brutalen Methoden der Renamo, die nachweisbar hunderttausende Mosambikaner bestialisch ermordete. Stattdessen halten die Fernsehjournalisten die Kamera auf die Mutter Diogos und teilen ihr mit, dass ihr Sohn nicht bei einem Unfall ums Leben gekommen, sondern vorsätzlich ermordet worden sei.

In Mosambik vermutet man, dass diese Mitteilung dafür verantwortlich ist, dass die Frau bald darauf verstarb.

Der Fake News in TV und Printmedien sind nicht genug

Die erfundene Geschichte vom Mord an Manuel Diogo wurde auch vom Kölner Kriminalschriftsteller Max Annas aufgegriffen und im Rowohlt Verlag veröffentlicht.[50] Seine fiktive Story sollte vor einem angeblichen realen historischen Hintergrund spielen. Er schilderte in schriftstellerischer Freiheit die Arbeit einer DDR-Morduntersuchungskommission, die dem Tod eines jungen Mosambikaners nachgeht.[51] Im Vorwort, in der Verlagswerbung und in den Rezensionen des Buches legte man Wert darauf, dass der Fall – wie in jeder Buchbesprechung hervorgehoben wird – »auf realen Tatsachen basiert«. Dem Text lägen, wie verschiedene Rezensenten zu wissen glauben, »gründliche Recherchen zugrunde«.[52]

Als einen weiteren Beleg dafür, dass Fiktion als Realität verkauft worden ist, sei die Buchvorstellung im *Deutschlandfunk Kultur* angeführt. Es heißt dort unzutreffend, nachdem die angebliche Gewalttat geschildert worden ist: »Aber im internationalistischen Realsozialismus der DDR darf es keine Fremdenfeindlichkeit geben, also wird die MUK (*Morduntersuchungskommission – UvdH*) ausgebremst und die Staatssicherheit übernimmt und vertuscht.«[53] Ein Satz mit zwei Unwahrheiten.

Annas, vermutlich ein gutgläubiger Mensch ohne Kenntnis der DDR-Wirklichkeit, wurde von den Falschmeldungen der *MDR*-Journalisten inspiriert. Dass der 1963 geborene Schriftsteller den Fakes folgte, ist aus Interviews deutlich ablesbar, wie eben auch, dass er die administrativen Mechanismen in der DDR nicht verstanden hat.

Nun könnte man die von Annas beschriebene Mordstory als künstlerische Freiheit eines Schriftstellers bezeichnen, aber wie die vorliegenden Rezensionen des Buches belegen, wird dieser Kriminalroman nicht als das gesehen, was er ist: nämlich als eine fiktive Story.

Dass eine grausige Mordstory gern angenommen wurde, macht die Tatsache deutlich, dass Annas für seinen Roman 2019 den Deutschen Krimipreis erhielt. In einem Interview erzählte er, dass ihm vor dem Schreiben seiner schauerlichen Geschichte »nichts Fiktionales« mehr gelungen sei. So habe er sich auf den Fall Manuel Diogo konzentriert[54] und sich vornehmlich auf die Erzählung des Mosambikaners Ibraimo Alberto fokussiert, der im Film des *MDR* quasi als Tatzeuge die Einzelheiten der Todesumstände geschildert hatte: »Sie haben meinen Freund, den Antonio Manuel Diogo, zusammengeschlagen. Beide Füße gefesselt. Und dann haben sie seine Körperteile nach unten [...] ganz langsam, mit dem Seil nach unten. Da haben sie genau mit dem Kopf angefangen. Bis sie alles zerstückelt haben.« (in: »Schatten auf der Völkerfreundschaft«, 2017[55]).

Auf die Gründe für solche bis ins Detail gehenden Falschdarstellungen – Ibraimo Alberto hatte darüber erstmals in seinem Buch »Ich wollte leben wie die Götter«[56] berichtet –, antwortete der renommierte Neuropsychologe Michael Niedeggen in einem Gespräch: »Man müsste prüfen, ob es einen primären Anreiz gab, das zu schreiben. Klar, ein Buch soll sich verkaufen, kann schon sein, dass das so ein Anreiz ist.«[57]

Eine solche Einschätzung der mutmaßlichen Intentionen zum Schreiben solcher Hirngespinste scheint auf die Bücher von Annas wie auf Alberto zuzutreffen. Es lässt sich wohl kaum ein überzeugenderes Schreibmotiv finden als die Absicht, damit einen monetären Gewinn zu erzielen und um sich wichtig zu machen. Denn warum sonst wiederholte Alberto in jedem Interview immer wieder die blutrünstigen Einzelheiten der Mordthese, als sei er dabeigewesen? War diese Hochstapelei – so sollte man fragen – eigentlich schon publik, als er 2008 von Innenminister Wolfgang Schäuble ausgezeichnet und später in eine Delegation von Bundespräsident Frank-Walter Steinmeier für dessen Afrika-Reise berufen wurde?

Obwohl inzwischen publik ist, dass Alberto Ibraimo den ums Leben gekommenen Manuel Diogo nicht einmal kannte, gibt es immer noch Historiker, die ihn als Zeitzeugen ansehen.[58]

Die Staatsanwaltschaft in Potsdam bestätigte zudem, dass auch die Behauptung, dass die DDR-Regierung den angeblichen Mord vertuscht habe, nicht der Wahrheit entspreche. Es ließe sich absolut kein Beleg dafür finden, dass von »höchster Stelle« angeordnet worden sei, die Ermittlungen einzustellen. Wer sich nur ein bisschen mit der DDR-Wirklichkeit auskennt, hätte wissen müssen, dass die DDR-Oberen nichts mehr fürchteten, als wegen eines solchen Vorfalls an den internationalen Pranger gestellt zu werden. Die Einstellung einer Morduntersuchung hätte bei Bekanntwerden diplomatische Folgen gehabt. Egon Krenz, Honeckers Nachfolger im Amt des Staats- und Parteichefs, bestätigte in einem Interview im Jahre 2020 den berechtigten Zweifel: »Ich kann mir absolut nicht vorstellen, wie es in einer DDR-Behörde hätte gelingen können, so ein besonderes Vorkommnis zu vertuschen. Wenn das aufgeflogen wäre, das hätte bis zur Ablösung des verantwortlichen Ministers führen können.« Außerdem hätte in einem solchen Fall »Honecker den (*mosambikanischen – UvdH*) Botschafter zum Gespräch gebeten und die Zusammenhänge erläutert. Dies wäre nicht beiläufig, sondern mit einer staatlichen Note geschehen.«[59]

Vielleicht, so ist zu vermuten, obsiegte auch wieder der »Westblick« auf die realen DDR-Verhältnisse. Eine Vorlage für die Vertuschung eines aus rassistischen Gründen verübten Mordes lieferte eventuell sogar ein Fall in Rheinland-Pfalz, worüber ein Insider in der *Berliner Zeitung* berichtete.[60]

Der Schweizer Journalist und Schriftsteller Ulrich Schmid hatte es schon Mitte der 2000er Jahre vorgemacht, wie man mit schreckenserregenden fiktionalen Beschreibungen über die DDR-Vergangenheit öffentliche Aufmerksamkeit und somit finanzielle Gewinne erlangen kann. Im Nachwort seines Buches »Aschemenschen«[61] behauptete er, dass die »Stasi« in Äthiopien in Tausenden von Fällen gefoltert habe und man die dafür Verantwortlichen nun endlich juristisch belangen müsse. Mehrere deutsche Fernsehanstalten und Literaturkritiker fielen auf diesen Werbegag für eine mittelmäßige Krimi-Story herein und berichteten in diversen politischen Sendungen. Nicht über den Inhalt des Buches, sondern vielmehr über die Fiktionen eines Schriftstellers. Da wurden aus »Knebelketten« – eine von vielen nationalen Polizeien genutzte »Führungskette« – dann aus der DDR gelieferte »Knebel« und »Ketten«, also Folterinstrumente. Um auf eine erschreckend hohe Anzahl von Waffen zu kommen, die angeblich an Äthiopien geliefert worden waren, addierte man einfach die in der Gauck-Behörde vorhandenen Kopien der entsprechenden Dokumente.

Erst einige Wochen später wurden dem Schriftsteller Ulrich Schmid und Journalisten, die in öffentlich-rechtliche Fernsehanstalten diese *Fake News* über Äthiopien verbreitet oder das Buch in verschiedenen Medien rezensiert hatten, von einem Historiker nachgewiesen, was sie vermutlich aus ideologischer Besessenheit angestellt hatten.[62]

Eine ähnliche Situation ergibt sich hinsichtlich der Verleumdungen über die Vertragsarbeiterproblematik. Die Lügen richten sich nicht nur gegen die Menschen aus der Dritten Welt, die in der DDR zeitweise eine Verbesserung ihrer Existenzbedingungen suchten – gegenüber denen im von den USA zerstörten Vietnam oder denen im von der NATO forcierten Bürgerkriegen in Angola und Mosambik –, sondern auch gegen einen Großteil der DDR-Bevölkerung, die für das solidarische Engagement ihres Staates auf einiges verzichten musste. Solche verleumderischen Unterstellungen, die jeder realistischen Grundlage entbehren, treffen in besonderem Maße diejenigen Bürger, die sich im Osten Deutschlands nachweislich um die jungen Vertragsarbeiter aus Mosambik[63] sowie aus weiteren außereuropäischen Ländern – aus Vietnam, der Mongolei, China, Korea, Angola, Algerien, Kuba – gekümmert haben, sie anlernten und mit ihnen zusammenarbeiteten oder als Entwicklungshelfer, in der DDR als *Brigadisten* bezeichnet, unter schwierigen Bedingungen in der Dritten Welt arbeiteten.[64]

Deren individuelles Engagement wird in der Fachliteratur bis heute kaum erwähnt oder ins Gegenteil verkehrt. Nur wenige Ausnahmen bestätigen die Regel.[65] Die Ermordung von acht DDR-Entwicklungshelfern beispielsweise wurde im Herbst 2024 einmal kurzfristig in den Medien thematisiert.[65a]

Es gilt festzuhalten: Es gab weder eine Mord an Manuel Diogo, noch eine Vertuschung der Umstände seines Todes. Es gab weder Stasi-Folterer in Äthiopien oder sonst irgendwo in Afrika. Das zweifelhafte Verdienst, allen diesen Gehirngespinsten einen wissenschaftlichen Anstrich zu geben, erwarb sich Harry Waibel, der sich Historiker nennt. In der *scientific community* wird er nicht ernst genommen, dennoch erfreute er sich zumindest zeitweise großer medialer Aufmerksamkeit – weil er am tragischen Tod Diogos strukturellen Rassismus und Fremdenfeindlichkeit in der DDR meinte nachweisen zu können. Er bestätigte bestehende Narrative und Vorurteile. Wer dagegen Zweifel äußerte, geriet in den Verdacht, den DDR-Geheimdienst zu verharmlosen oder selbst gar ein Rassist zu sein. Der Publizist und Verleger Frank Schumann schrieb über Harry Waibel in *Ossietzky*: »Der Eiferer aus dem Westen – obgleich in der Wissenschaft unbekannt – avancierte in den Medien zum gefragten Fachmann und konnte für jedes Interview bald mindestens vierhundert Euro verlangen. Mindestens. Schließlich brachte er ›Beweise‹ für das vermeintliche Unrecht, das in der Zweiten Diktatur herrschte. Waibel wollte mehrere Hundert rassistische Überfälle in der DDR mit einem Dutzend Toten ausfindig gemacht haben. Diese waren seinerzeit offenbar ausnahmslos von den DDR-Deutschen nicht bemerkt worden. Klar, die Stasi hatte alle Gewaltverbrechen erfolgreich vertuscht.«[66]

Es ist einem investigativen Journalistinnen-Duo der *Berliner Zeitung* zu verdanken, dass Waibels Handeln mit Akten aus der Gauck-Behörde, seine unschlüssigen Schlussfolgerungen, seine ideologische Verbohrtheit, seine Wissenslücken über die DDR-Verhältnisse, sein Mangel an wissenschaftlichem Handwerkszeug ans Tageslicht kamen. Denn es stellte sich bei deren Recherchen heraus, dass Waibel, der sich als Superspreader mit Unwahrheiten über den Tod von Manuel Diogo am intensivsten betätigt hatte, auf diese Weise Aufmerksamkeit erringen wollte, um zur Aufbesserung seiner Rente »ein Geschäft mit der DDR« machen zu können.[67]

Als im März 2021 die offizielle Bestätigung von der brandenburgischen Staatsanwaltschaft kam, dass der Tod von Manuel Diogo – der in der Presse oft als bekanntestes rassistisches Mordopfer in der DDR herhalten musste – nach »intensiver Prüfung der Todesermittlungsakten aus dem Jahre 1986 [...] keinen Anhaltspunkt für ein Tötungsdelikt oder Manipulationen ergeben« hätte, gelangte Waibel noch einmal in die Öffentlichkeit. Zwar wurde von der Staatsanwaltschaft festgestellt, dass nach mehrmonatigen Recherchen »im Ergebnis [...] nicht von einer todesursächlichen Fremdeinwirkung auszugehen« sei, was aber den »Historiker« anscheinend nicht beeindruckte.[68]

In der Pressemitteilung wurde Harry Waibel quasi als Initiator der Diogo-Lüge entlarvt. »Der Historiker Harry Waibel, der auch andere Fälle von Rassismus in der DDR untersuchte, hatte wiederholt die These vertreten, Diogo sei von Neonazis ermordet worden«,[69] hieß es bei *dpa*. Und noch jemand bekam sein Fett weg: »Die Brandenburger Linke-Landtagsabgeordnete Andrea Johlige hatte mit einer Anfrage an die Landesregierung den Fall im Juni des vergangenen Jahres wieder aktuell gemacht. Ihrer Anfrage zufolge sollen die DDR-Behörden die Umstände der Tat vertuscht haben. Mal sei von einem Arbeitsunfall die Rede gewesen, ein anderes Mal sei Diogo betrunken aus dem Zug gefallen, erklärte sie. Daraufhin hatte die Staatsanwaltschaft Potsdam einen ›Überprüfungsvorgang‹ zum Tod des Mannes angelegt.«

Aufgedeckt hatten den Skandal die für die *Berliner Zeitung* tätigen Journalistinnen Jenni Roth und Anja Reich. Letztere forderte in einem Kommentar, dass die Personen zur Rechenschaft gezogen werden sollten, die diese Fantasiegeschichte kritiklos verbreitet hatten. »Die Stasi-Unterlagenbehörde sollte sich fragen, ob sie weiter mit Historikern wie Harry Waibel zusammenarbeitet, die Brandenburger LINKEN-Politikerin Andrea Johlige sollte erklären, warum sie ohne Beweise zu haben in einem Tweet behauptete, Manuel Diogo sei ›von Neonazis bestialisch ermordet‹ worden. Der *MDR* sollte sich bei der Familie von Manuel Diogo entschuldigen und aufarbeiten, wie es zu der falschen Berichterstattung kam.« Anja Reich schloss, dass die erdachte Mordstory ein Beleg dafür sei, dass »es jetzt an der Zeit (sei) für eine Aufarbeitung der Aufarbeitung« der DDR-Geschichte.[70]

Sie repetierte in der *Berliner Zeitung* am 16. Juni 2021: »Der Sender ließ in einer Doku einen Mord inszenieren, den es nie gegeben hat. Der neue Programmchef Klaus Brinkbäumer hält eine Richtigstellung für unnötig.«[71]

In ihrem umfangreichen Beitrag über den fragwürdigen Auftritt des *MDR* und dessen Leitung heißt es: »Es wirkt wie ein Spiel mit Menschen und ihren Erinnerungen, die – passend zum Zeitgeist von Anti-Rassismus und DDR-Diktatur-Aufarbeitung – umgedeutet werden, bis die Befragten selbst daran glauben. Alles passt. Deswegen wehrt sich auch niemand. Deswegen bleibt der *MDR* wohl auch so gelassen. Sie setzen sich nicht mit ihren Recherchen auseinander, sondern mit Haltungen. Die *Berliner Zeitung*, die über den Fall Diogo berichtete, wird in der *MDR*-Kolumne ›Altpapier‹ in die Nähe von Rechten und Ewiggestrigen gerückt. Der Autor schreibt: ›Mir fällt es nicht leicht, genau zu benennen, wie so eine Art von Journalismus riecht, aber dass er sehr streng riecht, lässt sich durchaus sagen.‹ Und Klaus Brinkbäumer, frisch gebackener Programmchef, erwidert auf die Frage, ob dieses ›Altpapier‹ ernsthaft die Antwort auf die monatelangen Recherchen der *Berliner Zeitung* sein soll: ›Vielleicht hinterfragt ihr euch ausnahmsweise selbst?‹«[70a]

Das ist eben jener Brinkbäumer, der dem einstigen Dresdner OB Wolfgang Berghofer in der *MDR*-Sendung »Riverboat« am 19. Februar 2023 über den Mund fuhr, als dieser die notwendige Emanzipation der Bundesrepublik von den USA ansprach, sie müsse sich freimachen von dieser Abhängigkeit …

Die Forderung nach einer kritischen Aufarbeitung der als »Aufarbeitung« beschönigten Kolonisierung des Ostens wird zunehmend lauter. Das bisher staatlich subventionierte Narrativ, dass ihnen erst die alte Bundesrepublik Freiheit und Demokratie, Wohlstand und Recht gebracht habe, bestimmt die öffentliche Meinung über die Ostdeutschen. Damit wird deren Lebensleistung denunziert, es wurden zudem nicht wenigen die Existenz zerstört. Hierauf hat in den vergangenen Jahren vor allem Yana Milev in ihren Forschungen hingewiesen.[72] Welches Bild von der DDR genau von der »Aufarbeitung« gezeichnet wird und in welchem Verhältnis sie zur Realität steht, wurde von Matthias Krauß untersucht.[73] Schon Jahre zuvor wurde von Ralph Hartmann einer ganze Reihe von in Medien und Wissenschaft erfundenen, politisch motivierten unrichtigen Darstellungen aus den verschiedenen Bereichen der DDR-Vergangenheit aufgedeckt.[74] Diese dort kritisierten Erfindungen über das, was es in der DDR gegeben haben soll, sind selten oder nie korrigiert worden.

Wenn der Osten Deutschlands nicht mehr als »eine massenmedial multiple Problemzone« betrachtet wird, wie es der Kommunikationswissenschaftler Lutz Mükke[75] in seiner umfassenden Studie beklagte, müssten ostdeutschen Themen und Probleme anders und eben nicht in kolonialistischer Manier erfolgen.

Das wurde übrigens schon am Beginn des staatlichen Vereinigungsprozesses von einigen Afrika- und Kolonialhistorikern aus der DDR angesprochen.[76] Sie ahnten aufgrund historischer Erfahrungen, was auf uns zukäme. Denn am Wesen des kapitalistischen Systems hatte sich nichts geändert. Auch wenn es seine Propaganda uns täglich weiszumachen versucht.

1 Vgl. Reich, Anja: Sabine Bergmann-Pohl zu Merkel: »Ich lasse mir dieses Leben nicht schlechtreden«, in: *Berliner Zeitung*, 5.10.2021.
2 Rauh, Robert: »Die Mauer war doch richtig!« Warum so viele DDR-Bürger den Mauerbau widerstandslos hinnahmen, Berlin 2021.
3 Zitiert in Nutt, Harry: »Eine passive Hinnahme der Mauer war nicht alternativlos«, in: *Berliner Zeitung*, 30.07.2021.
4 *Der Tagesspiegel*, 15.08.2021.
5 Simon, Dieter: Verschleudert und verschludert. Die Wissenschaftsruinen des Westens waren das Vorbild für die Reform im deutschen Osten. Sie wurden dankbar angenommen. Mittelmaß und Anpassung sind das Ergebnis. Ein Mittäter zieht selbstkritisch Bilanz, in: *Die Zeit*, 7.04.1995.
6 Simon, Dieter: Die Wissenschaft hat sich selbst amputiert, in: *Berliner Zeitung*, 26.01.1993.
7 Das Kapitel basiert in wesentlichen Teilen auf den Artikel des Verfassers: Wie Fake News politische Wirkungen hervorrufen. Das Beispiel eines angeblichen rassistischen Mordes in der DDR, in: *Beiträge zur Geschichte der Arbeiterbewegung*, Nr. 2, Berlin 2022, S. 85-108.
8 Kowalczuk, Ilko-Sascha: Die Aufarbeitung der Aufarbeitung. Welche Zukunft hat die DDR-Geschichte?, in: *Deutschland Archiv*, 24.07.2021. URL: *http://www.bpb.de/geschichte/zeitgeschichte/deutschlandarchiv/294350/die-aufarbeitung-der-aufarbeitung-welche-zukunft-hat-die-ddr-geschichte.* (letzter Zugriff: 26.03.2021).
9 Dahn, Daniela: Westwärts und nicht vergessen. Vom Unbehagen in der Einheit, Reinbek bei Hamburg 1997, S. 65.
10 van der Heyden, Ulrich: Das gescheiterte Experiment. Vertragsarbeiter aus Mosambik in der DDR-Wirtschaft, Leipzig 2019.
11 Zusammengefasst die entsprechenden Falschdarstellungen von den Lebens- und Arbeitsbedingungen der ausländischen Arbeitskräfte in der DDR vgl. van der Heyden, Ulrich: Vertragsarbeiter in der DDR, in: *Damals. Das Magazin für Geschichte*, Nr. 8, Leinfelden-Echterdingen 2022, S. 45-46.
12 Vgl. van der Heyden, Ulrich: Das gescheiterte Experiment …, a.a.O., insbesondere S. 182–333; ders., »Unsere Regierung hat das im Abkommen gewollt«. Die Darstellung des Einsatzes von Vertragsarbeitern aus Mosambik in der Literatur, in: Vertragsarbeit in der DDR. *Rundbrief der Bundesarbeitsgemeinschaft Antifaschismus*, Nr. 1-2, Berlin 2013, S. 10-38.
13 Vgl. Köpping, Petra: Integriert doch erst mal uns! Eine Streitschrift für den Osten, 2. Aufl., Berlin 2018; Milev, Yana: Entkoppelte Gesellschaft – Ostdeutschland seit 1989/90. Anschluss, Berlin 2018; dies.: Entkoppelte Gesellschaft – Ostdeutschland seit 1989/90. Umbau, Berlin 2019; dies.: Das Treuhand-Trauma. Die Spätfolgen der Übernahme, Berlin 2020; dies.: Entkoppelte Gesellschaft – Ostdeutschland seit 1989/90. Exil, Berlin 2020.
14 Herzberg, Wolfgang/Misselwitz, Charlotte: Jüdische Überlebende, NS-Täter und Antisemitismus in der DDR. Teil I: Gegen DDR-Zerrbilder westdeutsch dominierter Geschichtsschreibung, in: *Deutschland Archiv*, 17.12.2020. URL: *www.bpb.de/324677.* (letzter Zugriff: 19.02.2023).
15 Vgl. beispielsweise an neuerer Literatur Dallywater, Lena/Saunders, Chris/Fonseca, Helder Adega (Hrsg.): Southern African Liberation Movements and the Global Cold War ›East‹. Transnational Activism 1960–1990, Berlin/Boston 2019; Bösch, Frank/Moine,

Caroline/Senger, Stefanie (Hrsg.): Internationale Solidarität. Globales Engagement in der Bundesrepublik und der DDR, Göttingen 2018; Slobodian, Quinn E. (Hrsg.): Comrades of Color. East Germany in the Cold War World, New York 2015; Schade, Anja: Das Exil von ANC-Mitgliedern in der DDR. Eine transnationale Verflechtungsgeschichte um Solidarität im Kalten Krieg, Berlin 2022; Bohne, Andreas/Hüttner, Bernd/dies. (Hrsg.): Apartheid No! Facetten von Solidarität in der DDR und BRD, Rosa-Luxemburg-Stiftung, Berlin 2019.

16 URL: *https://www.andreajohlige.de/landtag/anfragen/detail/todesfall-manuel-diogo.* (letzter Zugriff: 22.06.2023). Bis zu dem Datum des Zugriffs wurde diese Seite mit Unwahrheiten, die inzwischen mehrfach als solche entlarvt wurden, nicht gelöscht.

17 Vgl. u.a. Kunze, Thomas/Vogel, Thomas (Hrsg.): Ostalgie international. Erinnerungen an die DDR von Nicaragua bis Vietnam, Berlin 2010.

18 URL: *https://twitter.com/DEZi_Brb?ref_src=twsrc%5Etfw%7Ctwcamp%5Etweetembed%7Ctwterm%5E1277715541583712264%7Ctwgr%5E%7Ctwcon%5Es1_&ref_url=https%3A%2F%2Fwww.berliner-zeitung.de%2Fpolitik-gesellschaft%2Ffall-manuel-diogo-keine-anhaltspunkte-fuer-toetungsdelikt-und-manipulationen-li.145912.* (letzter Zugriff: 26.05.2021; die originale Eintragung ist gelöscht.)

19 Todesfall Manuel Diogo: Antwort der Landesregierung Brandenburg auf eine Kleine Anfrage: KA 7/3833 zur schriftlichen Beantwortung, 29.07.2020.

20 Vgl. Hordych, Harald/Tieschky, Claudia/Zollner, Sabina: »Sie hat den Vertrauensaspekt erschüttert«, in: *Süddeutsche Zeitung*, 25.03. 2021 sowie weitere Pressemitteilungen, u. a. URL: *https://www.ndr.de/der_ndr/unternehmen/NDR-distanziert-sich-vom-Dokumentarfilm-Lovemobil,ineigenersache106.html* (letzter Zugriff 25.12.2023)

21 Vgl. Locke, Stefan: Der Mord im Zug, der nicht geschah, in: *Frankfurter Allgemeine Zeitung*, 25.03.2022.

22 Vgl. Lippmann, Walter: Public Opinion, New York 1922. Deutsche Übersetzung: Die öffentliche Meinung, München 1964.

23 Andres, Veiel: Eine Dokumentarfilmpolizei wäre fatal, in: *Berliner Zeitung*, 16.04.2021.

24 Vgl. u.a. dpa: Tod des DDR-Vertragsarbeiters Diogo war ein Unfall, in: *Der Spiegel*, 16. März 2021. URL: *https://www.spiegel.de/panorama/gesellschaft/potsdam-tod-des-ddr-vertragsarbeiters-manuel-diogo-war-laut-staatsanwaltschaft-ein-unfall-a-65718da3-4bdd46cb-8501-cf3780db1f83.* (letzter Zugriff: 14.05.2021).

25 Bundesbeauftragte(r) für die Unterlagen des Staatssicherheitsdienstes der ehemaligen Deutschen Demokratischen Republik, Zentrale Auswertungs- und Informationsgruppe des MfS, Nr. 4575: »Hinweis zur gegenwärtigen Situation im Zusammenhang mit dem Einsatz ausländischer Werktätiger in der Volkswirtschaft der DDR«, 1988, Bl. 56.

26 Vgl. Graf, Herbert: Allein die Saat sichert noch keine Ernte. Hintergründe und Zusammenhänge der Vertragsarbeiterproblematik, in: van der Heyden, Ulrich/Semmler, Wolfgang/Straßburg, Ralf (Hrsg.): Mosambikanische Vertragsarbeiter in der DDR-Wirtschaft. Hintergründe – Verlauf – Folgen, Berlin/Münster 2014, S. 75-96.

27 Vgl. Jasper, Dirk: Ausländerbeschäftigung in der DDR, in: Krüger-Potratz, Marianne/Hansen, Georg/Jasper, Dirk: Anderssein gab es nicht. Ausländer und Minderheiten in der DDR, Münster/New York 1991, S. 170f.

28 BStU: MfS-HA XVIII, Nr. 21617: »1988 – Wirtschaftstendenzen in der DDR. Schlussfolgerungen für die Vereinigten Staaten« (Oktober 1988), Bl. 1615.

29 Schmelz, Andrea: Migration und Politik im geteilten Deutschland während des Kalten Krieges, Opladen 2002, S.13.

29a Vgl. Schlaich, Mike: Bauen in Africa – Cape to Cairo in 150 Tagen. Erfahrungen eines Ingenieurs, Berlin 2025, hier S. 40.

30 Vgl. BStU: ZAIG, Nr. 4574, Bl. 129.

31 BStU: Bezirksverwaltung Halle, KD Roßlau, Nr. 8658, Bl. 5–6.

32 BStU: Abt. XIX, Nr. 1115: »Information über den Tod eines mocambiquanischen Staatsbürgers«, 3.07.1986, Bl. 51.

33 Benz, Wolfgang: »Erforschen, warum Menschen ausgegrenzt werden«. Wolfgang Benz über zeithistorische Aufträge und über seinen Kampf für die Vorurteilsforschung, in: *Der Tagesspiegel*, 9.06.2021.

34 Hollersen, Wiebke: »Die Geschichte der DDR ist gerade extrem relevant«. Interview mit Katja Hoyer, in: *Berliner Zeitung*, 6.05.2023.

35 Schumann, Gerd: Das Morgen im Gestern. Erkundungen eines Wessis im Osten, Berlin 2019.

36 Schumann, Gerd: Zu bunt, zu differenziert?, in: *junge Welt*, 7.06.2023. Ähnlich argumentiert, die Reaktionen auf das Hoyer-Buch analysierend, die ostdeutsche Journalistin Rennefanz, Sabine: Ein DDR-Buch regt auf, in: *Der Tagesspiegel*, 28.05.2023. Sie stellte keine vorwärtsweisende Buchkritik fest, keinen »offenen Austausch von Argumenten«, sondern eher eine »Abwehr, ein Verbarrikadieren in den bekannten Schützengräben« und kommt zu Recht zu der Schlussfolgerung, dass es sich hier um keine Debatte handeln könne, »wenn man im moralischen Überlegenheitston etwas von sich weist, was der andere gar nicht behauptet hat.« Und ergänzt, was wir auch zu der hier im Mittelpunkt stehenden Thematik sehen: Man spüre bei den Historikern »viel Frustration über die Unfähigkeit, neue Gedanken in Debatten zuzulassen.«

37 Decker, Kerstin: «Wir kommen nicht aus den Schützengräben des Kalten Krieges«. Interview mit Katja Hoyer, in: *Der Tagespiegel*, 8.06.2023.

38 Uhlmann, Steffen: »Regelrechte Blattschussmentalität«. Wie ich im *Spiegel* auf Stasi-Jagd ging, in: *Berliner Zeitung*, 15.05.2021.

39 Seitler, Pia: Die mediale Spaltung Deutschlands, in: *Message. Internationale Zeitschrift für Journalismus*, 24.03.2021. URL: *https://www.message-online.com/die-mediale-spaltung-deutschlands.* (letzter Zugriff: 7.02.2023).

40 Kleindienst, Jürgen: Erinnerungslücke. Vor 32 Jahren wurde Antonio Manuel Diogo ermordet, in: *Leipziger Volkszeitung*, 29.06.2018.

41 Hübner, Michael: Gastarbeiter in der DDR. Mosambikaner getötet. Auf zehn Kilometern Körperteile gefunden, in: *Mitteldeutsche Zeitung*, 7.08.2019.

42 van der Heyden, Ulrich: Ein Mord, der keiner war. Fiktion und Realität in der DDR-»Aufarbeitung« – eine Medienkritik, in: *neues deutschland*, 23.10.2019.

43 Bähr, Sebastian/Hillebrand, Fabian: Vor den Baseballschlägerjahren, in: *neues deutschland*, 23./24.11.2019.

44 Bähr, Sebastian/Hillebrand, Fabian: Keine Ermittlungen im Fall Diogo, in: *neues deutschland*, 18.03.2021.

45 Vgl. Reich, Anja: Tod auf freier Strecke, in: *Berliner Zeitung*, 15.03.2021.

45a Ende 2018 wurde publik, dass sechzig im *Spiegel* erschienene Beiträge »manipuliert« waren. Der hochgelobte Journalist Claas Relotius hatte sie verfasst. Reportagen und Interviews waren jedoch frei erfunden. Das amerikanische *Forbes*-Magazin zählte ihn zu den herausragenden Autoren unter 30 Jahren in Europa. In den Jahren 2012 bis 2018 erhielt Relotius insgesamt 19 Auszeichnungen im Journalismus. Zweifel an seinen Fähigkeiten, erst recht kritische Fragen zu seinen Texten – auch in der eigenen Redaktion – wurden niedergebügelt. Ein typischer Reflex des Mainstream-Journalismus (auch im Umgang bei Historikern zu beobachten): Wer einmal anerkannt ist, gilt als sakrosankt. Erst wenn zur Jagd geblasen und der Betreffende zum Abschuss freigegeben wird, hatte man es schon immer gewusst. Relotius musste seine Preise zurückgeben (sofern er dies nicht freiwillig tat), auch wurden Preisgelder zurückgefordert. Das eigentliche Problem benannten einige Kollegen. Jörg Thadeusz, ehemaliger Moderator bei Verleihungen von Journalistenpreisen und Juror beim Deutschen Reporterpreis, kommentierte, bei der Auswahl für Journalistenpreise sei es ihm »oft so vorgekommen, als stünde ein gewisses Weltbild fest«. Einen Preis erhalte, wer dieses Bild »mit einer süffigen Geschichte möglichst prachtvoll bestätigt«.Ähnlich mutmaßte Dagmar Rosenfeld, Chefredakteurin der *Welt am Sonntag*, dass Relotius' Geschichten in das Weltbild der Redaktion passten. »Relotius hat aufgeschrieben, was sein soll.«

46 Vgl. Neumann-Becker, Brigit/Döring, Hans-Joachim (Hrsg.): Für Respekt und Anerkennung. Die mosambikanischen Vertragsarbeiter und das schwierige Erbe der DDR, Halle (Saale) 2020.

47 Vgl. den genauen Wortlaut des zu DDR-Zeiten geheim gehaltenen Vertrages in Abschrift bei van der Heyden, Ulrich: Das gescheiterte Experiment ..., a.a.O., S. 567–576.

48 Institut für Zeitgeschichte (Hrsg.): Akten zur Auswärtigen Politik 1979, Bd. 1, München 2010, S. 273f.

49 Abid, Ghassan: »BND in Südafrika«. Interview mit Erich Schmidt-Eenboom, vom 11.11.2012, Geheimdienstexperte und Publizist aus Weilheim, in: URL: *https://2010sdafrika.wordpress.com/2012/11/11/bnd-in-sudafrika.* (letzter Zugriff: 22.08.2017).

50 Annas, Max: Morduntersuchungskommission, Hamburg 2019.

51 So in: *Kaliber. 17. Krimirezensionen*. ULR: *https://krimirezensionen.de/max-annas-morduntersuchungskommission.* (letzter Zugriff: 21.03.2021).

52 Sich mit der Rolle des Schriftstellers und der Rezeption seines »Werkes« auseinandersetzend vgl. Reich, Anja/Roth, Jenny: Erfindung eines Verbrechens. Wie ein westdeutscher Schriftsteller den Ostdeutschen ihre Geschichte erklärt, in: *Berliner Zeitung*, 11.04.2021.

53 Wörtche, Thomas: Alte und neue Nazis, in: *Deutschlandfunk Kultur*, 23.08 2019. URL: *https://www.deutschlandfunkkultur.de/max-annas-mordunteruschungskommission-alte-und-neue-nazis.2150.de.* (letzter Zugriff: 13.11.2022).

54 Junghänel, Frank: »Der Westblick definiert den Osten«. Ein Gespräch mit dem Krimiautor Max Annas, in: *Berliner Zeitung*, 22.10.2019.

55 »Schatten auf der Völkerfreundschaft«. URL: *https://archive.org/details/Rassistische-Vorfaelle-in-der-DDR-ARD_2017.* (Nicht mehr im Internet verfügbar).

56 Vgl. Alberto, Ibraimo: Ich wollte leben wie die Götter. Was in Deutschland aus meinen afrikanischen Träumen wurde, Köln 2014.

57 Reich, Anja: Falsche Erinnerungen sind keine Lügen, in: *Berliner Zeitung*, 21.03.2021.

58 Siehe z. B. Döring, Hans-Joachim: Einleitung, in: Neumann-Becker, Brigit/Döring, Hans-Joachim (Hrsg.): Für Respekt und Anerkennung..., a.a.O., S. 11–27; Alberto, Ibraimo/Schenck, Marcia: Paths are made by Walking. Memories of being a Mozambican Contract Worker in the GDR, in: Burton, Eric/Dietrich, Anne/Harisch, Immanuel R./Schenck, Marcia C. (Hrsg.): Navigating Socialist Encounters. Moorings and (Dis)entanglements between Africa and East Germany during the Cold War, Berlin/Boston 2021, S. 247-262.

59 Reich, Anja/Roth, Jenny: Egon Krenz zum Fall Diogo, in: *Berliner Zeitung*, 25.10.2020.

60 Vgl. Karon, Jan: »Warum ich mit den jungen Linken gebrochen habe«, in: *Berliner Zeitung*, 13.06.2021.

61 Vgl. Schmid, Ulrich: Aschemenschen. Roman, Frankfurt am Main 2006.

62 Vgl. Adler, Norman: DDR in Äthiopien und späte Lügen, Berlin 2013.

63 Vgl. van der Heyden, Ulrich/Semmler, Wolfgang/Straßburg, Ralf (Hrsg.): Mosambikanische Vertragsarbeiter .., a.a.O.

64 Vgl. van der Heyden, Ulrich: FDJ-Brigaden der Freundschaft aus der DDR – die Peace Corps des Ostens?, in: Unfried, Berthold/Himmelstoss, Eva (Hrsg.): Die eine Welt schaf-

fen. Praktiken von »Internationaler Solidarität« und »Internationaler Entwicklung«, Leipzig 2012, S. 99–122.

65 Burton, Eric: Im Dienste des Afrikanischen Sozialismus. Tansania und die globale Entwicklungsarbeit der beiden deutschen Staaten, 1961-1990, Berlin/Boston 2021; ders.: Solidarität und ihre Grenzen. Die »Brigaden der Freundschaft« der DDR, in: Bösch, Frank/Moine, Caroline/Senger, Stefanie (Hrsg.): Internationale Solidarität ..., a.a.O., S. 152-185; Harisch, Immanuel R./Burton, Eric: Sozialistische Globalisierung. Tagebücher der DDR-Freundschaftsbrigaden in Afrika, Asien und Lateinamerika, in: *Zeithistorische Forschungen/Studies in Contemporary History*, Nr. 3, Göttingen 2020, S. 578-591.

65a Stutte, Harald: Acht ermordete DDR-Bürger, in: *Märkische Allgemeine Zeitung*, 30.11./1.12.2024.

66 Schumann, Frank: Diogo: Aufarbeitung der »Aufarbeitung«, in: *Ossietzky. Zweiwochenschrift für Politik, Kultur, Wirtschaft*, Nr. 6, Dähre 2021, S. 202-205.

67 Reich, Anja/Roth, Jenny: Das Geschäft mit der DDR. Wie der Historiker Harry Waibel seit 30 Jahren Stasi-Akten zieht und Geschichte umschreibt, in: *Berliner Zeitung*, 18.12.2020.

68 *dpa*: Tod des DDR-Vertragsarbeiters Diogo war ein Unfall, in: *Der Spiegel* 16.03.2021.

69 *dpa*: Todesfall des DDR-Arbeiters Diogo wird nicht neu aufgerollt, in: *Süddeutsche Zeitung*, 12.03.2021; *dpa*: Todesfall wird nicht neu aufgerollt, in: *Märkische Allgemeine Zeitung*, 13./14. 03.2021; *dpa*: Todesfall des DDR-Arbeiter Diogo wird nicht neu aufgerollt, in: *Zeit online*, 12.03.2021. Auch einige andere Medien informierten in diesem Sinne.

70 Reich, Anja: Der MDR und der erfundene Mord, in: *Berliner Zeitung*, 16.03.2021.

70a Reich, Anja: Haltung statt Fakten: Wie der MDR die Aufarbeitung seiner Fehler verweigert, in: *Berliner Zeitung*, 16.06.2021 (URL *https://www.berliner-zeitung.de/politik-gesellschaft/manuel-diogo/haltung-statt-fakten-wie-der-mdr-die-aufarbeitung-seiner-fehler-verweigert-li.165614* (letzter Aufruf 25.12.2023).

71 Ebenda.

72 Vgl. hierzu Milev, Yana: Entkoppelte Gesellschaft – Ostdeutschland seit 1989/90, Bd. 1 bis Bd. 6, Berlin 2018 bis 2023.

73 Krauß, Matthias: Wem nützt die »Aufarbeitung«? Die institutionalisierte Abrechnung, Berlin 2016.

74 Hartmann, Ralph: Die DDR unterm Lügenberg. Ein Report, Berlin 2010.

75 Mükke, Lutz: 30 Jahre staatliche Einheit – 30 Jahre mediale Spaltung. Schreiben Medien die Teilung Deutschlands fest? Ein Diskussionspapier der Otto-Brenner-Stiftung, Frankfurt am Main 2021, S. 3.

76 Vgl. van der Heyden, Ulrich: Kolonisierung der Ex-DDR, in: *Ossietzky. Zweiwochenschrift für Politik, Kultur, Wirtschaft*, Nr. 3, Dähre 2021, S. 90-93.

10. Über die Notwendigkeit der Revision der Geschichtsschreibung über die DDR – Beispiele aus der aktuellen Literatur

In den letzten Jahren wird ab und an und zunehmend von verschiedenen politischen Institutionen sowie von politischen, künstlerischen und akademischen Persönlichkeiten die Forderung erhoben, Ergebnisse von Forschungen zur Geschichte der DDR realistischer darzustellen.[1] Denn die Geschichte der Bundesrepublik wird ja auch nicht auf die Geschichte ihrer Nachrichtendienste oder auf die Darstellung von mehr oder minder konfliktlosen Möglichkeiten von Karrierechancen für alte Nationalsozialisten reduziert.

Warum wird sich jedoch in der DDR-Historiographie hauptsächlich auf die Geschichte der Stasi und auf Themen des Scheiterns dieses zweiten deutschen Staates konzentriert?

Welche längerfristigen Folgen eine solche ignorante Geschichtsbetrachtung auf große Teile der ostdeutschen Bevölkerung ausübt, wird immer deutlicher. »Lügenpresse«-Vorwürfe beziehen sich bei Demonstrationen, Interviews und Veranstaltungen nicht nur mehr auf aktuelle öffentliche Berichterstattungen, sondern zunehmend auch auf die von vielen kritisierten Formen der »Aufarbeitung« der DDR-Vergangenheit. »Kolonie Ost?« hieß im Frühjahr 2019 eine vom Dresdner Institut für Kulturstudien veranstaltete Tagung. Auch der Verband deutscher Historiker setzte die Thematik danach auf die Tagesordnung. Damit erreicht die These des Westberliner Politikprofessors Fritz Vilmar aus den 1990er Jahren stärkeren Eingang in die wissenschaftlichen Debatten.[2]

Von einem kulturellen oder strukturellen Kolonialismus war damals und ist heute wieder die Rede. In vielen Fällen bestätigten sich durch akademische Recherchen die zum Ausdruck gebrachten Vorbehalte von

»einfachen« Bürgern gegen unrealistische oder einseitige Darstellungen der DDR-Geschichte, wie sie oftmals in der Literatur, im TV und Funk nunmehr seit mehr als drei Jahrzehnten verbreitet werden. Besonders deutlich werden selbst solche plump vorgetragenen Darstellungen, die bis zur Geschichtsfälschung reichen, bei den Themen von angeblichem Rassismus in der DDR oder ihren entwicklungspolitischen wie auch in anderen außereuropäischen Beziehungen zu Afrika.

In einem postfaktischen Zeitalter zwar immer weniger gefragt, gibt es in der Wissenschaft dennoch ab und an Publikationen, die auf umfassende Quellenrecherche und -kritik sowie Besinnung auf das Motto der Humanisten aus der Frühen Neuzeit, *ad fontes* – zu den Quellen – Wert legen. Denn dies ist eine wichtige Voraussetzung, um ein Geschichtsbild anzubieten, was nicht sogleich bei kritischem Hinterfragen zerfällt und von Zeitzeugen nicht akzeptiert wird.

Nicht immer ist es heute möglich, alle angeblichen, also nicht beweisbaren Fakten aus der DDR-Geschichte, die selbst nach mehr als drei Jahrzehnten in wissenschaftlichen Studien immer noch präsentiert werden, kritisch zu überprüfen und auch nicht die darauf aufbauenden Interpretationen. Dazu fehlt oft die Möglichkeit, Bereitschaft und auch tiefer gehende Kenntnis. Solche Forschungsarbeiten werden natürlich auch nicht mit staatlichen oder Stiftungsgeldern gefördert.

Am häufigsten fehlt die Bereitschaft von vielen Fachkollegen, die sich mit der deutschen Zeitgeschichte befassen, sich unvoreingenommen mit diesem Kapitel deutscher Geschichte zu beschäftigen. Manche Kollegen sehen keine Möglichkeit, sich mit den für sie brisanten Fragestellungen zu befassen. Es sollte nicht vergessen werden, dass nicht umsonst nach der deutschen Vereinigung die Historiker aus der DDR so hemmungslos abgewickelt wurden, wie keine anderen Vertreter der geisteswissenschaftlichen Disziplinen. Diese sicherlich nicht ohne Hintergedanken durchgeführte rigorose Abwicklung der DDR-Historiker wurde durchgesetzt, selbst wenn auf die Folgen (oder gerade deshalb?) verschiedentlich aufmerksam gemacht worden war.

Jedenfalls musste der Ex-Vorsitzende des Ministerrates der DDR, Hans Modrow, in einem Vortrag im April 2019 in der Schweiz konstatieren, dass von der DDR »seit dreißig Jahren [...] ein Bild vornehmlich von jenen gezeichnet (*wird – UvdH*), die entweder nicht dabei waren, oder aber von Menschen, die sich als Opfer der DDR verstehen«.[2a]

Aktuelle Studien sagen aus, dass 95 Prozent der geisteswissenschaftlichen Lehrstühle in Deutschland, einschließlich der im Osten, gegenwärtig von nicht-ostdeutsch sozialisierten Professoren besetzt sind. Auf die daraus entstehende Entwicklung wurde zwar frühzeitig aufmerksam gemacht.[3] Genutzt hat dies jedoch nicht viel. Eine Folge davon sind nunmehr die in mannigfachen Protestformen daherkommenden »Wutäußerungen« in den heutigen neuen Bundesländern,[4] ohne hier deren konkrete Anlässe auf ein nicht angemessenes DDR-Geschichtsbild reduzieren zu wollen.

Die weitgehend kritische Charakterisierung der aktuellen DDR-Geschichtsschreibung trifft selbstverständlich nicht auf alle einschlägigen Produkte der sich hiermit befassenden zeitgeschichtlichen Publikationen sowie Radio- und TV-Sendungen zu. Es muss jedoch konstatiert werden, dass gerade auf dem Gebiet der Forschungen zur Geschichte der verschiedenen Aspekte der Außenbeziehungen der DDR regelrechte *Fake Sciences* verbreitet werden. Ganz offensichtlich werden falsche Fakten von Publikation zu Publikation weitergetragen und zum Teil hanebüchene Schlussfolgerungen wegen grober Unkenntnis der Fakten gezogen;[5] ganz abgesehen von der Tatsache, dass vermutlich aus ideologischen Gründen von einigen Verfassern bewusst die vorhandenen Quellen missinterpretiert werden.[6] Es wird in den nächsten Jahren noch viele Historiker und Politikwissenschaftler beschäftigen können, wenn sie untersuchen wollen, *wie* solche Darstellungen in der akademischen Welt sich platzieren konnten.

Von einer Historisierung der Nachwende-Geschichtsschreibung wird inzwischen gesprochen, jedoch wenig getan.

Um ein konkretes Beispiel anzuführen, wie das gegenwärtige Meinungsbild von westdeutsch sozialisierten Kollegen, aber eigentlich noch stärker von den Medienvertretern geprägt werden, soll das folgende Fallbeispiel verdeutlichen.

Ich zitiere hierzu den Text einer Mail, die ich am 22. Mai 2023 an einen Journalisten eines Radiosenders schickte. Dieser hatte mit mir ein Interview über die Ausbildung und den Einsatz von mosambikanischen Vertragsarbeitern in DDR-Betrieben für eine geplante Bildungssendung seines Senders geführt. Obwohl der Journalist darauf hingewiesen worden war, dass er mit Sicherheit über ein anderes, mit der DDR-Wirklichkeit wenig übereinstimmendes Bild verfüge, drängte er auf das Gespräch.

Es verwunderte mich letztlich nicht, dass ich nach einiger Zeit die Nachricht erhielt, dass man sich bei *Deutschlandfunk Nova* entschlossen habe, auf die Ausstrahlung des Interviews zu verzichten. Ich schrieb ihm:

»Ihre Antwort hat mich nicht überrascht. Ich hatte sie erwartet. Denn die Absage zeigt mir nicht nur, wie verfestigt sich das Narrativ von der Ausbeutung, vom angeblichen Rassismus und dergleichen unbewiesene Behauptungen sich in dem westdeutsch geprägten Narrativ über die Vertragsarbeiter festgesetzt hat. Das ist genau das, was Dirk Oschmann in seinem Buch und andere schon vor ihm, kritisiert hat: Was nicht ins Feindbild von der DDR hineinpasst, wird verschwiegen, verdreht, mit westdeutsch geprägten voreingenommenen Vorstellungen zu erklären versucht.

Nichts für ungut. Sie sind so erzogen und sozialisiert worden und werden, wie auch andere Journalisten, die den Osten den Ossis erklären wollen, die Realitäten nie verstehen oder verstehen wollen [...].

Sie irren, wenn Sie der Meinung sind, dass zum Einsatz der Vertragsarbeiter meine ›Meinung umstritten‹ sei; jedenfalls nicht von denjenigen, die die Fakten kennen. Natürlich werden jene, die die Fakten nicht kennen, die nicht mit den Vertragsarbeitern gesprochen haben, die nicht die seriöse Fachliteratur kennen, die den historischen Kontext aussparen, anderer Ansicht sein. Aber das ist nicht Wissenschaft.

Zu den von Ihnen angeführten angeblichen Fakt, dass nicht alle Mosambikaner ausgebildet wurden und als Hilfsarbeiter eingesetzt worden waren, hatte ich Ihnen wohl [...] schon mitgeteilt, dass jemand, der nicht den Facharbeiterabschluss geschafft hatte, auch nicht als Meister arbeiten konnte. Oder sind Ihnen irgendwo auf der Welt andere Beispiele bekannt? Außerdem müssten Sie wissen, wenn Sie sich mit der Literatur bekannt gemacht haben, dass nach Ablauf des zeitlich befristeten Staatsvertrages die DDR aus verschiedenen Gründen, die ich alle belegt habe, eigentlich den Vertrag nicht verlängern wollte. Erst auf starkes Bitten der Regierung in Mosambik hat die Ostberliner Seite entschieden, dieser nachzukommen – auch wenn einige (nur wenige Prozent; siehe in meinem Buch die genauen Zahlen) nicht mehr qualifiziert werden sollten.

Das war der DDR nicht genehm; schon 1979 nicht, als der Vertrag zustande kam und die mosambikanische Regierung keine Ausbildung für ihre Leute wollte. Denn Maputo wollte die jungen Leute von der Straße haben. Denken Sie an den furchtbaren Bürgerkrieg gegen die rechtmäßige Regierung, der von der Bundesrepublik befördert wurde [...]. Die DDR-Seite hat sich durchgesetzt und neben den Tausenden Mosambikanern, die studiert haben, zum Lehrmeister ausgebildet wurden etc. [...] den Vertragsarbeitern eine kostenfreie Berufsausbildung ermöglicht. Das kann man durchaus als solidarische Leistung der DDR-Bevölkerung bewerten – aber auf die Idee werden Sie niemals kommen! Das ist mir durchaus verständlich, und ich bin Ihnen auch deshalb nicht gram. Sie kannten so etwas nicht.

Finden Sie es nicht auch ein bisschen komisch, dass die jungen Arbeitsmigranten (die so effektiv ihre Familien zu Hause von der DDR aus unterstützen konnten), die nur ihr Leben retten wollten, das von der Terrorbande Renamo, der alten portugiesischen Kolonialmacht, dem Apartheidsystem, einigen NATO-Staaten – vor allem der BRD – gefährdet worden war, heutzutage wieder herhalten müssen, um ein Narrativ zu befriedigen, wo sie nur als arme Objekte dargestellt werden?

Ich finde das anmaßend und ethisch mehr als kritikwürdig. Aber wahrscheinlich können Sie aus den o.g. Gründen nicht anders.«

Um die angesprochene Problematik noch in anderen Zusammenhängen zu verdeutlichen, werden nunmehr einige Bücher zu verschiedenen Aspekten der Beziehungen der DDR zu Afrika vorgestellt, um an Hand von deren Inhalten und Aussagen zumindest exemplarisch darauf eingehen zu können, wo die Probleme zur Erkennung der DDR-Realität liegen. Und was es zu verbessern gilt, wenn man den ernsthaften Anspruch hat, Wissenschaft zu betreiben bzw. glaubwürdige, auch noch für die folgende Generation als historische Quelle verwendbare Statements abgeben möchte.

Zunächst sei der bereits durch einige hier zitierte Aufsätze bekannte Sammelband von Frank Bösch, Caroline Moine und Stefanie Senger vorgestellt,[7] der mit seinem komparatistischen Ansatz mit Sicherheit nicht generell zu der zu kritisierenden Art von Literatur zählt. Es zeigt in der Mehrheit der Ausführungen, wie seriöse Geschichtswissenschaft, hier am Beispiel der Außen- und Solidaritätsbeziehungen der DDR und BRD, aussehen könnte.

Allerdings gibt es zu den in diesem von Mitarbeitern des Potsdamer Zentrums für Zeithistorische Studien verantworteten Sammelband mit neun Beiträgen auch einige Kritikpunkte anzuführen. Es beginnt schon mit dem Cover-Text, womit für das Buch geworben werden soll. Es heißt dort, dass sich in der alten Bundesrepublik »zahlreiche Solidaritätsgruppen« für eine Verbesserung der politischen Situation in der Dritten Welt eingesetzt hätten. In der DDR »entstand dagegen eine staatlich initiierte internationale Solidarität«, als wenn deren Bürger nicht selbst erkennen konnten, wer ihrer Unterstützung bedurfte und jede staatlich »verordnete« Maßnahme individuelles Engagement erforderte.

Den einleitenden Beitrag über »Internationale Solidarität im geteilten Deutschland« liefert der Professor für europäische Geschichte des 20. Jahrhunderts an der Universität Potsdam und Direktor des Zentrums für Zeithistorische Forschung, Frank Bösch. Ihm gelingt es, Konzepte und verschiedene Praktiken der Solidaritätsarbeit in West- und Ostdeutschland im Verlauf des Kalten Krieges herauszuarbeiten.

Um an diesem Beitrag eine der eingangs festgestellten Monita zu exemplifizieren, sei hierauf etwas näher eingegangen. Der Verfasser schreibt zum Solidaritätsgedanken in der DDR: »Die demonstrativ herausgestellte internationale Solidarität diente der Außen- und Binnenlegitimation.«[8] Inwiefern wurde im Gegensatz zur Bundesrepublik die Solidaritätsarbeit »demonstrativ herausgestellt«, ist eine der die Aussage kritisierenden Fragen. Sollte die DDR etwa ihre Solidarität gegenüber den nationalen Befreiungsbewegungen und jungen Nationalstaaten verschweigen, wenn die Bundesrepublik, der Hauptkonkurrent in der Systemauseinandersetzung, auf verschiedene Weisen die alten Kolonialmächte und die neokoloniale Politik der Westmächte unterstützte? Gerade die »demonstrativ herausgestellte internationale Solidarität« der

DDR war ein wesentlicher Bestandteil ihrer spezifischen Solidaritätsleistung. Die ihre Solidarität benötigenden Menschen sollten wissen, wer ihnen hilft und nicht nur durch individuelle Aktionen Einzelner, sondern durch die Zurverfügungstellung aller Möglichkeiten, die ein Staat in der Weltpolitik dafür zur Verfügung hat.

Und: In welchen Fällen bzw. wie konkret konnte die Solidarität »Binnenlegitimation« sein? Inwieweit konnte diese dem Unmut der Bevölkerung über fehlende Presse- und Reisefreiheit und sonstigem Unbill etwas entgegensetzen?

Das Gegenteil war eher der Fall. Es gab in dem wirtschaftlich gegenüber der BRD schwächeren deutschen Staat zuweilen Unverständnis, wenn durch Solidaritätsleistungen etwa Konsumgüter knapp wurden. Die zitierte und weitere Aussagen zeugen von einem gravierenden eindimensionalen Weltbild von der DDR-Realität, ohne dass der Verfasser die Absicht gehabt hatte – was man ihm zugutehalten sollte –, die Ostdeutschen zu verunglimpfen.

Erst bei der tieferen Beschäftigung mit der Thematik kommt Frank Bösch zur richtigen Schlussfolgerung, dass die Solidaritätsaktionen in der DDR »über die staatlich verordnete Hilfe« hinausstrahlten.[9] Vollkommen ins Gegenteil verkehrt, wenn man seriöse Untersuchungen zugrunde legt, ist dann jedoch die Feststellung, dass die Entwicklungshelfer aus dem Osten, die in »Brigaden der Freundschaft« arbeiteten, »durchaus in kolonialer Tradition« standen, »da sie keine Unterstützung auf Augenhöhe gewährten«.[10]

Hier hat sich der Verfasser auf eine in der akademischen Welt in Misskredit geratene Studie gestützt. In dieser wurden unrealistische Schlussfolgerungen, basierend auf einigen wenigen nicht repräsentativen Aussagen von Zeitzeugen, um das solidarische Engagement der DDR-Bürger in Gänze abzuwerten, gezogen. Denn vielmehr bestätigen die einschlägigen seriösen Untersuchungen von mit der Materie Vertrauten sowie von ehemaligen Partnern aus den sogenannten Entwicklungsländern, dass sich gerade die »DDR-Deutschen« durch ihr Agieren auf Augenhöhe auszeichneten und somit von »Entwicklungshelfern« und anderen außereuropäischen Akteuren aus anderen Ländern unterschieden.[11] Wenn es solche wie die von Bösch genannten ostdeutschen Entwicklungshelfer gegeben hätte, wäre der Einsatz der betreffenden DDR-Bürger im Ausland beendet gewesen. Denn auch dort gab es Überwachungen und Kontrollen des Einzelnen – so glaubt man es doch wenigstens im Westen.

Geradezu unverständlich ist die weltfremde Feststellung, die allerdings auch in anderen Beiträgen der Fachliteratur herumgeistert, dass »schwarzen Ausländern« in der DDR »gemeinsame Kinder mit Ostdeutschen untersagt waren«.[12] Da fragt man sich doch, wie etwa 3.000 (andere Schätzungen gehen von bis zu 5.000 aus) allein »schwarze« Mosambikaner im Osten Deutschlands mit dort lebenden »weißen« Frauen Kinder gezeugt haben. Wurden sie bestraft, die Männer kastriert? Ein wenig mehr Kenntnis von der Realität des »untersuchten« Gegenstandes hätte man bei solchen renommierten Herausgebern erwarten können.

Auch in dem eigentlich lesenswerten Beitrag von Eric Burton über die »Brigaden der Freundschaft« wird die Behauptung aufgestellt, dass die »Beziehungen zu den Vertragsarbeitern in der DDR rein platonisch-distanzierter Natur zu sein« hatten.[13] Angesichts solcher, jedem Verfasser von vornherein als unrealistisch auffallenden Behauptungen ist zu fragen, warum in altem deutschen paternalistischen Überlegenheitsgefühl nicht die Betroffenen selbst hierzu gefragt worden sind. Denn es existieren ausreichend schriftlich festgehaltene, originäre Aussagen von Afrikanern und anderen Ausländern, die in der DDR gelebt haben.

Natürlich macht es etwas Mühe, diese Quellen zu recherchieren, stattdessen wird etwa auf Publikationen von ausländischen Kollegen verwiesen, die kaum die deutsche Sprache beherrschen und nur einige Wochen in den relevanten Archiven geforscht haben und dann, den alten Vorurteilen gegenüber dem »real existierenden Sozialismus« frönend, solche realitätsfernen Schlussfolgerungen präsentieren, die – wie nachweisbar auch schon zuvor geschehen – ohne Quellenkritik weitergereicht werden. Um zu belegen, wie unsinnig solche durch keine schriftliche Quelle zu beweisenden Aussagen sind, sei nur erwähnt, dass sogar »schwarze Kinder« von deutschen Familien adoptiert wurden. Dem Rezensenten sind allein drei solcher Fälle bekannt; einige haben durch Autobiografien recht breite Aufmerksamkeit gewonnen.[14]

Weitere sich in der Zeitgeschichtsforschung festgesetzte Stereotype waren in diesem Beitrag und in einigen der anderen Untersuchungen festzustellen, etwa diejenigen über Rassismus im Osten Deutschlands. Dabei konnte kein einziger Autor eine öffentliche Veranstaltung, abgewiesene zeitgenössische Beschwerden über rassistische Äußerungen, einen gedruckten Satz, ein Gerichtsurteil, eine internationale Anklage anführen, die den behaupteten Rassismus in der DDR belegen würde.

Das bedeutet indes nicht, dass es nicht rassistische Ressentiments in der DDR gegeben hat. Aber Rassismus? Wer einen solchen zu DDR-Zeiten propagiert hätte, wäre »Opfer« der Stasi geworden.

Rassismus konnte sich erst flächendeckend im Osten Deutschlands weitgehend ungehindert entfalten, als die Mauer gefallen war.[15]

Aber genug der Kritik an den festsitzenden Vorurteilen, die leider auch in dem vorzustellenden Buch zu finden sind. Es wird noch einige Zeit in Anspruch nehmen, bis sich gestützt auf gründliche Quellenauswertung und -kritik ein realistischeres Geschichtsbild des untergegangenen deutschen Staates durchsetzt.

Einige weitere Themen in dem Sammelband beschäftigen sich mit Solidaritätsgruppen in der Bundesrepublik, die sich für das sozialistische Nicaragua engagierten. Daran schließt sich ein interessanter Beitrag von Stefanie Senger an, die die Engagements für Nicaragua in ost- und westdeutsche Solidaritätsgruppen vergleichend untersucht.

Neben der Darstellung der Solidaritätsarbeit westdeutscher Gruppierungen für Chile nach 1973 und gegen die argentinische Militärjunta in den Jahren 1975 bis 1983 sowie einer Übersicht auf »europäische Perspektiven (zum) globalen Aktivismus während des Kalten Krieges«, befassen sich zwei weitere Studien mit spezifischen Themen der DDR-Solidarität. So untersucht Sophie Lorenz die eigentlich schon recht gut ausgeleuchtete DDR-Solidaritätskampagne für die US-amerikanische Bürgerrechtskämpferin Angela Davis und fasst die vorliegenden Forschungsergebnisse zusammen, verbunden mit eigenen in den Archiven gewonnenen Erkenntnissen.

Hingegen greift Anja Schade ein bislang noch nicht akademisch bearbeitetes Thema, nämlich die Solidarität der DDR mit den im Exil in der DDR lebenden Südafrikanern, die zumeist Angehörige der südafrikanischen Befreiungsorganisation ANC waren, auf. Sie belegt anhand verschiedener Beispiele, dass die Solidarität zwar staatlich gewollt und zum

Teil auch organisiert war, jedoch – so macht sie nachvollziehbar deutlich – hätte Solidarität nicht funktionieren können, wenn es nicht die zahlreichen individuellen Solidaritätsbeweise gegeben hätte.

Eine weitere Schlussfolgerung ihrer Untersuchung belegt, wie die ANC-Exilanten die von ihnen empfangene Solidarität heute bewerten. Die ältere Generation, so ihr Fazit, schätzt diese fast uneingeschränkt hoch ein und ist dafür sehr dankbar, wohingegen die jüngere Generation auch Missstände in der damaligen Politik und Gesellschaft benennt. Da die Verfasserin sich auch mit kirchlichem solidarischem Engagement beschäftigt, wird damit nicht zuletzt indirekt der vielfach in anderen Publikationen zum Ausdruck gebrachte oder überbewertete Widerspruch zwischen staatlicher und kirchlicher Solidaritätsarbeit östlich der Elbe entkräftet.

Anja Schade kommt zu der Schlussfolgerung, dass »die Haltung der sozialistischen Staaten im Allgemeinen und der DDR im Besonderen gegenüber dem ANC nachhaltigen Einfluss auf seine Mitglieder«[16] ausübte. Im Gegensatz zu anderen sich mit Fragen aus diesem Bereich befassenden Verfassern (auch über die hier aufgenommenen Beiträger hinaus) hat sie zum Teil sehr ausführliche Interviews mit Zeitzeugen geführt und sich nicht auf vorliegende Ausführungen in Publikationen verlassen, die bei kritischen Nachfragen ihre Plausibilität verlieren.

Insgesamt betrachtet ist der Sammelband ein guter Versuch, einen Aspekt der deutschen Zeitgeschichte an einigen Exempeln in komparatistischer Weise zu behandeln. Neben einigen Vorbehalten zumindest zu einigen Ausführungen über die Hintergründe der DDR-Solidaritätsaktivitäten kann das Buch als relativ gelungen für deutsch-deutsche historische Vergleiche empfohlen werden.

Wie sich der eingangs erwähnte Frust der »einfachen ostdeutschen Bevölkerung« Bahn bricht – und dies vor allem im Bundesland Sachsen – legt die ehemalige Dresdner Grünen-Politikerin Antje Hermenau dar.[17]

Sie versucht, die »sächsische Seele« samt den Missverständnissen und ernsthaften Meinungsverschiedenheiten zwischen Ost- und Westdeutschen zu erklären. In einzelnen Aspekten gelingt ihr dies, nämlich immer dann, wenn sie nicht den einfachen Mainstream-Aussagen der Presse folgt, sondern ihre eigenen Erfahrungen für ihre Schlussfolgerungen zugrunde legt. So kommt sie anhand konkreter Beispiele zur Quintessenz, dass die Integration der »neuen Migranten« aus den ostdeutschen Bundesländern (eigentlich das Hauptproblem des politischen Unwillens in Sachsen), nicht gelingen kann, wenn der Staat in Bezug auf Sozialleistungen mit zweierlei Maß misst. Und dies im Zusammenhang mit der ungleichen Lohn- und Rentenbehandlung von Ost- und Westdeutschen, als auch vor allem in Bezug auf die Integrationspolitik der Bundesregierung.[18]

Dagegen sich zu wehren, sei nicht Rassismus. Der Kern des Problems sei vielmehr, »dass das Wohlstandsversprechen, das der deutsche Sozialstaat gibt, sich auf Dauer nur halten wird, wenn die ganz überwiegende Zahl aller, die hier leben, arbeiten wollen und können. Sonst wachsen der Neid, die Probleme und der Streit ums Geld – und der Rassismus.«[19] Die Verfasserin spricht hier mehr oder minder ausführlich nicht wenige Probleme an, die in den öffentlichen Debatten, vor allem in der Presse, kaum so in aller Deutlichkeit formuliert werden. Aber sie bietet auch Lösungsvarianten an. Die Zukunft muss jedoch erst zeigen, ob sie der Realität standhalten würden.

In jedem Fall ist es eine streitbare Schrift, die den Historikern und Politikern empfohlen sei, die alle Ursachen der heutigen »Probleme« mit dem undankbaren Volk aus dem Osten in der DDR-Vergangenheit sehen.

Originäre Meinungen von ausländischen Betroffenen, die in Deutschland auch vor der Vereinigung der beiden deutschen Staaten lebten, findet man in einem Protokollband, der laut Eigenvorstellung von einer feministischen Gruppe in Berlin, »die durch Dokumentation der Lebensrealitäten und politischen Kämpfe der Migrantinnen und geflüchteten Frauen antirassistische Diskurse und Perspektiven erweitert«, herausgegeben worden ist.[20]

Mehr als ein Protokollband ist die Publikation trotz aller positiven Bewertungsabsichten nicht. Zwar will man auch das Leben und die Probleme von Vertragsarbeitern in der DDR thematisieren, jedoch kommen nur vier Frauen, die in der DDR lebten, zu Wort. Die Mehrzahl stammt aus den alten Bundesländern. Es werden verschiedene Ansichten über die »empfangende« deutsche Gesellschaft zum Ausdruck gebracht, auch zwischen den weitgehend in Ostdeutschland sozialisierten Frauen. Erfahrungen können unterschiedlicher nicht sein.

Eine Vietnamesin etwa, die sich schon des Öfteren zu Wort gemeldet hatte und dafür von anderen ehemaligen Vertragsarbeitern Unverständnis und Kritik geerntet hatte, kam nach eigener Aussage in die DDR, weil sie »ganz viel Geld« verdienen[21] und »mit großem Reichtum wieder nach Hause kommen« wollte.[22] Stattdessen sollte sie auf Wunsch ihrer Regierung einen Beruf erlernen, damit sie nach ihrer Rückkehr in die Heimat arbeiten, Geld verdienen, ihrer Familie helfen und vor allem ihren Anteil am Aufbau ihres durch die USA zerstörten Landes leisten konnte. Sie blieb dennoch länger, als ihr Vertrag es ursprünglich vorsah.

Ihre auch schon an anderen Stellen zum Ausdruck gebrachten Eindrücke von ihrem Leben in der DDR sind sehr widersprüchlich. So äußerte sie beispielsweise in einer TV-Dokumentation einmal, dass sie sich damals fühlte, wie »im Paradies angekommen«, nachdem sie dem Elend des US-amerikanischen Bombenterrors entflohen war. Ein anderes Mal beschwerte sie sich hingegen, dass sie als Jugendliche in Rostock einem geregelten Internatsleben ausgesetzt war. Hinzu kamen auf der protokollierten Veranstaltung vorgetragene Anklagen, die zum Schmunzeln Anlass geben. So monierte sie, dass der Frauenarzt ein Mann gewesen wäre oder dass viele vietnamesische Betreuer ebenfalls männlich waren. Auch Themen, die man als interkulturelles Missverständnis bezeichnen könnte, wurden von ihr als Verbalkritik vorgetragen, ohne zu berücksichtigen, was die DDR-Bevölkerung für sie und die anderen Vietnamesen getan hatte. Warum, so könnte man fragen, ist für den Mangel an interkultureller Kompetenz immer und ausschließlich die aufnehmende Gastgesellschaft verantwortlich?

Viele solcher Fragen wurden nicht gestellt, und somit konnten Antworten darauf nicht diskutiert werden.

Eine andere Ausländerin, die aus Chile in die DDR kam, sah es ganz anders. Sie artikulierte ihre Dankbarkeit für die Solidarität, die sie in der DDR erlebte, vor allem im Hinblick auf die soziale Gerechtigkeit.[23] Ihre Dankbarkeit gegenüber der DDR-Bevölkerung, die Solidarität mit den politischen Asylanten aus Chile geübt habe, erklärt sie deutlich. Sie kritisiert den Einigungsvertrag, über den »das Volk der DDR nie befragt« worden sei, und moniert, dass »die Gesellschaftsordnung der DDR [...] systematisch bis heute dämonisiert« werde.[24]

Das sind alles nützliche Blicke von außen auf die deutsche Zeitgeschichte, die allerdings weit mehr Bedeutung hätten erhalten können, wenn die Herausgeberinnen die protokollierten Wortmeldungen überarbeitet, das heißt grammatikalische und stilistische Schnitzer ausgemerzt, Wiederholungen gestrichen, laufende Danksagungen an die vorherigen Referentinnen einfach weggelassen hätten. Auch dort, wo sie meinten, in den Fußnoten angesprochene Sachverhalte erläutern zu müssen, kommt nicht nur die Oberflächlichkeit ihres Wissens über die deutsche Geschichte, sondern auch über die Gestaltung einer Publikation zum Ausdruck. So wird die beliebte Sendung der *ARD* »Im Krug zum grünen Kranze« zu einem »nationalistischen Volkslied« degradiert, die statt im west- im ostdeutschen Fernsehen verortet wird.[25]

Die Meinung einer Rednerin, die DDR hätte sich »als ein weißes, eigentlich westlich, europäisches Land« positioniert,[26] bleibt unkommentiert. Hätte sich ein in Mitteleuropa liegendes Land als »schwarz« oder »rosa« positionieren sollen? Und Mitteleuropa liegt nun einmal nicht in Afrika.

Diese und viele weitere Irrigkeiten lassen nur das Gesamturteil zu, dass hier eine große Chance vergeben worden ist, aus feministischer Sicht von Zugewanderten einen ernsthaften Blick auf die deutsche Gesellschaft und ihre Vergangenheit zu werfen.

Ganz anders sieht es mit einer 2022 in einem kleinen Berliner Verlag edierten Publikation aus, die von Carina Großer-Kaya und Monika Kubrova herausgegeben worden ist.[27] Diese erschien in Verantwortung des *Landesnetzwerks Migrantenorganisationen Sachsen-Anhalt* (LAMSA) e. V. in Zusammenarbeit mit dem *Dachverband der Migrantenorganisationen in Ostdeutschland* (DaMOst).

Neben einer kurzen Einleitung von Carina Großer-Kaya zu Migrationsgeschichten in und aus Ostdeutschland kommen hier 16 Frauen und Männer von vier Kontinenten zu Wort, die über ihre Erfahrungen mit der DDR und später in den sogenannten neuen Bundesländern berichten.[28] Deren biografische Skizzen gewähren Einblicke in die gewonnenen Erfahrungen von Ausländern, die aus unterschiedlichen Gründen in die DDR kamen und nach der staatlichen Wiedervereinigung zumeist in den ostdeutschen Bundesländern verblieben oder dorthin nach einiger

Zeit der Abwesenheit zurückkehrten. Sie erzählen – wie es auf der Rückseite des Covers nicht ganz zutreffend heißt – »aus bisher wenig berücksichtigter Perspektive vom migrantischen Alltag im Sozialismus und davon, mit welchen Konflikten Menschen nichtdeutscher Herkunft in Wende- und Nachwendezeiten zu kämpfen hatten und welche Lösungen sie fanden, um ein gelingendes Leben in der neuen Bundesrepublik zu führen.« Berücksichtigung fanden hier vor allem Menschen, die aus dem heute sogenannten globalen Süden stammen.

Die skeptische Einschätzung des Rezensenten zum Forschungsstand der ostdeutschen Migrationsgeschichte resultiert aus der Tatsache, dass weitaus mehr Selbstzeugnisse vom Leben und von den Erfahrungen von Ausländern in der DDR vorliegen, als gemeinhin angenommen wird und was auch im Anhang dieses Buches zur weiterführenden Literatur nicht genannt wird. Zumal einige der knapp zwei Dutzend der dort bibliographierten Bücher sowie einige Internetquellen in der Fachwelt nicht ernst genommen werden können, weil sich ihre Verfasser eher von dem eigenen rudimentärem Wissen über die DDR leiten ließen,[29] als Aktenstudien zu betreiben und die Betroffenen selbst zu befragen. Vor allem das dort erwähnte Buch von Almut Riedel zu den algerischen sogenannten Vertragsarbeitern[30] zeugt von völligem Unverständnis, ideologisch geprägtem Mystizismus und einfach Unkenntnis, was in der wissenschaftlichen Literatur bereits mehrfach kritisiert worden ist.[31] Auch ein hier erwähnter Sammelband zu den mosambikanischen Vertragsarbeitern, der auf einer in der Community höchst umstrittenen Konferenz beruht,[32] sagt mehr über die ideologische Einstellung der Herausgeber als über die Meinungen und Erfahrungen der betroffenen Afrikaner aus.

Abgesehen von den genannten Fällen ist aus quellenkritischer Sicht immer Vorsicht geboten, wenn westdeutsch sozialisierte Autorinnen und Autoren – in dieser Hinsicht gibt es auch weitgehend in der wissenschaftlichen Publizistik keine Unterschiede – ihre oftmals in der Bundesrepublik geprägte Sicht auf die DDR übertragen. Damit wird man selbstverständlich nicht der historischen Realität gerecht; so kann man nicht die Gastarbeiter in der BRD mit den Vertragsarbeitern in der DDR gleichsetzen. Deshalb findet man in deren Publikationen höchst selten Aussagen, die aus ungefilterten Egodokumenten stammen. Das, was in dem hier vorzustellenden Buch zum Ausdruck kommt, dürfte solchen Verfassern eher als Chimäre gelten denn als freimütige Aussagen, die für eine wahrheitsgemäße Geschichtsbetrachtung Verwendung finden sollten. Das würde ihrer paternalistischen Sicht auf die DDR ja zuwiderlaufen.

Neben den nicht verschwiegenen Schwierigkeiten und individuellen Problemen beim Wechsel des Lebensmittelpunktes in ein anderes Land mit einer anderen Sprache, Mentalitäten, Traditionen und Kulturen, einer anderen Gesellschaftsformation, den alltäglichen Erfahrungen in einem anderen Kulturkreis sind viele Erinnerungen durchweg positiv, wie die einer Aserbaidschanerin, die formulierte, dass, wenn sie an die DDR zurückdenkt, »dann kann ich nichts Schlechtes finden«.[33]

Ein Chilene schrieb, dass er, bevor er in die DDR kam, das Gerücht gehört habe, dass dort »Kinder teilweise gegessen werden« und stellte dann mit der Wende, erschrocken über das Verhalten der Ostdeutschen, fest, wie er erleben musste, »wie man für ein paar D-Mark seine Würde aufgeben kann«. Eine Vietnamesin, für die »das Leben in Leipzig [...] eine schöne Zeit« war, ja, die sich »wie (in) ein(em) Paradies« vorkam, ist »bis heute dankbar« für die ihr erwiesene solidarische Hilfe.

Eine Russin, die von sich sagt, dass sie fremd war, fremd blieb und dieses Fremdheitsgefühl auch nicht loswurde, konstatierte dennoch, dass sie »womöglich in der DDR mehr Gutes gesehen und mehr positive Eindrücke gehabt« habe als mancher DDR-Bürger.

Ein Palästinenser erinnert sich, dass er viele Freundschaften gehabt hatte und sich »nie fremd gefühlt habe«. Eine Afghanin, die 1985 nach Ostberlin kam, fühlte sich »herzlich aufgenommen«, insbesondere in Berlin-Pankow, was für sie inmitten anderer junger Menschen, die nicht nur aus dem Gastland kamen, sondern auch aus anderen asiatischen und arabischen Ländern, sowie aus der Türkei, Chile und europäischen Staaten – wie sie hervorhebt – »Wahnsinn« gewesen sei. Für eine Vietnamesin war ihr Studium in Nordhausen nur mit schönen Erinnerungen verbunden. Ein vietnamesischer Vertragsarbeiter resümiert: »Wir fühlten uns [...] glücklich und wie im Himmel.«

Entgegen der heute auf westlicher ideologische Voreingenommenheit beruhenden Darstellung des Lebens in der DDR, insbesondere der Stellung der Vertragsarbeiter in der Volkswirtschaft der DDR, wo sie ausgebeutet, unterbezahlt, sozial ausgegrenzt und rassistisch behandelt worden sein sollen,[34] meinte ein Vietnamese aus Aschersleben, dass ihre Arbeit im Betrieb »einfach« gewesen sei, sie den gleichen Lohn wie die deutschen Arbeiter erhielten, dass der Besuch in Wohnheimen »recht locker gehandhabt« wurde. Ein Palästinenser in Nordhausen fasste sein Leben dort so zusammen: »Man konnte überall hingehen, wurde weder beleidigt noch blöd angemacht.« Eine vietnamesische Vertragsarbeiterin im heutigen Chemnitz stellte fest: »Wir fühlten uns akzeptiert und lernten viel von den deutschen Menschen: Pünktlichkeit, Sauberkeit, Sparsamkeit.« Auch ein Vertragsarbeiter aus Vietnam in Magdeburg war ob des für ihn ungewohnten Luxus in den Wohnheimen sowie der Arbeitsbedingungen positiv überrascht: »Wir fanden die DDR schön, modern und zivilisiert.«

Alle positiven Äußerungen vom Leben und Wirken in der DDR wandelten sich in Besorgnis, Angst und auch Unverständnis um, nachdem die Mauer gefallen war und die staatliche Vereinigung vorangetrieben wurde. Mit den bald darauf erfolgten massenhaften Entlassungen in den Betrieben, wo nunmehr westdeutsche Berater auf eine Reduzierung der Belegschaften drängten, schlug das solidarische Gefühl der bisherigen Kollegen und ihrer betrieblichen Leitungen aufgrund der einsetzenden Existenzangst oftmals um. Die »ausländischen Werktätigen«, wie sie damals noch offiziell hießen, wurden entlassen, in den Osten strömten »Führer« rechtsextremer und rassistischer Gruppierungen. Diese sammelten die Enttäuschten und Unzufriedenen und begründeten und führten die ausländerfeindlichen Aktionen an. Die Führungskräfte der Rechtsextremisten wussten den Nährboden, bestehend aus Existenzangst und aufkochendem Nationalismus, auszunutzen. Aus den daraus entstandenen Gruppierungen rekrutierten sie genügend plumpe Anhänger, die fremdenfeindlichen Gedankenspiele nunmehr mit Gewalt kombinierten.

Alle 16 Autorinnen und Autoren dieses Buches wissen davon zu berichten. Dennoch überwogen im Rückblick die positiven Erfahrungen aus der DDR-Zeit und sie leben heute noch im Osten Deutschlands, oftmals nunmehr in familiären Bindungen.

Erwähnt werden muss, dass drei Berichte von den Erzählungen der anderen vom Leben als Ausländer in der DDR abweichen. Alle drei stammen von Afrikanern. Wenn man sich deren Vorwürfe und Anschuldigungen gegen die DDR-Bürger anschaut und hinterfragt, wird deutlich, dass das in der Öffentlichkeit gezeichnete negative Narrativ von der DDR punktuell auch auf das retrospektive Bild von in der DDR lebenden Ausländern abgefärbt hat. Um mit den im Folgenden genannten Argumenten zukünftige Forschungen tiefgreifender und realer anzuregen, soll nunmehr auf deren »Vorwürfe« und Kritikpunkte eingegangen werden.

Ein Senegalese schildert beispielsweise sein Leben zwar mit vielen Kontakten zu DDR-Bürgern, behauptet aber, dass »Beziehungen zwischen ausländischen Studierenden und Deutschen […] nicht gern gesehen« wurden.[35]

Von wem, lautet da die Frage? Vonseiten der deutschen oder der senegalesischen Behörden? Und hat das jemals jemand dem Autor gegenüber geäußert? Und war dem Autobiografen bekannt, dass die Länder des damaligen sozialistischen Lagers sowie die fortschrittlichen Kräfte auf der westlichen Seite der Elbe den *Brain Drain* ablehnten? Eine »Talenteabwerbung«, die dem entsendenden Land durch die Abwerbung – wie in diesem Fall – eines Wirtschaftswissenschaftlers entstand, widersprach der solidarischen Einstellung der DDR-Bürger und -Behörden. Damit sollte und wollte sich die DDR erheblich von der Politik der kapitalistischen Länder unterscheiden. Und eine solche »Gefahr« bestand immer, wenn es zu Heiratsabsichten kam. Eine Ehe zwischen Deutschen und Ausländern einzugehen, war damals wie heute aus bürokratischen Gründen nicht einfach – aber sie gab es zu Zehntausenden.

Überhaupt scheint es dem Betreffenden wie auch Kritikern einer »dauerhaften Integration« in der DDR völlig entgangen zu sein, dass dies bedeutete, dass die aus der Dritten Welt stammenden zumeist jungen Menschen in Europa verbleiben und somit nicht mehr den Ökonomien und Gesellschaften in ihren Heimatländern zur Verfügung stehen würden.

Die Politik des *Brain Drain* wurde von der DDR und vermutlich auch anderen Staaten,[36] nicht nur von denen, die sich zum Marxismus bekannten, abgelehnt, weil das nachweisbar den Herkunftsländern schadete.[37] Das gehörte zu DDR-Zeiten eigentlich zum allgemeinen Wissen über den Neokolonialismus. In einem entsprechenden Nachschlagewerk[38] wurde explizit ausgeführt, dass der unkompensierte Abzug qualifizierter Kader aus Entwicklungsländern eine Form der neokolonialen Ausbeutung sei, denn diese stünden nunmehr der eigenständigen nationalen Entwicklung der Entwicklungsländer nicht zur Verfügung. Berechnungen hätten ergeben, dass im Zeitraum von 1961 bis 1976 die ökonomischen Verluste des auch als *reserve transfer of technology* bezeichneten Politik des *Brain Drain* für die Entwicklungsländer höher lägen als der Nutzen aus der öffentlichen Entwicklungshilfe der USA, Kanadas und Großbritanniens zusammengenommen.[39]

Selten, zuweilen jedoch durchaus, erinnert man sich im Westen daran. Wie Robert Dölger, der von 2018 bis 2022 Afrika-Beauftragter des Auswärtigen Amtes war und seit 2022 deutscher Botschafter in Marokko ist. In einem Gespräch mit der Deutschen Afrika Stiftung sagte er: Wir »müssen […] mehr geregelte Migration erleichtern. Aber so, dass kein Brain Drain entsteht wie wir es gerade in einigen Ländern beobachten. Dort verschwinden ganze Krankenstationen, weil die Teams von entwickelten Ländern abgeworben werden. Stattdessen sollten wir ein System der zirkulären Migration ermöglichen. Ein interessantes Beispiel dafür war die DDR, die in den 70er und 80er Jahren ganze Kohorten angolanischer Ingenieurinnen und Wissenschaftler ausgebildet hat, die jetzt in Entscheidungspositionen in Angola sind. Davon profitieren wir sehr direkt.«[40]

Auch in anderen Zusammenhängen kann festgestellt werden, dass das in der heutigen Öffentlichkeit vorherrschende Narrativ über die Ausländer- und Afrikapolitik der DDR doch nicht stimmen kann oder zu einseitig gesehen wird. So wird etwa in der jüngeren Fachliteratur des Öfteren verwundert festgestellt, dass es etwa in Leipzig, wie die US-amerikanische Historikerin Sarah Pugach herausfand, viel mehr binationale Partnerschaften zwischen Afrikanern und deutschen Frauen gegeben hat als gemeinhin angenommen.[41] Was war da »merkwürdig«, und warum galt die Frau des Westafrikaners nach der Heirat angeblich »als Republikfeindin«? Dann hätten ja alle DDR-Frauen, die Ausländer geheiratet haben – offiziell? – als Republikfeinde gelten müssen. Und was wäre dann mit den mehr als tausend deutschen Frauen, die von Mosambikanern schwanger wurden? Alles Republikfeindinnen? Interessant wäre es, wenn einmal ein Forschungsauftrag vergeben werden würde, wie solche Vorstellungen konkret entstehen und sich ausbreiten konnten.

Auch sollte man die damals vorherrschenden inoffiziellen Regeln in den Gaststätten kennen, bevor man jemanden des angeblich erlebten Rassismus beim Gaststättenbesuch beschuldigt. Denn wenn man dort keinen Platz bekam, war das nicht verwunderlich. Der nicht für DDR-Sympathien verdächtige Historiker Stefan Wolle beschrieb »seltsame Bräuche« in der Gastronomie der DDR, die mit der deutschen Einheit verschwanden und deswegen, so in seinem Buch über die ostdeutsche Alltagskultur, »überlieferungswert« seien. Selbst bei ausreichend freien Plätzen wiesen nämlich die Kellner oder privaten Gaststättenbesitzer und ihr Personal den Gästen oft die Tische zu. Wer gegen dieses ungeschriebene Gesetz verstieß oder in anderer Weise auffiel, etwa durch übergriffiges Verhalten, musste mit »erzieherischen Maßnahmen« rechnen. Rebellisches Aufbegehren zog mitunter einen Lokalverweis bzw. ein Gaststättenverbot nach sich.[42]

Wenn das, wie beschrieben, rassistisch konnotiert war (wobei man natürlich nicht übersehen darf, dass es auch in der DDR rassistische Ressentiments gab), dann ist auch der Rezensent, weil Norddeutscher, in Sachsen und Thüringen gleichfalls rassistisch behandelt worden, weil er keinen Platz bekam. Jedoch: Die freien Plätze wurden oft für Stammgäste oder Reisegruppen freigehalten. Ähnlich »reserviert« zeigten sich mitunter Taxifahrer, wenn sie potenzielle Fahrgäste ablehnten – mit der Hautfarbe des abgewiesenen Fahrgastes hatte dies kaum etwas zu tun.

Ein mosambikanischer Vertragsarbeiter, der in dem vorzustellenden Buch zu Wort kommt, wollte nicht Opfer des in den 1980er Jahren tobenden Bürgerkrieges werden. Deshalb erschien es ihm »eine Verheißung«, in die DDR zu kommen. Als Vertragsarbeiter ging er zunächst nach Niesky, später nach Halle, wo er einen Beruf erlernen und arbeiten konnte. Er hatte Kontakte zu seinen Kollegen auch außerhalb der Arbeitszeit, trieb Sport und lernte deutsche Familien kennen. Dann die überraschende Feststellung: »Manchmal trafen wir uns draußen auch mit ein paar deutschen Jugendlichen. Aber gewollt war das nicht«. Die Frage stellt sich nunmehr, wer »wollte« das nicht? Schaut man sich die Dokumente der für die Vertragsarbeiter zuständigen DDR-Institutionen an, wird dort das Gegenteil empfohlen und wurde auch von vielen deutschen und mosambikanischen Arbeitern selbstverständlich so gelebt.

Auch in diesem Falle scheint das jahrelange Trommeln über die angeblich verordnete Isolation der Vertragsarbeiter (die, nebenbei bemerkt, niemals hätte praktisch umgesetzt werden können) seine Spuren hinterlassen zu haben. Auch die erwähnten »Streitereien, auch Schlägereien« in Niesky[43] sind etwas mysteriös, denn, so der Autor, von Ausländerfeindlichkeit hätte er zwar gehört, aber nicht gewusst, »wie sie sich im Alltag manifestiert«. Fakt ist, dass es damals in Niesky zu Schlägereien gekommen war, an denen nicht immer deutsche Jugendliche die Schuld trugen. Das wird hier nicht erwähnt.

Ein aus Mali stammender Ingenieur-Student, der sein Studium nicht bezahlen musste und zudem ein Stipendium auf DDR-Staatskosten erhielt, wurde mit anderen Studenten in Magdeburg zu Beginn der akademischen Ausbildung zum Praktikum zu profanen, also Hilfsarbeiten auf einer Baustelle eingesetzt. Das gehörte in vielen Studieneinrichtungen in der DDR zur Normalität. Es war ein Bestandteil des Studiums mit der Absicht, an der Basis Erfahrungen zu sammeln, um dann später in Betriebsleitungen oder in sonstigen qualifizierten Positionen arbeiten zu können. Dagegen protestierte er und musste dennoch das Praktikum absolvieren.[44] Danach suchte er geradezu nach Negativem und wurde fündig: »Eine Durchmischung der Studenten hat es bei uns nicht gegeben«, was immer darunter zu verstehen ist. »Es wurde nicht gern gesehen, jemanden in einem anderen Wohnheim zu besuchen«, heißt es weiter. Das widerspricht dem in diesem Buch dargelegten Tatsachen, den Aussagen vieler anderer Wohnheimbewohner und auch den eigenen Erfahrungen des Rezensenten.

Ein wenig mehr Verständnis und Dankbarkeit hätte ein ehemaliger DDR-Bürger erwartet, wenn behauptet wird: »Ich gehörte zu der Gruppe, die aus angeblich humanitären Erwägungen in der DDR kostengünstig bis kostenlos studieren durfte.« Welche Gründe hätte es sonst gegeben? Die nicht gerade im materiellen Überfluss lebenden DDR-Bürger haben ihm und vielen anderen jungen Menschen aus Asien, Afrika und Lateinamerika ein Studium, Arbeit, ein sicheres Leben ohne Armut ermöglicht. Die hier vorgetragene Kritik ist vor allem deshalb unverständlich, wenn man bedenkt, dass in Mali Bürgerkrieg tobte, Korruption und Kriminalität bis heute weit verbreitet sind, es instabile politische Verhältnisse und Menschenrechtsverletzungen gibt; zwei Drittel der Bevölkerung leben immer noch unterhalb der nationalen Armutsgrenze. Widersprüchlich ist auch die Aussage des Malinesen, dass er zwar »ein offenes und zwangloses« Verhältnis zu den deutschen Studenten gehabt hätte, aber deren »privaten Bereich« ihm »immer verschlossen geblieben« wäre. Vielleicht hat das etwas mit Charakter und nicht mit Hautfarbe zu tun?

Wie auch immer. Auch solche Aussagen beinhaltende Darstellungen, wie in diesem Buch, sind vor allem deshalb wichtig, weil es einen Blick »von außen« auf das alltägliche Innere der DDR erlaubt, egal wie zuverlässig oder überhaupt noch originär die zu Papier gebrachten Erfahrungen der hierin zu Wort kommenden Autoren sind. Dennoch sollte – wie an einigen Beispielen dargelegt – die Quellenkritik nicht vernachlässigt werden. Dies geschieht leider in der Literatur nur allzu oft. Wenn man nach etwas Negativem sucht, was das eigene Weltbild von dem untergegangenen deutschen Staat bestätigt, findet sich, wie aufgezeigt, auch etwas zu Kritisierendes, auch wenn es sich bei genauerer Untersuchung als Einzelfall, interkulturelles Missverständnis oder aus anderen Gründen nichtzutreffend oder unbedeutend herausstellt. Aber leider dominieren solche Interpretationen oftmals die entsprechende Fachliteratur und das außerhalb der Wissenschaft gepflegte Bild in den Mainstreammedien vom untergegangenen deutschen Staat. Dass dadurch nicht nur die wissenschaftliche Seriosität und historische Wahrheit leidet, sondern auch die DDR-Bevölkerung beleidigt wird, scheint diesen auf ihre wirklichkeitsferne Sichtweise pochenden Autoren gleichgültig zu sein. Sie weiten und festigen – bewusst oder unbewusst – das weitgehend unrealistische Narrativ vom Leben in der DDR.

Es wird höchste Zeit, das realitätsfremde Bild von der DDR, insbesondere deren Ausländer- und Außenpolitik, durch neuere Forschungen zu revidieren und zu ergründen, wie dieses wirklichkeitsfremde Bild entstehen konnte. Eine Aufarbeitung der »Aufarbeitung« der DDR-Geschichte, wie auch des verzerrten Bildes über die koloniale Vergangenheit Deutschlands ist notwendig und wird die nächste Generation von Historikern beschäftigen müssen.[45]

Dabei wird man sicherlich noch detaillierter herausarbeiten können, dass die paternalistisch geprägte koloniale Gedankenwelt in Deutschland nicht mit dem Ende der Kolonialherrschaft in Übersee gestorben ist, sondern in mannigfachen Formen weiter anzutreffen ist, nicht zuletzt deshalb, weil die in der alten Bundesrepublik sozialisierten Publizisten oder sich sonst zur Geschichte der DDR zu Wort äußernden Westdeutschen zumindest bis etwa Anfang der 1980er Jahre vornehmlich mit unkritischen bzw. den Kolonialismus sogar verherrlichenden Geschichtsbildern aufgewachsen sind. Das war ja nicht zuletzt einer der wichtigsten Gründe für die DDR-Historiographie, sich damit auseinanderzusetzen.[46] Leider ist so ein paternalistischer Blick auf die Menschen in den ehemals kolonisierten Gebieten im globalen Süden – worauf wir mehrfach hingewiesen und gewarnt haben – wohl auch von der Mehrheit der westdeutschen Meinungsmacher hinsichtlich der Brüder und Schwestern östlich der Elbe zu beobachten.

Wie tief solche verbreiteten negativen Narrative vom Leben in der DDR, insbesondere deren Ausländer- und Außenpolitik betreffend, in das Bewusstsein der westdeutschen Bevölkerung gedrungen sind und sich durch stetige Un- und Halbwahrheiten von vornehmlich westdeutsch sozialisierten Historikern verfestigt haben, macht ein eigentlich die DDR-Verhältnisse aus westlicher Sicht schon zu Mauerzeiten beobachtender westdeutscher Journalist deutlich. In einem Interview behauptet er unter anderem, dass es in der DDR »Rassismus gegen algerische und mosambikanische Vertragsarbeiter, von denen einige starben«, gegeben habe. Da auch er – wie in vorherigen Aussagen in dieser Streitschrift schon mehrfach nachgewiesen – keinerlei Beweise anführen kann, weiß er natürlich in bewährter »Besserwessi-Mentalität«: »Diese Gesellschaft hat es aber geschafft, das meiste davon teils bis heute unter der Decke zu halten.«[47]

Wenn man diese angebliche Erkenntnis liest, fragt man sich, was die die DDR-Realitäten nicht kennenden (oder zur Kenntnis nehmen wollenden) Journalisten in den vergangenen drei Jahrzehnten hinzugelernt haben. Es werden nach wie vor in denselben Redaktionsstuben wie schon zu Beginn der 1990er Jahre erfundene, verfälschte oder aus dem historischen Kontext gerissene Vorgänge und angebliche Tatsachen behauptet, die keinerlei oder nur wenig Bezug zur Wirklichkeit haben. Nicht nur, dass solche eigentlich in der Wissenschaft widerlegten oder kritisierten Behauptungen nicht beachtet werden, sondern es wird dem »Ostbürger« eine sich selbstverständlich von der »Westmentalität« unterscheidende Ost-Identität auferlegt, was einer »Ost-Stigmatisierung« gleichkomme, wird in einem aktuellen Buch beklagt. Das gravierendste Problem sei aber, dass sich »niemand [...] in der Bundesregierung« für die Probleme Ostdeutschlands interessiert. Das könne, wie Anfang 2023 von Dirk Oschmann publikumswirksam dargelegt worden ist, zu einer weiter wachsenden gesellschaftlichen Spaltung im Land führen.[48]

Diese Haltung fand im April 2023 in den bekannt gewordenen Äußerungen des wohl einflussreichsten (west)deutschen Medienvertreters Matthias Döpfner seinen bezeichnenden Sinngehalt, der die Ostdeutschen als »Kommunisten oder Faschisten« bezeichnete und damit zweifelsohne die Meinung der westdeutschen Eliten zum Ausdruck brachte.[49]

Mit Bezug auf die durch Oschmann bewusst und von Döpfner unbewusst angestoßenen und dann in der Presse und in den sozialen Medien mit Verve geführten Diskussionen äußerte sich ein ehemals an der »Wende« in Sachsen maßgeblich beteiligter ostdeutscher Gewerkschafter: »Die Wunden sind nicht verheilt. Die Enttäuschung vererbt sich. Aktuell treten die Unterschiede wieder deutlich zutage. Es zeigt sich sogar eine gewisse Radikalisierung in Worten und Taten.«[50]

Wes Geistes Kind Mathias Döpfner in Bezug auf die DDR-Geschichte gewesen ist, zeigte schon ein Artikel aus dem Jahre 2006, in dem er seine Meinung über ein System zum Ausdruck brachte, in dem es Spitzelwesen, Erpressung, Folter und Mord gegen haben soll.[51] Er wollte damit in die politisch und wissenschaftlich geführten Debatten zur DDR-Erinnerungskultur eineinhalb Jahrzehnte nach der staatlichen Vereinigung eingreifen, weil diese ihm anscheinend zu lasch geführt worden ist.[52]

Der Politiker Gregor Gysi ist sogar der Meinung, dass »Mathias Döpfner den Ostdeutschen *de facto* die Daseinsberechtigung in unserem demokratischen Gemeinwesen abspricht«. Er weist darauf hin, dass die Ostdeutschen 1989, als sie auf die Straße gingen, die Freiheit wollten. Und heute: »Viele Menschen im Osten fühlten sich aber nicht befreit.« Die sozialökonomischen Grundlagen der deutschen Gesellschaft sind auch nach 30 Jahren zwischen Ost und West ungleich. »Die reale und gefühlte Benachteiligung wurde auch auf die Generationen übertragen, für die die Wende ebenso wie der Mauerfall Ereignisse aus Geschichtsbüchern sind.«[53]

Nicht zum ersten Mal wird angesichts dieser Situation, jedoch nunmehr zunehmend lauter die Frage gestellt, ob die Deutschen überhaupt »ein Volk« sind. Die jetzt wieder in der Öffentlichkeit diskutierten Fakten über die »Spaltung des Volkes« sind bekannt, nur ein Bruchteil ist in dieser Schrift exemplarisch aufgeführt worden. Immer mehr kluge Köpfe gehen davon aus, dass die »Vereinigung« eher einem kolonialen Prozess gleichkommt.[54] Denn, so Dirk Oschmann zutreffend, »der Westen« habe sich nicht gescheut, bei der Betrachtung und im Umgang mit »dem Osten« auf koloniale Erfahrungen und Sprachpraktiken zurückzugreifen: »Alle westdeutschen Beamten, die in den Osten gingen, erhielten fürstliche Sonderzahlungen, ›Buschzulagen‹ genannt. Laut *Wikipedia* war ›Buschzulage‹ übrigens eine redensartliche Wortschöpfung für die Zulagen, die in die Kolonialländer Afrikas entsandt wurden.«[55]

Die oben genannten dummdreisten von der *Zeit* an die Öffentlichkeit gebrachten Äußerungen von Mathias Döpfner haben eine recht breite Diskussion in der Öffentlichkeit entfacht. Zu Wort meldete sich auch Daniele Dahn in einem Artikel in der *Berliner Zeitung*. Sie kritisiert nicht nur das »unterirdische SMS-Geschwätz«, sondern stellt auch berechtigt und von ihr mit Fakten belegt fest, dass die darüber entstandene Debatte »von großer Scheinheiligkeit« geprägt sei. Denn »wirklich überraschen können die Enthüllungen über die Denkweise« einer Führungspersönlichkeit aus den Tendenzmedien nicht. Die Begründung von Daniela Dahn, die sich mit solchen und ähnlichen Fragen der andauernden Abwertung der Ostdeutschen und deren Lebensleistungen schon lange befasst, lautet: »Scheinheilig ist die Debatte, weil sowohl die Aufregung über die Vorwürfe wie auch die Entschuldigung unglaubwürdig sind.«

Denn, so ruft die Schriftstellerin und Publizistin an verschiedenen Beispielen in Erinnerung, habe der *Spiegel* schon im Februar 1990 geschrieben, »dass die Ostdeutschen allesamt geistig deformiert und deshalb demokratieuntauglich sind«. Das sei »jahrelang prominent gesetzte Indoktrination«. Ein angeblicher Pädagogik-Experte beschuldigte damals »die gesamte Intelligentia (sic!)« der DDR, in deren Erziehungswesen ein »Lügengebäude« aufgebaut zu haben, welches zu einer »ganz primitiven Konditionierung wie bei Tierdressuren« geführt habe. In ihren Artikel erinnert Daniela Dahn, was nach der Wende von Westdeutschen gefordert wurde: »Abiturabschlüsse seien in den neuen Bundesländern auf 10 bis 30 Prozent zu reduzieren, dafür an den Mittel- und Realschulen Schwerpunkte mit Hauswirtschaft als Pflichtfach für Mädchen, sowie die Fächer Werken und Handarbeit einzuführen«.

Dahn erwähnt, dass der Westberliner Historiker Arnulf Baring einer der schlimmsten Denunzianten war, der seine ostdeutschen Kollegen herabwürdigte. Diese seien »verzwergt« und »verhunzt« gewesen.[56] Die Autorin weist noch einmal darauf hin, dass Baring derjenige war, der in den 1990er Jahren erklärt hatte, »ob sich einer dort Arzt, Ingenieur oder Pädagoge nenne, ›das ist völlig egal. Sein Wissen ist über weite Strecken unbrauchbar.‹«

Daniela Dahn geht zudem darauf ein, dass der Molekularbiologe und DDR-Oppositionelle Jens Reich schon frühzeitig beklagt habe, »dass in der viel beachteten Gesellschaftsgeschichte des Historikers Hans-Ulrich Wehler Millionen Ostdeutsche »nicht als Akteure auftreten, sondern als eine Art Schafherde«.

Zu all diesen in Erinnerung gebrachten Unverschämtheiten noch ein Zitat von Daniela Dahn: »Dass die plumpen Diffamierungen jetzt nur noch in privaten Tweets gewagt werden, ist zwar ein Fortschritt, zeigt aber zugleich, wie quicklebendig sie noch sind.«

Wie sich diese »Besserwisserei« konkret zu Beginn der deutschen Einheit im Osten abspielte und wie die Ex-DDR-Bevölkerung manipuliert worden sei, hatte die Essayistin kürzlich in einem Buch detailliert dargelegt.[57]

Alle von Daniela Dahn genannten Fakten,[58] die sich Großteils ebenso in ihren anderen Büchern finden lassen, zeigen nicht nur auf, wie die Westdeutschen die DDR mit geradezu missionarischem Eifer übernahmen, sondern wie dicht die Manipulationen und deutlich gewordenen Argumente inhaltlich und rhetorisch an diejenigen erinnern, mit denen die Deutschen im 19. Jahrhundert in die Welt zogen, um den dortigen »Eingeborenen« das (west)»deutsche Wesen« zu bringen. Das diese Eigenart der Deutschen bis heute ihre Blüten in Medien und Politik treibt, zeigt deren aktuelles Agieren in der Welt.[58a]

Es ist weit gefehlt, anzunehmen, dass die Beleidigungen der Ostdeutschen nur von »alteingesessenen« westdeutschen Intellektuellen mit medialer Resonanz geäußert werden. Auch der im Westen seiner Zeit als Dissident gefeierte und im Osten Deutschlands erst nach seiner Ausbürgerung einen größeren Teil der DDR-Bevölkerung bekannt gewordene Wolf Biermann spricht von den Ostdeutschen als »kaputte Menschen«[59] und merkt dabei nicht, wie beschädigt sein Weltverständnis ist. Traurig ist nur, dass ihm sicherlich viele Menschen in seiner neuen Heimatregion Glauben schenken, denn »seine Sätze passen ja auch in eine Geschichte, die seit Jahrzehnten über Menschen aus dem Osten erzählt wird«, schreibt die Journalistin Wiebke Hollersen.[60]

Natürlich werden nicht alle Ostdeutschen die zahlenmäßig nachprüfbare vorliegende Benachteiligung durch die westdeutschen Eliten aus subjektiver Sicht teilen, ebenso wie nicht alle ehemals Kolonisierte in Übersee sich durch den europäischen Kolonialismus benachteiligt und beherrscht fühlten. Irgendwie suchen diese Menschen nach Anlässen, wie zumindest sie als Einzelpersonen sich nicht benachteiligt behandelt fühlen. Sicherlich gibt es dafür auch Beispiele; andere sind schon damit zufrieden, dass, wie im Jahre 2015 im Potsdam-Museum – man mag es kaum glauben –, »auf Augenhöhe (*Bilder von – UvdH*) ost- neben westdeutschen Künstlerinnen und Künstlern« in »erstaunlicher Ähnlichkeit« hingen.[61]

Solche punktuellen Zufriedenheitsäußerungen stehen entsprechenden Befragungen der Ostdeutschen entgegen, was im Sommer 2023 für heftige Diskussionen in der Presse sorgte. Fakt ist demnach, dass ein Viertel der Ostdeutschen sich als Verlierer der Einheit sehen und weniger als die Hälfte als Gewinner. Mehr als die Hälfte seien enttäuscht vom »erhofften Freiheitsversprechen des Westens.«[62]

Mit deutlichen Worten drückte dies der bekannte Regisseur Andreas Dresen im Sommer 2023 aus, als er feststellte: »Das war keine Wiedervereinigung auf Augenhöhe, das war die feindliche Übernahme eines zusammengebrochenen Systems. Leider mit überwiegender Zustimmung von dessen Bürgern.«[63] In dem zweiten Satz spricht er eine Tatsache an, die zum einen zutreffend ist, anderseits aber Fragen aufwirft. Denn es gab kein Plebiszit, welches die deutsche Einheit völkerrechtlich und mental hätte herbeiführen können. Das es damals eine breite Zustimmung für die Vereinigung gab, indem viele DDR-Bürger Parteien wählten, die die deutsche Einheit sich auf die Fahnen geschrieben hatten, ist letztlich Spekulation. Dirk Oschmann führte hierzu in einem Interview aus, »dass keineswegs alle Ostdeutschen der Vereinigung zugestimmt und auf keinen Fall gewählt haben, dass man 33 Jahre später immer noch nicht angemessen an dieser Demokratie mitwirken kann.«[64]

Wer sich heute in den »neuen« Bundesländern unter Alteingesessenen umhört und ältere Leute fragt, wie sie damals am 18. März 1990 gewählt haben, wird kaum jemanden finden, der zugibt sein Kreuz bei einer Partei gemacht zu haben, die die übereilte staatliche Einheit vorangetrieben hat. Aber der Kater über den dann bald darauf einsetzenden Prozess ist groß. Die Erinnerungen an das eigene Versagen durch Blindheit und Selbstsucht, vor allem das damalige Ausblenden warnender Stimmen wird verdrängt. Wer will von denjenigen, die damals Kohl und Biedenkopf gewählt haben, heute daran erinnert werden, fragt der ehemalige Bundestagspräsident Wolfgang Thierse in einem Interview nicht ganz zu Unrecht. Wer heute über westdeutsche Dominanz klage, dem entgegne er: »Erinnert Euch!«[65]

Selbstverständlich hätte es, wenn damalige Demokraten nicht die Entscheidung eines demokratischen Prozesses gefürchtet hätten, einer realistischeren Politik der deutschen Politiker ebenso wie die der Alliierten bedurft. Oder einer längeren »Übergangsphase« zur »deutschen Einheit«. Denn das Ergebnis der Wahlen am 18. März 1990 kann nicht – allein – als Argument gelten. Vorliegende statistische Zahlen lassen nämlich auch andere Möglichkeiten zu. Denn Stimmungsschwankungen sind im Wahlvolk nichts Unbekanntes.

So stimmten im Dezember 1989 die Noch-DDR-Bürger für eine »Beibehaltung der DDR als souveräner Staat«. Anfang Februar 1990 befürworteten dann angeblich 79 Prozent eine »Wiedervereinigung«. Laut Untersuchungen basierte der Sinneswandel auf Versprechungen von Helmut Kohl auf einer Veranstaltung in Dresden und der Zusicherung, die D-Mark einzuführen.[66]

Die ersten Politikwissenschaftler, die dieses Verhalten als Kolonialisierungsprozess beschrieben waren Wolfgang Dümcke und Fritz Vilmar, die über die »Unterwerfung der Gesellschaft Ostdeutschlands (die sich durchaus auf einen Weg eigenständiger demokratischer Erneuerung befand) unter die politisch-ökonomische Herrschaft der westdeutschen Republik« Folgendes äußersten: »Die Durchsetzung der Herrschaftsinteressen der konservativen politischen und ökonomischen Eliten der alten Bundesrepublik, d. h. der Wille – kostete es was es wolle – die Wahl im März 1990 zu gewinnen, den DDR-Markt zu erobern und die westlichen Systemideologien durchzusetzen, hat die Gestaltung von Alternativen verhindert.«[67] Heute wird auf Grund der danach einsetzenden jahrzehntelangen Demütigungen »des Westens« von einigen Ostdeutschen dieses Verhalten als »westdeutscher Rassismus« bezeichnet.[68]

Angesichts der zunehmenden Unmutsäußerungen im Osten über den »Vereinigungsprozess«, so scheint es, wachen auch ostdeutsche Politiker auf, wie der langjährige CDU-Ministerpräsident von Sachsen-Anhalt, Reiner Haseloff. Er befürchtet, dass den bislang die Benachteiligung der ostdeutschen Bevölkerung mittragenden Politiker die Felle – also Wähler – davonschwimmen. Nunmehr erkennen sie, dass die Ostdeutschen auch »mal die Ellenbogen ausfahren« müssen[69] – was auch immer dies konkret bedeuten mag. Immerhin wird, so prognostizierte es bereits Dirk Oschmann, wenn es keine grundlegenden Änderungen der Politik »des Westens« gegenüber dem »Osten« geben wird, »hat dieses Land keine Aussicht auf längerfristige gesellschaftliche Stabilität.«[70]

Die Spaltung ist tiefer, hört man vor allem im Osten, als die flapsige Rede vom Ossi und Wessi unterstellt. Sie zeigt sich kulturell, indem der Ostdeutsche, seine Lebenswelt und seine Erzählungen im medialen Betrieb kaum vorkommen und zeigt sich politisch in seiner strukturellen Diskriminierung. Und sozial im nach wie vor bestehenden Rückstand bei Einkommen und in den Arbeitslosenzahlen. Die ostdeutsche Bevölkerung hat die »Vereinigung« zumeist als Abwicklung, befristete Arbeitsbeschaffungsmaßnahmen (ABM), Frührente (ca. 3,75 Millionen Menschen), Abwanderung und Arbeitslosigkeit (nur jeder Vierte behielt seinen Arbeitsplatz) kennengelernt. 8.000 volkseigene Betriebe und Kombinate, die dem Namen nach ja dem Volk gehörten, hat die Treuhand übernommen. Sie verkaufte etwa 50.000 Immobilien, beinahe 10.000 Firmen sowie mehr als 25.000 Kleinbetriebe. Dies alles fiel zu 85 Prozent an Westdeutsche; etwa zehn Prozent an intentionale Investoren. Nicht einmal fünf Prozent des produzierenden »Volksvermögens« der DDR gelangte in die Hände von Ostdeutschen. Diese »Enteignung« hat Wunden hinterlassen und kann nicht vergessen werden. Zu diesen ökonomischen bzw. fiskalischen Verletzungen der DDR-Bürger kommt die bereits erwähnte Abwertung durch Politiker und mediale Herabsetzung aus dem Westen. Dies dauert nun schon einige Jahrzehnte an, nachdem es sozial mit Arbeitsplatzverlusten begonnen hatte, gefolgt von Umschulungen, Deindustrialisierung, Nivellierung von Berufs- und Studienabschlüssen, Abwicklungen, Arbeitslosigkeit, Frühverrentung etc..

Die ostdeutsche Journalistin und Medienwissenschaftlerin Charlotte Misselwitz untersuchte in einem Essay die Gründe, warum »der Westen« die ostdeutsche Bevölkerung in überheblicher Weise auf den ihnen zugedachten Platz verweist und Widerspruch und andere Meinungen kaum zulässt. Sie meint: »Wenn die DDR nicht nur ein Unrechtsstaat war, dann ist Westdeutschland nicht mehr nur das positive Gegenbild.«[70a]

Der Kapitalismus kehrte nach Ostdeutschland nicht durch eine Umwälzung zurück, er expandierte ähnlich einer Kolonialmacht ins Gebiet der DDR, heißt es bei dem Journalisten Matthias Krauß. Er stellt in seinem Buch »Die große Freiheit ist es nicht geworden«[71] konkrete Fragen nach der »deutschen Einheit«. Etwa, ob Ost- und Westdeutsche wirklich ein Volk sind. Hat man von Seiten der Regierenden überhaupt ein Interesse daran, dass ein Einheitsgefühl entstehen kann? Kann man von Gleichheit vor dem Gesetz sprechen? Lassen sich in irgendeiner Weise Entwicklungen zu einer inneren Einheit erkennen? Der Verfasser weist nach, dass von der Einheit der Deutschen nicht die Rede sein kann, solange die Gesellschaft insgesamt auf Ungleichheit beruht.

Es sollten sich einmal die dafür in der Regierung Verantwortlichen Gedanken darüber machen, warum 62 Prozent der Ostdeutschen sagen, Ost und West seien gar nicht zusammengewachsen. 40 Prozent fühlen sich eher als Ostdeutsche denn als Deutsche. 68 Prozent der Ostdeutschen, die nach 1989 geboren wurden, sind eher dem Osten »besonders verbunden«.[71a] Das erklärt auch, warum die Kluft zwischen den etablierten Parteien und großen Teilen der ostdeutschen Wählerschaft immer weiter wächst, obwohl Politiker von der Notwendigkeit der »Einheit« sprechen.

Diese Entfremdung zeigt sich in Umfragen, in Wahlverweigerung und -ergebnissen. Nach Dirk Oschmanns Aufforderung, dass sich »der Osten [...] es sich einfach nicht weiter bieten lassen« sollte,[72] spekulieren schon aufmerksame kritische Beobachter über die Möglichkeit einer Korrektur des deutschen »Vereinigungsprozesses«, was ja bedeuten könnte, die Suche nach einem Weg zur Separation oder einer Neuverhandlung des »Vereinigungsvertrages« (was ich Dirk Oschmann und anderen Kritikern des Vereinigungsprozesses nicht unterstellen möchte), um diesen schon fast eine Generation anhaltenden Demütigungen zu entfliehen.

Es scheint sich zu bestätigen, dass nicht unbedingt das zusammenwächst, was nicht mehr zusammengehörte. Dass die »schmerzhaften Anerkennungsverluste«, wie sie der Bielefelder Soziologe Wilhelm Heitmeyer benennt, »politisch hochgradig gefährlich« sind,[73] scheinen davon ein Beleg zu sein.

Anmerkungen

1 Das Kapitel basiert auf einem Aufsatz des Verfassers: Über die Notwendigkeit einer Revision der DDR-Geschichtsschreibung, in: *Das Historisch-Politische Buch*, Nr. 3, Berlin 2019, S. 313-319.

2 Vgl. Dümcke, Wolfgang/Vilmar, Fritz: Kolonialisierung der DDR. Kritische Analysen und Alternativen des Einigungsprozesses, 3. Aufl., Münster 1996; dies. (Hrsg.): Kolonalisierung der DDR. Ergänzungsband 1996, Berlin 1996; Fritz Vilmar: Der Begriff der »Strukturellen Kolonisierung«. Eine theoretische Klärung, in: ders.: Zehn Jahre Vereinigungsprozess. Kritische Bilanz und humane Alternativen, Berlin 2000, S. 21–32.

2a Modrow, Hans: Absturz und Arroganz, in: *Berliner Zeitung*, 6.01.2024.

3 Vgl. beispielsweise van der Heyden, Ulrich: Ostdeutschland braucht eigene Intellektuelle. Deutsche Emigranten mahnen fehlende Chancen für Ostwissenschaftler an – bislang ohne Konsequenz, in: *Internationale Wissenschaftliche Korrespondenz zur Geschichte der deutschen Arbeiterbewegung*, Nr. 3, Berlin 2004, S. 418-420; ders.: Empfehlung und Realität. Die vergessenen Empfehlungen des Wissenschaftsrates zur Neustrukturierung der außeruniversitären Forschung und deren Umsetzung, in: Bollinger, Stefan/van der Heyden, Ulrich/Kessler, Mario (Hrsg.): Ausgrenzung oder Integration? Ostdeutsche Sozialwissenschaftler zwischen Isolierung und Selbstbehauptung, Berlin 2004, S. 117–157.

4 Eine der ersten politisch motivierten Auseinandersetzungen hierzu lieferte Köpping, Petra: Integriert doch erst mal uns! Eine Streitschrift für den Osten, 2. Aufl., Berlin 2018.

5 Vgl. die Aufdeckung eines solchen Falles in dem Aufsatz von van der Heyden, Ulrich: Vom Umgang mit der Wahrheit. Wie mit Un- und Halbwahrheiten Rassismus in der DDR belegt werden soll, in: *Afrika Süd. Zeitschrift zum südlichen Afrika*, Nr. 5, Bonn 2018, S. 36–38.

6 Vgl. eine tiefer gehende Auseinandersetzung mit solchen Veröffentlichungen bei van der Heyden, Ulrich: Das gescheiterte Experiment – Vertragsarbeiter aus Mosambik in

der DDR-Wirtschaft. Die Realität eines entwicklungspolitischen Experiments und dessen Widerspiegelung in der Literatur, Leipzig 2019.

7 Bösch, Frank/Moine, Caroline/Senger, Stefanie (Hrsg.): Internationale Solidarität. Globales Engagement in der Bundesrepublik und der DDR, Göttingen 2018.

8 Ebenda, S. 11.

9 Ebenda, S. 24.

10 Ebenda, S. 25.

11 Vgl. etwa Schleicher, Hans-Georg: Vom Höhepunkt zum Ende der Afrikapolitik der DDR, in: Deutsche Afrika Stiftung (Hrsg.): Deutsche Afrikapolitik. Akteure und Konzepte, Berlin 2012, S. 29; Storkmann, Klaus: Geheime Solidarität. Militärbeziehungen und Militärhilfen der DDR in die »Dritte Welt«, Berlin 2012, S. 291.

12 Bösch, Frank/Moine, Caroline/Senger, Stefanie (Hrsg.): Internationale Solidarität ..., a.a.O., S. 26.

13 Ebenda, S. 168.

14 Vgl. beispielsweise Engombe, Lucia: Kind 95. Meine deutsch-afrikanische Odyssee, Berlin 2004.

15 Vgl. zusammenfassend van der Heyden, Ulrich: Rassismus in der DDR?, in: *Ossietzky. Zweiwochenschrift für Politik, Kultur*, Wirtschaft, Nr. 12, Dähre 2021, S. S. 418–420.

16 Bösch, Frank/Moine, Caroline/Senger, Stefanie (Hrsg.): Internationale Solidarität..., a.a.O., S. 208.

17 Vgl. Hermenau, Antje: Ansichten aus der Mitte Europas. Wie die Sachsen die Welt sehen, Leipzig 2019.

18 Wenngleich das Problem der ungleichen Behandlung der ostdeutschen und westdeutschen Bevölkerung seit langem bekannt ist, hat diese in Bezug auf die Verdienste im Jahre 2022 noch zugenommen. Das macht statistisch gesehen einen Unterschied von 13.000 Euro im Jahr aus. *dpa*-Meldung: Verdienst im Osten 13.000 Euro geringen als im Westen, in: *Berliner Zeitung*, 19.07.2023.

19 Hermenau, Antje: Ansichten ..., a.a.O., S. 135f.

20 International Women Space (Hrsg.): »Als ich nach Deutschland kam.« Gespräche über Vertragsarbeit, Flucht, Rassismus und feministische Kämpfe, Münster 2019.

21 Ebenda, S. 28.

22 Ebenda, S. 129.

23 Ebenda, S. 65.

24 Ebenda, S. 57.

25 Ebenda, S. 104. Allerdings gab es auch im DDR-Fernsehen, im Studio Halle, einige Jahre lang eine gleichnamige Unterhaltungssendung.

26 Ebenda, S. 106.

27 Großer-Kaya, Carina/Kubrova, Monika: »... die DDR schien mir eine Verheißung«. Migrantinnen und Migranten in der DDR und in Ostdeutschland, Berlin 2022.

28 Vgl. ausführlicher die Rezension von van der Heyden, Ulrich in: *Geschichte der Arbeiterbewegung*, Nr. 2, Berlin 2023, S. 161-166.

29 Gerade symptomatisch vgl. Knorz, Heike: Rezension van der Heyden, Ulrich: Das gescheiterte Experiment. Vertragsarbeiter aus Mosambik in der DDR-Wirtschaft, Leipzig 2019, in: *Vierteljahresschrift für Sozial- und Wirtschaftsgeschichte*, Nr. 4, Stuttgart 2020, S. 531-532.

30 Vgl. Riedel, Almut: Doppelter Sozialstatus, späte Adoleszenz und Protest. Algerische Vertragsarbeiter in der DDR, in: *Kölner Zeitschrift für Soziologie und Sozialpsychologie*, Nr. 1, Köln 2001, S. 76-95; Zwengel, Almut (Hrsg.): Die »Gastarbeiter« der DDR. Politischer Kontext und Lebenswelt, Berlin/Münster 2011. (Es handelt sich um dieselbe Person).

31 Vgl. van der Heyden, Ulrich: »Unsere Regierung hat das im Abkommen gewollt«. Die Darstellung des Einsatzes von Vertragsarbeitern aus Mosambik in der Literatur, in: Vertragsarbeit in der DDR. Rundbrief der Bundesarbeitsgemeinschaft Antifaschismus, Nr. 1-2, Berlin 2013, S. 10-38; ders.: »Gastarbeiter« in der DDR? Ein Sammelband zur Geschichte von Vertragsarbeitern in der DDR-Wirtschaft zeigt, wie es (nicht) gewesen ist, in: ders./Semmler, Wolfgang/Straßburg, Ralf (Hrsg.): Mosambikanische Vertragsarbeiter in der DDR-Wirtschaft. Hintergründe – Verlauf – Folgen, Münster 2014, S. 183-206.

32 Vgl. Neumann-Becker, Brigit/Döring, Hans-Joachim (Hrsg.): Für Respekt und Anerkennung. Die mosambikanischen Vertragsarbeiter und das schwierige Erbe der DDR, Halle (Saale) 2020. Vgl. die kritische Rezension diees Buches, eingebettet in ähnliche Literatur, die eher den kruden Blick auf die DDR-Verhältnisse wiederspiegeln, im Aufsatz von van der Heyden, Ulrich: Über die Ohnmacht von Fakten gegenüber dem Zeitgeist, in: *Das Historisch-Politische Buch*, Nr. 3-4, Berlin 2020, S. 297-312.

33 Großer-Kaya, Carina/Kubrova, Monika: »... die DDR schien mir eine Verheißung«..., a.a.O. Die Zitate von den Autoren befinden sich – wenn nicht anders ausgewiesen – auf den Seiten 20, 23, 25, 29, 39, 47, 59, 71, 85, 92, 98, 103, 109.

34 Aktuell vgl. beispielsweise Fehrle, Moritz: Der vergessene Betrug, in: *Der Tagesspiegel*, 25.06.2023.

35 Ebenda. Die folgenden Zitate befinden sich auf den Seiten 53, 54, 66, 73, 79.

36 Vgl. hierzu eine zeitgenössische Studie von Power, Jonathan: Migrant Workers in Western Europe and the United States, New York 1979. Siehe auch übergreifender Newland, Kathleen: Internationale Wanderung von Arbeitskräften. Auswirkungen auf die Aus- und Einwanderungsländer, in: *Europa-Archiv*, Nr. 11, Bonn 1980, S. 354-364.

37 Vgl. allgemein hierzu Domdey, Karl-Heinz: Neokolonialismus und Unabhängigkeit und sozialistische Wirtschaftshilfe. Zur Politik der sozialistischen und der imperialistischen Staaten gegenüber den ökonomisch schwachentwickelten Ländern, Berlin (Ost) 1962; Autorenkollektiv (Hrsg.): Imperialismus und Industrialisierung der Entwicklungsländer (=IPW-Forschungshefte, Nr. 2), Berlin (Ost) 1985; Autorenkollektiv (Hrsg.): Neokolonialismus. Neue Erscheinungen, Berlin (Ost) 1981; Friedländer, Paul/Liebscher, Gertraud: Neokolonialismus in der Krise, Berlin (Ost) 1978; dies.: Zur Ausplünderungs- und Interventionspolitik imperialistischer Mächte gegenüber Entwicklungsländern. Eine Dokumentation, Berlin (Ost) 1983.

38 Vgl. hierzu den relevanten Artikel bei Stier, Peter (Hrsg.): Handbuch Entwicklungsländer. Sozialökonomische Prozesse, Fakten und Strategien, Berlin 1987, S. 184.

39 Vgl. hierzu u. a. Faulwetter, Helmut: The Acute Problem of Brain Drain, in: Schmidt, Waldtraut (Hrsg.): The Human Factor in Developing Countries (= *Asia – Africa – Latin America*, special issue 17), Berlin 1986, S. 82–98. Zum »Umfeld« des Einsatzes und zur Ausbildung der Vertragsarbeiter siehe auch Stiller, Edwin: Employement Policies and Manpower Planning. Experience Gathered by the GDR, in: ebenda, S. 159–174; Harke, Erdmann/Rachel, Christian: Vocational Education. An Import Dynamic Example of Human Productivity, in: ebenda, S. 175–191. Zumindest die dort genannten gesicherten Fakten können wertvolle Hinweise auf Situation und Absichten der Berufsausbildung in der DDR-Wirtschaft geben.

40 »Es waren turbulente Jahre.« Robert Dölger blickt auf seine Zeit als ehemaliger Afrika-Beauftragter des Auswärtigen Amtes zurück, in: *Jahrbuch der deutschen Afrika Stiftung 2021/2022*, Berlin 2023, S. 18-21, hier S. 21.

41 Vgl. Pugach, Sara: African Students in Cold War Leipzig. Using University Archives to Recover a Forgotten History, in: Castryck, Geert/Strickrodt, Silke/Werthmann, Katja (Hrsg.): Sources and Methods for African History and Culture. Essays in Honour of

Adam Jones, Leipzig 2016, S. 541-562; dies.: African Students and the Politics of Race and Gender in the German Democratic Republic, in: Slobodian, Quinn (Hrsg.): Comrades of Color. East Germany in the Cold War World, New York/Oxford 2015, S. 131-156.

42 Wolle, Stefan: Die heile Welt der Diktatur. Alltag und Herrschaft in der DDR 1971-1989, München 1999, S. 353.

43 Großer-Kaya, Carina/Kubrova, Monika: »... die DDR schien mir eine Verheißung«..., a.a.O., S. 66.

44 Ebenda, S. 73.

45 Einige nicht unbedingt durch staatliche Förderungen »gestützte«, zumeist nur in kleinen Verlagen erschienene realistische Darstellungen zur Geschichte der DDR sind allerdings vorhanden. Auch im Ausland erschienen unter großer öffentlicher Beachtung solche Publikationen, etwa Hoyer, Katja: Beyond the Wall.East Germany, 1949-1990, London 2023.

46 Vgl. Piazza, Hans: Zur Geschichte der nationalen und antikolonialen Befreiungsbewegung, in: Lozek, Gerhard u.a. (Hrsg.): Unbewältigte Vergangenheit. Kritik der bürgerlichen Geschichtsschreibung in der BRD, 3. neu bearbeitete und erweiterte Auflage, Berlin 1977, S. 436-446.

47 Siedler, Ulrich: »Die letzte Reise des Matthias Domaschk.« Interview mit Peter Wensierski, in: *Berliner Zeitung*, 13.03.2023.

48 Vgl. Oschmann, Dirk: Der Osten. Eine westdeutsche Erfindung. Wie die Konstruktion des Ostens unsere Gesellschaft spaltet, Berlin 2023.

49 Gilbert, Cathrin/Strak, Holger: Matthias Döpfner. »Aber das ist dennoch die einzige Chance, um den endgültigen Niedergang des Landes zu vermeiden«, in: *Die Zeit*, Nr. 16, Hamburg 2023.

50 Winkler, Werner Fritz: Im Westen wird auch nur mit Wasser gekocht, in: *Berliner Zeitung*, 21.04.2023.

51 Döpfner, Mathias: Keine DDR light, in: *Die Welt*, 20.06.2006.

52 Vgl. Sabrow, Martin u.a. (Hrsg.): Wohin treibt die Erinnerung? Dokumentation einer Debatte, Bonn [= Bundeszentrale für politische Bildung] 2007.

53 Gysi, Gregor. Menschen in der DDR kämpften mehr für die Freiheit als Döpfner, in: *Berliner Zeitung*, 18.04.2023.

54 Vgl. ausführlicher Krauß, Matthias: In Eins gespalten. Sind wir wirklich ein Volk?, Berlin 2021.

55 Oschmann, Dirk: Der Osten..., a.a.O., S. 52f.

56 Baring, Arnulf: Deutschland, was nun? Ein Gespräch mit Dirk Romberg und Wolf Jobst Siedler, Berlin 1991, S. 70 und S. 59.

57 Vgl. Mausfeld, Rainer/Dahn, Danila: Tamtam und Tabu. Meinungsmanipulation von der Wendezeit bis zur Zeitenwende, Frankfurt am Main 2022.

58 Dahn, Daniela: Wir sind viel Schlimmeres gewohnt, in: *Berliner Zeitung*, 22.04.2023. Die von der Verfasserin verwendeten Zitate sind hier deutlich gemacht übernommen worden.

58aVgl. van der Heyden, Ulrich: Am deutschen Wesen soll auch heute noch die Welt genesen, in: Politisches Lernen, Nr. 1-2, Leverkusen-Opladen 2024, S. 20-25; ders.: Deutsche wissen immer alles besser!, in: *NachDenkSeiten*. Die kritische Website, Teil I: 9.12.2023 & Teil II: 10.10.2023. [URL: *https://www.nachdenkseiten.de/?gastautor=ulrich-van-der-heyden* & *https://www.nachdenkseiten.de/?p=107913.*]

59 Ide, Robert: »Der Zorn spornt mich an«. Interview mit Wolf Biermann, in: *Der Tagesspiegel*, 1.07.2023.

60 Hollersen, Wiebke: Die DDR, die Ostdeutschen und ihre Seelenschäden, in: *Berliner Zeitung*, 13.07.2023.

61 Vgl. Walter, Ulla: Kunst baut Brücken, in: *Berliner Zeitung*, 24.05.2023. In den Tageszeitungen finden sich weitere Rezensionen und Leserbriefe zu dem Oschmann-Buch,

womit man aus individueller Sicht die zahlenmäßig belegte Ungleichbehandlung von West- und Ostdeutschen zu widerlegen versucht.

62 Vgl. Lasch, Henrik: Der Osten sehnt sich nach Führung, in: *neues deutschland*, 29.06.2023.

63 *dpa*-Meldung: »Osten wurde über den Tisch gezogen«, in: *Berliner Zeitung*, 31.07.2023.

64 »Der kleine Bruder geht in den Knast, damit der große Bruder weiter Geschäfte machen kann.« Im Gespräch mit Dirk Oschmann, in: *LaG-Magazin*, Nr. 6, Berlin 202 (online: 28. Juni 2023) URL: *http://lernen-aus-der-geschichte.de/Lernen-und-Lehren/Magazin.*

65 Zitiert in Decker, Markus: Studie – Westdeutsche dominieren die Eliten, sogar in Ostdeutschland, in: *Berliner Zeitung*, 31.10.2017.

66 Umfrage des Zentralinstituts für Jugendforschung, veröffentlicht am 15.11.1989, in: Förster, Peter/Roski, Günter: DDR zwischen Wende und Wahl. Meinungsforscher analysieren den Umbruch, Berlin 1990, S. 53.

67 Dümcke, Wolfgang/Vilmar, Fritz (Hrsg.): Kolonialisierung der DDR. Kritische Analysen und Alternativen des Einigungsprozesses, Münster 1995, S. 7f.

68 Schneider, Sascha: Leserbrief, in: *Berliner Zeitung*, 20.07.2023.

69 Fiedler, Maria: «Es geht nicht, dass eine Minderheit die Sprache der eigenen Nation umprogrammiert«. Interview mit Reiner Haseloff, in: *Der Tagesspiegel*, 17.05.2023.

70 Oschmann, Dirk: Der Osten …, a.a.O., S. 12.

70a Misselwitz, Charlotte: Von Jammerossis und Putinfreunden, in: *Berliner Zeitung*, 20.04.2024.

71 Krauß, Matthias: Die große Freiheit ist es nicht geworden. Was sich für die Ostdeutschen seit der Wende verschlechtert hat, Berlin 2019.

71a Vgl. Reich, Anja: Der Zooblick. 33 Jahre nach der Einheit steht Deutschland vor dem Umbruch. Aber die Westdeutschen machen einfach weiter und die Ostdeutschen hakken aufeinander herum. Ein Essay, in: *Berliner Zeitung*, 30.09.2023.

72 Reich, Anja/Hallersen, Wiebke: »Die Welt war immer da.« Interview mit Dirk Oschmann, in: *Berliner Zeitung*, 18.03.2023.

73 Piorkowski, Christoph David: «Ich halte den Begriff Protestwähler für komplett verharmlosend«. Interview mit Wilhelm Heitmeyer, in: *Der Tagesspiegel*, 13.06.2023.

11. Wichtige Literatur zur deutschen Kolonialgeschichte (Auswahl)

Es wird nur eine Auswahl von Monographien und Sammelbänden angeführt, die einen Überblick über die deutsche Kolonialgeschichte als Ganzes liefern bzw. sich einzelnen Themenbereichen hieraus widmen und sich nicht ausschließlich mit einzelnen Kolonialgebieten oder speziellen Fragestellungen befassen. Berücksichtigung fanden nicht nur diejenige Bücher, die schon in den vorangegangenen Kapiteln im Fußnotenapparat genannt worden sind.

Borries, Bodo von: Kolonialgeschichte und Weltwirtschaftssystem. Europa und Übersee zwischen Entdeckungs- und Industriezeitalter 1492-1830, Düsseldorf 1986.

Conrad, Sebastian: Deutsche Kolonialgeschichte, München 2019.

Deutsches Historisches Museum (Hrsg.): Deutscher Kolonialismus. Fragmente seiner Geschichte und Gegenwart, Darmstadt 2016.

Fröhlich, Michael: Imperialismus. Deutsche Kolonial- und Weltpolitik 1880–1914, München 1994.

Gifford, Prosser/Louis, William Roger (Hrsg.): Britain and Germany in Africa. Imperial Rivalry and Colonial Rule, New Haven/London 1967.

Graichen, Gisela/Gründer, Horst: Deutsche Kolonien – Traum und Trauma, Berlin 2005.

Graudenz, Karlheinz/Schindler, Hanns Michael: Die deutschen Kolonien. Geschichte der deutschen Schutzgebiete in Wort, Bild und Karte, München 1982.

Grill, Bartholomäus: Wir Herrenmenschen. Unser rassistisches Erbe. Eine Reise in die deutsche Kolonialgeschichte, München 2019.

Gründer, Horst/Hiery, Hermann (Hrsg.): Die Deutschen und ihre Kolonien. Ein Überblick, 2. Aufl., Berlin 2018.

Gründer, Horst: »...da und dort ein junges Deutschland gründen«. Rassismus, Kolonien und kolonialer Gedanke vom 16. bis zum 20. Jahrhundert, 3. Aufl., München 2006.

Gründer, Horst: Geschichte der deutschen Kolonien. 8. überarb. und erw. Aufl., Paderborn 2023.

Heyden, Ulrich van der/Heine, Peter (Hrsg.): Studien zur Geschichte des deutschen Kolonialismus in Afrika. Festschrift zum 60. Geburtstag von Peter Sebald, Pfaffenweiler 1995.

Heyden, Ulrich van der /Zeller, Joachim (Hrsg.): Kolonialmetropole Berlin. Eine Spurensuche, Berlin 2002.

Heyden, Ulrich van der /Zeller, Joachim (Hrsg.): »...Macht und Anteil an der Weltherrschaft«. Berlin und der deutsche Kolonialismus, Münster 2005.

Heyden, Ulrich van der/Zeller, Joachim (Hrsg.): Kolonialismus hierzulande. Eine Spurensuche in Deutschland, Erfurt 2008.

Honold, Alexander/Scherpe, Klaus R. (Hrsg.): Mit Deutschland um die Welt. Eine Kulturgeschichte des Fremden in der Kolonialzeit, Stuttgart/Weimar 2004.

Höpker, Thomas/Petschull, Jürgen: Der Wahn vom Weltreich. Die Geschichte der deutschen Kolonien, Herrsching 1986.

Knoll, Arthur J./Hiery, Hermann J. (Hrsg.): The German Colonial Experience. Select Documents on German Rule in Africa, China and the Pacific 1884–1914, Lanham 2010.

Knopp, Guido: Das Weltreich der Deutschen. Von kolonialen Träumen, Kriegen und Abenteuern, München 2011.

Kundrus, Birthe: Moderne Imperialisten. Das Kaiserreich im Spiegel seiner Kolonien. Böhlau, Köln/Weimar/Wien 2003.

Kundrus, Birthe (Hrsg.): Phantasiereiche. Zur Kulturgeschichte des deutschen Kolonialismus. Campus, Frankfurt am Main/New York 2003.

Kuß, Susanne: Deutsches Militär auf kolonialen Kriegsschauplätzen. Eskalation von Gewalt zu Beginn des 20. Jahrhunderts, Berlin 2010.

Längin, Bernd G.: Die deutschen Kolonien. Schauplätze und Schicksale 1884-1918, Hamburg/Berlin/Bonn 2005.

Möhle, Heiko (Hrsg.): Branntwein, Bibeln und Bananen. Der deutsche Kolonialismus in Afrika, Hamburg 1999.

Nestvogel, Renate/Tetzlaff, Rainer (Hrsg.): Afrika und der deutsche Kolonialismus. Zivilisierung zwischen Schnapshandel und Bibelstunde, Berlin/Hamburg 1987.

Nuhn, Walter: Kolonialpolitik und Marine. Die Rolle der Kaiserlichen Marine bei der Gründung und Sicherung des deutschen Kolonialreiches 1884-1914, Bonn 2002.

Pogge von Strandmann, Hartmut: Imperialismus vom Grünen Tisch. Deutsche Kolonialpolitik zwischen wirtschaftlicher Ausbeutung und »zivilisatorischen« Bemühungen, Berlin 2009.

Reinhard, Wolfgang: Die Unterwerfung der Welt. Globalgeschichte der europäischen Expansion 1415-2015, München 2016.

Schinzinger, Francesca: Die Kolonien und das Deutsche Reich. Die wirtschaftliche Bedeutung der deutschen Besitzungen in Übersee, Stuttgart 1984.

Schumann, Gerd: Kaiserstraße. Der deutsche Kolonialismus und seine Geschichte, Köln 2021.

Speitkamp, Winfried: Deutsche Kolonialgeschichte, 3. Aufl., Stuttgart 2014.

Steltzer, Hans Georg: Die Deutschen und ihr Kolonialreich, Frankfurt am Main 1984.

Stoecker, Helmuth (Hrsg.): Drang nach Afrika. Die deutsche koloniale Expansionspolitik und Herrschaft in Afrika von den Anfängen bis zum Verlust der Kolonien, 2. Aufl., Berlin 1991.

Timm, Uwe: Deutsche Kolonien, Köln 1986.

Townsend, M. E.: Macht und Ende des deutschen Kolonialreiches, Leipzig um 1930, Reprint: Münster/Hamburg 1988.

Strandmann, Hartmut Pogge von: Imperialismus vom Grünen Tisch. Deutsche Kolonialpolitik zwischen wirtschaftlicher Ausbeutung und »zivilisatorischen« Bemühungen, Berlin 2009.

Wagner, Norbert Berthold: Die deutschen Schutzgebiete. Erwerb, Organisation und Verlust aus juristischer Sicht, Baden-Baden 2002.

Wagner, Wilfried/van der Heyden, Ulrich/Kubitscheck, Hans-Dieter/Rüger, Adolf/Scharf, Kurt/Stoecker, Helmuth (Hrsg.): Rassendiskriminierung – Kolonialpolitik und ethnisch-nationale Identität. Referate des 2. Internationalen Kolonialgeschichtlichen Symposiums 1991 in Berlin, Münster/Hamburg 1992.

Westphal, Wilfried: Geschichte der deutschen Kolonien, Frankfurt am Main/Berlin (West) 1987.

Zimmerer, Jürgen (Hrsg.): Kein Platz an der Sonne. Erinnerungsorte der deutschen Kolonialgeschichte, Frankfurt am Main/New York 2013.

ISBN 978-3-89793-366-8

2. durchgesehene Auflage 2025

verlag@edition-ost.berlin

Satz: edition ost
Titelgestaltung: unter Verwendung eines Fotos von Robert Allertz
Druck und Bindung: Sowa Druk, Poland

22,00 Euro

Die Bücher des verlags am park und der edition ost werden von der Eulenspiegel Verlagsgruppe vertrieben

www.eulenspiegel.com